2017
上海职业教育事业
蓝皮书

VOCATIONAL EDUCATION IN SHANGHAI 2017

主　编　周汉民
副主编　胡　卫　郭为禄

上海科学技术文献出版社
Shanghai Scientific and Technological Literature Press

图书在版编目（CIP）数据

2017 上海职业教育事业蓝皮书 / 周汉民主编．—上海：上海科学技术文献出版社，2017
ISBN 978-7-5439-7556-9

Ⅰ．①2… Ⅱ．①周… Ⅲ．①职业教育—教育事业—研究报告—上海—2017 Ⅳ．①G527.51

中国版本图书馆 CIP 数据核字（2017）第 238502 号

责任编辑：于学松
封面设计：薛传祥

2017 上海职业教育事业蓝皮书
主编 周汉民 副主编 胡卫 郭为禄
出版发行：上海科学技术文献出版社
地 址：上海市长乐路746号
邮政编码：200040
经 销：全国新华书店
印 刷：上海光扬印务有限公司
开 本：720×1000 1/16
印 张：26.5
字 数：520 000
版 次：2017 年 11 月第 1 版 2017 年 11 月第 1 次印刷
书 号：ISBN 978-7-5439-7556-9
定 价：88.00 元
http://www.sstlp.com

编撰委员会名单

主　编：周汉民

副主编：胡　卫　郭为禄

编　委：郭　扬　马庆发　周国平　赵　宁　赵　坚
雷正光　徐　朔　王　琴　董　奇　施蕾生
毕鹏宇

校　对：方孟梅　黎同炎　茹　蘅　王黎明　黄婷婷
何朝霞　邵　婷　朱　懿　谢轶成

“中国制造2025”呼唤职教革命（代序）

周汉民

职业教育，是产业发展的基础和动力。100 年前，黄炎培先生联合教育、实业界人士，以“使无业者有业，使有业者乐业”为宗旨创建了中华职教社，有力地推动了当时的全国性职业教育。新中国成立到改革开放前，面对层层封锁，我国从无到有，建立了以国有企业为主的自主制造体系，同时，建设了与此相适应的，以企业、行业为主、多层次的职教体系；改革开放以来，我国制造业通过引进消化，从小到大，形成了全球最大规模的制造体系，同时形成了以社会办学、政府支撑为主的大众化、普及型、服务型，全球规模最大的职业教育体系。当前，以中国制造 2025 引领制造业转型升级，需要职业教育的同步转型升级，职教革命迫在眉睫。

从数量看，我国当下的职教院校达 13300 多所，在校生超过 3000 万，每年毕业超过 1000 万，形势喜人；但从中国制造向“中国创造”、“中国智造”、转型升级的迫切需求看，还远远不能满足产业转型升级的要求。

究其原因，主要还是理念和体制问题，一是制造业对经济发展的引领作用认识不足，理工科大学发展重视不够；二是制造业由工业时代向智能时代转型的紧迫性认识不足，机器人等新兴产业教育培训体系起步艰难；三是职业教育对产业发展的引领作用认识不足，“智造”产业前端职教资源配置一空二白；四是政府、高校、企业、社会资源要素整合受到多重制度限制。

为此，迫切需要建立和“中国制造 2025”相适应的新型职业教育体系。这是一次全新的构建，并非现有体系的小修小补。该体系应具备以下基本特征：目标清晰：为“中国制造 2025”服务；主体多元：企业为主，高校、政府、社会共同参与；办学理念：开放共享、理工融合、脑手兼顾、高质高端；师生组成：

有志于“中国智造”事业的专业人员群体；教学要素：立足自主、行业协同、广征博引。

“中国制造2025”必将引领职教革命的大方向，实际践行的关键点在于“十二个字”：

转思路。树立“制造兴国”理念。一方面要充分认识因急功近利而导致的制造业功能性萎缩给经济带来的消极影响。另一方面要充分认识我国制造业大而不强、核心技术缺乏的现状；在这两大认识基础上，形成制造业为立国之本的共识。

定规划。根据《中华人民共和国职业教育法》和《中国制造2025》，制定“制造业高等职业教育发展规划”，建立覆盖新兴制造业全产业链的职业教育专业。根据区域经济发展特色和重点，改建、新建若干所重点工科大学。

增投入。鉴于当前初级中级职教机构膨胀、普通职教资源过剩的结构性问题，政府教育经费，特别是新增教育经费，应重点向新兴制造类高等职业教育领域倾斜，增加对现有工科类重点高校用于新兴制造业专业发展的资金投入。

给权限。一是赋予在制造业高等院校实行多元化投资、“董事会”负责制的教育投资管理体系改革权限，赋予学校根据新兴制造业内在需要自主决定办学模式的权限。二是改革传统的单一单位的人事管理模式，建立局域式人事管理平台体系。即同一职业教育主体内多元主体教学人员（高校、企业、研究所、社会专业人士等）共享同一人事管理平台，实行主体内部统一制定的薪酬和劳动保障制度。三是以授权方式，赋予国家认定的区域性重点职业教育主体自主制定知识技能业绩评价体系和资格认定标准，董事会可以根据产业发展实际需要，设定各个等级和系列职称的考试科目和评价指标。

目录

第二部分　上海职业教育专题研究

第三部分 上海职业教育及特殊职教案例

第四部分　上海中华职业教育社2016年度事业报告

第一部分

上海职业教育改革发展报告

一、上海职业教育发展的宏观经济背景

2016年，上海主动适应经济发展新常态，坚持稳中求进，着力加强供给侧结构性改革，全力推进创新驱动发展、经济转型升级，全市经济运行总体平稳、提质增效，改革开放和创新转型积极效应持续显现，实现了“十三五”发展的良好开局。

（一）经济保持平稳运行，质量效益进一步提高[1]

经济运行总体平稳。全市生产总值(GDP)达到2.7万亿元，比上年增长6.8%。其中，第一产业增加值109.47亿元，下降6.6%；第二产业增加值7994.34亿元，增长1.2%；第三产业增加值19362.34亿元，增长9.5%。第三产业增加值占上海市生产总值的比重为70.5%，比上年提高2.7个百分点。按常住人口计算的上海市人均生产总值为11.36万元。[2]

就业形势保持稳定，全年新增就业岗位59.9万个，城镇登记失业率控制在4.1%。物价水平总体平稳，居民消费价格上涨3.2%。投资保持平稳增长，预计全社会固定资产投资总额6756亿元，增长6.3%；消费结构加快升级，预计社会消费品零售总额10948亿元，增长8.1%，其中网上商店零售额增长15%左右；迪士尼乐园开园运营，旅游、文化、健康、绿色等新消费热点不断涌现。

发展质量和效益稳步提高。全市一般公共预算收入为6406.1亿元，比上年增长16.1%，其中第三产业收入占全市一般公共预算收入比重超过80%。居民收入保持稳定增长，全市居民人均可支配收入为54305元，增长8.9%，其中城镇和农村居民收入分别增长8.9%和10%。企业效益逐步改善，预计全市规模以上工业企业利润增长 8% 左右。

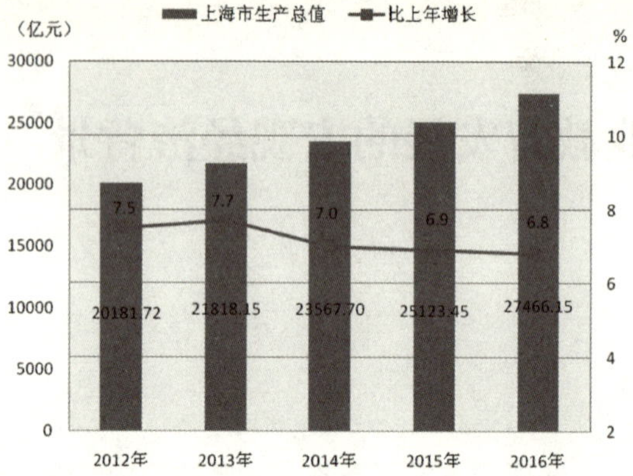

图 1　2012 ～ 2016 年上海市生产总值及其增长速度

（图表来源：上海统计局 .2016 年上海市国民经济和社会发展统计公报 .

http://www.stats-sh.gov.cn/sjfb/201702/293816.html）

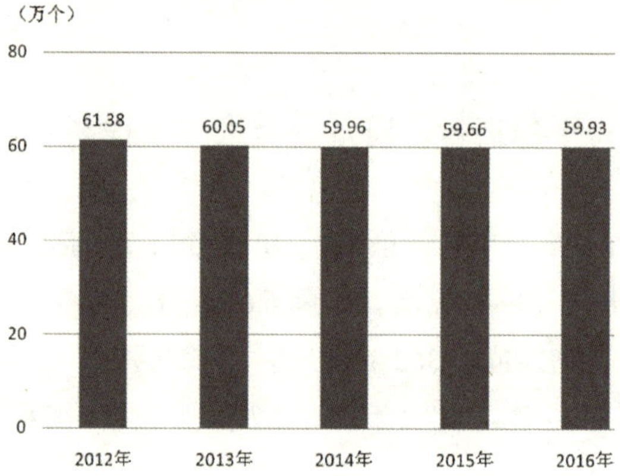

图 2　2012 ～ 2016 年新增就业岗位情况

(图表来源：上海统计局 .2016 年上海市国民经济和社会发展统计公报 .

http://www.stats-sh.gov.cn/sjfb/201702/293816.html)

（二）着力加强供给侧结构性改革，经济结构加快优化升级

产业结构加快调整升级。制定实施本市推进供给侧结构性改革的意见，切实推动“三去一降一补”重点任务。服务业支撑作用进一步增强，金融业、信息服务业、商务服务业、文化创意产业等现代服务业保持较快增长。

制定出台推进供给侧结构性改革促进工业稳增长调结构促转型的实施意见和“中国制造 2025”上海行动纲要，设立集成电路产业基金，开工建设华力二期、中芯国际、和辉光电二期等一批重大产业项目。实施智能网联汽车、工业互联网等一批产业创新工程，大飞机、高端医疗影像设备、高端芯片、新型显示等高端制造业加快发展，战略性新兴产业制造业产值占工业总产值比重超过 25%。

制定“四新”经济发展指导意见，以“互联网 +”为主要特征的新经济快速发展，全年电子商务交易额增长 20% 以上，软件和信息服务业营业收入增长 15% 左右。加快淘汰高能耗、高污染、高危险和低效益的落后产能，全年实施产业结构调整项目 1176 项，持续推动桃浦、南大、高桥、吴淞等重点区域转型发展。

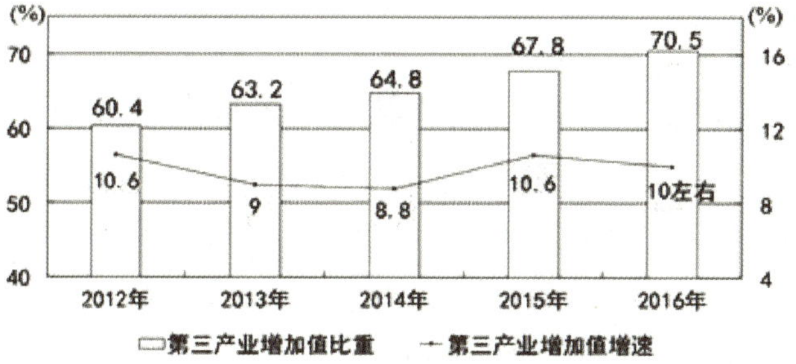

图 3　服务业支撑作用进一步增强

（图表来源：上海市改革和发展委员会 . 关于上海市 2016 年国民经济和社会发展计划执行情况与 2017 年国民经济和社会发展计划草案的报告 . http://www.shanghai.gov.cn/nw2/nw2314/nw2319/nw12344/u26aw51114.html）

“四个中心”功能持续提升。加强国际金融中心建设与自贸试验区金融开放创新联动，拓展投贷联动试点等融资方式创新，开展互联网金融风险专项整治，上海保险交易所、上海票据交易所、中国信托登记公司开业运营，全年实现金融市场直接融资额 9.7 万亿元。国际航运中心建设条例正式实施，上海航运保险指数编制发布，中远海运集团等航运机构落户，上海港集装箱吞吐量连续 7 年位居全球第一，机场旅客吞吐量突破 1 亿人次。国际贸易中心能级持续提升，率先启动海关和检验检疫通关一体化改革试点，全面推进国内贸易流通体制改革发展综合试点，上海石油天然气交易中心正式运行，金属、化工、棉花等 6 家大宗商品现货市场上线运行，预计全年商品销售总额超过 10 万亿元，增长 7.9%（见图 4）。智慧城市加快建设，光纤宽带网络和第四代移动通信网络基本实现全市域覆盖，成立数据交易中心，建成一批便民惠民信息化平台。

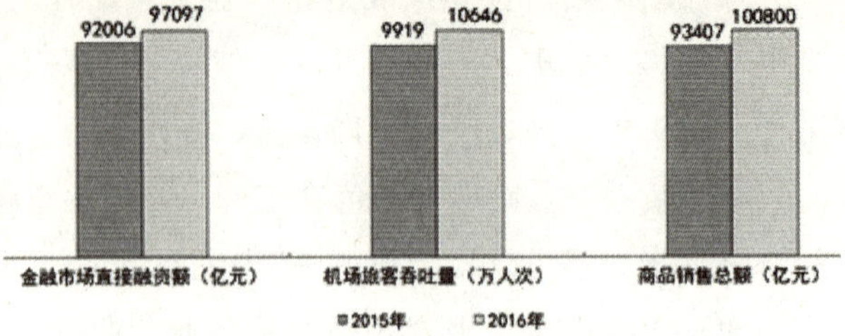

图4 “四个中心”功能全面提升

（图表来源：上海市改革和发展委员会．关于上海市2016年国民经济和社会发展计划执行情况与2017年国民经济和社会发展计划草案的报告．http://www.shanghai.gov.cn/nw2/nw2314/nw2319/nw12344/u26aw51114.html）

（三）聚焦体制机制改革，科技创新取得重大进展[3]

加快推进重点领域改革。制定实施国有企业混合所有制改制的操作指引，基本完成企业集团公司制改革，实现国有金融企业的国资统一监管，规范国资流动平台运作，75%的国有资产集中到战略性新兴产业、先进制造业、现代服务业、基础设施和民生保障等领域。

进一步扩大对内对外开放。在“一带一路”沿线地区实施一批重点合作项目，进一步支持企业走出去。制定外贸稳定增长、加工贸易转型、服务贸易发展等政策措施，启动跨境电子商务综合试验区建设，服务贸易进出口额比上年增长15%。完善总部经济发展政策，新增跨国公司地区总部45家。积极落实长江经济带、长三角城市群发展规划，帮助对口支援地区精准扶贫、精准脱贫。

中国（上海）自由贸易试验区建设总体实现3年预期目标，制度框架基本形成，累计100多项制度创新成果在全国复制推广，区内新增企业4万家，超过挂牌前20多年的总和。创新创业环境不断优化。制定出台进一步深化人才发展体制机制改革实施意见，杨浦区成为国家首批区域性“双创”示范基地，临港、紫竹、漕河泾、嘉定等一批各具特色的科技创新集聚区加快建设。大力推进大众创业、万众创新，全市各类众创空间超过500家，其中47家入选国家级孵化器，35家入选国家众创空间。全年用于研究与试验发展（R&D）经费支出1030.00亿元，相当于上海市生产总值的比例为3.80%（见图5）。

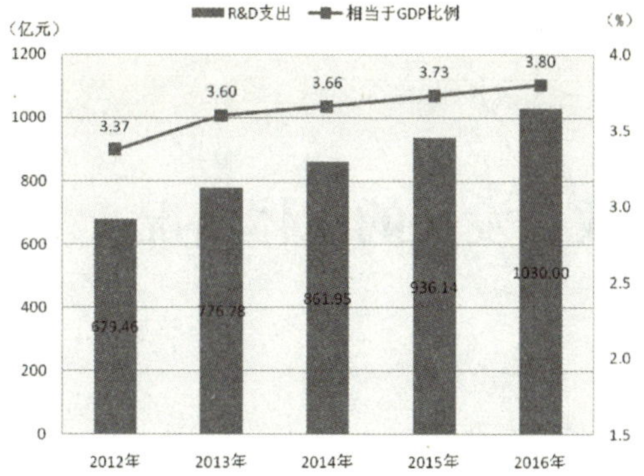

图 5　2012 ～ 2016 年 R&D 经费支出及其相当于上海市生产总值的比例

（图表来源：上海统计局 .2016 年上海市国民经济和社会发展统计公报 . http://www.stats-sh.gov.cn/sjfb/201702/293816.html）

科技创新中心建设成效显现，自主创新能力进一步增强，全社会研究与试验发展经费支出相当于全市生产总值比例达到 3.8% 左右；每万人口发明专利拥有量达到 35 件左右，比上年增长 21%（见图 6）。

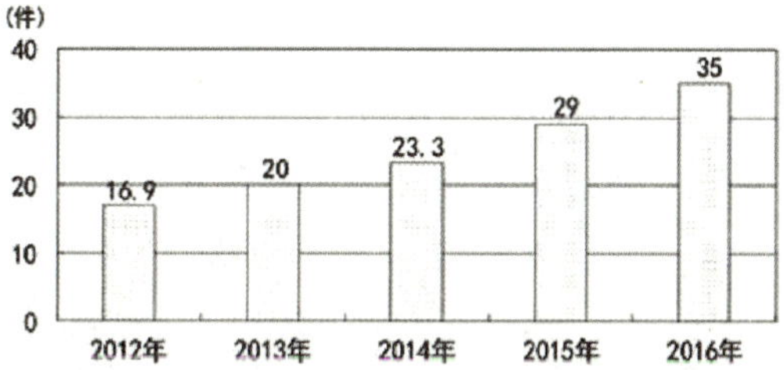

图 6　每万人口发明专利拥有量稳步增加

（图表来源：上海市改革和发展委员会 . 关于上海市 2016 年国民经济和社会发展计划执行情况与 2017 年国民经济和社会发展计划草案的报告 . http://www.shanghai.gov.cn/nw2/nw2314/nw2319/nw12344/u26aw51114.html）

参考文献

[1]　上海市改革和发展委员会 . 关于上海市 2016 年国民经济和社会发展计划执行情况与 2017 年国民经济和社会发展计划草案的报告 [EB/OL]. http://www.shanghai.gov.cn/nw2/nw2314/nw2319/nw12344/u26aw51114.html.

[2]　上海统计局. 2016 年上海市国民经济和社会发展统计公报 [EB/OL]. http://www.stats-sh.gov.cn/sjfb/201702/293816.html.

[3]　上海市人民政府 2017 年《政府工作报告》[EB/OL]. http://leaders.people.com.cn/n1/2017/0122/c58278-29040873.html.

二、上海职业教育发展的总体情况

（一）中等职业教育

上海市目前共有中等职业学校85所，其中，职业高中27所，中等专业学校51所，中等技工学校7所，共有在校生10.33万人；现有国家级重点中职校56所，其中国家中等职业教育改革发展示范学校18所，上海市中等职业教育改革发展特色示范校24所。

2010年以来，上海对接产业发展需求，开展了中等职业教育专业布局与结构调整优化工作，全市中职专业点从近700个调整到621个，逐步建立了布局合理、结构优化、特色鲜明、品牌纷呈的专业体系，调整后的专业在一、二、三产业中所占比例分别为1.4%、19.9%、78.7%，基本符合上海产业发展要求。

2016年，全市中职校共计毕业生33444人，比2015年减少2244人，下降6.28%。就业人数32862人，就业（含升学）率为98.26%，与2015年就业率相比，提升了0.13%，对口就业率为86.2%。总体上看，在生源总体下降的背景下，中职毕业生规模呈现逐年缓慢下降，但就业率和对口就业率继续保持稳定。

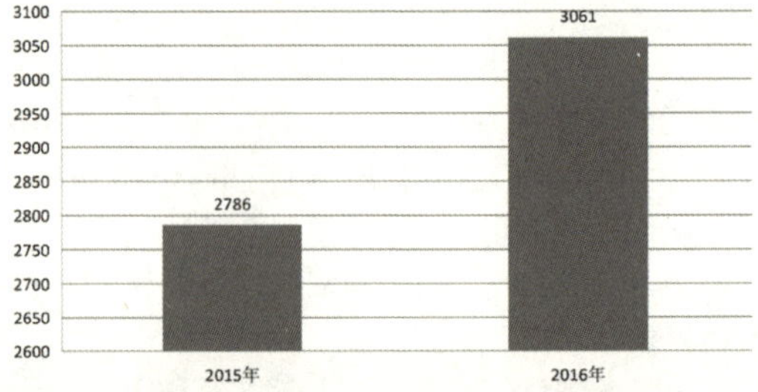

图7　中职毕业生起薪（元）

今年毕业生就业情况有以下几个特点：（1）直接就业人数占51%，就业质量显著提高。今年中职校毕业生直接就业（含进入企、事业单位以及自主创业、自谋出路、参军、出国等其他方式就业，以下简称直接就业）17135人，直接就业率为51.23%，升入高一级院校继续深造的，占47%。（2）直接就业人群主要集中在第三产业。在直接就业人数中，从事第一产业的毕业生数为64人，占直接就业学生的0.37%；从事第二产业的为5605人，占直接就业学生的32.71%；从事第三产业的为11466人，占直接就业学生的66.92%。与2015年相比，从事第二产业比例有所上升，从事第三产业比例有所下降。（3）就业地区主要在沪就业。本地就业的毕业生数为14885人，占直接就业学生的86.87%；异地就业的为1953人，占直接就业学生的11.4 %；境外就业的为297人，占直接就业学生的1.73 %。与2015年相比，本地和境外就业比例有所上升，异地就业比例有所下降。（4）毕业生起薪平均突破3000元。2016年毕业生平均起薪增长至3061元（2015年为2786元），其中超过3001元的比例为36.49%，比去年的24.16%增加了12个百分点；2001—3000元的比例为63.51%。（5）升入高校继续深造占47%，学生升学通道更宽。升入高一级院校继续深造共15727人，升学率达47.02%，比去年41.96%上升5个百分点。其中，升入本科院校826人，占5.25%，升入高职专科院校13988人，占88.94%。

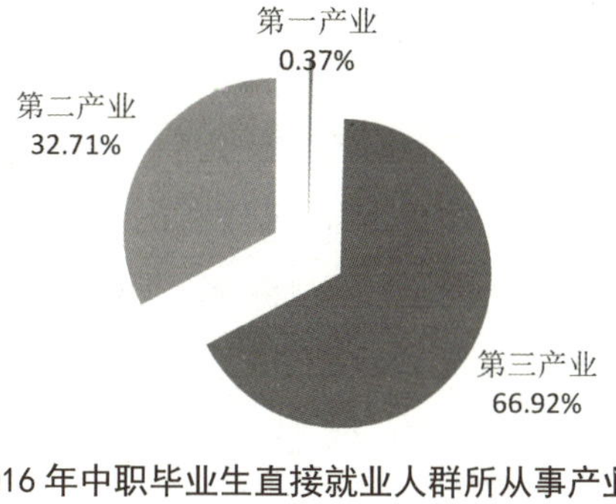

图8　2016年中职毕业生直接就业人群所从事产业的比例

全国职业技能大赛上，上海36所中职学校166名学生组成上海中职代表队参赛，159名学生获得奖项，获奖率达96%，其中获得41个一等奖，71个二等奖和47个三等奖。同时建立健全教育、人保等部门协调沟通机制、建立行业企业专家指导评价机制、建立市级开放实训中心和高技能人才基地资源共享机制等3项机制。

（二）高等职业教育

上海市共有独立设置的高等职业技术学院22所，其中公办11所，民办11所；有全日制本科院校二级学院（高职学院）17所。共有3所国家示范（骨干）高职院校，10所市级特色高职立项建设院校。专科层次职业教育在校生约14万人，占普通高等教育阶段在校生总数的23%。对独立设置高职院校，每校学生培养规模平均约为5000人，最高8643人，最低1198人。与其他省市院校相比，上海高职院校在校生规模相对较小。这一特征与上海高等教育结构布局要求相符，这也决定了上海高职院校要走“小而精”的特色发展之路。

上海独立设置的高职院校开设了197个专业，共计505个专业点，覆盖了教育部印发《普通高等学校高等职业教育（专科）专业目录（2015年）》中的19个专业大类。其中，专业点数在10个以上为会计、物流管理、机电一体化技术、酒店管理、国际商务、旅游管理等6个专业；专业在校生数分别在2000人以上为会计、护理、机电一体化技术、应用艺术设计、应用英语、物流管理、酒店管理、广告设计与制作、艺术设计等9个专业。

从专业设置与产业匹配情况来看，60%以上的专业点是与上海支柱或重点发展产业相关的专业；从专业服务面向上看，服务第一产业、第二产业、第三产业的专业点数占比分别约为3%、27%、70%，这与当前上海产业布局结构比例基本相当。

2016年，上海市高职院校33116名毕业生中，就业人数为32340人，就业率和上一年度持平，维持98%。2016年高职学生就业主要呈现以下特点：（1）平均月收入连续3年稳步提升。2014～2016年，上海市高职院校毕业生平均月收入连续3年稳步提升，由3251元增至3597元。（2）专业相关度略有起伏。2016年，上海市高职理工农医类专业79.7%的毕业生所从事的工作与专业相关，较2015年有所下滑，较2014年及之前仍有所提升。其中，虽统计院校有所变化，但民办院校的专业相关度仍高于公办院校。就目前24所院校统计得出，2015年和2016年，公办高职院校毕业生专业相关度分别为79.26 %和78.92 %，民办高职院校为83.69%和80.73%。（3）生涯发展较为理想。2015届28406名毕业生中，有1825名在半年内获得职位晋升，晋升率为6.42%；有3021名在半年内转岗，转岗率为10.64%。2016年，上海高职院校雇主满意度为94.65%，较2015

年 94.31% 略有提升。（4）自主创业比例首次突破 2%。近 5 年来，上海高职毕业生半年后的自主创业比例一直处于增长趋势，2014 年这一比例首次突破 1%，今年这一比例又首次突破 2%，得益于政府对创新创业的鼓励和扶持以及各高职院校的高度重视。

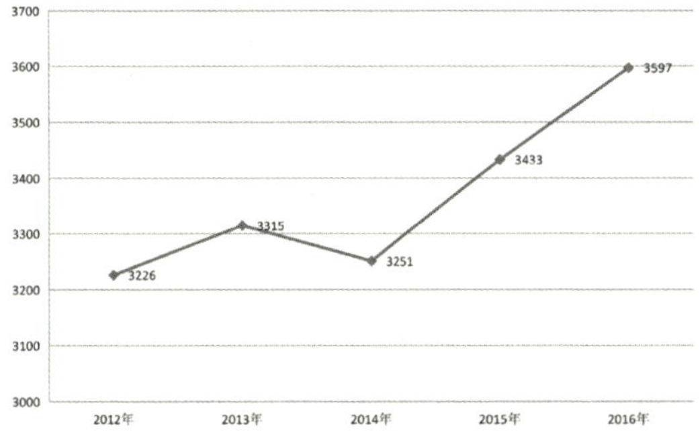

图 9　2012-2016 年上海高职毕业生半年后平均月薪（元）

上海高职院校积极参加 2016 年全国职业院校技能大赛，有 36 所高职（含二级）院校近 900 名选手报名参加了 44 个赛项的初赛，最终参加了 14 个赛项的决赛。2016 年，上海高职院校总共获取 13 枚金牌、49 枚银牌、104 枚铜牌，总计 166 枚奖牌，环比增长 66%；参加的 44 个赛项中有 40 个赛项获得了奖牌，获奖比例达 90.9%，比去年提高了 7.9 个百分比，获奖数量和赛项覆盖度与前几年相比呈现稳步上升的趋势。

2016 年 8 月，国家人社部在上海举办第 44 届世界技能大赛中国选拔赛。上海市共 35 人入院国家集训队，其中高职共 11 人入选工业控制、信息网络布线、商务软件解决方案、印刷媒体技术、网站设计、花艺、平面设计技术等 7 个赛项的国家集训队，占总人数的 32%。

（三）职业培训

上海积极推进面向全体劳动者的职业技能培训，2016 年全市完成职业培训 64.94 万人，同比增长 27.3%。截止 2016 年底，上海高技能人才占技能劳动者比重预计达到 31%。

推进农民工技能提升培训。加强农民工职业技能培训的宣传，不断完善政府补贴培训政策，通过培训机构培训、企业自主培训、推行新型学徒制度等多种途径和形式，多方合力加强农民工职业技能培训工作。2016年农民工培训27.77万，其中，等级工培训16.57万，农民工职业技能培训的质量进一步提升。另外，根据本市老龄化社会的发展需要，会同民政、卫生计生委等部门，实施了“养老护理人员技能提升专项行动计划”，将养老护理从业人员培训费补贴比例提高到80%，培育了一批养老护理优质培训机构和实习基地等，以切实有效的实际措施推进养老护理培训各项工作开展。

启动了企业新型学徒制试点工作。上海作为全国12个试点省市之一，2016年1月会同市财政局下发了《关于印发<企业新型学徒制试点工作实施办法>的通知》及《操作办法》。规定本市试点企业组织新招用人员、新转岗人员开展“企校双制、工学一体”新型学徒制培训模式的。上海试点工作以企业为主体，围绕企业需求，着重于企业培养，首批11家单位的21个项目已经启动试点，首批试点学徒2700人，其中新招用人员1500人。目前第二批试点单位也已经通过评审，预计19家单位的42个试点项目可以在今年启动试点，预计再培养2527名学徒，其中新招录用1672名。

加大高技能人才表彰及资助力度。一是2016年共新建和追加资助首席技师196个、技能大师工作室30个，对建立首席技师制度且有工作成效的企业，对成绩显著的技能大师工作室予以经费资助。二是组织开展“第九届上海市杰出技术能手和技术能手”的申报受理和评审，共评选出“上海市杰出技术能手”20名、“上海市技术能手”100名。三是推荐上海隧道工程有限公司管涵顶进工李鸿等3名本市高技能人才获得了第十三届“中华技能大奖”，19名本市高技能人才获得了“全国技术能手”荣誉称号，本届表彰中本市获奖选手之多，取得了上海高技能人才队伍建设工作历史性的突破，体现了近年来本市大力加强职业技能培训和高技能人才培养的工作成果。

三、上海职业教育发展的成就与经验

（一）着力提升学生综合素质，服务学生终身发展

1. 首次进行全市中职学生学业水平考试和综合素质评价

上海颁布学业水平公共基础课程考试的实施意见，公布2016年学业水平合格性考试和等级性考试命题要求，完成语、数、英和信息技术学业水平考试，3门科目共27861名考生参加考试，其中仅参加合格性考试7215人，参加合格性和等级性考试20646人。考试在全市45个标准化考点、1142个考场中进行。

建立统一的综合素质评价信息管理系统，提供规范化标准化管理，完成首批中职学生综合素质评价工作，本次填报对象涉及全市72所中等职业学校2014级、2015级及部分长学制学生共3.28万人，填报各类信息共计45.8万条。填报过程有序推进展开，填报质量较高，产生问题数据仅为所有数据的0.39%，产生的问题数据经过多方协同配合，均已处理完毕。

2. 开展丰富多元的活动，提升学生的综合素质

（1）开展第十二届全国中等职业学校“文明风采”竞赛。22项作品获全国一等奖，34项作品获二等奖，54项作品获三等奖；100件作品获优秀奖；60位老师获全国优秀指导教师奖；10所中职学校获学校优秀组织奖；上海市竞赛组委会荣获“组织贡献奖”荣誉称号。（2）传承民族文化，建设民族文化传承基地。创建10个融入专业特色、民族文化元素的中职校“民族文化传承教育基地”。为展现职业院校非物质文化遗产，倡导传承创新匠心文化，组织中职校参加“上海大世界非遗传习展”。（3）举行上海市中等职业学校第四届“璀璨星光”校园文化节。在大剧院举行一系列校园文化节闭幕活动；组织上海中职合唱团赴英国参

加爱丁堡“艺穗节”交流演出；组织上海师生代表团赴埃及开展非物质文化遗产交流展示。

链接　以《修身》校本课程为载体　传承中华优秀传统美德

中华职业学校作为中华职业教育社黄炎培等先贤创办的职教历史名校，在近百年的办学实践中，始终秉承学校“立德树人”的优良传统，逐步形成了爱国爱校、服务社会、敬业乐群、尊师爱生；踏实肯干、担当责任、吃苦耐劳、甘于奉献；金的人格、铁的纪律、责在人先、利居众后；理必求真、事必求是、言必守信、行必踏实等学校文化传统。

1. 编写《修身》校本教材，形成课程实施方案。基于中职学生接受中华传统文化教育的现状调查与分析，中华职校于2013年编写完成了传承中华传统美德的校本教材《修身》。教育部《完善中华优秀传统文化教育指导纲要》颁布后，学校对《修身》教材进行了修订，分家国情怀、社会关爱和人格修养等三大教育重点，以传统文化“仁、义、礼、智、信”等核心要素为引领，设“孝、悌、礼、智、信”5个篇章，共20个学习主题，从观念、言行层面对学生进行系统的修身素养的熏陶。

2. 知行合一，注重文化熏陶和实践养成。每年开学伊始，各年级制定《修身》教学计划，形成一周一主题的年级德育主题周。每周四中午12:40—13:10，班主任讲解经典，带领学生吟诵理解、背诵重点篇目，以故事或身边事组织学生讨论，指导学生实践，引导学生完成实践记录，以达成知与行的教学目标。班主任批阅评价学生的实践笔记，引导学生改变认知，改变行为。每周安排2～3次经典诵读。学校升旗仪式讲话、早操年级组点评和班级三时段点评安排围绕本周主题，形成教育合力。通过日常经典诵读、校园经典诵读和书法大赛等文化熏陶，强化学生对文化传统的认知和理解；通过实践笔记评选和测试相结合，评选班、校两级优秀学员；注重日常行为规范实践养成，不断反复、循环提升，营造良好校园风气。

3. 有机融入，形成修身主题教育活动系列。在丰富多彩的校园活动中有机融入《修身》课程内容，让《修身》元素无时不有，无处不在。如举行“校园主持人大赛”时间安排诵读自己最喜欢的《修身》经典环节；组织以《修身》课程为内容的“爱我母语，圆梦‘中华’”书写比赛；每年排一部原创的红色经典故事剧、音乐剧，倾情演绎烈士风采、先烈精神和爱国情怀；将《修身》经典诵读做成宣传板，使学生时时都能耳濡目染；开展“温馨校园寄语”征集评选活动，发动学生积极撰写修身、养性、励志、成才等方面的寄语，评选出优秀寄语在校园展示。同时整合各类教育资源，将《修身》课程与新生入学教育、爱国主义教育、校史教育、革命传统教育、国防教育、仪式教育、礼仪教育以及专业教学、社团活动、社会实践、志愿者服务、感恩活动等有机整合，互相补充。

实践证明，通过系列教育活动，学生感悟到中华优秀文化传统的精神内涵，增强了对中华优秀传统文化的理性认识、认同感和自信心，提升了综合素养；学生行为处事明显改变，得到家长的广泛赞许。

（资料来源：中华职业学校）

3. 深化普职融通，举办职业体验日活动

2016 年举办“遇见未来的自己”职业体验日活动，94 个市级开放实训中心提供 17 个专业大类 322 个职业体验项目。与前两届相比，学校参与数增加 4.8%，提供的体验活动人数增加 25.2%。通过职业体验，让学生找到职业乐趣，预览职业前景，了解职业内涵，形成“崇尚一技之长、不唯学历凭能力”的社会氛围。

4. 实施创新创业教育，鼓励学生自主创业

（1）举办创业大赛。2016 年，举办了第四届上海高职高专大学生创业计划大赛。大赛选手们在 4 个月的赛程中历经了创业计划书海选、模拟商战、项目路演等多个环节的比拼，最终决出了金、银、铜奖。优胜团队不仅获得了大赛奖杯和万元创业奖金，还获得了由大赛组委会提供的包括免费场地、媒体宣传、创业培训等在内的“零成本创业大礼包”。同时，金奖获得者直接参加了第三届上海创业计划大赛决赛。（2）打造研讨平台。支持上海科学技术职业学院举办第四届全国高职院校“推进创业教育，破解实践难题”研讨会。会议紧扣了“大众创业、万众创新”时代主题，深入探讨了开展创业实践教育的方法和举措，分享了大陆、台湾、香港地区高校在创业教育的经验与理念。（3）开展课题研究。支持高职院校开展创业教育课题研究，委托上海科学技术职业学院承担标准开发、创业教育教学资源库等课题研究。（4）搭建交流平台。推荐上海科学技术职业学院等几所院校申请加入了中国高等教育学会创新创业教育分会，成为其会员单位，促进上海地区高职院校与其他地区院校就创业教育开展交流。

近4年来，上海高职毕业生半年后的自主创业比例快速增长。2015年，毕业生半年后的自主创业比例达到1.76%，相对于2014年增长了0.28个百分点，相比2012年比例增长近5倍。民办院校自主创业比例连续两年高于公办院校，上海市民办高职院校2014年、2015年自主创业比例为1.94%和2.17%，公办高职院校比例分别为1.12%和1.43%。目前，大部分学校已制定了加强创新创业教育的相关文件与制度，并开设了创新创业教育的相关课程，配备了创新创业教育的专业老师。

链接　第四届全国高职院校创业教育研讨会在沪举行

2016年11月25～26日，第四届全国高职院校“推进创业教育，破解实践难题”研讨会在上海科学技术职业学院成功举办。

本届论坛围绕“推进创业教育，破解实践难题”的主题，邀请了内地和港澳台地区创业教育领域知名专家和企业家对创业实践的热点、难点问题进行演讲。上海科学技术职业学院朱建新董事长首先发表了热情洋溢的致词。随后，教育部高等学校创业教育指导委员会秘书处负责人、中国高等教育学会创新创业教育分会秘书长、中南大学创新与创业教育办公室主任杨芳教授作了题为“深化高校创业教育改革的思考与实践”的精彩报告。台湾中华大学科技管理系教授兼人事室主任、中华萃思（TRIZ）学会秘书长林锦煌教授分享了题为“台湾高校的创新与创业教育”的报告。新道科技股份有限公司高级副总裁、用友网络股份有限公司副总裁、集团CIO刘全宝先生作了题为“职教院校创业教育实践与人才培养方案设计”的主题报告。最后，香港城市大学系统工程及工程管理系副教授、博士生导师孙洪义以“高职院校创新创业教育实践教学环节设计的3个阶段”为题作了精彩演讲。嘉宾们全面深入介绍了内地和港澳台地区创新创业教育的经验和存在的问题，从理论和实践层面对创业教育实践进行了深入的研讨，对破解创业实践难题发表了前瞻性、科学性的见解。

此次研讨会紧扣“大众创业、万众创新”时代主题，深入探讨了开展创业实践教育的方法和举措，分享内地和港澳台地区高校在创业教育的经验与理念，探讨内地和港澳台地区之间创业教育合作机会。参会代表表示，本次会议开阔了视野、提供了思路、学习了做法，是一届富有成果、令人难忘的会议。

（资料来源：上海科学技术职业学院）

（二）深入推进职业教育综合改革，构建现代职教体系

1. 加强职教贯通培养体系建设

积极稳妥推进中高、中本贯通试点工作。2016 年新增 20 个中高贯通专业点和 11 个中本贯通专业点，开展 120 个中高贯通专业点和 26 个中本贯通专业招生工作，中本贯通报名与录取比为 10∶1，开展 147 场中高、中本家长会。

强化中高、中本贯通教育教学质量监控机制。对 2015 年整改和新设专业共 24 所学校进行评估，指导学校改进和优化培养方案；建立起常态化的中高、中本联合教研机制，新增 3 个中高和 2 个中本贯通联合教研组。

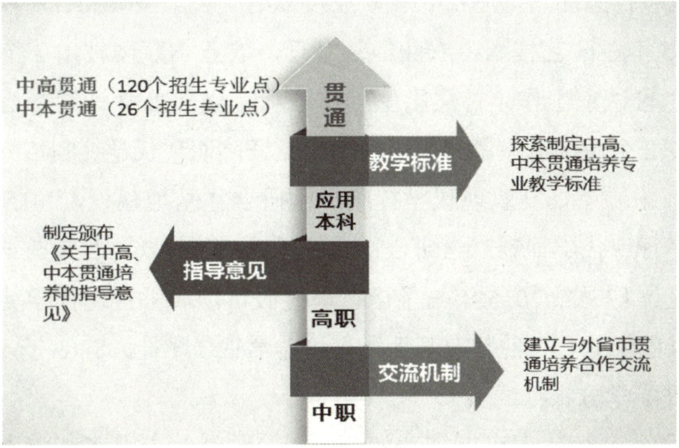

图 10　上海中高、中本贯通试点工作机制

（图表来源：上海市教育委员会，2017 上海市中等职业学校工作会议 ）

2. 深化“双证融通”专业改革

召开双证融通长三角地区研讨会，签订长三角地区合作协议书；2016 年新增 6 个“双证融通”专业点，总计达 43 个专业点；组织 12 门双证融通课程标准及考核方案开发与专家论证；出版《探索“融通”之路——上海市中等职业学校“双证融通”专业改革典型案例集》。

2015 年高等职业教育正式启动“双证融通”人才培养改革试点，具体的试点工作内容包括：校企合作共同制定人才培养方案、共同开发“双证融通课程”、对接行业岗位新需求共同开展教育教学改革、与技能鉴定专家共同优化课程考核方式。目前试点院校 24 所、试点专业 22 个、专业点 34 个，对应职业资格证书

18种。已完成22个专业人才培养方案和35门双证融通课程方案的评审，其中24门课程进入实施过程。

3. 积极推进现代学徒制试点

首批上海市中等职业学校现代学徒制试点项目遴选了11所学校的11个项目，其中上海市电子工业学校同时被确立为教育部试点学校。经过近2年的试点，形成阶段性试点典型与经验，如上海市现代流通学校中英物流现代学徒制试点、上海信息技术学校中奥合作数控技术应用专业现代学徒制试点。市教委给予每个项目20万资助，指导企业实践课程及资源开发，形成企业课程开发的基本范式与典型案例，分享试点学校阶段性改革经验与案例。

高等职业教育方面，上海市农林职业技术学院获全国首届百所现代学徒制试点校后，2016年在园艺技术、农业经济管理、农业物联网技术3个专业积极推进现代学徒制班试点工作，首届招生工作顺利完成。2017计划新增现代学徒制试点专业1～2个。上海旅游高等专科学校烹饪高职现代学徒制培养试点立项之后，学校积极拓展烹饪高职现代学徒制产学研合作基地建设，2015年学校与上海花园饭店举行现代学徒制产学研合作教育基地挂牌仪式，目前与该基地合作培养学生（学徒）17人。2016年与圣诺亚皇冠假日酒店举行现代学徒制产学研合作教育基地挂牌仪式，目前与该基地合作培养学生（学徒）8人。

4. 继续开展学分银行试点

从2013年秋开始，上海市推动部分中职校陆续与上海市开放大学合作，进行“中职—大专教育立交桥”学分银行实践，学生在中职校可以修读开放大学课程及学分，并可在升入开放大学后进行学分的累积，为学生可持续发展创造了有利条件，目前16所学校20个专业进行试点。

（三）开展专业诊断与改进，切实提高技术技能人才培养质量

1. 加强专业诊断与改进工作

结合上海实际，积极推进专业教学诊断与改进工作机制的建立，包括筹建上海市高职院校专业教学工作诊断与改进专家委员会，委托上海出版印刷高等专科学校承担上海诊改委秘书处职能；结合上海高职院校实际情况，选择上海电子信息职业技术学院、上海出版印刷高等专科学校、上海交通职业技术学院等3所院

校，作为首批试点院校；研制完成《上海高职院校专业教学诊断与改进指标体系》（征求意见稿），指导 3 所试点高校完善校级试点方案，做好试点各方面工作；组织上海高职院校代表赴江苏常州工程职业技术学院开展调研，并组织专题讨论学习。

2. 加快课程教材建设

继续修订 10 个市级中职专业教学标准；继续开展教材建设，基本完成第一批 24 本教材编写，完成了第二批 17 本教材设计；继续推进了中职精品课程建设（2.0 版），确立 7 个精品课程（2.0 版）的建设项目；继续开发 23 门网络课程，并组织中职学生选学，全年度选学学生达 10041 人次。

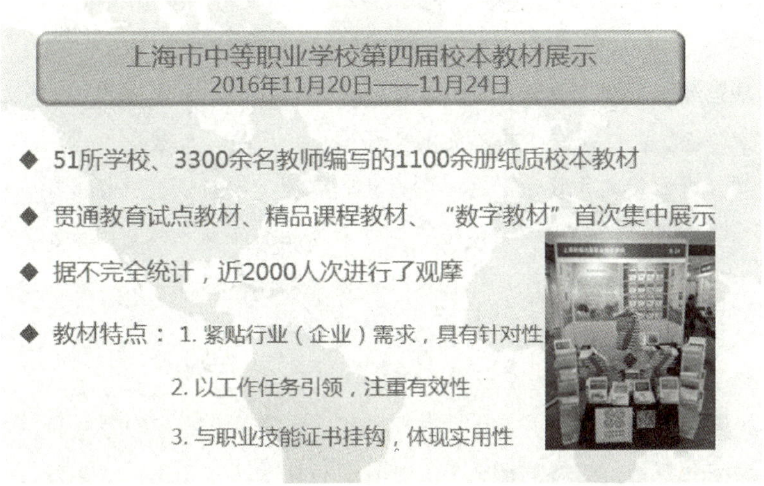

图 11　上海市中等职业学校第四届校本教材展

（图表来源：2017 上海市中等职业学校工作会议）

加强精品课程和教学团队建设。2016 年共有 26 所院校申报 47 门精品课程，其中，本科高校 6 所、独立高职 20 所。共有 19 所院校申报 34 个教学团队，其中，本科高校 3 所、独立高职 16 所。本次评选分为会议初评和现场评审，分“精品课程”和“教学团队”两组进行评选。最终经专家评分，共有 24 门精品课程和 13 个教学团队入围。

3. 规范经费使用，加强骨干校建设

近年来，上海独立设置的高职院校通过各种财政渠道获得的经费平稳增长，根据 2016 年 9 月统计，2015 年上海独立设置高职院校共获得各类财政经费收入达15.45亿元。按照院校举办者划分，2015年公办高职院校生均财政拨款达到2.27万元/生；民办院校获得各类财政支持分别达0.56万元/生，在全国民办类高职院校中处于领先水平。

需要指出的是，尽管上海市政府对高职院校的投入逐年加大，但由于上海民办高职院校数占上海高职院校数的50%且生均拨款基数较小，将公办和民办高职院校评价计算后，上海全市独立设置高职院校的年生均财政拨款为1.43万元/生，虽然已经超过财政部、教育部《关于建立完善以改革和绩效为导向的生均拨款制度加快发展现代高等职业教育的意见》所提出的“2017年各地高职院校年生均财政拨款水平应当不低于12000元”的要求，但与北京、江苏、广东等兄弟省市相比，上海高职生均拨款水平仍然较低（只有中职的1/3）。

链接　规范经费管理，提高经费使用效益

1. 明确经费支持范围。从源头上把好项目立项关。市教委对高等职业教育财政专项经费的投入主要用于两个方面：一方面是创新示范引领性项目，即上海教育综合改革试验提出的相关项目，推动上海高等职业教育创新发展；另一方面是资源共享类项目，即需要在全市层面进行优质资源共享、公共服务的相关项目，包括：面向师生的技能竞赛、项目公共服务平台等。原则上，学校能自己做的事，市教委财政专项经费不再投入。

2. 加强项目立项审批。在项目申报之初，强调经费预算编制的科学性和可行性，经费执行的规范性和时效性。在项目评审过程中，组成专家组，开展项目评审，以保证审批工作的公平公正。通过专家评审的项目，根据专业评审意见，对项目建设方案和预算进行修改完善，再据此下拨项目经费。

3. 严格执行经费管理。严格执行教育部《现代职业教育质量提升计划专项资金管理办法》（财教〔2015〕525号），做好中央财政专项资金使用管理。对地方财政专项资金，严格执行《上海市高等教育内涵建设市级教育专项资金使用管理办法>的通知》（沪教委财〔2011〕139号）等文件的相关要求。印发《关于制定现代高等职业教育质量提升计划专项资金管理办法的通知》，组织各校制定本校现代高等职业教育质量提升计划资金使用管理办法。

4. 加强项目绩效评价。执行过程中，及时对项目执行情况开展检查，帮助高校更好地推进项目实施，对有些跨年度项目，还根据检查结果调整下一年度经费支持力度。在项目实施末期，组织开展项目结项验收，严格对照项目立项时承诺的建设目标，对项目建设成效进行评价，据此形成验收意见。未达到验收条件的项目，要求高校进行整改并再次申请验收，并将整改后的验收情况与高校再次申请同类项目的情况进行挂钩。

（资料来源：项目组）

（四）加强教师队伍建设，打造双师型教师团队

1. 推进教师赴企业实践

从 2013 年起在市级层面开展教师企业实践工作，将教师每 5 年赴企业实践 1 年作为上海市教育综合改革重点推进项目。市教委与市人力资源社会保障局联手，共同认定宝钢集团、中国电信、上汽集团等 16 个高技能人才基地作为教师企业实践基地，2016 年组织 189 名教师赴企业实践 2 ～ 3 个月，开展 297 名新进教师规范化培训。

2016 年，率先面向高职院校的汽车类、软件类和物联网类专业骨干教师，开展为期 6 个月的教师赴企业实践。首批 23 名教师赴上海汽车集团、上海市软件行业协会、等市级高技能人才培养基地（企业）开展企业实践。在为期 6 个的实践过程中，建立由专业主任、行业专家、企业专家组成专家组，每两个月对教师企业实践情况进行跟踪检查，确保教师企业实践达到目标。2017 年我们将在总结项目试点的经验基础上，拓展教师企业实践覆盖面，面向汽车、机械、土建、电子、经管等 5 个专业大类的高职专业教师开展企业实践，具体实践方式也将进行调整优化（从 6 个月缩减为 3 个月，取消企业文化学习环节，增加新技术培训等内容）。

2. 加强特聘兼职教师队伍建设

近五年，上海先后资助近 3000 名来自生产一线的、具有丰富实践经验的特聘兼职教师，2016 年上海共资助 953 名特聘兼职教师和团队，特聘兼职教师大多是经验丰富、技术精湛的技术骨干，他们将企业先进生产技术和理念带入职教课堂。2016 年上海特聘兼职教师中，具有技师以上技能证书的占 44%；具有高级专业技术职称的人占 36%；99% 为在职人员。从特聘兼职教师资助人数的专

业分布来看，与上海中职校开设的专业占比基本吻合，覆盖的专业数量逐年增加。特聘兼职教师资助工作的持续推动有力促进了上海中职学校的教育及教学改革。

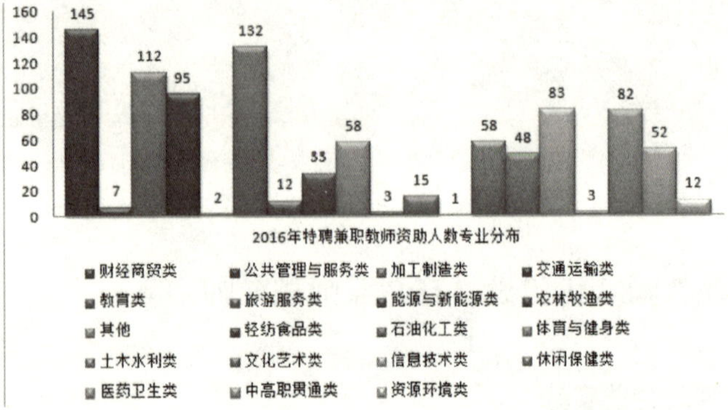

图 12　2016 年特聘兼职教师资助人数的专业分布
（图表来源：上海市教育委员会中等职业学校师资培训中心）

3. 加强高职教师全员培训工作

（1）新进教师规范培训。从 2015 年起，建立上海高职院校新进教师规范化培训制度，对入职一年以内且没有高职院校专业教学经历的新进教师开展为期 4 个月的规范化培训。主要围绕教学基本能力、职业技术能力和初步的校企合作能力等 3 方面开展培训。2015 和 2016 年分别有 82 和 78 名教师参加了规范化培训并顺利取得培训合格证书。（2）教师说课和技能比赛。委托相关上海高职专业教学指导委员会，面向汽车、土建等专业大类的专业骨干教师，开展专业教师说课和技能比赛。（3）专业主任能力培训。从 2015 年起，组织开展上海高职专业主任培训，计划用 5 年的时间，对全市 500 多名专业主任进行全员培训。2016 年相继举办了第 4、第 5 期高职院校专业负责人培训，共有来自全市 37 所高职高专院校（含本科高职学院）92 名专业负责参加了培训。（4）中德合作教师培训。2016 年组织中职、高职骨干教师参加中德合作国内外集中培训 3 个月，其中国内培训 2 个月，赴德国培训 1 个月。通过培训，教师们了解了德国职业教育体系，提高了专业实践能力和提升教育教学能力。

4. 继续开展教学比武比赛

2016 年上海高职高专院校重点专业建设教学设计比武的主题是“中高职贯通专业建设教学设计”。本次教学比武共有 20 个中高职贯通专业报名参赛，涉及 20 所高职院校（含本科高职学院）和 24 所中职学校。比武分为初赛、复赛和决赛。

决赛阶段，来自全市 400 余名中高职院校长、专业主任和骨干教师代表参加了现场观摩。最终，在 5 所高职和 6 所中职的 5 个中高职贯通专业比武中，决出 2 个一等奖；2 个最佳说课奖。

5. 开展四年一届的教学法评优

第七届中职教师教学法评优活动共产生一等奖 19 名，二等奖 54 名，20 所学校获得优秀组织奖。本届评优活动主题为“让教法更贴近学生”，其内涵是进一步促进职校课堂教学贴近学生实际，使其更符合学生的认知水平和认知规律。整个活动体现了如下特色：教师创新理念，教学成果丰富。教师的教研科研能力大幅提升，开展教研活动 1272 次，发表教改论文 2050 篇。基于学生实际，满足学生需求。参赛教师的教学设计能够基于学生的学习实际，既考虑到学生的知识与技能起点，又能兼顾学生的学习风格、兴趣、心理特点等因素。注重理实一体，体现职教特点。将职场需求和岗位要求融入教学设计，并邀请行业企业专家对教学进行深度参与。展现信息化手段。智能考评系统、虚拟现实、仿真技术、工业机器人、智慧教室等在课堂教学各个环节中得到广泛应用。

全国教师信息化教学大赛上，上海中职在教育部规定选送 20 件作品的要求下，有 19 件作品入围进入决赛。最终，荣获 5 个一等奖，8 个二等奖，6 个三等奖，获奖率为 95%，较去年同期增长 38%，一等奖同期增长 400%（2015 年 1 个一等奖），参赛的上海中职教师精彩展示，勇创佳绩，为上海争得了荣誉。

（五）多种形式推进国际化，扩大职业教育对外开放

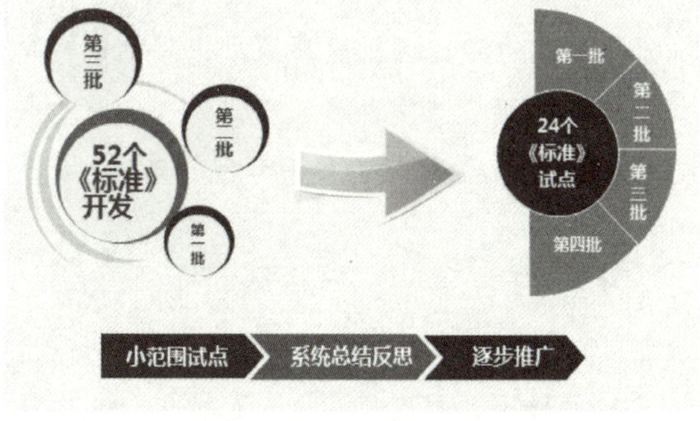

图 13　国际水平专业教学标准实施流程

（图表来源：开放 · 融合 · 引领：上海中等职业教育国际化论坛）

1. 开发实施国际水平专业教学标准

已开发52个体现国际水平的专业教学标准，涉及15个专业大类，目前已有24个国际水平的专业教学标准在实施。已有模具加工技术等23个专业能进行国外职业资格证书的认证评价，人才评价机制得到进一步优化。数据显示，试点班学生就业对口率比平行班高20个百分点；证书一次获取率高10个百分点；23个专业3638人次学生分别获22种国际证书。

链接　借他山之石　育汽修国际化人才

面对消费者对中高端汽车品牌以及高质量服务的需求，上海市交通学校凭借扎实的办学基础以评价模式改革为抓手进行培养模式变革，与国际标准对接，培养符合市场需求的汽车高技术技能型人才。

一方面，校内评价以核心课程的理实一体化考核成绩作为评价依据；企业评价通过企业技能认证考核鉴定；社会评价通过职业资格证书鉴定。学生在学校参加人力资源与社会保障部的职业技能鉴定，获得汽车维修工或汽车维修电工三、四级证书；参加交通运输部的行业资质鉴定，获得机动车检测维修师证书。

另一方面，由于欧美国家的汽车行业水平世界领先，其资格认证具有权威性，所以学校引入欧美的国际化汽车职业资格认证，实现学生职业技能评价与国际标准对接。

学校创建了华东地区首个IMI（英国汽车工业学会）中心，引入欧洲汽车行业职业标准。通过学习规定单元、参加理论评估、完成实践任务、参加实践评估，参加全欧范围通用的IVQ(International Vocational Qualifications 国际职业资格）考试，获得轻型车辆维护修理一级职业资格。

学校与戴姆勒公司合作的奔驰铸星教育项目，秉承戴姆勒全球职业教育体系的精华内容，将德国双元制模式渗透入培养过程，专注于在车辆售后服务方向培养学生，学生须参加POCCMT保养技师考试，确保他们达到高水平保养技师要求。

作为GM的合作学校，把人才的培养分为入门级、铜级、银级、金级，学生在学校通过修满车型知识、新技术等课程、达到GM经销商上岗技能要求，即可通过入门级测试；通过入门级认证，有1年以上汽车行业经验，将有可能获得铜级认证。

多元化的评价模式，促使学校加快培养方案的设计、推进培养模式的变革，进而使人才培养的质量有了保障。

资料来源：上海市交通学校

2. 支持专业教师赴国外考取国际职业资格证书

选派优秀青年教师、专业带头人等赴国外访学交流，加快高水平师资队伍建设；"十二五"期间，上海共有 3475 名教师出国进修，分别到德、澳、法、美、英等国家参加培训。近 2 年内，55 名机电、汽修教师已考取德国 AHK 证书，16 名汽修专业教师获得英国 IMI3 级国际证书。尤为重要的是这些教师将国外的先进理念渗透到日常教学，带动教学理念的革新与教学方式的改变。

3. 输出优质资源，增强上海职业教育影响力

加大品牌专业和品牌课程建设力度，提升院校专业吸引力，提高来华留学教育规模、质量。"十二五"期间，上海中职校的 20 个专业为 17 个国家和地区培养了 382 名学生。上海工商外国语学校商务汉语专业在墨尔本开设教学点，受澳洲政府授权颁发多种专业文凭和技能等级证书。近期，上海市医药学校、上海工商外国语学校等 4 所学校牵头，共同签订了中外合作意向书，拟成立中澳、中俄、中英和中德国际职教联盟，为上海中等职业教育深化发展筑就新平台。上海电子信息职业技术学院中德学院与德国兰茨胡特应用技术大学建立了长期合作关系，2016 年 8 名兰大学生在中德学院进行为期 4 个月的学习。

4. 开展国际合作办学，扩大对外开放

重点围绕上海市经济发展、产业升级和技术进步急需的相关领域，充分利用国外合作院校资源，学习和引进国际先进成熟适用的职业标准、专业课程、教材体系和数字化教育资源，提高专业建设水平。例如，上海电影艺术职业学院与纽约电影学院建立多年友好合作关系，在今年两校合作成立"纽约电影学院上海国际教育中心"。

注重打造中外人文交流品牌项目，利用专业大赛、文化展览、志愿服务和新媒体社交等途径，把讲好中国故事、传播好中国声音作为重要内容，积极开展国际理解教育。例如上海电影艺术职业学院与意大利威尼斯双年展等联合举办了"威尼斯国际电影节亚太电影艺术单元"；上海工艺美术职业学院和上海艺术礼品博物馆承办第六届中、日、韩艺术邀请展。

近5年，78%的中职学校与国外教育机构有不同程度的合作交流；共有12所中职校、21个专业与9个国家的16所教育机构开展了合作办学，合作办学培养了5605名本市中职生；2016年有297名中职生在境外就业。

图14　中职学校与国外教育机构合作办学
（图表来源：引自开放·融合·引领：上海中等职业教育国际化论坛）

（六）提升职教信息化建设水平，促进产教协同发展

1. “三通两平台”建设初见成效

依托上海教育城域网改善学校网络环境，完成所有中职校接网进校工作，实现宽带网络“校校通”。上海60所中职校主干网速超过千兆，其中18所学校主干网速超过万兆，近40所学校实现全校无线网络覆盖。基本完成每所学校每5个学生1台、每个教师1台的计算机配备标准。各校建立校本教学资源库，基本实现了教学资源“班班通”。

以信息化手段实现管理创新。已建成集专业设置、教师队伍、学籍管理、学生资助等为一体的“上海中等职业教育综合信息管理服务平台”，上海市65所中职学校实现OA办公系统，建成一批具有上海职教特色的应用平台。

2. “中职易班”基本完成全覆盖

中职学生充分享受虚拟校园和在线学习的乐趣，实现了网络学习空间“人人通”。截止2016年4月底，中职易班注册总人数9.9万人，实名注册总人数8.1万人。

3. 建成核心资源公共服务平台

推进以上海市职业教育数字图书馆、网络教研、精品课程、网络课程（微课）

等教学资源为核心的资源公共服务平台，上海市职业教育数字图书馆现有数字图书资源12.7万册，视听资源2万集，电子期刊、工具书、标准库超过10万册。建设184门具有鲜明职教特色的精品课程，访问总量达到75万人次。

4. 开展实训中心建设

10年来，本市共建设94个开放实训中心，涉及16个专业大类，覆盖61所学校。建设过程中，不断调整建设重点，优化建设方向，紧贴产业、行业、企业需求，实现紧密结合，10年内，已涌现出如唯一拥有五星级实训中心的上海工业技术学校等一批处于全国领先地位的优质开放实训中心。

加大开放力度，服务社会需求。一是承担中小学生职业体验启蒙教育、社区教育，科普教育等功能，有效促进普职融通，自2012年到2016年，职业体验学校65所，开放项目共300余个，体验人数近20万余人次。二是承担职后培训、农民工培训、企业在职员工的继续教育培训和职业技能培训，有效促进职前职后一体化，从2007年至今，服务社会培训120万人次，技能鉴定72万人次。

开展创新实验实训中心建设。运用网上虚拟实训和实际操作相结合的模式，有效提高实验实训资源的集聚和辐射，运用数字化手段开展以高效互动为核心的教学活动，目前已有4个创新实验实训中心完成建设并通过验收。

5. 加强产教研协同基地建设

从2015开始，开展了上海高职产教研协同基地建设，主要内容是：对接当前上海战略新兴产业发展需求，依托高职相关专业（群），建设三大平台：技术工艺和产品研发平台、技能大师工作室和生产性实训基地，以研促产，以产带教，实现产教研协同发展，提升技术技能创新和积累。首批共立项建设15个产教研协同基地，建设周期为3年，每个项目经费支持额度不超过300万元/年。为明确下一步建设重点， 2016年对立项的15个项目进行了中期检查，围绕三大平台建设情况，查找问题，总结成果，为下一步建设奠定基础。同时，将检查结果与2016年第二批建设经费下拨金额挂钩（检查排名最后的4个基地2016年建设经费评价调减80万）。

（七）培育新型职业农民，造就高素质农业生产经营者

1. 扎实开展新型职业农民培育工作

由农委牵头，在教委、团市委共同努力下，经过3年多探索，全市新型职业农民培育工作体系逐步完善，指导区县相继出台了新型职业农民的实施方案和认定管理办法。2016年，本市培育新型职业农民3641人，其中生产经营型1265人，专业技能型964人，专业服务型1201人，青年农场主211人。同时，还对已认定的新型职业农民2732人开展了继续教育。三年来，全市累计认定了新型职业农民4314人，其中生产经营型2520人，专业技能型602人，专业服务型1192人。

2. 积极开展青年农场主培育、技能大赛和创业路演等活动

认真实施第二期现代青年农场主培育计划，与吉林省农业委员会合作开展青年农场主培育，签订了沪吉两地合作框架协议，每年组织选派本地青年农场主到对方进行交流学习。为检阅培训成效，以行业为单位，全市开展种植业、蔬菜、畜牧、水产和农机行业技能竞赛。

3. 促进农机行业培训与新型职业农民认定工作的衔接

开展对农机化服务人员认定前复训及农机技能鉴定方案的制订，明确培训内容、培训方式、考试考核要求。到2016年底，农机行业有740人参加认定前复训，第一批570人复训合格后参加技能鉴定，鉴定合格500人，第二批将于2017年一月份参加技能鉴定。

4. 组织力量开展对农业从业人员情况调研

围绕“到2020年上海培育新型职业农民2万人，以及农业从业人员持证比例70%”的目标，依托全市1500多个行政村的信息员，全市范围内开展了对农业从业人员以及新型农业经营主体带头人的摸底调查，为更加有效开展新型职业农民培育和技能素质提升锁定培育和培训对象。

四、上海职业教育发展的样本分析与经验复制

2017年伊始，国务院印发《国家教育事业发展“十三五”规划》，确定了“十三五”时期教育改革发展的指导思想、主要目标、战略任务和保障措施，是我国近期教育改革发展的行动纲领和指导性文件。《规划》以“创新、协调、绿色、开放、共享”新发展理念统领教育改革和发展，分别从教育改革创新、教育结构调整、优化育人环境、推进教育对外开放和促进教育公平共享等五个方面，推进和实现《国家中长期教育改革和发展规划纲要（2010-2020）》战略目标。

2016年，作为“十三五”开局之年，上海职业教育事业取得了长足的发展。一是中等职业教育方面，围绕“推进综改项目、教师队伍建设、加强国际化和信息化建设、提升学生综合素质”等4个方面获得了令人满意的成绩；二是高等职业教育方面，致力于一流专业建设、加强一流学校建设、引领教育拓展工作、提升学生综合素质等方面，有效探索与上海建设“全球城市”相匹配的高等职业教育发展“样本”；三是职业继续教育与培训方面，密切聚焦上海经济社会发展对技术技能型人才的结构、层次、类型等多元需求，实施以提高劳动者综合素养为目的，加强企业职工继续教育和培训、推进农民工技能提升培训、启动实施企业新型学徒制试点工作；四是积极培育技能领军人才，强化高技能人才队伍建设、有效建设高技能人才基地建设、加大高技能人才表彰及奖励力度、广泛开展职业技能竞赛活动、创设技能人才成长的社会环境和良好范围。

（一）上海：现代职业教育策源地

弹指一挥间，迄今，中华职业教育社立社业已百年辉煌历程。1917年5月6

日来自教育界蔡元培、黄炎培、严修、范源濂、袁希涛、陈宝泉、张伯苓、周怡春、蒋维乔、邓翠英、顾树森、郭秉文等个中翘楚，又有来自实业界、出版界、乃至政界的著名人士，像张謇、伍廷芳、唐绍仪、汤化龙、王正廷、张元济、陆非逵、史量才、穆藕初、余日章、梁启超、宋汉章，甚至有尚在美国留学的蒋梦麟等48名贤达人士在上海发起成立中华职业教育社。尽管他们教育背景不同，或者学术思想也有分歧，但却对职业教育怀有共同情结、期盼和希冀。[1]

职教社成立时发表的《宣言书》特规定，职教社以“推广职业教育”、“改良职业教育”、“改良普通教育，为适于职业之准备”为目的。职教社大力倡导和推进职业教育，拉开了中国近代职业教育的帷幕。百年中华职业教育社，揭示了中国职业教育惨淡经营的历程；与此同时，为中国职业教育事业发展留下了丰富的实践经验和职业教育思想瑰宝。

1. 中华职业教育社的精神财富

作为“非政府组织”（NGO）属性的中华职业教育社，具有“统战性、教育性、民间性”的职业教育社会团体的特点。事实上，理解和提炼中华职业教育社的百年精神是一项艰巨而又非常困难的任务。

何为中华职业教育社精神？可从3个维度来界定和把握 一是从职教社的“三性”，即统战性、教育性和民间性本质内涵予以阐述；二是从职教社百年历程所积淀的思想和精神财富予以发掘；三是从黄炎培等贤达之士的论著、文章等予以梳理归纳和提炼其精神要义。为此，中华职业教育社的精神及其精神财富试图表述如下：以爱国主义为核心，以民族情怀为基础，以服务民众为宗旨，以教育振兴中华民族复兴为使命，逐渐形成了团结统一，践行职业教育实践，自强不息、孜孜追求奋斗的精神。具体而言，中华职业教育社精神的三大支柱主要体现在人文精神、教育精神和职业精神三大方面：

（1）人文精神是一种普遍的人类自我关怀，表现为对人的尊严、价值、命运的维护、追求和关切。对一种全面发展的理想人格的肯定和塑造；它关注的是人类价值和精神表现。[2] 职教社创立的旗帜上鲜明地向世人宣告：“使无业者有业，使有业者乐业”，通过职业教育获得就业机会，通过劳动改变生活。“惟先劳而后食兮，嗟！我人群之天职。欲完此天职兮，尚百业之汝择”。[3] 从某种意义上说，人文精神首先来自于个体的生存尊严，通过“有业”改变和维持生活水平，而“乐业”则是人的生命和生活世界的价值追求取向。人文精神的基本涵义就是：尊重人的生存尊严价值，生活质量价值和生命关怀价值以及人的精神价值。概而言之，人文精神是“对人的价值追求”。对自由、平等和做人尊严的渴望，对理想、信仰和自我实现的执著，对生命、死亡和生存意义的探索等。

（2）教育精神或称职业教育精神，这种教育精神首先可以理解为职业教育活动过程中的价值追求，也可以把教育的精神理解为职业教育活动的本质内涵具体行为或教育价值体现。从“历史性”来看，职业教育精神是“适切性”和“职业性”以及“人力资源再生产”等符合教育规律和促进个体成长发展的教育思想和教育理念的积淀；从“共时性”来看，是促进和服务经济社会过程中对职业教育上的生动折射；从“未来性”来看，致力于经济社会转型和技术变革、职业结构变迁同步前行的教育理想和持续不断的追求；从职业教育要义来看，职业教育目的“使无业者有业、使有业者乐业”，如同所有教育类型一样，教育作为“使人成人”、教人高尚、智慧、文明的事业，不仅具有教育方针、教育政策、教育制度等形式层面的内容，而且具有教育理想、教育信念、教育品格等意识层面的内容。职业教育精神从内容构成上可分为3个方面；首先，职业教育本质内涵的认知和完整把握。职业教育是一种“依赖性”教育类型，具有“变化周期短”，与经济活动联系最密切的一种社会活动，人力资源开发或“劳动力再生产”，则构成了职业教育精神最基本的内容。它是人类宝贵的精神财富和精神力量。其次职业教育信念。它不单是一种“就业”为导向的教育，而更是人在不同发展阶段的教育选择和生涯发展的某种抉择。因此，对教育活动中个体同样需要尊重和包容。职业教育精神特性分为：实践性、社会性、技术性、文化性、主体性、批判性和创造性。职业教育精神除了具有普通教育的基本精神之外，如强调倡导自由、追求新知；强调爱国，培养社会责任感，体现服务社会的思想等；更要倡导技术文化传统、职业道德与技术技能相融合的“工匠精神”性格特质。

（3）职业精神是职业教育主要独特的内容和教育途径。由于职业的类别多样性和职业结构的复杂性和变化周期短等特征，职业精神则是中华职业教育社“一以贯之”的命题。王伟在《论职业精神》文中，将职业精神归纳为8个基础因素，即职业理想、职业态度、职业责任、职业技能，职业纪律、职业良心、职业信誉和职业作风。这八个因素从八个特定方面反映出经济社会职业精神的特定本质和基础，同时又相互配合，形成严谨的职业精神模式。[4] 职业理想是职业精神之核心，是一种理想和价值的追求。黄炎培为中华职业教育社所办学校题词

"利居众后，责在人先"，"高尚纯洁的人格，博爱互助的精神，侠义勇敢的气概，刻苦耐劳的习惯"。[5] 另外，黄炎培在《职业教育之礁》一文中，敬勉青年学生："人生必须服务，求学非以自娱"，"职业平等，无高下，无贵贱"，"求学与习事，初非两橛。以实地功夫求学，以科学方法习事，互相印证，其乐无穷"，"人不可无业矣。更当知任何职业，必须积小为大，先轻后重"。[6]

从这些论述中不难发现，一是主张各行各业的从业者，"乐业、敬业"，放眼社会利益，努力做好本职工作，为社会作出贡献。二是从业者对职业的要求，职业胜任需要"实地功夫求学"，完善自我和服务社会。职业态度是职业精神的行为体现，具体反映在对工作或职业的投入与热爱程度。"干一行，爱一行"更多地体现在日常工作中的"一以贯之的行为习惯"。职业责任则是"一种担当"和"负责任"的义务，而"敬业乐群"则是最基本的要素。职业责任包括职业雇主（企业）责任和雇员（从业者个体）责任两个方面。发达国家职业教育法规均有"责任"或"责任教育"规定和要求，具体而言，雇主的社会责任与员工基本权利保障责任；履行员工的行业规范要求责任和工作行为的道德或伦理责任与义务。毋庸置疑，职业技能是职业精神的基础性要素，也是职业人的"立身之本"。正如黄炎培所言，"与其把个人作出发点，毋宁把大环境的需要作出发点。"[7]

鉴于科学技术的发展和生产方式、生产组织再造等需要，在经济社会发展和现代化建设中，职业对职业技能的变化要求和学习新技能迫切性程度越来越高。我们不但需要科学技术专家，而且迫切需要千百万受过良好职业技术教育的技术性技能人才。职业纪律是从业者的职业精神观念。既要使从业者在利益、信念、目标与其组织相一致（他律），又要使从业者理解"约束性"或"强制性"的规定的基础上，自觉形成"自律"的行为规范，从而转化为内在的约束力，形成新的精神观念。

综上所述，中华职业教育社的精神是一种取之不尽的精神财富。西方解释学关于评价历史文献、精神财富和应用方面，通常归纳为3种态度：（1）作者是理解作品（文本）的中心；（2）作品（文本）自身是理解的中心；（3）解释者创发性理解是作品（文本）的中心。也就是说，理解和把握中华职业教育社的精神，关键是由解释者的理解视野范围所决定，从而体验到精神财富之张力和价值所在。在理解中创新，在理解中重新解释历史、传统、经典、价值等，也成为每一代理解自身的方式。毋庸置疑，精神财富是一种信仰和信念；精神财富是一种意志力；精神财富是道德信条、各种知识等。而道德观念是一个历史的范畴，随着历史的发展而不断变化，每个时代都有每个时代的道德信条。一个人所信奉的他那个时代的道德信条，也是一笔精神财富；同样精神财富也是知识，既包括显性知识，也包括隐形知识（职业知识以隐性知识为主）。一个人的知识越丰富，他的精神财富的量就越大，他应付人生就越自如。[8]

（二） 阅读黄炎培：彰显职业教育真谛

黄炎培（1878-1965）先生是中华职业教育社（1917）创办者，现代职业教育开拓者和中国现代职业教育思想奠基者。在許汉三编《黄炎培年谱》（1985）一书中，将黄炎培一生分为3个重要的时期，即从事教育研究和创办职业教育时期（1902-1937）；参加爱国民主运动时期（1937-1949）；从事政治活动，社会活动和领导民主建国会工作时期（1949-1965）。就其他的著作、文章、诗歌和演讲涉域辽阔，特别是关于职业教育的文章、讲演报告等彰显博奥思想精神，关于职业教育思想的体系庞大而严谨。毫不夸张地说，在我们当今时代，就职业教育思想的深度和广度来说，没人能比邻黄炎培。更重要的是，他的职业教育思想不仅是历史的瑰宝，而且对于我国建设现代职业教育体系具有重大的贡献和时代价值意义。

通过阅读黄炎培，研究文本，学习和理解先生的职业教育思想的真谛，从而理性地审视当下我国职业教育的现状、寻求破解职业教育瓶颈的策略、确立符合国情的职业教育发展路径和加快现代职业教育体系建设的步伐。

2014年6月23日，自1978年改革开放以来的第七次全国职业教育工作会议召开。这次会议印发《国务院关于加快发展现代职业教育的决定》，从6个方面提出加快发展现代职业教育的28条政策措施。与之相配套，教育部等部委印发《现代职业教育体系建设规划（2014-2020）》，对体系架构、重点任务、制度保障和机制创新进行总体部署。事实上，发展现代职业教育的顶层设计的完成，[9] 并不意味着“全民共识”已经形成；或者说职业教育的“国家战略”还未成为“全民的自觉行动”。为此，蓝皮书编者花了2年多时间，编纂《黄炎培职业教育思想读本》3本（分别为学生篇《双手万能》、教师篇《敬业乐群》和综合篇《理必求真》，简称《读本》，2014年上海科学技术文献出版社）。《读本》出版将为职业院校学生、职业教育教师、办学者和职业教育研究者提供学习职业教育思想的文本。

阅读黄炎培（Reading Huang yanpei），旨在“走进黄炎培”。依据教育生态分析（Ecological Analysis）的理论，阅读黄炎培，注重全面联系、突出整体价值和强调动态过程追求持续发展的教育生态研究。为此，从黄炎培职业教育思想体系出发：一是掌握职业教育思想的内涵，黄炎培指出，“用教育的方法，使个人依其个性，获得生活的供给，发展其能力，同时尽其对群之义务，包括对己谋生与对群服务，实是一物两面。”二是熟悉关于职业教育的目的、功能与作用，如职业教育的目的就是“谋个性之发展”、“为个人谋生之准备”、“为个人服务社会之准备”、“为国家及世界增进生产力之准备”。其核心是“为个人谋生做准备”。并把它概括成为，“使无业者有业，使有业者乐业”。三是科学确立职业教育办学方针和办学原则，即社会化、平民化、科学化的办学方针以及适应社会需要、注重实用的办学原则。认为职业教育必须面向社会，积极主动地适应社会发展需要。在办学宗旨、培养目标、办学组织和形式、课程和专业设置、招生规模、培养规格教学安排上都要根据社会需要而定，实现职业教育的社会化。四是选择职业教育培养模式和树立质量规格，如“工学结合、工读交替”的培养模式。黄炎培指出，“工读制度是教育与生产劳动相结合的一种有效形式，把读书与做工、理论与实践教学结合起来”，提出职业教育要坚持“知能并重、人格完整”的质量规格。五是遵循职业教育教学原则，如“手脑并用”、“双手万能”、“学做合一”、“理论与实际并行、知识与技能并重”的教学原则。六是有效开展职业道德教育，基本要求可概括为：“敬业乐群”。“敬业”就是要热爱从事的职业，树立正确的职业观，并尽心尽责地干好，为社会和人类多作贡献；“乐群”就是要有高尚情操和群体合作精神。同时他也指出，要有“金的人格，铁的纪律”。七是全社会形成“大职业教育思想”。黄炎培关于“大职业教育思想”，他明确提出，“只从职业学校做工夫，不能发达职业教育；只从教育界下工夫，不能发达职业教育；只从农、工、商职业界下工夫，不能发达职业教育”。首先“办职业学校的，须同时和一切教育界、职业界努力沟通联络；提倡职业教育的，同时须分一部分精神参加社会的运动”。[10]

概而言之，黄炎培职业教育思想的现代价值及其意义主要体现在：一是职业教育实用主义思想；二是社会化、平民化和科学化思想；三是“大”职业教育思想。

1. 实用主义职业教育思想可概括为“四实”，即实用、实践、实力、实效

（1）实用：黄炎培职业教育思想中实用主义思想，主张职业教育要注重“实用”。他认为职业教育要符合人的需要和社会发展的实际需要，并从职业教育的目的、任务、原则、课程、办学等各个方面提出了理论联系实际、解决个人和社会实际问题的职业教育思想，坚持实用主义的知识和能力观，注重知识和能力的实际应用价值。（2）实践：黄炎培主张职业教育要注重“实践”。大力倡导职业教育产学合作、工读交替的人才培养模式，突出在做中学的实践性教学环节和学分制的弹性学习制度，遵循实用型人才的培养规律，加大了学生动手操作能力的培养，从而使学生在实践中具备一定的知识、技能和态度以及一定的职业理解力。（3）实力：黄炎培认为职业教育要注重“实力”，提升职业教育整体办学实力。指出要想办好职业教育，单靠职业学校和教育界的力量是远远不够的，这和我们目前主张的产学结合、社会参与办学来解决人力、物力上的困难是一致的。（4）实效：职业教育要注重“实效”，提出了“知能并重、人格完整”的质量规格，“知识和能力并重”的教学原则，“要培养工人先有工厂、要培养农民要先有农场”的就业保障问题。

2. 黄炎培职业教育思想中社会化、平民化和科学化思想

职业教育思想中的社会化、平民化和科学化办学思想对现代职业教育产生深远的影响。职业教育必须面向社会，积极主动地适应社会发展需要，在办学宗旨、培养目标、办学组织和形式、课程和专业设置、招生规模、培养规格、教学安排上都要根据社会需要而定，实现职业教育的社会化。平民化一是指受教育对象问题，对于个体来说，职业教育贯穿于人的“全部教育过程和全部教育生涯”，是一种终身教育；二是对群体（社会）来说，职业教育能够促使形成一种学习化社会。科学化则是指职业教育的管理、内容、运行等各方面要科学合理，逐步形成职业教育治理具有重要意义。

3. 黄炎培的“大职业教育思想”

大凡成功的职业教育发展，既需要发挥政府“有形之手”和市场“无形之手”的功能，又要形成“社会伙伴制”动力之源。积聚社会各种资源，推动职业教育“共同体”格局发展趋势，协调各方利益机制，从“利益驱动”转向“共同利益”，分享活动。

黄炎培职业教育思想中可贵的地方是他不孤立地去看待职业教育问题。就其职业教育特征而言，职业教育是一种“跨界教育”，无论是办学主体，或是职业教育政策、内容和人才培养途径，涉及范围的广泛性以及培养目标的实用性人才特征迫使职业教育必须走出普通教育的办学模式。概而言之，阅读黄炎培，不是仅仅知道黄炎培的文章、论断、观点，而是要努力提升到对黄炎培职业教育思想的现代价值及其意义的认知层面，逐步形成“面向人人的职业教育”社会环境和自觉、抉择的行为。

（三） 两种学徒制“同频共振”

现阶段我国实行两种学徒制：一是教育部门倡导和推行的“现代学徒制”；二是人社部门实施的“企业新型学徒制”。前者聚焦“准职业人”的培养与教育。2015 年教育部印发了《关于开展现代学徒制试点工作的意见》。这是全国职业教育工作会召开后出台的第一个制度性配套文件，对于深化产教融合、校企合作，推进校企一体化育人，促进我国人力资源结构优化，具有重要意义。目前大多数欧盟国家推行现代学徒制，都建立了或正在探索建立适合新时期的现代学徒制。27 个欧盟成员国中，以中等层次职业教育为主，开展了严格意义现代学徒制的国家有 24 个，有 14 个国家在高等教育层面开展了广泛意义现代学徒制。在世界其他国家如澳大利亚、美国、加拿大等，现代学徒制也已成为职业教育发展的战略重点。德国的现代学徒制开展较普遍，制度规范，企业参与度高，500 人以上的大企业学徒制参与率高达 91%。英国把开展现代学徒制作为实施国家技能战略的重要途径，政府的教育战略报告《世界一流学徒制》宣布，要让学徒制学习成为 16 岁以上青年的主流选择。鉴于我国职业教育主要以学校职业教育为主流形式，办学实践中受到诟病最多的是“放羊式”的企业实习，学生在企业里只做不学，成效甚少。在这样的背景下推行现代学徒制，人们很容易把它与“企业廉价劳动力”联想在一起。为此，职业院校致力于将企业生产性活动方式引入学校职业教育全过程，实行多元样式的现代学徒制试点，如企业将工作室设在学校，学生可以直接参与项目，既能学得一手经验，又能检验教学效果，或是校企共同招生、共同开发教学标准和教学计划、共同育人、共同享用职业教育资源和共同促进就业工作等。

链接　企业新型学徒制试点工作

上海作为全国12个试点省市之一，2016年1月会同市财政局下发了《关于印发<企业新型学徒制试点工作实施办法>的通知》及《操作办法》。规定本市试点企业组织新招用人员、新转岗人员开展“企校双制、工学一体”新型学徒制培训模式的。上海试点工作以企业为主体，围绕企业需求，着重于企业培养，首批11家单位的21个项目已经启动试点，首批试点学徒2700人，其中新招用人员1500人。目前第二批试点单位也已经通过评审，预计19家单位的42个试点项目可以在今年启动试点，预计再培养2527名学徒，其中新招录用1672名。

（资料来源：上海人社局）

至于“企业新型学徒制”，类似于日本企业内职业教育和职业培训制度。为此，不妨通过《人社厅发（2015）127号关于开展企业新型学徒制试点工作的通知》文件，详尽了解企业新型学徒制要义和制度性的规约。《通知》指出：每个省（区、市）选择3～5家大中型企业作为试点单位，每家企业选拔100人左右参加学徒制培训。基本条件为：企业重视技能人才队伍建设；建立较完善的企业职工培训制度；建立待遇与技能挂钩的激励机制；技能劳动者占企业职工比例达60%以上。目标任务包括：在企业推行以“招工即招生、入企即入校、企校双师联合培养”为主要内容的企业新型学徒制，进一步发挥企业的培训主体作用，通过企校合作等方式，组织有培训需求的企业技能岗位新招用人员和新转岗人员参加新型学徒培训，探索企业职工培训新模式，完善政策措施和培训服务体系，加快企业后备技能人才的培养。

链接　申通地铁高技能人才培养基地

上海申通地铁集团有限公司根据上海市人力资源和社会保障局《关于印发<企业新型学徒制试点工作实施办法>的通知》(沪人社职〔2016〕36号)的要求，自主申报的城轨电动列车驾驶员（三级）岗位培训项目被纳入本市企业新型学徒制试点政策范围，按照经专家评审通过的培养计划，由上海轨道交通培训中心组织实施该培养项目。目前，申通地铁已通过师徒结对形式建立了149对带教师徒，并已积极开展相关的带教工作。具体举措为：(1) 有机融合上岗资格和国家职业资格。城轨电动列车驾驶员岗位的特点与企业新型学徒制带教的方式十分接近，师徒带教也是上海轨道交通运营关键岗位的传统做法。该培养项目以城轨电动列车驾驶员（三级）技能水平为总培养目标，按照上海申通地铁集团有限公司关于列车司机上岗证相应知识和操作技能的要求，培训中心将原有的城轨电动列车驾驶员上岗证培训方案进行调整和优化，对学徒制带教计划的要求进一步细化，融入整个城轨电动列车驾驶员上岗证的培训体系中。经过为期24个月的培养，通过评价考核的学员将可同时取得上海申通地铁集团有限公司列车司机上岗证,以及国家职业资格等级证书《城市轨道交通列车司机》(三级)。(2) 充分利用培养基地的实训资源优势。上海轨道交通培训中心张江实训基地拥有全国唯一一条952实训专用车（线）。利用突出的实训资源优势，学员获得了更多实际操作真车的机会。在张江基地，中心还设置了一系列应急处置现场教学演练课程，就电动列车在紧急突发情况下的车辆运行基本参数、线路情况、轮轨关系等一系列问题进行形式多样化的现场教学、现场讲解和现场认知，并配合市公安局110应急指挥中心、市应急救援总队完成特定场景模式下的地铁疏散救援演练。(3) 量化培养目标使学员学习成果可评价。中心制定了2年的带教计划，严格设计每一阶段的培训内容和培训时间，并通过多样化的培训方式，侧重训练岗位实际操作能力，使受训学徒能够最大化地吸收并具备上岗所必需的基本知识与基本能力，实现模拟驾驶300公里，实训列车驾驶100公里，岗位带教5000公里，在经过培训后能够达到城轨电动列车驾驶员（三级）的技能水平。(4)"蓄水池"培训模式提高培养针对性。在城轨电动列车驾驶员(三级)岗位培训项目实施过程中，培训中心还独创地采用了"蓄水池"培训模式，对不同基础和学习进度的学员进行针对性的培养。"蓄水池"培训模式允许达到规定模拟驾驶公里数并通过模拟驾驶考核的学员，可优先进入到实训列车驾驶阶段，未能通过考核的学员则继续留在模拟驾驶平台进行训练。这一原理的运用有效地提高了教学效率，也有利于对拔尖学员的发现和选拔。(5) 创新采用柯氏四级评估方法检验带教成果。试点工作还创新运用了柯氏四级评估模式，从反应评估、学员评估、行为评估、成果评估4个层层递进的评估角度，实现培训全过程的实时跟踪。在培训过程中，阶段性、递进式地整理和汇总评估信息，根据综合评估结果对培训课程、培训师、培训服务等要素进行分析和改进，持续优化课程体系，使得岗位培训质量明显提升。该培训项目的实施得到了轨道交通业内专家和培训管理专家的一致认可。

资料来源：上海申通地铁有限公司

企业新型学徒制的主要内容分别为：（1）培养对象和培养模式。企业新型学徒制以与企业签订 6 个月以上劳动合同的技能岗位新招用人员和新转岗人员为培养对象。企业可结合生产实际自主确定培养对象，按照政府引导、企业为主、院校参与的原则，采取“企校双制、工学一体”的培养模式，即由企业与技工院校、职业培训机构、企业培训中心等教育培训机构（以下简称“培训机构”）采取企校双师带徒、工学交替培养、脱产或半脱产培训等模式共同培养新型学徒。（2）培养主体职责。学徒培养的主要职责由企业承担。企业应与学徒签订培养协议，明确培养目标、培训内容与期限、考核办法等内容。企业委托培训机构承担学徒的具体培训任务，应签订合作协议，明确培训的方式、内容、期限、费用、双方责任等具体内容，保证学徒在企业工作的同时，能够到培训机构参加系统的专业知识学习和技能训练。承担企业学徒培养任务的院校，与企业签订合作协议后，对企业学徒进行非全日制学制教育学籍注册，加强在校学习管理。（3）培养目标和主要方式。学徒的培养由企业结合岗位需求确定，培养目标以中、高级技术工人为主，培养期限为 1 ～ 2 年。培养内容主要包括专业知识、操作技能、安全生产规范、职业素养等。要以企业为主导确定具体培养任务，由企业和培训机构分别承担。在企业培养主要是通过企业导师带徒方式，在培训机构培养主要是采取工学一体化教学方式。学徒培训期满，经鉴定考核合格，可按规定取得相应职业资格证书或培训合格证书。企业新型学徒制通常以行业或产业发展需求，规划和实施。与教育部门“现代学徒制”相比，更具“制度性”和“可操作性”，而后者“学徒制”更多则是一种“学徒样式”或是“产学合作”的人才培养模式而已。不过需要强调的是：教育部门的“现代学徒制”量多面广，涉及制造业、商业、农业、现代服务业等各个领域；而人社部门的“企业新型学徒制”规模小，更多涉及现代制造业和生产性服务业。现在需要强调的是：两种学徒制“同频共振”，发挥各自的优势和破解不同的发展瓶颈，而不是纠缠于“优劣之分”。当务之急，全社会应形成“职业教育共同体”，政府主导、企业主体、职业院校主力和社会参与的“社会伙伴制”，致使“职业教育合力”得以彰显。进一步确认职业教育责任主体的同时，着力提升职业教育和职业培训质量。

链接　推进高技能人才培养基地建设

根据本市产业发展对高技能人才的需求，依托重点产业领域的大型企业（集团)、行业协会、产业园区和重点院校，建立一批高技能人才培养基地，积极开展本行业企业职业培训，而且面向社会开放，辐射带动上下游企业技能人才培养。2016年本市第六批批准新建上海巴士公交（集团）有限公司等15家单位为“上海市高技能人才培养基地”；开展了已建高技能人才培养基地的评估，建立了“能进能出”、优胜劣汰机制，目前本市高技能人才培养基地已达到89家。另外，2016年推荐国家级高技能人才培训基地2个。

资料来源：上海人社局

（四）上海职业教育国际化进程

在创新驱动转型发展的关键时期，上海持续致力于构建现代化国际大都市，建设“四个中心”，推进科技创新、实施符合上海全球城市发展战略，以“海纳百川，追求卓越”的城市精神，着力推进职业教育国际化进程。《上海现代职业教育体系建设规划（2015-2030年）》提出要“引入国际知名教育品牌，采用与世界一流高职院校合作办学等方式，建设若干所亚洲一流，世界知名的高端职业院校和培训机构、提升职业院校在国际公认的职业教育组织中的地位，提高国际影响力”。

1. 上海职业教育国际化标志性大事记

（1）2012年在全国率先发布《上海市教育国际化工程“十二五”行动计划》。《行动计划》共分上海教育国际交流与合作基本情况、总体目标与指导原则和具体任务三大部分。《行动计划》提出总体目标为：充分利用教育部和上海市共建国家教育综合改革试验区的有利契机，不断提高教育国际化水平。按照中央提出的统筹国内国际两个大局、两种资源的要求，充分利用上海的文化优势、区域优势和人才优势，通过多层次、宽领域、全方位的教育交流与合作，促进上海教育的内涵发展，加强国际化师资队伍建设，培养一大批国际化人才，把上海建设成为亚洲最受欢迎的留学目的地城市之一和国际教育交流中心城市，为实施国家战略，搭建人文交流平台，加快推进“四个率先”、加快建设“四个中心”和社会主义现代化国际大都市，提供更强大的人才支撑、智力支持和知识服务。具体目标包括：①以学生培养为核心，让学生具备国际交流、理解、合作、竞争的能力；②以能力建设为抓手，提高上海的国际化办学质量和能力，促进上海教育的内涵发展，提升城市的国际化形象；③借鉴国际上先进的教育理念和教育经验，促进上海教育体制与机制改革，提高上海教育的质量和国际竞争力，推动上海现代化国际大都市的建设；④以多元服务为平台，积极参与国际教育服务和人文交流；⑤鼓励开展境外办学，与世界分享上海教育改革和发展的成功经验。《行动计划》提出3点原则，即①加强分类指导，义务教育阶段积极开展国际理解教育，拓展学生的国际视野，培养学生的国际理解素养。高中教育阶段适当引进优质国际课程，开办高质量的中外合作办学，推进高中课程的多元融合，加快课程改革，满足多样化的教育需求。职业教育阶段提升引进优质教育资源的力度，借鉴国际校企合作的成功经验，增加学生海外学习、实习的机会。高等教育阶段大力推动教师和学生的国际交流，加快吸引各类优质国际教育资源，积极参与国际教育服务。②坚持改革创新。从办学机制、投资渠道、政府管理和质量保障等多种路径着手，探索各类教育国际化的新机制与新方法。支持试验区和示范项目的建设，推动资源和经验的共享。③强化基础建设。扎实做好教育国际化的基础建设，确保落实《上海市中长期教育改革和发展规划纲要》中的教育国际化重点工程。设立上海国际教育合作与交流的民间机构，树立上海开展教育国际交流与合作的品牌，整体组织实施上海教育的对外交流与合作项目；完善外国留学生服务支持系统，支持海外“孔子学院”和“孔子课堂”建设等。

《行动计划》提出的目标与任务包括：探索中外合作办学新机制；大力发展来华留学生教育；多渠道支持师生出国学习、培训；加快吸引各类优质国际智力资源；积极开展国际教育服务；加强基础能力建设和推动国际教育组织落户上海。在“亚太地区教育质量保障组织（APQN）”秘书处落户上海的基础上，再试点引进2～3个国际组织来上海设立分支机构。依托国际教育组织，积极参与国际教育规则与标准的研究和制订，推动上海与其他国家和地区的经验共享，提高上海教育的国际影响力。主动参与联合国教科文组织、世界银行、经济合作与发展组织等重要政府间国际组织以及亚太经合组织、亚欧教育部长会议等重要地区性政府间国际组织以及非政府国际组织的教育活动。实施“国际组织参与项目”，选派优秀青年学者和大学毕业生到相关国际组织学习和实习，培养胜任国际组织工作的人才。鼓励和支持教育系统的专家、学者参与政府间国际组织及其他国际学术组织的活动与工作。

在落实《行动计划》的基础上，上海职业教育国际化有了长足的发展，中等和高等职业教育或职业培训，无论是数量或是质量，无论是形式或是类型，呈现出“世界波”般的影响和作用。如①上海深入实施国际水平专业教学标准。“以培养具有国际水平的人才为目标、以职业能力标准的国际对接为基础、以体现国际职教发展趋势的专业课程与教学改革为核心、以教学条件的国际化水平建设为保障、以国际权威职业资格证书为引领”作为实施国际水平专业教学标准的理念，分3批先后开发了52个体现国际水平的专业教学标准；②职教教师赴国外或境外培训，拓展国际化视野。为提升中、高职院校专业骨干教师专业发展能力，掌握国际先进的职教理念和教学方法，获取与专业相关的企业实践经验、技术能力和技术应用能力，以及将其渗透于教学改革中的实践经验，启动中高职院校教师赴国外培训、考取国际通行职业资格证书项目。③提升中外合作办学优质水平。开展中国和奥地利合作数控技术应用专业现代学徒制试点，2013年5月17日，上海信息技术学校与奥地利职教联盟正式签订合作协议，学校与阿普拉（上海）塑料制品有限公司、恩格尔机械(上海)有限公司两家企业开展现代学徒制合作培养，并于同年9月成功招收首届学生。

链接　模拟工厂，就业工厂，职教也走国际范

——上海市工商外国语学校

该校作为上海唯一以“外国语”命名的中职校，长期以来以建设国际化中等职业学校为目标，形成了“专业＋外语”的专业特色，“技能＋外语”的人才培养特色，学校广泛开展国际教育交流合作，形成了“一领、一核心、一载体”的三层面具有国际化特色的办学模式，即在学校层面以国际化发展战略为引领，专业层面以国际化复合型人才培养为核心，在生活层面以国际化校园文化建设为载体，致力于培养具有全球视野，通晓国际规则，熟悉国际业务流程，具有较高职业素养的知识型、发展性技术技能人才。

“三个一”模式的具体措施有：依托国际合作平台，拓展对外交流通道；凭借国际合作平台，优化专业人才培养模式；坚持“外引内化”，创新课程教学项目制改革渗透校园生活，营造“融•和”校园文化；打通国际交流、升学、实习通道，推进职业教育国际化进程等。特别是在实施“外引内化”措施方面，具体策略包括：引进海外优质项目，推进商务外语专业群课程教学改革；引进国外优质就业训练项目，革新就业服务模式；数控技术应用专业引进德国AHK项目；商务外语专业海外拓展项目，与海外教育机构合作，不断完善中外合作机制。

通过数年的职业教育国际化实践探索和变革创新，学校通过召开“乐育人才”品牌发布会，扩大了学校国际化办学战略与定位、国际化人才培养模式知名度。

资料来源：青年报 2017.03.11(08)

（2）UNSCO第三届国际职业教育大会在上海召开。第三届国际职业技术教育大会于2012年5月14～16日在上海举行。此次大会是进入新世纪以来召开的首届国际职业技术教育大会，也是人类面临着经济、资源、环境、气候与社会诸多严峻挑战，职业教育必须做出反应与调整的时刻召开的重要会议，前两届分别于1987年和1999年在德国柏林和韩国首尔召开。这次会议由联合国教科文组织和中华人民共和国教育部联合举办，上海市人民政府承办，来自联合国教科文组织117个成员国和72个国际组织的800多名代表参加会议。此次大会以“为工作和生活培养技能”为主题，代表们围绕着职业教育当前和未来的挑战及应对办法，加强对职业教育促发展的理解和知识共享，以及展望职业技术教育与国际合作的前景，并确定未来工作的战略方向这三大主题坦诚，务实、深入地交换意见，通过了《上海共识》，在提高以青年就业为目的的技能培养水平，提升职业技术教育体系的应对能力，投入产出效率，消除社会不公和排斥改进职业教育管理水平和教学水平，构建将技能发展与终身教育体系相结合的资格体系，加强职业教育改革发展的国际合作等多方面提出了有针对性的措施建议，形成了广泛共识，取得了丰硕成果。

链接　职业教育的职责和任务

时任中国国务委员刘延东提出，要改革职业教育理念，突出服务实体经济，着力培养人才的创新技能，增强职业教育对经济增长和可持续发展的驱动作用；要努力提高包括青年、妇女及困难群体、特殊群体在内的劳动者的就业择业创业能力，增强职业教育对社会和谐发展的促进作用；要着眼终身学习需要，创新教育内容和方式，增强职业教育对人的全面发展的提升作用；要完善政策体系，营造政府、学校、企业、社区和家庭广泛参与的良好社会环境，加强职业教育与其他各类教育的衔接融合，增强职业教育对整个教育事业协调发展的支撑作用。教育部副部长鲁昕指出，要提高职业教育的八个服务能力：提高服务经济发展方式转变的能力，提高服务产业结构调整的能力，提高服务产业优化升级的能力，提高服务发展实体经济的能力，提高服务区域经济发展的能力，提高服务保障民生的能力，提高服务解决就业结构性矛盾的能力，提高服务构建合理教育结构的能力。

泰国教育部长 Suchart Thadathamrongvech 教授在题为“泰国职业技术教育与培训在促进经济快速增长中的作用”的报告中提出，职业技术教育与培训能够提高学生的就业能力，帮助学生更好地适应未来工作；能够抗拒贫困，确保更公平的社会分配；能够促进经济增长，推动泰国成为知识型社会。德国联邦职业教育与培训研究所所长兼科研负责人 Reinhold Weiss 先生在报告中提出，德国失业率为 8．3%，低于欧洲 20%的平均失业率，这主要归功于德国的职业教育与培训体系。

资料来源：中国成人教育 2012（4）

本次大会设 8 个议题，包括：青年人工作技能的培养；提升职业技术教育与培训体系的适应性；经费投入与提高职业技术教育与培训效率；职业教育的社会不公平与排斥；改革管理和加强利益相关方对职业技术教育与培训的参与；通过职业教育与培训促进创新与可持续发展；提高教育教学质量；构建提高技能与终身学习相联系的资历认证制度。大会专设中国职业技术教育专题会议，举办中国—联合国教科文组织职业技术教育展及专场演出，通过多种形式向世界全面介绍中国职业技术教育改革发展的成就与经验。

链接　上海共识：第三届国际职业技术教育与培训大会的建议

TVET 的转型：培养工作和生活技能

中华人民共和国　上海 2012 年 5 月 13-16 日

前　言

我们，第三届国际 TVET 大会的参与者，于 2012 年 5 月 13 至 16 日相聚在中华人民共和国的上海，共同回顾了自 1999 年在韩国首尔召开第二届国际职业技术教育大会以来TVET发展的主要趋势和政策。我们共同讨论了TVET体系发展面临的挑战，以及在整个国际社会支持获得更多机会、包容和公平、可持续发展教育及和平文化的框架下，为增强TVET在实现可持续发展中的贡献及进一步加强各国间的战略合作，TVET应当采取的恰当应对措施。我们向承办此次会议的中华人民共和国政府及他们对我们的热情欢迎和慷慨接待表示真诚的感谢。

大会重新回顾了1987年在德国柏林召开的《第一届技术和职业教育改革与发展大会的建议》，1989年发布的《技术和职业教育协定》，1999年在韩国首尔召开的第二届国际职业技术教育大会的建议，2001年通过的《技术与职业教育的修订建议》，2004年通过的《为了工作、公民素养和可持续发展而学习的波恩宣言》，2009年通过的《可持续发展教育波恩宣言》，2010年在韩国首尔通过的《20国发展行动计划》，2012年4月在多哈通过的《联合国贸易和发展大会第13届会议不发达国家部长会议宣言》，为准备上海会议而召开的两个地区咨询会议的成果（《阿曼宣言》和《约翰内斯堡蒙特哥湾宣言》），以及2012年非洲教育发展协会会议的成果。

随着2015年目标期限的临近，大会强调了TVET要积极地为实现全民教育(EFA)和千年发展目标(MDGs)作出贡献，这一方面也将得到将于2012年6月20—22日在巴西里约热内卢召开的“里约+20峰会”（联合国可持续发展大会，该会议是继1992年召开相隔20年后的第二次召开）以及国际社会2015年后对国际教育与发展议程的进一步重视。

大会注意到了自1999年第二届国际职业技术教育大会以来，各国TVET在政策发展及增强合作方面所取得的巨大进步，特别是教育与培训体系在实现衔接贯通及TVET在终身学习方面所发挥的作用。

大会也注意到了国际社会目前对于TVET概念的争论，如用其他术语如“技术和职业技能发展”代替TVET这一概念。

大会认识到了与知识社会发展相联系的新的社会发展和挑战，如信息通信技术的迅速蔓延，全球金融危机、气候变化和人口发展趋势的影响，以及新的更高层次TVET的出现。

大会也认识到了TVET在解决社会和经济发展问题方面的积极作用，例如，不利的社会经济环境，包括失业，特别是青年人和妇女失业，贫困和物质缺乏，城乡差距，食品不安全，医疗保健机会不足，以及冲突和灾难国家所面临的困境。从而形成以人为本的发展方式方面的作用，并特别关注TVET发展要适应特定国家的背景。

大会建议UNESCO成员国政府和TVET利益相关者实施如下行动，以应对大会所提出的挑战。

1. 增强TVET的适切性

· 更新和发展相关机制和工具，以明确当前及未来的技能需求，确保TVET项目的适切性，以适应快速变化的劳动力市场及经济社会的发展要求。

· 把“绿色”经济和“绿色”社会方面的教育纳入到TVET资格和项目中，并且加速“绿色TVET”议程朝着低碳、适应环境的方向发展。

· 把信息通讯技术纳入到TVET中，以适应工作场所和社会总体发展模式的转型。

· 特别关注那些缺乏技能型工人的职业。

· 更多地考虑地方需求和需要。

· 开发恰当的激励机制，以促进雇主在规划、管理、课程、资格开发和评估及校企合作方面的积极参与。

2. 扩大机会，提高质量及促进公平

· 制定旨在改善教学与学习过程的有效政策，尤其是制定使TVET员工专业化的政策与机制，并且提高所有层次TVET的教学质量。

· 努力提高各种类型TVET的质量，主要措施是改善其实施的多种背景，特别要对质量标准和规范进行定义。

· 积极促进通识及跨学科能力的发展，例如解决问题和批判性思维能力，以及创业技能和改变行为的能力，以此使学习者具有可持续生存和生活的技能。

· 采取创新性措施，提供高质量和包容性的TVET，尤其要为弱势群体，包括残疾人士、边缘群体、农村人口、移民及受到冲突和疾病影响的人提供TVET。

· 改善性别平等，使男性和女性能有平等接受TVET的机会，尤其是在那些有很强劳动力市场需求的领域，并且保证TVET课程和教材避免产生性别偏见。

3. 改革资格框架，发展多种教育路径

· 支持灵活的教育路径，促进个体学习的积累、认可和转换，主要措施有：开发透明、清晰及学习效果本位的资格机制；采取有效措施进行国际水平的资格评估和认证；进行信息交流，发展互信制度，增强所有相关参与者的合作精神；把质量保证机制纳入到资格体系的所有环节。

· 将 TVET 与普通教育衔接起来，以增强所有层次教育路径的灵活性，并促使 TVET 学习者向高等教育层次晋升，这也是终身学习战略的一部分。确保所有教育路径都能为青年人提供适应劳动力市场需要的技能、高水平的读写和计算能力，以及可转移的技能、价值观和态度。

· 开发生涯指导体系，以帮助学习者选择合适的教育路径，包括不断提供最新的市场信息和自我评估方法，使教育路径适应个体潜能及兴趣，并促进个体生涯管理技能的发展。

4. 增强信息基础

· 开发相关框架和工具，以加强对与国家政策相关的定量和定性信息材料的收集，包括教师和受训者的数据，以及相关监督和评估数据。这还应包括开发相关工具，以评估这些政策的有效性。

· 增强法律框架内国家有效利用信息系统的能力，包括增强社会合作伙伴和公民社会的能力，以促进对有效国家政策的制定。

· 加强对 TVET 的研究，特别要发展基于数据信息的研究，以促进基于数据信息的政策制定。

· 确保国家范围内的数据收集和国际水准及行动的接轨。

5. 改善管理，扩大合作伙伴

· 创造合适的途径和机制，使企业代表、工人、学习者和包括年轻人在内的普通大众都能参与到 TVET 中来。

· 在地区合作行动的框架内，进一步发展 TVET 机构间的合作伙伴关系。

6. 增加对 TVET 的投资，实现融资渠道的多元化

· 把 TVET 作为人力资本的一项重要投资，这可以使更大范围的 TVET 参与者获得高额回报，这些受益者包括个人、企业、国家，这要求国家把 TVET 放在优先发展的位置。

· 通过恰当的激励机制，使所有合作伙伴参与进来，实现融资渠道的多元化。

· 发展目标导向的拨款机制，增强弱势群体获得 TVET 的机会，以及培训后的就业机会，包括“绿色”工作机会。

7. 进一步倡导 TVET

· 突出 TVET 在促进经济繁荣和社会和谐方面所发挥的重要作用。

· 增强包括学习者、家庭及所有其他参与者在内的公众对于 TVET 的关注，通过媒体使大众有机会了解 TVET 在促进个人进步、就业和自我实现中的作用，增强 TVET 的吸引力。

意识到国际社会的积极参与，包括多边和双边合作伙伴以及私人机构和民间团体的参与对于 TVET 政策的制定具有重要意义，大会建议：

· 认识到 TVET 在应对青年失业和不充分就业方面的重要作用。

· 确保更好地支持 TVET 在 2015 年以后成为国际教育的一部分，并且是可持续发展议程的一部分。

· 高度重视发展研究和分析能力，为政策制定及有效而公平的资源配置和利用提供可靠而坚定的政策支撑。

· 把 TVET 领域的国际合作和国家需求相结合，利用跨部门的合作战略增强 TVET 发展项目的主动性。

· 对不发达国家，SIDS 以及被战争冲突和疾病影响的国家给予特别关注。

· 提供合适的平台和国际交流机会，促进国际社会对相关政策、工具和方法的交流。

邀请 UNESCO 总干事来共同实施如下行动：

· 促进 2015 年后国际教育和发展议程中对于 TVET 以及工作世界技能开发定位的探讨，总结《UNESCO TVET 战略 (2010-2015 年)》的实施经验与教训。

· 进一步增强和扩大 UNEVOC 网络的能力和包容性，以使其在发展政策制定者和实践者的能力方面发挥更加重要的作用，并促进所有相关利益群体融入进来。

· 考虑到 UNESCO 的《技术和职业教育协定》(1989 年) 和《技术与职业教育的修订建议》(2001 年) 的相关性和适应性，在可能的情况下发展新的或再次修订更加合乎规范的工具性文件，以适应不断变化的世界。

· 与成员国和其他相关组织进行磋商，探讨通过建立一个专门的国际小组，开发基于学习效果的质量保障或资格认证指南，以及制定一套世界参照体系的可能性，以促进 TVET 资格的国际比较和认可。

· 建立在相关政府间组织已有工作的基础之上，特别是“教育指标工作小组”以及“20国发展行动计划中的人力资源开发小组”，在UNESCO统计研究所的技术支持下获得相关数据，为发展跨国数据体系及建立地区和国际范围内的数据监测平台提供基础。

· 进一步扩大UNESCO与其他联合国相关机构和多边合作伙伴，以及地区发展银行和组织间的合作伙伴关系，包括加强UNESCO对于TVET政府间机构及相关工作小组工作的参与。

· 在《上海共识》的基础上，与TVET领域的相关团体合作，积极开展地区和国际后续行动，进一步增强《上海共识》的影响力。

资料来源：职业技术教育 2012 (15)

（3）上海中等职业教育国际化论坛召开。2016年12月10日，以“开放 · 融合 · 引领”为主题的上海中等职业教育国际化论坛在上海举行。据12月11日《劳动报》报道，论坛采取主题报告、分论坛研讨和经验交流等形式，围绕上海职业教育国际化的历史、现状、成功经验、典型案例、交流合作机制及“一带一路”战略和上海建设卓越的全球城市背景下，职业教育发展面临的机遇与挑战及未来之路进行了深入的交流与探讨。一方面展示了“十二五”以来，上海职业教育国际化发展进程和成果，如上海开发了52个国际水平专业教学标准，并有24个国际水平的专业教学标准在实施;共有475名教师出国进修，分别到德、澳、法、美、英等十几个国家参加培训；共有3638名学生分别获取了22类国外权威职业资格证书，2016年有297名中职生在境外就业。在职业教育国际化办学方面，“十二五”期间，本市78%的中职学校与国外教育机构有不同程度的合作交流，合作培养了5605名本市中职生。另一方面，聚焦国际职业教育发展的趋势和新变化。为此，论坛强调，立足于上海建设现代化国际大都市与卓越的全球城市的背景，迫切需要国际化的技术技能人才支撑，未来在扩大职业教育对外开放、融合国际办学理念、深化国际课程标准、加强国际师资培训等方面需做进一步探索，同时以“一带一路”战略作为重要契机，做好优质资源对外输出，扩大本市职业教育贡献力与影响力。

本次论坛分为3个单元，分别为主题报告，交流研讨和专题报告。教育部职业技术教育中心研究所所长杨进、上海市教委副主任郭为禄、上海市人力资源与社会保障局副局长张岚出席会议。来自英国博尔顿大学、澳大利亚博士山学院、俄罗斯工商会上海代表处、德国汉斯·赛德尔基金会和美国PPG工业公司等国外参会代表，以及山东、江苏、浙江等外省市的职业院校、本市教育专家和各中高等职业院校校长共200余人参加研讨。

在主题报告单元，上海市教委教研室从对接国际水平开发专业教学标准，上海市教育技术装备中心从建设国际水平教师队伍方面，全面展现了“十二五”期间本市中等职业教育国际化发展成就。“十二五”期间，上海开发了52个国际水平专业教学标准，并有24个国际水平的专业教学标准在实施；共有475名教师出国进修，分别到德、澳、法、美、英等十几个国家参加培训；共有3638名学生分别获取了22类国外权威职业资格证书，2016年有297名中职生在境外就业。

在交流研讨单元中，与会代表表示，加强职业教育的对外开放、加快与世界先进水平的融合，深入开展与国外职业教育机构的交流合作，是推动职业院校内涵发展、提升职教师资队伍国际化水平、全面提高人才培养质量、培养符合上海发展需求的知识型、发展型和国际化技术技能型人才的必由之路。上海职业教育国际化的经验做法引起与会者兴趣，包括：依据学校特色与专业特点，融合德国双元制经验，培养大国工匠；融合英国现代学徒制经验，校企协同育人；融合澳大利亚TAFE经验，获取TAFE证书，建设共享型教学资源库；融合法国经验，开展职后培训。“十二五”期间，上海78%的中职学校与国外教育机构有不同程度的合作交流，合作培养了5605名本市中职生。上海石化工业学校徐卫东老师表示，受益于2次赴德国进修学习，回国后刻苦钻研，自己很快成长为一名专业带头人，自己创新的“五员六步教学法”教改成果获得了国家教学成果二等奖。在第43届世界技能大赛中勇夺车身修理项目银牌的上海市杨浦职业技术学校罗良表示，自己取得的成绩正是得益于学校以国际大赛标准开展教学，迅速提升职业技能水平与职业素养。上海电力工业学校毕业生沈扬表示，自己在学校所学知识与国外的要求非常接近，在国外工作后能迅速上手。

会上，上海市医药学校、上海工商外国语学校、上海市交通学校和上海电子工业学校分别与澳大利亚、俄罗斯、英国和德国的相关院校与机构签订了成立职教联盟合作意向书。

（4）申办2021年第46届世界技能大赛。2016年10月7日，国家人社部在加拿大举行的世界技能大赛2016年年会上，代表中国政府宣布申办意向，并推出上海作为承办城市，目前上海已启动各项准备工作，在国家的统一部署下，按世界技能组织的要求，并于 2017 年 3 月 28 日在上海召开第 46 届世界技能大赛申办工作委员会第一次全体会议，标志着申办工作正式启动。这次申办口号拟推荐“新青年、新技能、新梦想”。申办 2021 年第 46 届世界技能大赛，是党中央、国务院立足战略和全局做出的重大决策。国家确定上海作为承办城市，为上海深入实施创新驱动发展战略、加快高技能人才队伍建设提供了重大机遇。上海市市长应勇说，可以坚信，上海申办世界技能大赛一旦成功，将会对上海职业教育发展和“技能行动”产生“聚合辐射”影响力，甚至其辐射作用远远超过 2012 年的第三届国际职业教育大会。

参考文献

[1] 谢长发 . 黄炎培画传［M］. 四川教育出版社 2012.38-39.

[2] http://baike.so.com/doc/67709-71453.html.

[3] 中华职业教育社社歌 .

[4] 王伟 . 论职业精神 [EB/OL].http://baike.so.com/doc/5434197-5672496.html.

[5] 周汉民 . 黄炎培职业教育思想读本 - 敬业乐群（教师篇）［M］. 上海：上海科学技术文献出版社，2014.11.

[6] 周汉民 . 黄炎培职业教育思想读本 - 双手万能（学生篇）［M］. 上海：上海科学技术文献出版社，2014.97-98.

[7] 周汉民 . 黄炎培职业教育思想读本 - 双手万能（学生篇）[M]. 上海：上海科学技术文献出版社，2014. 14.

[8] http://baike.so.com/doc/5356061-5591552.html.

[9] 马庆发 . 黄炎培职业教育思想读本 (后记)［M］. 上海：上海科学技术文献出版社，2014.191.

[10] 马庆发 . 切换发展动力从就业导向迈向需求导向［N］. 中国教育报，2016.08.02（03）.

五、上海职业教育联盟功能与辐射张力

基本实现教育现代化是全面建成小康社会的重要标志，也是实现“两个一百年”奋斗目标的必然要求。从《国家中长期教育改革和发展规划纲要（2010—2020年）》实施5周年的中期总结评估情况看，我国教育改革和发展取得了举世瞩目的成就，与发达国家的教育差距进一步缩小。但面对来自经济社会发展和人民群众对优质教育日益增长的需求，作为经济发达城市上海，肩负历史使命和社会共同富裕的责任。近年来，上海职业教育积极采取多种形式开展对口支援工作，根据教育部和本市工作部署，做好对口支援中西部地区职业教育发展工作，支援新疆、贵州、云南等省专科高等职业院校提升师资能力和人才培养水平。

（一）资源共享：支援中西部贫困地区经济建设

在对口支援中西部的背景下，上海利用自身资源优势，有针对性地开展职业培训、师资培训、干部培训，并通过上门指导当地职业院校等方式，无偿投入一定的人力、物力和财力，有效促进了中西部贫困地区的经济社会发展。

（1）2014年10月，上海教育、人社等部门积极创新体制机制，与新疆喀什地区相关部门、上海市对口援疆前方指挥部共同组建了全国首个教育援疆职教联盟上海—喀什职业教育联盟（以下简称“联盟”）。联盟成立一年来，到目前联盟共有成员单位70余家，重点为上海市对口援助的泽普、叶城、巴楚和莎车四县职业学校提供服务，同时辐射整个喀什地区全部职业学校。2016年启动开展南疆职业教育对口支援全覆盖工作，在深入调研的基础上，上海市教委、喀什地区行署、前方指挥部三方共同编制了《沪喀职业教育对口支援全覆盖行动计划

（2016—2020 年）》，力争用 5 年时间，帮助受援地区打造 8 个具有示范辐射作用的品牌专业。

（2）签署上海市对口支援青海果洛藏族自治州中等职业教育协议。协议达成以来，来自果洛藏族自治州玛多、玛沁、久治、甘德、达日等县的 161 名学生分别在上海市房地产学校建筑工程施工专业、上海市南湖职业学校旅游服务与管理专业、上海市新陆职业技术学校学前教育专业和上海市东辉职业技术学校汽车运用与维修专业就读。

（3）上海科学技术职业学院自 2013 年与遵义职业技术学院签订对口帮扶协议以来，围绕接对学校的专业发展和内涵建设，加强对学校的科研指导，以科研项目提升教师教育教学能力水平，2015 年，帮助该院 12 个科研项目正式立项，支持遵义学院电子商务专业建设，投入专项资金建设实训基地，积极为该校培训专业教师。

（二）从政府导向转向社会伙伴制职教联盟

现今，上海业已开始实施的职教联盟或是合作协议，首先是在政府推动和主导下，包括资金投入、人员配置、合作院校均通过政府政策支持和而且政府则是责任主体。为了更加有效和持续发挥职教联盟功能和能量释放张力，国际发达国家实践业已证明，亟待引入市场经济要素，从政府导向转向社会伙伴制，即政府、地方、院校、企业、社会团体共同协力打造“职业教育共同体”，包括职业教育资源有效整合，并结合区域经济社会发展和经济结构、产业结构差异性及时调整专业结构与满足区域人才培养类型结构需求。毋庸置疑，在初始阶段政府的推动和政策支撑是不可或缺的，但随着时间的推移和发展的变化需求，政府导向的职教联盟必然由社会伙伴制职教联盟所替代。另外，市场经济在资源配置起决定性作用，同样适应于职教联盟运行机制。

（三）职教联盟多元功能与精准扶贫

首先，职教联盟功能是由单一的支援或援助功能逐渐转向多元功能，旨在推动职业教育共生性发展、职业教育现代化水平整体提升，从而消除和缩小发达地区与贫困地区的差距，实现共同富裕和全面建成小康社会的战略目标。至于现阶段的精准扶贫任务则是一种阶段性目标，而长远的目标则在于社会与人的可持续目标。由此归纳为四大功能：一是培育职教师资队伍，整体提升职教师资专业化水平。事实上，“教师素质差异明显比学校软件或硬件差异重要得多”，所以合格、专业化教师是教育质量的根本保障，也是职业院校声誉和质量的体现；二是提升职业教育服务经济社会能力，特别是提供有质量的专业教育，优质职业教育可避免辍学率和重读率以及提升吸引力；三是提升新增劳动力受教育年限，特别是普及高中阶段教育进程中，中等职业教育具有不可替代功能。国家“十三五”经济社会发展规划纲要将“高中阶段教育普及攻坚计划”列入教育现代化重大工程，而贫困地区的高中阶段教育普及程度低于全国平均水平，高中阶段毛入学率只有85%。因此，《攻坚计划》重点在中西部贫困地区。因为，高中阶段教育是选择性的教育，其类型包括普通高中、普通中专、成人中专、职业中专和技工学校，是国民教育体系的重要环节。所以职教联盟的功能拓展，有利于普及高中阶段教育。事实上，中等职业教育在普及高中阶段教育具有不可替代的作用。当然，普及高中阶段教育不仅仅是数量的概念，而是普职结构合理，类型多样和充满“吸引力”优势专业特色和满足“升学”和“就业”准备教育的选择需要；四是提高专业建设质量和适度超前调整专业结构和课程设置，尤其要根据区域经济结构调整需要，开展职业性继续教育。一方面聚焦因转型变化而出现的职业结构变迁；另一方面为在职员工提供多样性、选择性的培训机会，着力培养员工的岗位流动或选择多元性职业的能力。这是因为，劳动力迁移也是“教育投资收益得以实现的”一种标志。“在一定程度上说，教育能使工人意识到其他领域的就业机会，或者是说，在其他领域降价高效地促进劳动力分配到最具生产力的地方”。[1]

（四）提升职教联盟运行质量与辐射张力

职教联盟的多元功能实现，很大程度上取决于运行质量和效能释放。运行质量一般包括项目选择、决策过程、实施方案、实施机制、实施过程监控与调整、实施结果评价与效能分析等要素。而影响运行质量的关键要素则是教育供给服务品质，以制度创新助推职业教育现代化。尤其需要从以下四大方面入手，（1）以新改革谋划新突破。寻求“最大公约数”，形成共谋职业教育现代化的良好氛围。把职业教育作为基本民生，百姓人人关注；把职业教育作为人力资源的“蓄水池”，把中等职业教育作为普及高中阶段教育的重要支撑。(2) 以社会伙伴制构建职业教育发展共同体，形成多元责任主体，共同参与和承担职教联盟多元功能发挥。打破学校职业教育与社会培训之间的藩篱，突破体制障碍“瓶颈”，引入社会资本，试点“混合制”职教联盟。(3) 适应经济社会发展需求，实现教育发展和人力资源能力建设有机统一，提供多元优质人力资本，为国家现代化建设提供充沛的人力资源。当前，我们迫切需要解决贫困区域人力资源存量整体素质不高这一制约我国经济社会发展尤其是产业转型升级的瓶颈，从“新增”和“存量”相结合的高度同步实现劳动力和产业结构转型升级。为此，要适应国家“十三五”规划，聚焦国家发展重大战略优化教育结构，用学校职业教育和社会培训“两只轮子”驱动人力资源开发。应对国际挑战、符合我国国情的教育和人力资源开发新战略，使教育现代化成为国家现代化的有力支撑。(4) 加强现代职业教育体系建设，在人才培养和办学模式上实现新突破。职业教育现代化是教育现代化的主体内容，没有职业教育的现代化就没有教育的现代化。当前，特别需要研究形成适应职业教育发展规律、重点任务和特点的制度建设方略。

现有的上海职教联盟无论是数量或是运行质量都有很大的提升和发展空间。况且上海职教联盟还处于初始阶段，亟待总结和评估，为释放辐射张力提供可复制的样本和策略。为此，以现有的职教联盟院校和实施项目后产生的影响和多元功能拓展的需要，围绕三大方面提升辐射张力。一是从责任主体层面，即从单一的政府导向转向市场需求的共同利益导向，包括政府、地方、院校、社会资源有效整合，各司其职，担负各自利益责任的同时，合力推进职教联盟最大利益化；二是从受众层面，即职业院校学生和受训者的感受度或普惠性的提高，使他们既有就业竞争力，又有自由选择职业能力和机会，或者选择多元生涯发展的支撑条件和基础以及为职业迁移的职业资格；三是从联盟院校和教育机构层面，形成有质量的运行机制，最大程度地使职业教育资源“存量”转向“增量”，发挥职教联盟的“溢出效应”，带动和促进联盟区域的职业教育现代化发展进程。

参考文献

[1] 杰拉尔德•M. 梅尔，詹姆斯•E. 劳赫 . 经济发展的前沿问题［M］. 上海：上海人民出版社 2004.249.

六、“十三五”上海职业教育发展方略与思考

2016年颁布的《上海市国民经济社会发展第十三个五年规划纲要》开宗明义提出：上海“十三五”规划既要为国家全面建成小康社会做出重大贡献，又要为上海未来长远发展奠定更加坚实的基础。以创新发展、协调发展、绿色发展、开放发展、共享发展的理念引领发展方式转变，使规划更加适应时代要求、更加符合城市发展规律、更加反映市民期待，是我们不懈的追求。“十三五”时期（2016—2020年）是我国全面建成小康社会的决胜阶段，上海承担着到2020年基本建成国际经济、金融、贸易、航运中心和社会主义现代化国际大都市的国家战略，肩负着继续当好全国改革开放排头兵、创新发展先行者的重要使命，承载着促进社会公平、提高生活质量的百姓期盼。在《上海市教育改革和发展“十三五”规划》中，再次强调：坚持立德树人，践行“为了每一个学生终身发展”的核心理念。为应对“广大人民群众对接受高质量教育、选择个性化服务的需求日益强烈”趋势，上海“十三五”职业教育发展方略应在“新常态”背景下，凸显全球城市特征的职业教育发展样本。

（一）借力申办2021年第46届世界技能大赛契机

2016年10月7日，国家人力资源和社会保障部在加拿大举行的世界技能大赛2016年年会上，代表中国政府宣布申办意向，并推出上海作为承办城市，目前上海已启动各项准备工作，在国家的统一部署下，按世界技能组织的要求，并且于2017年3月28日在上海召开第46届世界技能大赛申办工作委员会第一次全体会议，标志着申办工作正式启动。这次申办口号拟推荐“新青年、新技能、

新梦想”。申办 2021 年第 46 届世界技能大赛，是党中央、国务院立足战略和全局做出的重大决策。国家确定上海作为承办城市，为上海深入实施创新驱动发展战略、加快高技能人才队伍建设提供了重大机遇。

2017 年 4 月 5 日和 6 日，由世界技能组织主席西蒙先生、首席执行官霍伊先生、竞赛部主任斯多基女士组成的考察团抵沪，前往上海奔驰文化中心、东方体育中心、国家会展中心、上海申通地铁集团轨交实训基地、蓝带厨艺技能培训学校等地，进行考察。

世界技能组织 (World Skills International) 成立于 1950 年，每两年举办一次世界技能大赛，该赛事有着“世界技能奥林匹克”的美誉，是最高层级的世界性职业技能赛事，代表了职业技能发展的世界先进水平。我国 2010 年 10 月，人力资源和社会保障部代表中国政府申请并正式加入世界技能组织。2017 年 10 月，在阿联酋阿布扎比举行的世界技能组织全体成员大会上，将进行申办陈述和投票表决，最终确定主办权归属。这是继“申博”之后，上海参与的又一场世界性活动的申办。

（二）聚焦职教政策落地与实施效能研究

为率先实现教育现代化，办好人民群众满意的教育，服务国家战略需求，支撑上海“四个中心”和社会主义现代化国际大都市建设，依据《国家中长期教育改革和发展规划纲要 (2010-2020 年)》的战略目标，落实《上海市国民经济和社会发展第十三个五年规划纲要》和《上海市中长期教育改革和发展规划纲要 (2010-2020 年)》的总目标和主要任务。上海“十三五”时期面临新形势与新挑战，“十三五”时期是全面建成小康社会决胜阶段。新一轮科技革命和产业变革孕育兴起，教育、科技、人才、文化等成为国际竞争的核心要素。我国经济发展进入新常态，以创新、协调、绿色、开放、共享的发展理念引领未来发展，将成为关系我国发展全局的一场深刻变革。上海进入创新驱动发展、经济转型升级的攻坚期，转换发展动力、优化经济结构、提高发展水平的要求更加迫切。上海教育进入全面深化综合改革、通过系统性改革激发新动力的关键阶段。需求升级期盼多样化高质量教育，随着上海经济发展和市民收入水平不断提高，广大人民群众对接受高质量教育、选择个性化服务的需求日益强烈。

一是迫切需要将职业教育发展融入上海深化教育综合改革大趋势，有效突破体制机制的瓶颈制约，进一步提高各级各类职业教育质量，激发多元办学活力，形成弹性开放、灵活便利的教育体系。二是提高职业教育技术技能人才培养水平，全面推进职业院校内涵建设，拓展职业教育功能，对标行业、对标国际，构建开放融合的现代职业教育体系，培养知识型、发展型的高水平技术技能人才。上海作为全国改革开放排头兵、创新发展先行者，有义务、有责任率先构建具有世界水平、中国特色、上海特点的区域现代职业教育体系，为国家职业教育改革发展探索和积累可复制、可推广的经验成效。三是上海区域经济社会持续转型对职业教育提出新需求。当前，上海正紧紧围绕国家重大战略和中央对上海改革发展的战略定位，主动适应经济发展新常态，以提高经济发展质量效益为中心，加快建设“四个中心”和具有全球影响力的科技创新中心，着力推进现代化产业体系和“四新”（新技术、新产业、新业态、新模式）经济发展，促进经济提质、增效、升级。面对新形势新任务，上海职业教育需要加快培养一大批适应先进制造业、现代服务业、战略性新兴产业，以及“四新”和劳动力市场发展变化新需求的高素质劳动者和知识型、发展型技术技能人才，为长三角区域经济社会持续转型发展提供有力支撑。

以《上海现代职业教育体系建设规划（2015-2030）》为行动框架，扎实推进和率先实现职业教育现代化。在当前世界经济形势下，许多发达国家和地区更加注重实体经济发展，纷纷把构建完善现代职业教育体系作为支撑实体经济的战略选择，更加注重形成开放、衔接、融通的现代职业教育体系。上海职业教育需要在牢固坚持自身改革发展特点的基础上，紧跟国际职业教育改革发展趋势，让学生有多种发展选择，持续培养大批知识型、发展型技术技能人才，有力支撑实体经济改革发展。

（三）加强普职渗透，优质普及高中阶段教育

教育部日前发布《高中阶段普及攻坚计划（2017-2020）》，提出到2020年我国高中阶段教育毛入学率将要达到90%。尽管上海毛入学率已达到95%以上，但就其质量和结构而言，离教育现代化目标和指标要求仍处于中等水平，与上海大都市的地位不能相匹配。《攻坚计划》的目标不是单纯的数量和规模概念，而

更多的是聚焦高中阶段教育的结构、类型和多样化问题。普及高中教育任务、目标和要求，必然倒逼上海中等职业教育发展的变革思考：一是重新审视“普职招生规模大体相当”的合理性与人民群众现实的教育选择需求。政府教育部门不要再把“招生规模大体相当”有限政策作为主要目标，而是将“普职渗透”作为《攻坚计划》实现的主要抓手；二是职业教育贯通培养，如构建“中职—高职专科—应用技术本科—专业学位研究生”相衔接的人才培养体系，制定一体化人才培养方案，建立多元成长路径，实现技术技能人才衔接培养，需要将关注的重心转向职校生学习能力和专业学习的关注度；三是提供优质、品牌专业和优质学校教育，满足市民日益提升的多样化教育需求。高中阶段教育是一种选择教育，而中职教育更要在满足“就业准备教育”和“升学准备教育”两种选择之间提供条件和保障机制。为此，建议加快研究和制定“普职渗透”相关政策框架和制度保障。可以预测，上海中等职业教育发展类型必然呈现“重新洗牌”的局面，不要纠缠于所谓“中职教育”是否需要的伪命题，而要聚焦通过“普职渗透”推进，包括缩小中职规模，着力探索多元、多样性的普职渗透的教育类型。国际上发达国家和地区普职渗透的类型包括：普职课程渗透、教育模式渗透、合作学校教育渗透、学校类型渗透（综合高中）等。“分流教育”是经济社会发展和人的发展需求所致，而“普职渗透”也是一种延缓分流的重要举措，如在在普通高中学校引入职业技术课程，为普通高中学生接受职业基础教育创造条件或是在职院校加强普通教育课程，为学生多元生涯发展需要提供选择准备性保障。

第二部分

上海职业教育专题研究

一、新时期构建现代职业教育体系的背景与策略

当前，我国经济发展进入新常态，伴随着“一带一路”建设、京津冀协同发展和长江经济带等一系列重大战略布局的形成，新产业、新业态、新商业模式不断涌现，互联网 +、大众创业、万众创新，给经济社会发展带来前所未有的冲击和机会，也给职业教育发展提出新的任务，带来新的机遇和挑战。职业教育是国民教育体系的重要组成部分，也是人力资源开发的重要组成部分。构建现代职业教育体系，是党中央、国务院做出的重大战略决策，是推进职业教育服务工业化、信息化、城镇化、农业现代化同步发展、如期全面建成小康社会的重要部署。

（一）历史性要求和里程碑意义

构建现代职业教育体系是我国 30 多年经济社会持续发展与世界网络信息技术高速发展历史性交汇的要求，在我国职业教育发展进程中具有重要的里程碑意义。

20 世纪 80 年代以来，我国经济社会持续发展，取得了巨大的成就，令世人瞩目。也正是在这个时间段，从世界进入计算机革命时代、网络信息技术高速发展，到今天的大数据和“互联网 +”，对技术技能人才的职业要求不断提升。借用英国《后现代大学来临？》作者安东尼 · 斯密斯的话说，“1960 年的大学与 1860 年的大学相比有着天壤之别”。[1] 那么，难道“2000 年的职业教育与 1900 年的职业教育相比没有天壤之别”吗？ 1900 年前后，正是德国“双元制”职业教育体系的建立时期（1870-1920）；而 2000 年前后，正是我国现代职业教育体系的建立时期。2002 年，《国务院关于大力推进职业教育改革与发展的决定》首次提

出建立"现代职业教育体系"；2005年，《国务院关于大力发展职业教育的决定》再次强调建立和完善"中国特色的现代职业教育体系"；2010年，《国家中长期教育改革和发展规划纲要（2010-2020年）》明确将形成现代职业教育体系作为职业教育2020年的发展目标；2014年，全国职业教育工作会议召开，《国务院关于加快发展现代职业教育的决定》《现代职业教育体系建设规划（2014-2020年）》颁布，明确提出"到2020年，形成适应发展需求、产教深度融合、中职高职衔接、职业教育与普通教育相互沟通，体现终身教育理念，具有中国特色、世界水平的现代职业教育体系"[2]，内涵更加丰富，目标更加明确。这是我国政府面对新时期全面建成小康社会、"中国制造2025"以及"互联网+"等国家战略行动对技术技能人才需求作出的重大决策。

（二）适应发展需求

适应发展需求是现代职业教育体系建设的逻辑起点和首要任务，也是评价体系建设成效的主要指标。

1. 适应发展需求是推进现代职业教育体系建设的价值追求，也体现了现代职业教育质量和质量观

2010年国家发布《教育规划纲要》明确提出要树立科学的教育质量观，"把促进人的全面发展、适应社会需要作为衡量教育质量的根本标准"，既强调人的全面发展，也强调适应社会需要，是两个维度的现代教育发展质量观，具有重要的先导性意义。李克强总理主持的国务院常务会议明确指出，"只有满足社会需求、市场需求、企业需求，发展与技术进步和生产方式变革以及社会公共服务相适应、产教深度融合的现代职业教育，才能为社会输送适合产业发展的高素质人力资源，才能为国家和社会源源不断地创造人才红利"[3]。地方政府对职业教育发展的价值追求更加直接、更加具体，例如四川绵阳市市长认为"如果职业教育能够以一个专业带动地方一个产业，需要多少钱政府都可以支持"；山东枣庄市委领导高度赞扬枣庄职业技术学院准备把更多的毕业生留在当地就业、在当地发挥作用的做法[4]。适应发展需要是职业教育有别于其他类型教育的主要特点，是现代职业教育发展的内在动力，需要建立与之相适应的现代职教体系。

2. 适应发展需求也是职业教育教学改革的重要依据

习近平总书记在加快发展职业教育的重要批示中强调“要牢牢把握服务发展、促进就业的办学方向”[5]，这就是职业教育教学改革的方向。适应发展需求，对制定专业人才培养方案、教学计划和课程教材改革具有决定性意义。首先要建立专业结构调整优化机制来推动专业设置和产业需求的对接，这是专业建设服务经济社会发展的重要前提，否则服务发展就可能成为一句空话；其次是要建立专业教学标准和职业标准联动开发机制，来推动专业教学内容和职业标准的对接；第三要建立优秀企业共同参与教学改革机制，推动教学过程和生产过程的对接。最近部分省份推进职业教育专业内涵建设的力度相当大，例如实施职业教育的品牌专业建设计划，入门条件之一就是要有行业代表性企业的参与合作，对产业发展和行业标准编制修订要有话语权，从而能引领全省同类专业建设，提高服务产业升级的能力。此外，要注重教学方法改革，推进信息化教学，提高学生、学习的主动性；要加快职业院校专兼结合“双师型”教学团队建设，努力打造具有行业企业培训师资质的教练型教师队伍。

（三）产教深度融合

产教深度融合是国家就现代职业教育体系建设做出的新部署新要求，体系建设必须有企业的深度参与，依赖校企深度合作，发挥企业的重要办学主体作用。

李克强总理主持召开的国务院常务会议指出，“发展现代职业教育，不单单是一个教育问题，还是推动工业化、信息化、城镇化、农业现代化同步发展的重要一环，更事关中国制造业的核心竞争力、中国装备的市场竞争力”[6]。职业教育不仅仅是国民教育体系的重要组成部分，也是人力资源开发的重要组成部分，国家转变经济发展方式赋予了职业教育新使命，发展现代产业体系赋予了职业教育新任务。全国职业教育工作会议上要求“坚持把校企合作作为办学制度”，国务院《决定》强调“要重视发挥企业的重要办学主体作用”。把校企合作提升到职业教育制度建设的地位，这在我国职业教育发展历史上是从来没有过的。这意味着，以往的单以学校为主体的职业教育，已经难以适应经济社会发展的需要；以往的企业仅仅是职业教育的支持者，而在新制度之下，企业和学校必须共同成为办学主体。目前校企合作面临着提高有效性和提高企业参与主动性问题，要加快进行体制机制的改革，探索发展股份制、混合所有制职业院校，加快发展企业牵头的职业教育集团；同时，也要设计一些机制，以促进校企合作的有效性，比如遴选和淘汰机制。

（四）中职与高职衔接

中职与高职教育衔接是现代职业教育体系建设的基本路径，也是职业教育适应产业升级、连接就业体系的基础性工程。

体系建设要适应发展需求，系统培养技术技能人才，必须要沟通中等和高等职业教育，良性互动、整体发展、合作共赢。首先，职业资格证书制度是中高职衔接发展和链接就业体系的制度保障，要加快推行职业资格证书和劳动就业准入制度，为中等和高等职业教育衔接发展提供制度保障，发挥职业教育与劳动就业联系的重要桥梁作用。其次，专业设置衔接是系统培养技术技能人才的基本要求，关乎人才培养的规格和目标，关乎职业教育资源的配置和协调，关乎职业教育的质量和效益。专业设置的衔接是中等和高等职业教育协调发展的基本要求。要根据经济社会发展实际需要和不同职业对技术技能型人才成长的特定要求，研究确定中职和高职衔接专业，修订专业目录，通过统筹专业建设，奠定系统培养技术技能人才的基础。要以就业体系为导向，选择地方经济需求的专业开展中高职衔接。第三，探索专科高职教育和本科高职教育的联结沟通是中高职教育衔接的重要举措。我国探索本科层次的高职教育要按照坚持需求导向、以服务地方发展为中心，为“新四化”建设提供“下得去、留得住、用得好”的高端技术技能人才。不仅要加快推进地方本科高校“存量转型”，也要探索专科高职院校部分优秀专业“增量试点”，尤其是在“经济欠发达、发展加速度、人才需求旺、本科教育缺、高职有基础”的中西部地区和三线城市，选择当地产业发展急需、专科高职有优势、本科院校接不上的专业，率先探索高职性质、本科层次的专业教育，成为地方推进“新四化”同步发展的重要力量[7]。

（五）职教与普教沟通

职业教育和普通教育相互沟通丰富了现代职业教育体系建设的内涵，是推进职业能力和普通文化素质具有同等价值的重要体现。

我国普通教育的发展历史悠久，成绩显著，在全社会具有很高的声誉和地位，构建现代职业教育体系就是要着力突破职业教育对立于普通教育的现象，逐步确立学生的职业能力和普通文化素质具有同等价值的理念。当前，重点要突破以普通文化课标准作为衡量中等职业教育与普通高等教育的衔接标准，需要确立一种全新的思维，无论是在高等教育考试招生改革，还是在就业体系中，都要确立职业能力和普通文化素质具有同等价值的观念，否则，职业教育和普通教育相互沟通就会落空。例如，探索以专业课的优秀成绩来弥补其他文化课的成绩，这与我们曾经倡导的特长生类似，既然体育特长、文艺特长等可以作为弥补文化课成绩的不足，反映职业能力的专业特长似乎更应该可以弥补文化成绩的不足，但这在高考招生中一直是一个遗憾，也是就业体系就业政策的遗憾。目前推进的高考招生改革已经有了良好的开端，而要真正落地，还需要更多的努力。将职业教育与普通教育相互沟通作为现代职业教育体系建设的重要特征，是确立职业教育在国家人才培养体系中的重要位置、促进形成“崇尚一技之长、不唯学历凭能力”社会氛围的重要举措，有利于激发年轻人学习职业技能的积极性，让更多的职业学校毕业生能够有更好的发展。

（六）体现终身教育理念

体现终身教育理念是现代职业教育体系面向人人、以人为本的要求，是提高人力资源开发能力的重要标志。

构建现代职业教育体系最根本的目的是实现人的终身发展，让人学会技能和本领，能够就业并成为有用之才，满足社会发展需要。职前教育和继续教育一体化，是终身教育理念落地的战略举措，是“无业者有业、有业者乐业”落地的战术举措。国家提出了大众创业、万众创新的国家战略，职业教育恰恰是大众创业、万众创新的一个重要平台。在“互联网 +”时代，网络信息技术发展使产业升级和业态更新成为常态，对于职业教育专业的拓展、技术技能人才能力的培养，提出了新的要求，也提供了新的平台。单一的全日制教育、职前教育已经很难适应社会发展和企业发展的需求，现有的职业教育模式也难以适应学生终身学习的要求。“互联网 + 教育”是职业教育体现终身教育理念的重要路径，要加强信息化基础设施建设，让专业教师尽快熟悉掌握信息化教学手段。面对职业教育的生源群体变化，需要考虑不同生源群体学生的个性化发展，满足他们的个性化需求。而在线教学资源的充分利用，是满足不同生源群体尤其是终身学习需求的最佳手段，能够更好地激发学生们的学习主动性、积极性。因此，要让每个教师都学会运用网络教育技术，促进教与学两方面的改革。要大力开发数字化教学资源，推动优质资源共享，率先把已有的优质资源利用起来。目前职业院校已开发建设了一些精品课程，但这些资源可能很少有人去看、去用。激活这些“僵尸”资源，一个重要的路径是增加学生在线学习的互动性和在线学习的考核功能，让教师愿意用，学生喜欢学，使其发挥应有的作用。

（七）新时期亟待新策略

加快发展现代职业教育的部署已经明确，我国职业教育改革发展的政策重点，正在从以规模发展为重转向现代职业教育体系建设。新时期，推进我国现代职业教育体系建设亟待采取新策略。“一分部署、九分落实”，为使各项任务、举措能够得到准确、有序、协调地推进，至少要在以下方面采取新策略：

（1）基于中国高等职业教育质量年报的探索，确立“投入质量、过程质量、结果质量”三位一体的职业教育新型质量观。[8]

（2）专业建设面向地方经济转型产业升级，建立专业结构调整优化机制，推动专业设置与产业需求对接，加强重点专业、品牌专业建设。

（3）国际交流合作服务“一带一路”发展需要，推动与企业和产品“走出去”相配套的职业教育发展模式。

（4）双师队伍建设重点提升专任教师水平和专兼结合双师结构团队建设水平，探索建立双师素质校本等级激励制度、企业兼职教师入门校本标准和激励制度，打造具有行业企业“培训师”资质的教练型教师队伍。

（5）产教融合提高校企合作有效性，建立合作企业的遴选机制、兼职教师的入门机制、合作办学的激励机制、合作育人的管理机制、合作就业的补偿机制、定期评价与退出机制。

（6）发挥企业办学主体作用，探索股份制、混合所有制二级学院建设，推进集团化办学从学校联盟向校企联合体转型，推动现代学徒制试点。

（7）利用在线信息技术推进教学改革，加快智慧校园和数字教学资源建设，完善信息化教学基础设施、深化在线信息技术环境下工学结合教与学模式改革，探索优质教育资源扩大个性化在线学习覆盖面，推广教学过程与生产过程实时互动的远程教学。

（8）加强教学质量监测与保障，探索宽进严出的管办评分离体系，以培养质量和服务贡献为主要指标，构建产出导向的评价制度，完善学校、行业、企业和社会成员共同参与的质量评价机制，完善学校和专业教学质量监测反馈提升制度，完善职业教育质量年度报告编制、发布、反馈和改进制度。

（9）推进创新创业教育教学改革，重视创业意识教育、孵化和发展，建立跨专业交叉培养创新创业人才的新机制，重视创新创业服务，推进人才培养与社会需求的协同，推进校校，校政、校企、校社协同，推进专业间的协同培养。

（执笔：马树超、郭文富）

参考文献

[1] 安东尼·史密斯，弗兰克·韦伯斯特 . 后现代大学来临？[M] . 侯定凯 . 北京：北京大学出版社，2014:4.

[2] 国务院关于加快发展现代职业教育的决定 [Z]. 国发 [2014]19 号，2014-06-22.

[3] 李克强：让职业教育为社会源源不断地创造人才红利 [EB/OL]. http://www.gov.cn/xinwen/2014-02/27/content_2624263.htm, 2014-02-27.

[4] 上海市教育科学研究院，麦可思研究院 . 2013 中国高等职业教育人才培养质量年度报告 [M]. 北京：外语教学与研究出版社，2013:31.

[5] 习近平就加快发展职业教育作出重要指示 [N]. 中国青年报，2014-06-24(01).

[6] 李克强：让职业教育为社会源源不断地创造人才红利 [EB/OL]. http://www.gov.cn/xinwen/2014-02/27/content_2624263.htm, 2014-02-27.

[7] 王琴，马树超 . 中等和高等职业教育协调发展的策略思考 [J]. 中国高教研究，2013(9).

[8] 上海市教育科学研究院，麦可思研究院. 2015 中国高等职业教育质量年度报告 [M]. 北京：高等教育出版社，2015.

二、上海现代职业教育体系建设的制度与政策

上海从2007年开始推进现代职业教育体系的构建，努力实现《上海教育事业发展“十一五”规划纲要》提出的“创建现代职业教育体系”建设目标。2010年，《国务院办公厅关于开展国家教育体制改革试点的通知》公布了一批构建现代职业教育体系的试点地区，上海承担了探索建立职业教育人才成长“立交桥”，构建现代职业教育体系的任务，上海现代职业教育体系的探索实践进一步深化。2015年，《上海市人民政府关于加快发展现代职业教育的决定》明确了“十三五”时期现代职业教育体系建设框架；上海市教育委员会、上海市人力资源和社会保障局、上海市发展和改革委员会、上海市财政局、上海市经济和信息化委员会组织编制了《上海现代职业教育体系建设规划（2015-2030年）》并印发各有关高等学校，各有关委、办、局、控股(集团)公司，各区县教育局，各有关单位，要求结合本单位的实际情况认真组织实施。

（一）上海的制度配置与政策实践

1．上下衔接，双向沟通，实现终身教育理念

上海的现代职业教育体系不仅强调职教体系内部上下衔接，而且要求职业教育与普通教育之间有效互通，遵循内部层次衔接和普教体系相互沟通两条主线。

——建立中高职、中本贯通培养制度，推动职教体系内部衔接。上海在中高职教育贯通培养模式、中职与应用本科的贯通培养模式、中高职教育衔接模式等方面开展了构建现代职业教育体系的试点工作。2010年上海在护理等4个专业开展试点开展了中高职教育贯通培养模式试点工作，截止2015年4月，已设立

“中高职贯通”试点专业105个，就读学生近1万人[1]。2014年，市教委出台了《关于开展中等职业教育——应用本科教育贯通培养模式试点工作的通知》，开展了“中职—应用本科”的衔接培养试点，选择上海医药高等专科学校和上海杉达学院开展专科护士方向的本科护理专业培养工作。

——开展职业体验日，实现普通教育与职业教育有效互通。2014年4月，上海市教委主办上海市首届学生职业体验日活动。上海50所中等职业学校、66个市级开放实训中心、35个校级实训中心提供了14大类、212个职业体验项目，鼓励职业院校向普通学校开放课程和实训资源，拓展职业教育与普通教育之间的交流合作。

——通过学分银行制度，创建终身教育体系。上海市率先试行学分互认，设立“学分银行”推进终身教育的发展，并于2010年建立了开放大学[2]。2011年颁布的《上海市终身教育促进条例》第十一条对逐步建立“终身教育学分积累和转换制度”作出了原则性规定。2013年出台了《上海市终身教育学分银行学习成果认定、积累与转换办法》，进一步规范了学分管理、认定及应用的流程。《决定》提出逐步建立职业资格证书、职业教育学历证书与开放大学、成人高校课程之间的学分转换制度。

2．创新政府、行业及社会各方分担职业教育基础能力建设机制

上海注重建立职业院校与行业企业合作制度，实现学校与企业共同参与职业教育。

——成立校企合作委员会。2012年，市教委、市发展和改革委员会、市财政局等16个部门联合出台了《市教委等16部门关于加强校企合作提高高等教育、职业教育质量意见的通知》，以按条款落实责任部门的形式明确规定企业、政府与行业在职业教育校企合作中的职责。文件规定对与企业技能岗位密切相关的专业，学校要与企业紧密合作，建立校企合作指导委员会。

——整合职教资源，夯实现代职业教育体系建设的基础。市教委以职业教育集团助力现代职业教育体系建设，目前，全市共建立了24个具有较好建设基础、良好发展前景的职业教育集团，分别有12个区域性职教集团、11个行业性职教集团和上海远程教育集团。

——建立行业参与行业职业教育指导制度。《决定》提出建立行业人力资源需求预测和就业状况定期发布制度，建设企业技能大师工作室。《决定》提出有条件的企业建立首席技师制度，建设技能大师工作室。

3. 优化专业结构，建设实训中心，服务产业与学生的需求

——通过专业调整制度，促进专业设置紧紧围绕上海产业结构调整。针对中职教育专业，2009年出台的《关于推进上海市中等职业教育专业布局和结构调整优化工作的实施意见》要求建立中职专业体系。针对高职教育专业，上海市教委出台了《上海高等教育内涵建设“085”工程实施方案》，以提高高技能人才培养质量为核心，推进高职院校重点专业建设。根据加快发展现代服务业和先进制造业对高素质劳动者和高技能人才的需求着力开展专业设置与结构调整优化工作。

——推进实训中心建设。上海市2004年全面启动学校开放实训中心建设，到目前为止，上海市共建成了93个遍及城乡、布局合理、覆盖主要产业、惠及广大市民的职业教育开放实训中心。实训中心累计培养学生30万人数，社会培训30万人次，技能鉴定22万人次，两万多名长期失业青年依托上海职业院校的职业培训实现了重新就业。[3]

4. 开展双证融通，深化教学改革，优化人才培养制度

——开展“双证融通”。上海市教育委员会与市人力资源和社会保障局通力合作，2012年开展中等职业教育“双证融通”专业改革试点，2013年起在职业院校开展“双证融通”，将职业资格要求融入职业院校日常教学，学生毕业时在获得学历证书的同时，可获得相应的职业资格证书，实现了学历与职业资格标准贯通。

——开发职业教育国际水平专业教学标准。目前上海市已开发完成了汽车运用与维修、护理、制药技术等52个专业的国际水平专业教学标准，在此标准基础上，选择了医药学校、上海市商业学校等12所学校在制药技术、国际商务等专业试点进行实施。

——推动中高职精品课程和示范校建设。上海市于2010年和2014年分别开展了中等职业学校精品课程建设和中等职业学校精品特色专业；上海2011年起至今持续4年推进高职院校市级精品课程建设。[4] 市教委分别于2012年和2013年启动了“上海市特色高等职业院校建设计划”和“上海市中等职业教育改革发展特色示范学校创建工作计划”，在夯实现有教学基础的前提下，强化现代化建设。全上海建成24所市级特色示范中职学校。

5．健全人事管理，推进教师制度改革，健全专业发展通道

——建立教师社会实践制度。《上海市中长期教育改革和发展规划纲要》要求，建立职业院校教师培训制度和社会实践制度，保证教师至少每3年参加一次专业培训和到企业一次挂职锻炼。2013年，教委与人保部门合作认定百联集团等10家企业为首批上海市中等职业教育教师企业实践基地[5]。2015年印发了《上海高职院校教师企业实践试点工作的实施意见（试行）》。

——形成校长人事管理制度。上海探索以中职校长职级制为中心，建立校长培训制度、校长德育评估制度、校长评价，形成校长人事管理制度。2007年，印发了《关于开展中等职业学校校长职级评审和认定工作的实施意见》，要求实施中职校长（书记）职级制改革。

——实行兼职教师聘任制度。2009年上海市教委与财政局联合启动特聘兼职教师资助试点工作，印发《关于实施上海市中等职业学校特聘兼职教师资助工作的通知》，建立各具特色的“双师型”师资队伍和合作共享的长效机制。《决定》要求学校建立聘用专业兼职教师管理制度。

6．优化治理体系，提升发展保障水平

——创建市级统筹为主的职业教育经费保障机制。一是建立了完善的中职教育分专业类型生均公用经费定额标准，2007年颁布《关于调整本市中等职业学校生均公用经费定额标准的通知》要求根据不同专业类型的生均公用经费需求分为7个等级的定额标准，采用“分段定额级差拨款办法”实施中职学校生均公用经费定额的拨付；二是免学费政策。上海市2011年秋季学期起，市教委将免费政策的实施范围扩大至全日制中等职业学校（不含综合高中）中就读奖励专业的学生。三是建立了稳定的生均经费增长机制，2013年市财政局和市教委拟订《关于调整本市公办中等职业学校生均公用经费拨款定额标准方案》，在现行标准基础上提高50%，现已经市政府批准实施。四是健全了以政府为主导的学生资助政策体系，《关于建立健全普通本科高校高等职业学校和中等职业学校家庭经济困难学生资助政策体系实施意见》规定健全以国家奖学金、国家励志奖学金、国家助学金、国家助学贷款及其代偿制度、上海市奖学金制度、上海市高校毕业生艰苦地区就业奖励金制度、专业奖励金制度、校企合作的勤工助学机制及中职学校的工学结合、顶岗实习机制等多种方式并举的资助政策体系。

——实行中职校毕业生就业公告制度，建立起经常性的反馈渠道。上海从

2003年起在全国率先建立年度中等职业学校毕业生就业公告制度，以“就业率”为主要评价指标向社会公开发布各中职学校的就业状况。2010年首次启动了针对毕业一年后的中职毕业生就业跟踪调查的形式，2012年启动了中职学校毕业生就业与人才培养调查工作，逐步建立了以“就业质量”为核心的毕业生就业状况评价体系，建立了经常性评价制度。

——实行“综合评价、注册入学”招生考试制度。上海市政府发布《上海市深化高等学校考试招生综合改革实施方案》，提出完善“文化素质+职业技能”符合职业教育特征的专科高职院校考试招生制度，增加“实践”考核分量，促进人才培养与职业标准紧密结合。

——建立学业考核制度。上海市教委与人保部门合作培养高技能人才，从2012年起，上海市的人社部门、教育部门组织技能专家共同审核学校课程，深度参与学校教学评价和技能鉴定考核，建立学业评价与技能鉴定融通机制[6]。

——完善现代职业教育体系评估制度。《决定》要求设计包含中职、专科高职、应用技术本科直至专业硕士等职业教育层次的一体化、系统化的上海现代职业教育评估体系；建立评估质量监督保障和问责机制。

7. 创新管理制度，推动各方力量参与职业教育管理

上海积极完善“政府统筹、行业参与、社会支持”职业教育管理体制。

——教育与人力资源和社会保障协同管理制度。2008年，市教委与劳动部门合作推动上海技工学校管理体制改革，将原属于劳动部门的技工学校统一划入教育部门管理。[6]

——职业教育工作联席会议制度。2003年的《上海市人民政府关于大力推进本市职业教育改革与发展的决定》提出建立工作联席会议制度，由市教育、劳动保障、人事、财政、计划、经济、建设、商业、农业等相关部门以及部分行业、企业参与。

——创新管理决策机制。《决定》要求建立基于数据分析的管理决策机制。

（二）目前存在的一些主要问题

1. 中职与高职专业目录不完全衔接

《中等职业学校专业目录》是教育部于2000年制定，2010年修订，专业类由13个增加到19个，专业数由270个增加到321个。而高职高专专业目录是在2004年修订，高职院校的专业共分为19个大类、78个小类、532个专业。中高职专业目录修订时间不匹配，而且中职与高职专业无法完全对接，导致有升学愿望的中职学生找不到对口或相近的专业升入高一级的职业学校。此外，省级层面专业设置管理分属不同的管理部门，难以统一，加大了统筹协调的难度。

2. 职业资格证书体系健全的问题

一是缺乏复合技能型的职业资格证书。20世纪，职业技能鉴定标准是依据工种划分，一般是针对工作岗位设定的，而学校专业设置也按照工种设计，专业与职业资格标准比较匹配。随着经济转型发展，很多工作岗位由单一技能型向复合技能型转变，目前还没有出台相应的考核办法和职业资格证书。二是部分专业仍然无法找到相应的职业资格证书。目前许多职业还未被纳入职业资格体系中，专业处于无证可考的状态。比如农村环境监测专业、环境治理技术专业等18个专业，涉及10个专业大类没有相应的职业资格证书。（根据《中等职业学校专业目录（2010年修订）》职业资格证书举例）学历教育的专业设置与现行划分过细的职业资格之间难以对应，造成学生在参加专业对应的技能考核时，难以确定参加哪一个具体的职业资格鉴定。

3. 职校教师队伍建设中的问题

中职学校教职工编制缺乏国家基本标准。一些中等职业学校教学质量提升后，一些高职高专院校“升格”后，学生规模经历了跳跃式的增加，有些学校的学生人数甚至翻了几番，教师编制数无法调整，江苏省有些职业院校的生师比长期徘徊在高数值，致使职业院校教师教学质量无法提升。究其原因是由于国家尚未制定职业学校教职工编制的国家基本标准，不同地区、不同学校无法形成动态调整机制。部分生源减少、教学任务萎缩的中职校教师编制不变，而另一些职业学校教师编制严重缺乏。

4. 兼职教师聘任制度不足

一是“进口”对于制约双师型教师顺利引进的主要因素，部分中职校校长认为目前中职校面向社会公招教师，考试内容由当地人事部门统一制定，企业的技术人员与应届毕业生相比在笔试上相较落后，企业技术人员很难进入面试。二是支持引进企业技术岗位能手的政策缺乏。尽管《教育部 财政部关于实施中等职业学校教师素质提高计划的意见》（教职成[2006]13号）要求中央财政安排专项资金，支持一批发展势头良好、社会声誉较高、专业师资紧缺的中等职业学校从社会上聘请在职或退休的专业技术人员、高技能人才兼职任教。但这些相关政策文件中，对职业院校聘用技术专家的编制、职称评定安排情况没有具体的规定。三是学校聘请了技术专家到学校任教，由于学历、外语等原因解决不了这些教师的职称评定问题。

5．教师参与社会服务积极性降低

教师工资在系数限制内，绩效工资总额是根据教师编制算的，教师参与课题研究、校企合作服务等社会服务工作的经费都要纳入工资总额，降低了教师们参与社会服务工作的积极性。

6．中高职衔接机制亟待深化

一方面中等职业学校与高等职业学校衔接的探索主要是学制方面的衔接，而现代职业教育体系的构建不仅仅是学制的衔接，应进一步推进中高职院校在生源、教材、教学内容、课程体系、教学实践等方面的衔接机制的建立；另一方面，中高职课程各成体系，没有基础教育那样的国家课程标准，基本都是校本标准，导致中高职课程目标无法有效界定，影响了中高职目标无法衔接，进而影响中高职课程体系的衔接。

（三）进一步完善支撑系统的对策建议

1．推进现代职业教育体系建设经验总结

一是总结推广，建立现代职业教育体系构建的总结和推广机制。全面总结上海市、江苏省现代职业教育体系建设试点项目开展的实践经验，为进一步推进现代职业教育体系建设提供参考。全面总结上海市现代职业教育体系建设的经验，为后续体系建设提供经验和借鉴。二是修订地方《职业教育条例》，明确体系建设相关部门职责。修订地方《职业教育条例》，对教育、人力资源和社会保障、产业等相关部门、各行业组织等在建设现代职业教育体系中的职责进行明确规定。

2．进一步优化、丰富、完善体系建设的制度系统

为确保现代职业教育体系建设的顺利进行，政府应逐步建设完善支撑现代职业教育体系构建的机制和制度，进一步构建和完善促进内涵发展的保障机制、评估机制、激励机制等。一是建议建立试点项目定期检查机制。承担现代职业教育体系试点项目的学校在实践过程中，边工作边总结经验，及时发现问题，弥补不足。对各校承担的试点项目，地方政府定期组织项目的交流汇报，进一步增强试点项目建设的开放性和透明度，为学校提供沟通交流的平台，促进社会了解、监督与评价。二是完善经费保障机制等机制建设，比如为职业教育与终身教育体系衔接提供制度支撑；建立行业企业参与的教育质量评价制度；现代职业教育体系要面向所有社会群体的就业，为每个劳动者提供就业服务，就必然要相应的就业服务机制；三是实行评估机制。实行教育行政部门、教育研究部门、社会监督部门相结合的评估制度，对各试点项目及制度政策实施情况进行交流评估，对工作进展不顺利的学校给予完善建议，进而推进体系建设。四是建立现代职业教育体系建设所需制度配置的反馈机制。潜心研究制度配置需求，增强预见性与前瞻性，真实反映现代职业教育体系构建的制度需求。

3. 进一步整合各类职业教育资源

一是推进普通教育资源向职业教育开放。普职教育在各自的教育理念中都形成了各具特色的教育资源，教育资源的开放，取长补短，互相补充，互相借鉴，将有利于促进普通教育与职业教育间的共同交流发展；二是推进上海与长三角区域政府、企业和学校的合作，形成各地企业、学校、政府的共同促进职教事业发展的合力；三是进一步加强产教合作。在不断推进校企合作基础上，进一步加强职业院校与行业企业在育人目标、课程体系、技能技术培养、师资队伍建设、人才培养模式创新、生产服务与技术创新等方面的深度合作。

4. 建立中高职课程衔接机制

一是修订专业目录。教育行政部门主导，学校参与，在行业指导下，研究制定中高职专业目录，中等职业教育专业设置按照经济社会发展和劳动力市场需求，以职业岗位为基础设置，高等职业教育专业设置不仅要参照经济产业发展的需要，还要可以对应中职专业大类，进而体现出中等、高等职业教育人才培养的不同能力层次；二是制定国家或省级课程标准，相关主管部门组织教育专家与行业专家协同制定中高职贯通的课程标准体系，明确中高职课程目标、内容框架等，从而实现课程选择、教材选择与内容等方面的有效衔接。

5. 进一步加强教育部门对中高职综合管理

建立统筹管理各类职业教育的管理机制，促使初职、中职、高职前后衔接连贯，加强对中高职层次衔接的综合管理；在职能部门设置上，设立综合管理职能部门，综合管理中高等职业教育及普通教育的衔接；明确机构和人员设置，设计好各部门的职责及彼此间的协调、领导机制。比如，基于对普通高校中开展职业教育的思考，职业教育由于从本质上区别于普通教育，要保证普通高校中职业教育的质量，需要打破原有的普通高校中的职业教育由基础教育管理部门和普通高校管理的局面，考虑将高校中的职业教育纳入职业教育管理体系。

（执笔：徐静茹、郭扬）

参考文献

[1] 建立从中职到专业硕士培养通道 上海打破深造天花板 [N]. 人民日报，2015-4-16.

[2] 上海开放大学建设情况 [EB/OL]. 上海教委 .http://www.shmec.gov.cn/web/xwzx/show_article.php?article_id=60538.

[3] 特色职教的“上海样本” [N]. 中国教育报，2015-5-14.

[4] 数据来源：根据 2011 年度 -2014 年度《上海高职院校市级精品课程、教学团队、教学名师评选结果网上公示》统计得出 .

[5] 市教委公布首批上海市中等职业教育教师企业实践基地名单（沪教委职〔2013〕16 号）.

[6] 特色职教的“上海样本” [N]. 中国教育报，2015-5-14.

三、上海职业教育一体化贯通培养模式设想

随着新型工业化的推进和科学技术的发展，职业教育在国家人才培养体系中的位置日益凸显，构建“适应发展需求、产教深度融合、中职高职衔接、职业教育与普通教育相互沟通”的现代职业教育体系已成为实现教育现代化、提升国家竞争力的重要支撑[1]。为进一步贯彻文件精神，加快适应地方经济需要的人才培养，上海市提出了“构建中职－专科高职－应用本科－专业学位研究生纵向贯通、职业教育与普通教育横向联通、学校教育与职业培训并举的职业教育体系”的规划[2]，并在实践中积极推进“中职—专科高职—应用本科—专业硕士”一体化贯通培养模式改革。那么，什么是“中职—专科高职—应用本科—专业硕士”一体化贯通培养模式？其优势在哪？是否有实施的可能，以及如何实施？

（一）“中职—专科高职—应用本科—专业硕士”一体化贯通

“中职—专科高职—应用本科—专业硕士”一体化贯通培养模式是在建构我国现代职业教育体系背景下所提出的，是我国职业教育体系化、系统化发展的产物，整体性和连贯性是其重要特征。那么，什么是“中职—专科高职—应用本科—专业硕士”一体化贯通培养模式？回答清楚这个问题，我们才能真正地把握该培养模式的本质属性，也才能在现实实践中真正确立其理想的模态。

首先，该模式不是不同层次实体之间的简单“衔接”，而是强调其内部的“一体化贯通”，并统一于同一种人才培养方案模式之下。“衔接”是指事物的相互衔接或对接。而“一体化”是指多个原来相互独立的实体通过某种方式结合成为一个单一实体的过程，一体化亦可称为综合化。“中职—专科高职—应用本科—专

业硕士”一体化贯通培养模式是“中职”、“专科高职”、“应用本科”和“专业硕士”等职业教育不同办学实体在教育目标、课程设置、教学内容及教学机制等方面实现的相互渗透、相互协调，以达到最优的教学效果的人才培养模式。“衔接”侧重于两者之间通过中介物打通二者之间的通道，而“一体化贯通”着重于两者之间内在的有机统一与融合；“衔接”是被动的、外在的对接，而“一体化贯通”则是主动的、内在的承接。

其次，该模式强调理论与实践相结合，注重实践技能的培养。“中职—专科高职—应用本科—专业硕士”一体化贯通培养模式归根结底还是一种“培养模式”，而“培养模式是根据教育思想和培养目标而采取的培养过程的标准样式与运行方式，是融教育理论与教育实践于一体的操作体系，具有实践可操作性”[3]。“中职—专科高职—应用本科—专业硕士”一体化贯通培养模式下，不同层次教育实体间虽然对文化水平的要求存在很大的差异性，但衡量学生业务水平的主要依据却都是职业技能和职业能力所掌握的程度。虽然这种能力建立在一定的文化基础和理论知识之上，但是，“实践是检验真理的唯一标准”，必须经过专门的教育培训和实践，理论才能在实践中得到进一步升华，职业技能也才能得以不断地提升。同时，职业教育教育性和职业性的鲜明特征决定了职业教育内部各层次办学实体，一方面高度重视对学生理论功底及专业知识的培养，另一方面亟须加强对职业能力和技能的培训，“理论联系实际”是一种较为理想的契合状态。因此，“中职—专科高职—应用本科—专业硕士”一体化贯通培养模式正是在为社会培养合格的劳动者这一目标的前提下，积极倡导各层次教育实体之间贯通培养，将学生的理论学习和实际操作或训练紧密结合起来，特别强调学生的实践技能，从而实现我国职业教育的特色化和质量优势，使职业教育的学生达到全面发展，进而培养出满足社会经济发展需求的高层次技术技能型人才。

综上所述，“中职—专科高职—应用本科—专业硕士”一体化贯通培养模式是指：现代职业教育体系下，各不同层次职业教育实体依据一定的教育思想以高层次技术技能型人才为培养目标的一种一体化的人才培养方案模式。

（二）为什么要发展一体化贯通培养模式

职业教育一直被认为是与经济发展最为密切的一种教育类型，职业教育的发展必然也应该随着国家经济的发展而发展、随着国家经济发展模式的变革而做出相应的调整。目前，上海市经济发展正处于高速增长的时期，产业结构调整的步伐显著加快，当前及未来一段时期内，上海将优先发展代服务业、战略性新兴产业、先进制造业，不断提升服务经济特别是实体经济发展的质量和水平。到 2020 年，服务业增加值占全市生产总值比重达到 70% 左右，制造业增加值占全市生产总值比重力争保持在 25% 左右 [4]。产业结构的转型升级必将产生新的业态，而新业态产生又会生发出新的岗位，进而对职业教育的人才培养模式必然提出新的要求。“中职—专科高职—应用本科—专业硕士”一体化贯通培养模式的提出正是对产业结构升级背景下人才新要求满足的战略思考。

1．专深型技能人才培养的需要

有学者预测，2009 年至 2020 年，我国技能劳动者队伍建设任务相当繁重，除了需要弥补现存的缺口 927 万（平均每年约 84 万）外，还要弥补需求增量 3291 万（平均每年近 300 万）。同期，除了需要弥补高技能人才的现存缺口 436 万（平均每年近 40 万），还要弥补高技能人才需求增量 993 万（平均每年 90 万左右）[5]。诚然，造成这一局面的原因是多方面的，但与产业升级对技能型人才的需求上升不无关系。从发达国家的成功经验看，伴随社会经济的发展，国家对人才的需求将会集中在中高端制造业生产、管理等一线的技术工人，第三产业的高端服务业的技术应用人才，以及能将知识成果转化为工程、生产第一线应用实践，并能进行技术、工艺和生产组织创新的高技能应用型人才 [6]。

显然，随着经济的发展、产业结构调整升级，产业形态的新变化必然引发工作岗位的变动，而工作岗位的变动对职业教育最直观的影响就是人才就业形势的变化。如果职业教育要培养出能胜任工作岗位需求的人才，必然需要对其人才培养模式进行必要而有效的调整。当然，对于职业教育而言，人才培养模式改革几乎以成常态。但为什么，到目前为止，企业对职业院校毕业生的满意度并非尽善尽美，这就不能不引起职业教育者及管理者的重视。诚然，造成这现象的原因有很多，但与人才培养模式改革不到位不无关系。突出表现为，面对产业结构的调整，工作岗位的新变化，传统人才培养模式的改革并未抓住其所需人才的“命脉”。而事实上，产业升级带来的并非仅是高规格人才需求的增加，而是基于操作的专深型人才需求的大幅上升。在实践中，这一现象非常普遍，如，目前很多企业就要求其管理人才不但要懂得管理，还要懂得在实践中如何操作。这对于现有的职业教育人才培养模式来说，根本无法实现。因为，专深型人才的培养不仅要有足够长的学制，而且还需要有足够跨度的课程体系，更为主要的是，专深型人才的能力培养需要经历一个从新手到专家的成长过程。所有的这些，是任何单体式培养模式所不具备的，即使是传统的“分段式”衔接模式也难以企及。

2. 复合型人才培养的需要

“中职—专科高职—应用本科—专业硕士”一体化贯通培养模式对产业升级带来的人才需求的满足，还体现在复合型人才有效供给方面。目前，无论从国家层面，还是从上海市自身的发展来看，服务业与制造业、金融投资与实业投资、“互联网+”制造业等跨界融合发展已成当前及今后经济发展新的增长点，也是未来产业结构调整升级的重要方向。在此新形势下，产业对人才的需求已不是传统意义上的一般知识和能力的掌握，而是突出强调人才知识与能力的跨越性。这就要求职业教育人才的培养必须打破传统专业之间、校际之间的界限，使学生能够接触和习得不同专业领域的知识及不同层次的思维方法，使多种专业之间、不同的知识体系和能力水平之间实现有序融合。但要实现知识结构单一型人才的培养向复合型人才培养的转变，必然要对职业教育传统人才培养模式进行必要的改革。

事实上，目前很多职业院校已认识到复合型人才培养的重要性，并在实践中提出且实施了复合型人才的培养。客观而论，目前复合型人才的培养在一定程度上满足了市场对这一人才的需求。但现有复合型人才的培养是“参照本科院校的复合型人才培养模式进行的”，只是采用压缩的方式，把4年学制压缩成3年，这不但不能真正培养出集生产、建设、服务和管理等于一身的第一线需要的复合型人才，而且还会使得职业院校学生的发展走向知识取向而不是实践取向[7]。由此看来，在传统单一主体人才培养模式下，复合型人才并未得到切实有效地培养与供给。当然，这与长期以来职业教育“断裂式”人才培养模式的存在不无关系。在此模式下，不同类型和不同层次正规教育之间的发展不是均衡的，突出表现为职业教育“断头式”的人才培养，即正规学校职业教育以专科高职为终点，职校生的正规教育无上升空间，职业教育人才的培养缺乏连贯性。同时即使在传统的正规职业教育内部（主要表现为中职教育和专科高职教育），不同层次之间似乎存在着很大的隔阂，人才的培养独自为阵，彼此之间缺乏必要的沟通，甚至出现重复教育的现象。而“中职—专科高职—应用本科—专业硕士”一体化贯通培养模式很好地解决了这个问题。通过一体化模式，不同教育实体相关专业之间，以一体化课程体系为纽带，通过专业知识的整合和渗透、职业能力的整体架构真正实现复合型人才的有效培养和供给。

（三）一体化贯通培养模式实施的理论基础

经由上文分析，中等职业教育、专科层次职业教育（高职高专教育）、本科层次职业教育（应用型本科教育）和研究生层次职业教育（专业学位研究生教育）之间一体化贯通培养模式的实施有其必然性。当然，同时也是可行的。专科高职是中等职业教育的延伸（大多数专科高职学校是由中等职业学校升格而来的），中等职业教育为升入专科高职教育的学生提供必要的学习准备和职业技能训练；专科高职教育与应用型本科教育以及专业学位研究生教育在办学定位、专业设置、人才培养过程和师资队伍建设上，都存在着共同的实践性和职业性特征。更为主要的是，中等职业教育、专科高职教育与应用型本科教育以及专业学位研究生教育同属职业教育体系，都是职业教育体系的构成要素，其共同的任务在于受教育者职业能力的培养，从而致使职业能力的养成成为“中职—专科高职—应用本科—专业硕士”一体化贯通培养模式的实施基础。

而对于职业能力而言，其本质可以概括为“知识与工作任务的联系”[8]，只是由于工作任务性质的不同，联系的具体内容也有所变化。具体可划分为知识与确定性任务的联系、知识与组合性任务的联系以及知识与设计性任务的联系。按照这一原理，只有在具体工作情境中，引导学生努力建构知识与工作任务的联系，才能有效地培养学生的职业能力。不过，职业教育中职校生职业能力的成功养成涉及四个关键要素，即知识、任务、思维和行动，当然这四者之间不是孤立的，彼此之间存在着一定的互动关系，并且某些关系还要具有一定的方向性。具体而言，职业能力的形成首先必须在知识和任务之间建立联系，但要实现联系必须在工作思维的指导下进行，这种进行也不是只停留在意识形态中，而是要采取行动，而行动的选择和实施就是职业能力的表现形式。据此，受教育者个体职业能力形成过程应该是个体在一定工作思维的指导下通过一定的行动在知识与任务之间建立联系的过程（如图 1 所示）。

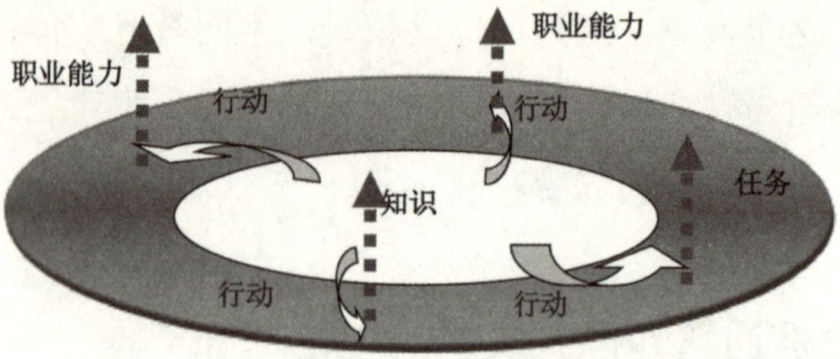

图1　职业能力形成过程模型结构

然而，现代社会科技发展日新月异，工作任务日趋复杂化、精细化，对从业人员与工作任务关联的专业知识和工作思维的需求日渐提高，低水平的职业能力培养已无法满足社会化大生产的需要，职业能力的培养层次必须高移。但是，高层次职业能力的培养应以低水平的职业能力为基础，依据职业能力自身的成长规律逐步推进，从而形成了职业能力自身的发展图谱，而这一图谱恰恰反映了职业教育内部不同层次办学实体之间的相互关系，进而为“中职—专科高职—应用本科—专业硕士”一体化培养模式的成功建构提供了能力模型框架，我们称之为“一体化‘碗型’职业能力结构模型”（如图2所示）。

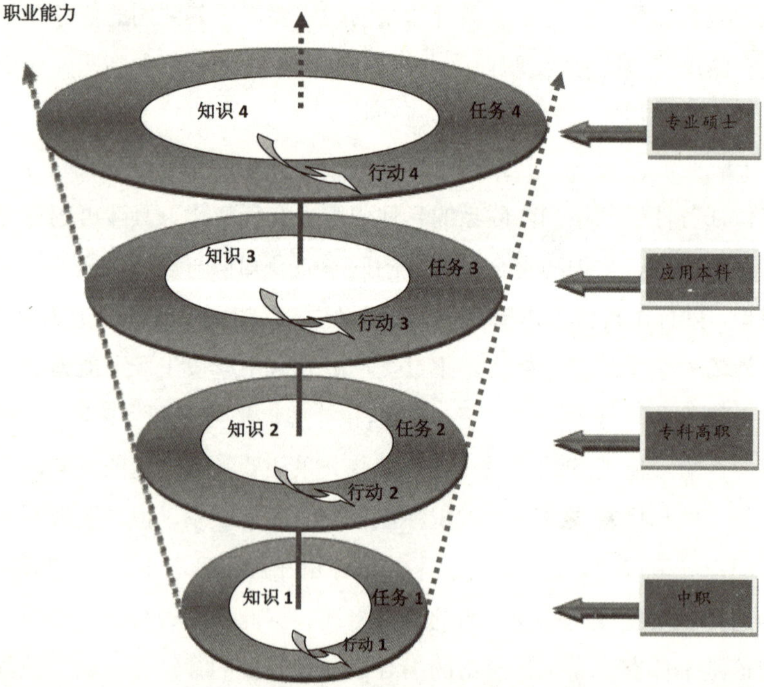

图2　一体化“碗型”职业能力结构模型

在此模型中，四个职业教育办学层次的职业能力水平分别位于这只“碗”的4个横截面所在的位置，碗底是中职培养的职业能力水平，碗的中部分别是专科高职和应用本科所培养的职业能力水平，顶端是专业硕士要培养的职业能力水平。从横向看，每个教育层面上，都存在知识与任务之间通过行动而发生的彼此间的联系，即不同的教育层次有其自身的职业能力培养要求。从纵向看，此模型揭示了不同职业教育层次之间知识与工作任务自身存在的结构性联系。随着工作任务复杂程度的不断提高（由任务1到任务4），知识的广度和深度要求不断扩大（由知识1到知识4），不同层次受教育个体对知识与工作任务之间建立联系所采取的行动不断升级（由行动1到行动4）。据此，作为职业的初学者（新手）发展到专家的过程不仅需要横向的职业能力培养，更应关注纵向上职业能力的一体化贯通培养。

（四）如何实施一体化贯通培养模式

不难判断，上海市“中职—专科高职—应用本科—专业硕士”一体化贯通培养模式的提出与实施有其现实的需要与可能的基础，但是该模式如何实施就成为目前必须研究和解决的重点问题，建议从以下几个方面展开。

1. 完善人才选拔机制

招生考试是我国职业教育办学实体选拔新生的重要渠道，也是“中职—专科高职—应用本科—专业硕士”一体化贯通培养模式实施的关键环节和切入点。对于考生而言，由于受到传统观念和个人生涯发展规划的影响，并非每个人都可以适用一体化贯通培养的模式；同时，由于一体化贯通培养的模式需经历较长的学制安排，对学生的学习习惯和接受能力都有着不同程度的要求，因而，并不是每个人都适合接受一体化贯通培养的模式。因此，一体化贯通培养模式要想成功实施，必须存在一套科学人才评价选拔制度，即通过一体化的规则设置来确定什么样的人能够参加、什么样的人会参加，以及怎么参加的问题。为此，建议从以下几个方面考虑设计。首先，合理甄别，考核科学。在学生入学之前，对于志愿报考“中职—专科高职—应用本科—专业硕士”一体化贯通培养的专业的考生必须进行统一考核，而且应该依据不同的教育层次设置符合不同层次要求的“转段考试”，对于达不到要求的学生及时分流。不过有一点需要明确，无论是入学考核还是转段考试，都必须也应当增加技能测试的内容。否则，对于本来文化基础就薄弱的大部分中职生而言，其考核结果并非自身能力的全面反映，不利于个人的全面发展。其次，综合考察，手段多元。扩大职业院校招生自主权，增加招生主体的面试分值比例，积极推行优秀生保送制度和申请方式入学制。对于那些技能表现突出，动手能力强，在各级技能比赛中获奖的学生，高等职业教育办学实体可以视情况直接录取。

2. 建构一体化课程体系

目前，国内职业教育不同办学实体之间的人才贯通培养模式实践大多集中于“中职”和“专科高职”层面，在“应用本科”和“专业硕士”层面进行人才贯通培养的实践和研究相对较少。但就目前已有的“中职”和“专科高职”人才合作培养的现状来看，存在着培养目标混乱、课程内容重复以及课程断接等一系列问题。培养目标混乱直接造成了“高职不高”的状况；课程内容重复不仅浪费了原本就不足的教育资源，而且严重削弱了学生的学习兴趣和积极性；课程断接使学生对课程新知识的学习茫然无知，学习起来倍感困难，打击学生的自信心，从而降低了教学质量和教学效益等等。因而，目前“中职”和“专科高职”间的课程承接问题在很大程度上阻碍了职业教育的健康发展。由此，为了避免“中职—专科高职—应用本科—专业硕士”一体化贯通培养模式中上述问题的出现，也为了促进我国职业教育的健康发展，一体化贯通培养模式的成功实施必须以一体化课程体系的构建为核心。

首先，一体化课程体系强调课程目标一体化。课程目标是教育目的与培养目标的具体化，上承教育目的和目标，下接教学目标，是指导课程开发的准则，是学生完成某个课程后将要达到的教育目的或预期的学习结果。“中职—专科高职—应用本科—专业硕士”一体化课程体系的构建首先要使课程目标一体化，课程目标的定位要以学生职业生涯发展需要为最基本的因素，整合社会与职业发展的需要以及学科的发展，各因素综合考虑设定课程目标。其次，一体化课程体系强调课程内容一体化。“中职—专科高职—应用本科—专业硕士”一体化贯通培养模式的核心和落脚点是一体化课程体系，而一体化课程内容又是一体化课程体系最重要的核心部分。课程内容的一体化贯通安排应按人的身心有发展的阶段性，学科知识有逻辑性，技能的形成有先易后难的序列排列。既要避免“中职—专科高职—应用本科—专业硕士”课程内容的重复，又要拓宽和加深课程内容，真正实现课程内容承接的连续性、顺序性和整合性。最后，一体化课程体系强调课程结构的一体化。课程结构是针对整个课程体系的，是课程体系的骨架，是课程内部各部分、各要素之间的内在联系和相互结合，具有一定功能的组织形式，包括课程类型以及比例关系。“中职—专科高职—应用本科—专业硕士”一体化的课程结构构建应该综合职业教育不同层次间生源特点考虑，根据社会发展需要和职业教育区域性特点，科学合理的设置模块之间的序列和比例、各类课程之间的比例结构，注重课程结构间的联系，构建模块化的“中职—专科高职—应用本科—专业硕士”一体化课程结构体系。

3. 优化师资培养制度

打造一支具有贯通培养意识、适应一体化办学目标的师资队伍是实现“中职—专科高职—应用本科—专业硕士”一体化贯通培养模式顺利实施的重要保障和关键。但适应一体化贯通培养模式发展的师资队伍建设又是一项系统工程，任课教师不仅需要熟识专业知识，还需知晓整个人才的培养定位，甚至是后续课程的开设情况。因此，对于“中职—专科高职—应用本科—专业硕士”一体化贯通专业教师的培养而言，应坚持长效机制，在实践中不断优化制度设计。当前应着重围绕三个方面展开。第一，积极优化教师选拔制度。在教师招聘和选任时，应对任课教师的业务水平、工作态度等综合评价；同时，对于有资质而无职称的兼任教师应在制度设计酌情倾斜。第二，加大职后培训力度。一方面，依托学校资源，开展形式多样的内训，加大任课教师对“中职—专科高职—应用本科—专业硕士”一体化贯通培养模式的认识和领悟；另一方面，借助合作企业的力量，为专任教师提供实践训练的机会，增加专任教师对不同层次技能需要的了解，整体把握技能成长的路径。第三，积极推进教师沟通机制建设。“中职—专科高职—应用本科—专业硕士”一体化贯通培养模式的实施涉及不同层次的办学实体，其相关教师在教学、管理过程中必然会遇到这样或那样的问题，其中就包括许多需要不同办学实体通过协商解决的问题，尤其是在方案制定、计划执行等方面表现得尤为明显。而良好的沟通机制的存在不仅能够有效地促进问题的解决，而且更为重要的是，能够促使教师在思想碰撞的过程中加深对“中职—专科高职—应用本科—专业硕士”一体化贯通培养模式的认知，不断提升自身的业务水平，进而更好地推动一体化贯通模式的实施。

4. 健全质量监控体系

质量监控体系的建构、健全是“中职—专科高职—应用本科—专业硕士”一体化贯通培养模式有效实施的重要基础。相对于单一办学实体内的人才培养模式，一体化贯通培养模式所牵涉的办学主体更为复杂，各自的利益诉求很难完全平衡，进而很难在实践中保证一体化贯通培养模式实施的质量。因此，独立于二者之外，健全的质量监控体系的构建就显得尤为必要。

当然，质量监控体系的健全并非一蹴而就，也非无的放矢，有其内在的需求。首先，对教学质量进行监控。无论多好的人才培养模式，其最终的落脚点必然通过师生之间的互动得以实现。但正如前文所言，来自不同办学实体的任课教师对一体化贯通培养模式的认识不尽相同，即便是同一办学实体的教师其认知程度也未必同一。因此，不同任课教师在参与行为的表现上必然存在差异，对一体化贯通培养模式运行的影响也不一而同。因而，有必要采取措施来规范人们的行为，以保障一体化贯通培养模式的实施质量。其次，对运行管理进行监控。这里的运行管理主要指涉及不同办学实体之间的沟通、协调与管理行为。事实上，一体化贯通培养模式的运行质量往往受教育管理者的管理水平影响。一方面，一体化贯通培养模式的实施运行所牵涉到的人和事千头万绪，这对教育管理者的决策水平、协调能力及沟通能力等提出了极高的挑战。另一方面，不同办学实体的管理者看待和处理问题的角度不同，极有可能在决策过程中过多地考虑自身办学实体的利益，而忽略了其他合作院校的感受，进而在实践中出现有损一体化贯通培养模式运行的行为偏差。因此，为确保一体化贯通培养模式的实施质量，不仅要对教学质量进行监管，还必须采取措施对运行管理过程进行必要的监控。

显然，随着上海市社会经济的迅猛发展，产业结构调整不断升级，上海市区域经济对人才的需求结构发生了重要变化，特别体现在专深型和复合型人才的需求上。在此背景之下，“中职—专科高职—应用本科—专业硕士”一体化贯通培养模式的发展显得尤为紧迫与必要。但同时也应该看到，“中职—专科高职—应用本科—专业硕士”一体化贯通培养模式的发展并非易事，其成功实施不仅需要内在的制度建设，还需要外在的条件支撑。不过，不管怎么样，上海市“中职—专科高职—应用本科—专业硕士”一体化贯通培养模式的提出，既是对国家现代职业教育体系构建在区域层面的积极探索，也是对上海经济发展背景下人才需求结构变化的积极应对，更是对职校生个人发展与选择空间拓展需求的有力满足。毋庸讳言，上海市“中职—专科高职—应用本科—专业硕士”一体化贯通培养模式的提出恰逢其时。

（执笔：徐国庆、吴学峰）

参考文献

[1] 中华人民共和国教育部 . 现代职业教育体系建设规划（2014-2020 年）[EB/OL].（2014-06-23）[2017-02-21].http://www.moe.gov.cn/srcsite/A03/moe_1892/moe_630/2014 06/t20140623_170737.html.

[2] 上海市政府 . 上海市国民经济和社会发展第十三个五年规划纲要 [EB/OL].（2016-02 -01）[2017-02- 21].http://www.shanghai.gov.cn/nw2/nw2314/nw23 15/nw38603/u21 aw1101129.html.

[3] 李钰 . 对中高职教育贯通培养模式的几点思考 [J]. 职教论坛，2012(22):54.

[4] 上海市政府 . 上海市国民经济和社会发展第十三个五年规划纲要 [EB/OL].（2016-02 -01）[2017-02- 21].http://www.shanghai.gov.cn/nw2/nw2314/nw23 15/nw38603/u21 aw1101129.html.

[5] 刘军 , 莫荣 , 徐艳 , 赵立卫 , 陈兰 . 2010-2020 年我国技能劳动者需求预测 [J]. 中国劳动 , 2011(12):14.

[6] 卢志米 . 产业结构升级背景下高技能人才培养的对策研究 [J]. 中国高教研究，2014(2):85-89.

[7] 章武媚 . 高等职业教育复合型高技能人才培养的多专业融合模式的探索 [J]. 职教论坛，2016(12):41-43.

[8] 徐国庆 . 职业教育课程论（第二版）[M] 上海 : 华师师范大学出版社，2015:67.

四、上海职业教育开放实训中心的建设

自2004年上海市全面启动中等职业教育开放实训中心建设工作以来，上海市教育技术装备中心在上海市教委的指导下，在上海市人力资源与社会保障局以及上海市发改委、财政局等单位的通力合作与支持下，秉承“为了每一个学生的终身发展”和全面提升专业技能的基本思路，改革传统实验、实习实训模式，推动教育教学改革，促进学历教育与职业资格证书融通，加强双师型教师队伍建设，推进职前教育与职后培训一体，力求大幅提升教学质量，以追求“高起点、高效能、高品质”为出发点和归宿，全面建设、运行和评估上海市中等职业教育开放实训中心，取得了令人瞩目的辉煌成绩。

（一）紧扣支柱产业布局，科学规划分批建设

在该阶段，以“政府导向、多元筹资、集中财力、择优扶植”为原则，以科学的系统规划为引领，调动各方面的积极性，多渠道筹措建设资金，紧密结合职业教育课程教材改革和重点专业建设，按照上海市支柱产业分布的格局，分3批完成开放实训中心的主要建设任务。此次建设不同于以往，呈现出如下特征：

1. 先进理念指导

实训中心建设秉承时任上海市副市长严隽琪女士关于《在上海市职业教育开放实训中心建设推进会上的讲话》精神，实现了从“公共实训中心”到“开放实训中心”的理念转变，这种理念的转变实质彰显了实训中心承担功能和服务对象的深刻变革，通过“开放”来提高职业学校为社会服务的能力，大大激活实训资源的使用效益，不断提高资源的利用率和服务面。至今为止，“开放”这一理念

始终贯穿于实训中心的建设和运行全过程中，成为上海市中职开放实训中心的一大“亮点”。

2．科学规划引领

在开展建设之前，市教委接连出台了《上海市中等职业学校基础实验室达标和公共实训中心建设计划（2004—2007）》和《上海市中等职业学校公共实训中心建设的实施办法》，这两份文件规定了建设实训中心的指导思想、基本原则、申报条件、实施步骤。更为重要的是，为了做好系统思考、顶层设计、谋篇布局，装备中心在教委指导下开展实训中心规划的专项课题研究，并在此基础上形成了《上海市职业教育开放实训中心总体规划》，从建设开放实训中心的必要性、目标、规划总体思路、总体布局和运行机制出发，为实训中心建设奠定了十分重要的理论基础。

3．三个全面覆盖

开放实训中心建设之初，就考虑到“三个全面覆盖”。一是在区域布局上，全面覆盖了上海市16个区县；二是在行业对接上，提出积极实施“203工程”。“20”即面向上海市所有20个主要行业建设一批开放实训中心，“3”即开放实训中心的实训工位数总计将达30000个，最终构建一个面向产业、贴近企业、服务区域、中高职一体、具有一定前瞻性的“上海职业教育开放实训体系”；三是在功能目标上，把实训中心建设成一个具有综合性、先进性和开放性的，融技能训练与职业资格鉴定于一体的、集中小学职业体验、职前教育、职后培训和终身教育于一身的重要平台。

（二）紧贴实训发展需求，规范管理提升效能

在该阶段，为了确保各开放实训中心规范运作、资源共享、发挥效能，把工作重点聚焦于合理构建实训中心机制，共完成8个批次、80个实训中心的验收工作，有效促进各“开放实训中心”及时建立适应对社会开放的有效机制和办法，并切实提高“开放实训中心”的品牌效应。

1．系统构建跨界统筹之合作机制，确保开放实训中心管理有方

在市级层面，通过“跨界合作、资源整合”的方式，由人社局、发改委、财政局和教委四部委联合发表《关于本市进一步整合公共实训资源加强公共实训体

系建设的指导意见》。由市教委代表、市劳动与社会保障局代表、实训研究专家、开放实训中心代表、职业院校代表、企业代表、社会培训机构代表等成立上海市职业教育开放实训中心促进委员会，市教委成立开放实训中心建设领导小组及工作小组，并将它设在装备中心，开展跨界合作共建实训中心。开放实训中心运行由“促委会”统一协调，日常管理与运行则由承建学校负责，形成了自我可持续发展和公平开放与资源共享的运作机制，加强师资队伍、实训大纲等“软件”建设。

与此同时，在校级层面，学校通过“多层对接、深度融合”的方式全面对接企业，积极探索多样化的校企合作模式。例如，城市科技学校基于汽车运用与维修开放实训中心探索了校企合作“六融通模式”；医药学校开展了“产教融合、校企合作”的人才培养模式；江南造船技校实施了校企共建共管机制，开创了基于国情的现代学徒制、开发了校企深度融合“江南造船”人才培养模式；工商信息学校根据产教结合实战历练，有效实施了职业教育——“跟单”人才培养策略的实践研究；上音附属中等音乐专科学校的“优选合作伙伴，接轨国际水平”项目成功搭建了音乐专业国际化远程教育平台；西南工程学校开展了“引企入校，一体化培养”的人才培养模式创新；工业技术学校形成了“五对接”人才培养模式和以产学研平台打造高素质技能型专业师资队伍等。这些都从不同侧面有力地提升了职业教育人才培养的质量、师资教学的水平和社会服务的能力。

2．精心创建引导发展之运行机制，保障开放实训中心运行有序

开放实训中心建成后，为了避免各家运作不一、良莠不齐，效能受限等问题，在2007年市教委装备中心再次汇集专家资源开展了《上海市职业教育开放实训中心运行和管理》的专项研究，为实训中心的运行体系的科学构建奠定了坚实的理论基础。基于此，市教委出台了《上海市教育委员会关于开展职业教育开放实训中心建设验收评估的通知》和《上海市职业教育开放实训中心运行指导意见》，文件规定了实训中心验收工作的指导思想、申报条件、评估要求以及实训中心运行的原则、要求、保障、评估、奖惩办法。

在《运行指导意见》中，特别指出了实训中心运行要符合开放性和发展性要求：（1）开放性。即中心的实训资源能为所有有实训需求的社会各方共同享有；（2）发展性。即中心能实现自我可持续发展。按照这一基本指导思想，实训中心建立了“统一协调、学校管理、自主发展、资源共享”的运行机制。

基于上述运行管理机制，即保证了各开放实训中心最基本的底线规范和运行效能，又预留了各自创新发展的广阔空间，使得沪上开放实训中心呈现出齐头并进，百花齐放的格局。

（三）紧跟技术升级步伐，创新改造特色彰显

开放实训中心规范化建设后，在该阶段，如何确保各中心能够自主创新、与时俱进，产生“自驱动”的长效发展机制，成为迫切需要解决的问题。

为了更好地解决该难题，进一步推动实训中心“立足学校、全面开放、资源共享、持续发展”，激励实训中心服务社会、服务学校，服务学生能力发展，不断加强实训中心内涵建设。在市教委的委托下，2011 年三度开展课题研究，形成了《上海市职业教育开放实训中心资源整合与有效利用研究》报告，为实训中心的绩效评估与星级评定打下了重要的科研基础。

基于研究成果和现实情况，市教委出台了两份重要文件，《关于开展上海市职业教育开放实训中心等级认定及补贴工作的通知》和《关于公布 2012 年上海市职业教育开放实训中心等级认定结果的通知》，为各开放实训中心的转型升级构建了强有力的激励机制。

依据该文件，制定了实训中心的等级认定与运行经费补贴的标准；成立了上海市职业教育开放实训中心等级认定经费补贴工作指导小组，工作指导小组负责对专家认定意见、补贴经费等进行审核；建立了实训中心等级认定及补贴机制；构建了实训中心分类指导的管理机制；拓展了实训中心公共性、服务性、开放性的功能，形成专业化、品牌化、系列化、现代化的实训中心新格局。

2012 年，启动开放实训中心的能级提升工作，共设五个星级，凡获得二星级及以上的实训中心可获得能级提升专项经费奖励，至今，共有 64 个实训中心获得奖励。以 2014 年为例，经学校申请，专家评审，市财政共下拨 12822.523 万元支持 33 个实训中心能级提升。

为保障实训中心持续稳定健康发展，市教委在绩效评估的基础上，以实训中心星级为依据，根据不同专业类别实训中心的运行成本差异确定补贴标准，给予实训中心补贴经费。据统计，仅 2014 年，投入运行补贴资金就达 4925.49 万元。

在上述激励机制的促动下，上海市涌现出一批处于全国领先地位的优质开放实训中心，例如上海市工业技术学校是唯一一个拥有五星级实训中心的学校，在

该校数控开放实训中心，与世界500强企业三菱电机（中国）有限公司、沙迪克公司及阿奇夏米尔等多家企业合作，共建“校企双主体”专业实训基地，通过真正的“产学研一体化”，赢得了“企业氛围浓、实训项目新、技术支持强”的优势，催生了一批高技能高水平专业教师，大幅提升了人才培养质量和社会服务能力。

开放实训中心的能级升级、创新发展阶段到今天并没有终止，我们也期待更多开放实训中心能依托中国制造2025及互联网+计划的全新机遇，继续推陈出新、螺旋上升、持续前行。

（四）十年建设取得的六大成果

历经十载，我们精心锤炼，取得了若干高品质的丰硕成果。具体体现在：

（1）从2005～2015年，装备中心总共建设了94个实训中心，涉及16个专业大类，覆盖61个学校，总工位数达38611个，总面积达778075平方米，全面覆盖了全市16个区县，每一个区县的实训中心都拥有独特的专业特色，在这基础上，形成了不同层级的星级实训中心，其中五星级实训中心1个、四星级6个、三星级27个、二星级31个、一星级11个。

（2）装备中心建设职业技能鉴定站（含行业职业资格考核点）105个。建设人保技能鉴定站60个，开发人保鉴定项目163个。建设行业鉴定站45个，开发行业技能考核项目77个。

（3）从2007年至今，实训中心整体服务在校生实训达79,8662人次，综合服务社会培训达120,3157人次，技能鉴定达71,9528人次。从2012～2015年，职业体验开放学校65所，开放项目共300余个，体验人数达15万余人次。近两年，毕业生就业率稳步提升，2013年毕业生就业率达97.82%，2014年达97.93%，2015年达98.13%。2013年跟踪对口率达85.5%，2014年达87.04%。

（4）开放实训中心功能多元，服务广泛，成果显著。实训中心承担了考证鉴证、实习实训、教学改革、产学研、中介、社会服务、生产等功能。不仅服务上海全市，而且还辐射全国，对口援助四川都江堰、重庆万州、西藏、新疆等地，将实训中心建设与实践的设计理念、设计思路、运行管理机制、验收评估机制、保障机制等推广到对口援助学校及其他兄弟省市，有力地推动了当地教学观念、教学模式和教师素质的提升。

（5）由装备中心和职业技能鉴定中心申报的《搭建平台、创新机制、推进教改——上海市职业教育开放实训中心建设与实践》的研究成果荣获2014年“职业教育国家级教学成果奖二等奖”。

（6）2012年以来，9位教师参与7个市级一类暨世界技能大赛竞赛项目的方案制定和试题命制工作；2011～2015年，在全国职业院校信息化大赛中共获奖42项；学生在各级各类技能大赛上获奖丰硕，2011～2015年，参与全国职业院校技能大赛获取奖牌累计709枚。

（五）面向未来的展望

回首10余年的发展，开放实训中心已然站在一个高起点上，已经形成了一个很好的格局，因此，我们更有信心、更有决心百尺竿头，更进一步。当前，我国经济社会正处于深度转型期，也是迈向小康社会的决胜期，面对前所未有的新机遇和新挑战，开放实训中心将抓住机遇，迎接挑战，积极谋求开放实训中心开创新模式、新思路和新高度。

1．基于新背景下准确定位上海市开放实训中心，不断创造新高度、新标杆

当前，《中国制造2025》、互联网＋行动计划、科创中心等重大战略部署之季和上海市产业升级和调整的关键时期，实训中心更应顺应时代发展潮流，瞄准发展前沿，抓住发展机遇，不断提升实训中心建设质量，继续创造实训中心新高度，引领全国职业教育实训中心发展方向，培养一大批符合新时代上海产业急需的知识型、发展型、创新型技术技能人才，形成职业教育实训资源创新思维的策源地，争当全国职业教育实训中心的新标杆。

2．基于六大理念大胆开拓开放实训中心改革创新的新思路、新模式

以“创新、智能、绿色、开放、共享、升级”为未来发展的基本理念，创新发展思路，改革发展模式，在智能化装备、标准化服务、数字化管理、一体化建设、绿色化升级和国际化发展六个方面谋求突破，有所建树：

第一，引进智能化装备，提升实训现代化水平。其主要举措包括新建若干个创新实验实训中心、智慧教室；建设若干个产教研中心。

第二，提供标准化服务，便于个性化选择。其主要举措包括开发若干个高质量的实训培训项目；编制一批专业装备标准；完善优化职业教育专业教学资源库。

第三，开展数字化管理，实现全过程保障。其主要举措包括更新绩效评估体系，实行分层管理，实行开放实训中心信息化管理；建立公共实训资源信息平台。

第四，进行一体化建设，提供复合型服务。其主要举措包括新建若干个对接区域主导产业、支柱产业、特色产业、战略新兴产业、“互联网+”的实训中心，与人保部门、行业企业等共建共享一批实训中心，建设若干个世界技能大赛实训基地，建设若干个民族文化教育传承基地等。

第五，聚焦绿色化升级，提高整体运作效能。其主要举措包括继续对已建成的实训中心进行评估验收、能级提升和功能拓展。

第六，面向国际化发展，搭建国际实训交流平台。其主要举措包括开展国际合作办学；派教师赴海外研修；探索留学生的职业培训活动；引入国际标准和国际职业资格证书；引入实训中心国际运行管理标准。

追求卓越，永无止境。我们希望实训中心在新的征程中，传承十年精华，继续砥砺前行，谋求新突破，实现新跨越。不断提升建设质量，不断丰富建设内涵，不断创造建设高度。

（上海市教育委员会教育技术装备中心供稿）

五、上海职业教育“双证融通”的专业改革

“双证融通”专业改革是上海市教育综改项目之一，从2012年就开始进行试点研究，到目前，已经经历了一整轮完整的试点改革，部分专业也有了毕业生，研究的内涵和层次不断深化，研究的覆盖面和影响力也逐步扩大。

2016年举行的“从‘对接’走向‘融通’”——双证融通专业改革研讨会，对项目本身的推进有着重要意义，有助于我们反思过程、打开思路、拓宽视野、扩大交流合作，这对整个上海中职课改有很重要的现实意义。研讨会上，上海市教委教学研究室代表项目组从“背景与构想”、“具体做法”、“阶段成效”、“后续展望”四个方面汇报了这几年的“双证融通”改革历程。

（一）背景与构想

1. 改革背景

社会产业结构的调整升级、生产技术的大幅革新对职业教育人才培养质量提出新的要求。而提升“质量”和“内涵”，一直是我们上海中等职业教育改革发展的重要目标。

教育部提出“五个对接”是深化职业教育人才培养模式改革的基本要求，这为我们的改革提出了方向。学历证书与职业资格证书对接的“双证书”制度，是基于人才培养质量评价的一种制度设计。先前的状况是，要么将课程割裂为理论学习与技能操作两块，要么考证前组织专门的集训，学生虽然也能获取两张证书，但“双证书”的过程融合不足，理论与实践相脱节的弊端也难以解决，学生职业素养缺失、职业后劲发展不足。

因此，要真正落实“对接”，提高人才培养质量，构建“横向融通”的现代职教体系，就必须在制度层面寻找突破口、在机制层面寻找融合点、在操作层面寻找着力点。

2. 改革条件

当然，从“对接”到“融通”，不能一蹴而就，是上海中等职业教育课程与教学改革向纵深发展的必然要求。

首先，专业布局有成效。2010～2012年间，全市中职学校逐步建立专业布局合理、结构优化、特色鲜明、品牌纷呈的专业体系，聚焦专业内涵建设水到渠成。

其次，课程改革有经验。上海中等职业教育经过近10年的深化课程教材改革，形成“任务引领型”为主的课程体系，课改理念深入人心，深化课程“双证融通”改革顺势而为。

还有，部门合作有基础。长期以来，上海教育部门与人社部门在标准联动开发、学生技能大赛、职业技能鉴定、实训中心建设、双师队伍建设方面有着密切的合作，再次深度合作顺理成章。

最后，学校、企业有意愿。在前期的课程改革中师生发展受益，学校改革愿望强烈。行业、企业深度参与职业教育课程革，校企双方目标一致、利益趋同。

因此说，推出“双证融通”专业改革恰逢其时。

3. 改革构想

首先，研究改革的思路。我们的设想是，将“双证书”要求融合、渗透到整个教育教学过程之中，从人才质量评价的“对接”走向育人模式的深度“融合”。

以专业为依托，以课程为载体，通过调整课程设置、更新课程内容、改进教学方式、完善实习实训条件、提升教师双师素质和优化评价考核等措施，在“标准—过程—评价”方面实现有机融合，实现“双证融通”，最终实现从顶层的制度设计到人才培养的目标、过程与结果的系统性改革。

其次，确立改革的核心。试点专业的学生在完成一个完整学制的学习后，如学习成绩合格，可同时获得学校毕业证书和相应的中级职业资格证书。也就是说，学生不用单独去考证，只要课程学习合格，就能够同时获得两个证书。这就要求学校首先要进行岗位调研和标准比对，确定4～6门双证融通课程，并开发一系列的专业教学文件。更重要的是，在确定“融通课程”之后，必须在“标准—过程—评价”3个关键环节，确保人才培养质量，做到：专业教学标准与职业标准的有机融合；专业教学过程与岗位真实情境的有机融合；学校学业评价与职业技能鉴定的有机融合。

最重要的，是在制度、机制和操作 3 个层面进行跨部门合作的顶层设计。将学校人才培养和社会人才评价“融合”起来，必然涉及两个不同的职能部门。我们认为符合社会需求的“人才”，还必须接受社会人才标准和职业资格标准的检验。我们的改革不能“一厢情愿”，要跨部门“携手并进”，才能使中职学校的毕业生真正成为社会所欢迎的人才。在这一点上，上海市中职教育部门和人保部门率先“融通”，联合设计、实施和推进改革。2012 年，上海市教委和上海市人社局联合发文，从制度层面保障了跨部门联合改革的基础。在这个基础上，市教委教研室和技能鉴定中心联合成立项目组，建立和完善跨部门合作研究机制，协同规划和设计具体的改革方向、目标、内容、策略。

制度保障和机制创新，使跨部门“双证融通”改革的实践操作有了具体抓手。教研室和鉴定中心发挥各自的优势，整合企业、学校等资源，共同推进“双证融通”改革的实践研究。

（二）具体做法

1. 凸显整体性研究引领下的有序推进

“双证融通”专业改革试点是一项系统工程。教研室与鉴定中心优势互补，共同推进“双证融通”改革的实践研究和项目管理。

——在项目研究上，我们顶层设计研究路径，研制工作指导手册，规范文本方案，整体协同推进。先后研制《指导手册》和《工作指南》，成为试点工作指引、业务指导材料和开发技术蓝本。

——在项目管理上，我们共同组织课程标准与考核方案的开发及论证，进行人员培训，规范过程管理，推进课程考核管理。

2. 进行系统性的工作路径设计

上海市中职“双证融通”改革由于涉及范围广、覆盖面大，改革的迫切性、复杂性和系统性特别突出，这就要求我们必须充分整合多方力量，积极发挥项目引领、组织、协调的工作职能，进行了项目整体推进路径和试点操作路径系统性设计。

——市级层面成立领导小组、工作小组和专门办公室，进行试点工作指导文本的研发，在此基础上开发并实施相应的专业教学文件，在实施过程中推进教材及相关教学资源开发，并形成试点典型案例。

——学校层面根据试点工作指导文本的具体要求，进行岗位调研、标准比对，确定4-6门双证融通课程，开发“双证融通”专业教学实施方案、双证融通课程标准以及考核方案，经专家论证后进行课程实施与考核。

3. 采取先行试点到稳步扩大的改革路径

本项改革选取有代表性和典型性的专业与学校，从小规模试点开始，取得初步经验后，逐步增加试点以扩大改革面。从第一批的10所学校、6个专业，逐步扩大到4个批次、33所学校、15个专业、43个专业点。

目前试点的15个专业，涉及9大专业类别，配套21种四级职业资格证书。在校生规模逐年扩大，目前试点专业在校生共计2925名。

（三）阶段成效

“双证融通”改革本质上还是一场课程改革，我们的主要成果成效必须体现在学校办学、师生发展和课程发展上面。

1. 学生的专业学习积极性与学习效果明显提高

学生在符合企业实际的模拟场景中学习，学习过程更扎实、岗位能力更突出、职业素养更全面。学习成效更明显。

2. 教师的专业水平与双师素养得到较大提升

学校专业教师与行业企业专家、职业鉴定专家合作开发“双证融通”课程标准及考核方案，进一步熟悉行业企业的岗位要求和用人标准。对教师实操能力和理论知识提出了更高的要求，不少教师主动下企业学习，由被动提升转变为主动提升。

通过政策引导，专业教师职业资格证书持有比例与等级进一步提高。“双证融通”项目实施为载体的专题培训与校际联合教研活动有效开展，推动了教师专业水平的整体提升。

3. 学校的专业教学更加高效

两个证书、两种评价的“融合”，节约了专业教学课时，给学校留出更多的教学时间；项目驱动、理实一体的课程实施，也进一步提高了课堂教学效率。

4. 实现了第三方参与专业教学评价

双证融通课程的考核分理论知识考试、职业素养评价和操作技能考核，分别由学校和技能鉴定中心组织实施。

另外，在此过程中，我们还形成了《工作指南》、《典型案例》、融通课程教材等相关研究与实践成果，为后续改革奠定了扎实的基础。

（四）后续展望

1. 进一步加强跨部门合作，优化双证融通课程考核的内容与形式，推动“双证融通”在更大范围内的常态化运行。

2. 纵向推广成功的试点经验，延伸到现代职教体系框架，特别是在中高职贯通、中本贯通培养模式中的推广。

3. 横向扩大改革的辐射效应。作为上海的一项教育综改项目，如何扩大本项改革在更大范围的影响力，需要我们进一步思考与策划。

在“双证融通”专业改革过程中，跨部门的合作是基础，学校课程教学的深度融合是载体，校企合作、产教融合是保障，而改革最终的价值要体现在学生的发展上，特别是学生的综合职业能力和职业素养的提升。只有这样，我们的“融通”之路才能越走越宽，越走越通达。

（上海市教育委员会教学研究室供稿）

六、上海职业教育人才培养国际化的实践探索

在2016年召开的上海职业教育国际化发展论坛上，上海市教委教研室汇报上海中等职业教育人才培养国际化的推进策略时，首先列出了一组“十二五”期间的数据：

——52个体现国际水平的专业教学标准已开发完成；

——24个体现国际水平的专业教学标准正在试点实施；

——78%的中职学校与国外机构有不同程度的合作交流；

——141名教师分别获得28种国际职业资格证书；

——297名学生境外就业，较2015年有显著提升；

——475人次教师参加各类境外培训；

——382名境外学生来沪接受中职学历教育；

——5605名学生接受中外合作培养；

——3638人次学生分别获22种国际职业资格证书。

这一个个醒目的数字无一不提醒着上海中职教育国际化已进入快速发展阶段。这些数字的背后是每一个上海职教人的付出、努力与汗水。随之项目组向大家一一揭示了数据背后的实践支撑。

（一）以《标准》开发为先导，构建人才培养的总体框架

培养高素质技术技能人才是经济全球化的时代呼唤，是上海加快建设国际化大都市的客观要求。为此，在原有66个市专业教学标准基础上，我们放眼全球、聚焦一流、重新思考，开发对接国际先进水平的专业教学标准，系统构建人才培

养的总体框架，提出以下 5 条基本理念：

（1）以培养具有国际竞争力的人才为目标；

（2）以职业能力标准的国际对接为基础；

（3）以体现国际职业教育发展趋势的课程改革为核心；

（4）以国际权威职业资格证书为借鉴；

（5）以教学条件的国际化水平建设为保障。

从 2012 年开始，我们先后开发了 52 个体现国际水平的专业教学标准，涉及 15 个专业大类，分别对接了 9 个发达国家及欧盟等国际组织的职业能力标准，形成了既体现国际水平又贴近本土实际的标准体系和人才培养方案。也顺利完成了教育部交给上海的任务。

围绕《标准》的落实，我们重点设计“一目标四维度”人才培养的基本路径，即以培养知识型、发展型、国际化的技术技能人才为目标，着力人才培养模式革新、课堂转型、评价改革、产教融合，四维一体，整体推进。

（二）聚焦四“维度”，夯实人才培养内涵支撑

1. 博采众长，锤精度：以兼容并蓄之貌革新培养模式

精度决定品质，精度彰显底蕴！精益求精、铸造品质！我们立足上海，放眼全球，博采众长，锐意创新，打造“国际化”和“本土化”相结合的人才培养模式。

各所学校以先进的人才培养理念为先，以现代学徒制、TAFE 模式、“双元制”模式等为鉴，大胆革新，形成了中外联合培养人才的多种特色模式。在“十二五”期间，本市共有 12 所中职校、21 个专业，与 8 个国家开展了合作办学，联合培养了 5605 名中职生。

2. 学生为本，凿深度：以教学相长之力撬动课堂转型

深度凝练内涵，深度决定高度！教育的深度应以课堂为本，课堂是师生成就自我的广袤土壤。在职业教育国际化进程中，我们以转变学习方式为重点，以创新教法和学法为突破口，唤醒课堂生机。

创新课堂环境，打造智慧教室、学习工厂；组织多层次的网络教研和现场教研活动，构建学习共同体；开展教学法评优，让“教法更贴近学生”；聘请外籍专家，取长补短，提升教学技艺。改革后的课堂不再只是静态的学习时空，而是

师生深度体验生命成长的共同体。

3. 不拘一格，拓宽度：以多元融合之姿更新评价机制

宽度凸显力度，宽度沉淀智慧！我们以多元主体参与、多方融合为依托，建立更为开放灵活的评价机制，不拘一格评人才。

（1）借鉴国际先进评价标准，鼓励学校构建校本评价体系。目前有52个专业系统构建了与课改理念相一致的评价模式，并选择相应的国外职业资格证书。

（2）引入第三方评价，特别是国外权威认证机构的考核评价。目前已有模具加工技术等23个专业能进行国外职业资格证书的认证评价。

（3）积极亮相国际舞台，让世界大赛标准来检验教学质量。

4. 合作共赢，延广度：以工学结合之态推进产教融合

广度积淀厚度，广度汇聚人心！职业教育国际化的广度是由方方面面的主体共同塑造的，是由多方共建共赢的合作格局决定的。我们积极发挥企业重要办学主体作用，组建跨行业、跨区域及跨国性质的现代职教联盟，大力推进国际化产教融合。

国际水平专业教学标准的实施，吸引了一批大型跨国企业和世界500强企业，参与到学校人才培养过程中，形成了产教融合、校企合作、共同评价的育人机制。

（三）成效与经验

通过四个“维度”的锤炼，国际水平专业教学标准在人才培养过程中落地生根，带动中职校课程与教学改革的深化。学校国际化办学能力明显增强，学生职业能力和国际素养显著提升。

以《标准》为先导的人才培养改革还进一步推动了上海职教人的国际转型，切实提升职教人谋划推动落实改革的能力，使我们的现代职教发展更具国际范儿。有以下几条行之有效的经验，可供参考：

1. 科研领路，顶层设计

标准的开发研制和常态化实施，是一个复杂的系统工程，必须加强顶层设计，统筹协调推进。为此，我们采取问题导向、科研先行的策略，联合华师大职教所，开展国际比较研究，下大力气抓好方向引导、结构布局、主次兼顾、技术支撑的问题，抓好理论研究与实践转化的问题，研制了《指导手册》，确定了从人才需求调研、工作任务分析、课程开发到培养方案制定等详细的技术路径，使人才培养国际化改革有长远的眼光、有统一的布局、有科学的技术支撑、有可操作的实践策略、有可推广可辐射的成果经验。

2. 多方协同，共建共享

成熟的跨部门合作机制是上海中职课改屡见成效的制胜法宝之一。我们与市人力资源与社会保障局、市职业技能鉴定中心有很好的合作基础和联动共赢的合作机制。在国际标准的改革实践中，我们进一步扩大合作，广泛邀请学校专业骨干教师、国内外行业企业专家、课程专家、职教专家，共同参与其中、多方发力。这使我们的标准既适用于教育内部，也可供企业培训、社会培训参考借鉴，进一步推动职业资格证书考核体系的调整更新。

3. 先行试点，逐步推广

不论是专业标准开发还是实施，我们都采取小范围先行试点、系统总结反思、再逐步推广的工作路径。分三批先后开发，分四批逐步试点实施。同步进行工作总结与经验提炼，形成了相关典型案例集，供本市学校推广实施借鉴。

4. 关注过程，注重质量

市教委教研室全程参与，引导学校制订实施方案、组织教学及考核评价；指导学校建立人才培养质量跟踪机制，定期优化培养方案；组织阶段性研讨，加强过程管理与监控，切实提高项目研究品质和人才培养质量。

今天，我们以“开放、融合、引领”为主题，以“精度、深度、宽度、广度”为内涵，来反思上海职业教育国际化发展，恰逢其时。在今后国际化进程中，我们还要进一步“扩大优势、引领发展”，在引领中职教育改革、服务国家社会发展中，特别是服务“一带一路”战略方面，发挥更大的作用。

（上海市教育委员会教学研究室供稿）

七、上海三大职业教育联盟实施“精准扶贫”

最近3年，上海喀什职业教育联盟、上海果洛职业教育联盟、上海遵义职业教育联盟相继成立。自此，以三大职教联盟为平台，上海职业教育对口帮扶工作踏上创新发展、协调发展和共享发展的新征程。3年来，对口帮扶注重学生成长，成效显著：近两届新疆班学生毕业就业率达98%，果洛学生就业率达100%；新疆班140名学生被上海和新疆两地高校录取，果洛班15名同学有13名进入青海高职深造；学生参加人保局建筑初级工取证率100%，学前教育考证率达90%左右；在2016全国职业院校技能大赛中，民族班学生获得3银3铜的优异成绩。同时，对口帮扶注重教师培养，成效喜人：3家联盟开展送教上门，为当地学校进行了1120人次的教师培训；开展来沪挂职，进行了52名当地教师的挂职锻炼，切实为当地培养了一批靠得上、留得住、用得好的教师队伍。

帮扶工作更获得了学生、家长和企业的高度认可。来自新疆吐鲁番的学生祖白达介绍，“通过对口帮扶我来到上海群益职校读书，在2016年全国技能大赛获得服装组的铜牌，整个暑假期间更是凭所学技术收入1万余元。”来自青海省果洛的学生家长德青措介绍，“我的孩子来到上海市房地产学校学习建筑装饰专业，用的教材是上海老师专门编写的，学校的形体礼仪课让孩子变得更漂亮自信了，通过参加学校社团更获得全国文明风采竞赛二等奖。是泱泱民族爱把两地凝聚在一起，是深深职教情让两地心手相依。”新疆际华集团深有体会：“上海职校培养出来的学生非常实用，普通员工缝制一条裤子需要半天甚至更长的时间，而进厂仅一年的毕业生莫尼热只需要两小时，当新的一批群益内职班实习生进厂，莫尼热更是成为他们的带路人，短短一两年，懵懂的小姑娘已经成长为一名独当一面的技术骨干、优秀人才。”目前上海“一市三地”职教联盟已初步形成优势互补、长期合作、聚焦帮扶、实现共赢的良好态势。今后将着重加强机制创新，推动协同联盟；加强需求导向，推动精准帮扶；加强内涵建设，聚焦人才培养；加强经验辐射，立志服务大局。

（一）沪喀职教联盟：用心用情全覆盖

近两年上海喀什职教联盟的主要工作，一是依托专业分会深化校企合作，探索现代学徒制试点。2015 年联盟成立了服装专业、燃气专业、机电专业 3 个专业分会，联合行业、企业、高校、中职校深入开展各项工作。奉贤中专依托燃气专业分会平台开展建设燃气技术应用开放实训中心项目，承办上海市燃气行业协会器具专业委员会和高技能人才培养南郊基地，推进燃气行业培训考核题库编制与开发、实训设施的建设等工作；工程技术管理学校依托机电专业分会赴疆实地调研，优化完善内职班机电一体化专业人才培养方案，修订课程标准和教学计划，推动提升专业内涵；群益职校依托服装专业分会平台，整合中国纺织服装协会、新疆服装行业协会等联盟理事单位的资源优势，制定内职班服装专业现代学徒制办学试点工作方案，与新疆际华七五五五职业装有限公司开设服装专业现代学徒制试点班，并面向巴楚、莎车等地定向招生，探索校企联合培养的就业援疆新模式。此外，学生工作协作组送教上门，运用拓展训练和案例督导相结合的方式进行深入讲解，充分调动教师们的学习兴趣。二是注重内涵提升，聚焦团队建设，对当地优秀教师进行系统培训，变“输血”为“造血”，把“盆景”变“苗圃”，以留下一支带不走的队伍。联盟重点围绕汽车运用与维修专业、服装制作与加工专业和班主任德育工作 3 个方面开展专题培训，全喀什地区近百名职业学校的骨干教师分别参加了相关培训。另外，泽普县 2 名管理干部赴上海挂职 1 个月进行任务引领式的培训学习，喀什“影子校长”6 名培训班学员分赴上海 3 所学校进行为期 3 个月的跟岗实践。2016 年 5 月借助联盟平台，喀什服装全国大赛 2 名参赛选手赴沪与上海参赛队同步集训，同时群益职校作为上海中职服装项目参赛领队单位参加 2016 年全国职业院校技能大赛获得三银三铜，内职服装班祖白达 · 艾合买提荣获一枚铜牌。三是发挥联盟影响力，多方联动做好内职班实习就业工作。联盟从搭建实习就业管理体系着手，发挥政府、行业协会、企业和学校 4 个层面的多方主体作用，为内职班学生实习就业提供平台。联盟分别派遣调研组多次前往新疆考察毕业生和实习生的就业实习情况，并深入木垒县东城镇鸡心梁村、奇台县犁铧尖社区向居民宣传国家的内地中职班政策；另一方面通过联盟专家库在新疆当地联盟理事单位中聘请实习管理老师，帮助学校就地开展实习学生日常管理，并进行不定期巡访随时发现和解决学生实习过程中出现的问题。目前3所中职校2013级196名内职班毕业生就业率和报考升学率达100%，其中112名学生在沪参加升学考试被上海的高职学院录取，另有28人在疆参加升学考试被新疆高校录取；2014级306名内职班学生中有121人已进入顶岗实习阶段，分布在乌鲁木齐、喀什、昌吉等近50家企业实习，受到用人单位广泛好评。

1. 推进对口帮扶全覆盖，开启教育援疆新模式

为推进国家“一带一路”战略、落实教育部《南疆职业教育对口支援全覆盖工作方案》，2015年12月，上海14所中高职院校与新疆喀什8所职业学校签订了对口帮扶协议，标志着沪喀职业教育对口帮扶全覆盖工作正式启动。2016年3月初，14所院校校长及学科带头人等共44人赴喀什进行实地考察、调研，开展深度对接，目前已结合7所对口帮扶学校的具体情况基本完成了相关调研报告及对口支援学校5年建设规划，将长期目标、中期目标和近期目标结合起来，做到一次规划分年度、分阶段实施，量力而行尽力而为。

2. 依托平台资源，发挥示范校辐射、引领作用

上海中职学校更是发挥国家中等职业教育改革发展示范性学校的辐射、引领作用，积极开展智慧援疆。奉贤中专无偿为对口帮扶学校提供燃气专业标准、专业课程、开发的课程以及专业培训；交通学校根据巴楚县职业培训学校实际教学需求、启动维语教材编写工作，并同步梳理实训室情况，为提升教学实训质量做准备；群益职校更是结合自身优势指导帮扶喀什师范学校完成省级示范校建设任务，两次接待喀什师范学校来沪为期一周的取经学习，就争创期间过程性资料梳理几大板块进行一对一指导或间接参与建设，后又派“全覆盖”专家团队远赴喀什师范学校指导做好收尾前的总结和提升。

3. 注重内涵提升，聚焦师资队伍建设和培训

联盟努力构建资源共用、人才互助、成果互享的互助交流机制。奉贤中专和电子信息职院选派10人援疆讲师团送教上门，面向喀什两所学校的干部开展6个专题培训，共有400余人次参加培训；指导喀什地区中等职业学校制定一期实训硬件建设方案，并与其进行战略合作签约，开展燃气专业学科带头人培训，指导新建专业立项答辩。群益职校和行健职院面向喀什学校的干部和教师开展示范校专题培训，共有300余人次参加培训，借助创建省级示范校契机为喀什师范培养专业骨干10余名；接待15名喀什干部教师来沪挂职学习，并为30名喀什服装骨干教师送教上门。信息技术学校和工艺美术职院多次组建专家组前往喀什地区叶城县职业高中开展调研和工作对接，制定其电子商务实训中心建设方案，培训其电子商务专业师资；信息技术学校首批援疆干部及教师前往叶城县职高开展援疆工作，并以租借方式支援其50台惠普全新PC机和50台方正旧PC机。农业学校和农林职院多次赴疆对接专业建设和信息化建设工作，并为莎车县职校12名教师开展为期两周的培训。交通学校和旅游高专与巴楚县职业培训学校工作对接8次，共21人次参加，派出“全覆盖”汽修专业骨干教师参加支持南疆对口帮扶的汽车维修专业研讨会；选派骨干教师前往巴楚县职业培训学校展开为期半年的相关援建工作，并接受对方骨干教师来沪培训。

4. 发挥资源优势，深化沪喀两地跨区域校企、校校合作

发挥上海中高职院校长期以来的校企合作资源等优势，推进对口帮扶学校的校企合作工作。上海农林职业技术学院为莎车职业技术学院和新疆新业集团阿斯曼肉业集团公司的校企合作牵线搭桥，并与上海市农业学校邀请上海市食品科技学校，共同对莎车职校农产品保鲜与加工专业开展援疆工作。在上海市交通学校的牵头下，拟在巴楚县职业培训学校和莎车二职校分别设立校企合作通用——AYEC点，并将赠送专业相关设备、逐步展开相关合作事宜，以全新的教学、培训模式支持巴楚职业培训学校和莎车二职校汽修专业的建设；拟在2016年10月底选派巴楚县职业培训学校汽修专业骨干教师来沪进行为期10周左右的培训。

5. 沪喀职业教育对口支援全覆盖下阶段工作要点

一是以专业内涵建设为抓手，加强顶层设计，完善课程体系建设，编写双语教材，提升教育教学质量；二是从硬件、管理运行和为社会服务3个方面对原有实训环境进行全面升级和扩容；三是做好送教上门、赴沪培训、“影子校长”等培训项目，通过集中培训、跟岗实践、挂职交流、组团式培训等途径切实加大师资队伍和管理队伍培养力度；四是紧密结合产业发展，建立就业创业指导服务部门，增强学生就业创业能力；五是发挥上海职业教育“职业体验日”和“技能大赛”品牌辐射作用，促进受援学校产教深度融合。

（二）沪果职教联盟：共育草原格桑花

自从2012年果洛学子走进上海求学圆梦开始，孩子们的成长始终牵系各方的心。2015年上海果洛职业教育联盟成立，更是搭建平台、整合资源、形成合力，共同呵护、培育好来自格桑花开大草原的“扎西”与“卓玛”们。一年来，沪果联盟不断思考和探索如何更好地服务果洛当地经济社会发展，为他们提供文化、智力和人才支撑，在育人过程中牢牢把握德育抓手，立德树人、以文化人。学校都将民族教育工作作为一项重要的政治任务来抓，专门成立民族教育工作领导小组和工作小组，加强对民族班学生的各项服务工作，做到了分工明确，责任到人，层层抓落实，并纷纷派出实力派骨干教师担任班主任，以更好引导学生发展。

1．搭建平台，德育为先，帮助果洛学子走进上海

联盟的三所学校不但各自成立校内民族班工作组，更成立了3所学校的协作组，共同搭建工作平台。如何让这些来自高原的孩子们更快认识上海、了解上海、走进上海、融入上海，是3所学校一直在努力去思考和实践的，也总结出了一些经验。

——寻找合适抓手，完善活动设计。各校积极组织学生遍访上海的自然、人文景观，以开阔视野、陶冶情操。其中房地产学校以“走进上海，走进专业”为主题进行系列旅行德育文化教育活动，主要涵盖了科技之旅、文化之旅、现代之旅、活力之旅、建筑之旅和缅怀之旅。学生们在3年学习之余将遍访上海地标性的建筑和场地，如中国馆、城市规划馆、科技馆、陈云纪念馆、吴淞炮台公园、七宝古镇古建筑等。旅行前，民族班学生需完成目的地资料查询、任务书填写；旅行结束后还需进行小报制作、小组交流展示、旅行体会分享和照片的收集整理等，让孩子们在旅行中学习，在学习中得到提升，因提升而获得快乐。

——丰富活动内容，加速心灵成长。各校组织开展多彩的课余活动，以丰富他们的内心世界。东辉职校组织“走进大上海”活动，让他们了解上海风土人情；“走进图书馆”活动，在书香中浸润、培养他们热爱阅读、热爱学习的习惯；“走进中华艺术宫”活动，通过德育特级教师任玉芬老师的指导和藏族学子实地担纲现场讲解，培养学生热爱艺术、尊重多元文化的情怀和落落大方、知书达理的气质修养；“走进企业大课堂”专业学习活动，通过对知名汽修企业、浦东机场等的实地参观、现场学习等，增进他们对所学专业的认识与认同，并进而转化为学习的动力。

——成立明星社团，闪耀才艺舞台。3所学校在校内以社团建设为载体，让民族班学生发挥才艺特长。新陆职校为民族班成立的“明星社团”有舞蹈、茶艺、合唱、手工制作等，在这些社团中学生学到了很多课堂以外的知识，既激发兴趣，又拓展能力。房地产学校也以社团建设为重要阵地，学子们通过社团活动的锻炼，代表学校参加合唱比赛，在上海市近郊六区的比赛中勇夺第一名，参与演出的音乐剧《生死概率》远赴果洛演出引起轰动，并获得全市中职校音乐剧比赛的第一名。

——规范日常行为，创新管理手段。作为校园的一分子，藏族学子也需要做好日常行为规范，养成良好习惯。房地产学校实行德育积分制，引进类似银行存取款的理念，将日常行为、社会实践等量化后进行积分存取，将隐性的道德指标尽可能显性化，让问题的长期效应在短期内有所反应，以加强他们的自我管理能力。将德育量化成学分制，便于把口头说教变成行为教育，有利于学生自我管理和自我约束。

2. 立足实际，强化教学，为学生学业打好坚实基础

果洛学子求学上海，都是带着知识与技能梦而来的。为了使得他们的学习过程更富有实效，各校也都根据学生的实际情况进行了教学上的设计和改变。

——量身定制教学计划，优化课程结构。围绕相关专业的培养目标，根据民族班学生的学情度身定制培养方案。各校都根据果洛地区经济发展实际需求增设了一些实用课程，比如硬笔书法、计算机、形体、礼仪、建筑装饰软件等。2015年联盟到果洛进行调研回校后及时调整学校课程设计，增设了《办公实务》《幼儿教学教法》等特色课程，实际也为学生今后就业拓宽了道路。而且根据学生实际知识结构调整教材，编写面向果洛学生的校本教材，逐步形成了面向民族班的课程谱系。课程结构的优化、课程谱系的形成有效提高了教学效果与教育质量。新陆职校《婴幼儿保教实训与指导（初级）》也在编写中，三校联合编写的《数学》《语文》已完成专家论证等待出版。

——提升实践能力，考证大赛露真才。3所学校的专业教学以职业资格考证为抓手，加强实训，合理设置坡度、化解知识难度，小步走、不停步，帮助藏族学子在专业技能上稳步提升。经过各校的专业培养，学生的考证情况良好。房地产学校建筑施工专业的学生通过砌筑理论课的学习和分组实训操练，在参加人社局砌筑初级工职业技能鉴定考核中获得100%通过的好成绩，参加水电工初级和安全员考证的大部分同学也都能顺利通过。新陆职校学前教育专业参加“保育员初级”、“英语口语交际”初级考证，合格率达到96%和80%。东辉职校汽修专业参加汽车维修初级工考证合格率也达50%。通过专项巩固练习，果洛学子们也渐渐在中职的各类技能比赛中崭露头角，房地产学校的才让龙布同学在第六届上海市星光计划技能大赛中荣获建筑设备安装与调试（给排水）项目一等奖。

3．紧密联系，加强互动，就业升学提供保障

为了给这些孩子更好的出路，联盟也在不断探索打通他们就业和升学的路径。

——打通升学途径，中高职异地贯通。房地产学校2013级施工专业民族班15名学生中的13名同学参加了青海省的高职自主考试，并顺利进入青海建筑职业技术学院深造。由于孩子们的求学意愿强烈，联盟积极筹划实现上海果洛中高职异地贯通，学子们毕业后可以通过一次测试升入青海当地的高职院校进行继续深造。

——加强两地联系，更好安排实习就业。联盟积极与上海援青工作联络组、果洛藏族自治州建设局、果洛藏族自治州教育局等沟通，让学生找到合适的实习岗位，并落实专人进行实习带教，让他们将所学与实际工作结合起来，并通过实习顺利进入当地的企事业单位工作。东辉职校还于近日赴青海机场有限公司联系果洛学生实习基地事宜，航空服务专业果洛学子将在完成上海学业后集体进入青海机场实习就业。

——人才留校深造，再创新的机遇。房地产学校的才让龙布同学勤奋好学，特别感恩和珍惜上海求学的机会。获得星光计划大赛给排水项目一等奖后，他特别渴望能在上海继续求学和深造，于是学校安排他留校参与学校基建项目的建设，成为项目实施过程的施工监理，同时帮助他参加成人高考进入二工大大专班进行学历提升，为他今后返回家乡、建设家乡打下坚实的基础。以联盟为核心，各校都不断强化共同培育人才的过程，一切为了学生更好地为人处事、学习生活，始终以学生的成长成才为第一要务，让格桑花们朵朵盛开。

（三）沪遵职教联盟：借力助推促内涵

1．上海对口帮扶遵义情深意长

2014年5月，上海7所中职学校与遵义8所中职学校签订协议，开启了两地职校联合办学的先河。特别是2014年9月以来，上海对口帮扶从市级层面延伸到区县层面，从行政搭桥转向学校互动，形成了多层次、多角度协调互动的良好局面。

上海各职业院校在帮扶中进行专业指引，共享教学资源；开展师资培训，先后为遵义160名中职学校管理干部、骨干教师、青年教师进行专业培训；以“1+2”模式联合招收600余名遵义籍学生到上海学习；援建遵义职业技术学院机电楼、务川县中等职业学校实训楼、学生公寓等均已投入使用。在新一轮对口帮扶中，除上海科技职业学院继续帮扶遵义职业技术学院、上海师范大学对口帮扶遵义师范学院“支持遵义大学创建师资提升培训”外，还争取到上海开放大学对口帮扶遵义电大，上海中医药大学对口帮扶遵义医药高等专科学校。3年的教育帮扶，上海市教委投入帮扶资金6000余万元，实施帮扶项目50余个，培养培训了遵义市校长、教师3000余人次，使遵义市多所职业院校，无论是在硬件投入，还是软件建设上，都得到了极大提升，有力改善了遵义市各级各类学校办学条件。

2．沪遵职教联盟成立，助推职教发展

2016年9月，上海市教委与遵义市教育局共同签订合作备忘录，上海遵义职业教育联盟在遵成立挂牌。目前遵义市正在按照贵州省委省政府对遵义是定位，坚持红色传承，推动绿色发展，打造西部内陆开放新高地，主动适应经济发展新常态，加快产业转型升级，打造茶酒、大健康与新医药、文旅农旅一体、现代制造业与现代服务业“四个姊妹篇”，坚定不移做大做强新型工业；着力打造大数据、白酒、大健康、新能源节能环保、特色农产品加工“五大千亿级产业”，形成发展新业态，打造经济新引擎。这必将引来大量企业入住遵义，企业的集聚和对产业工人的需求，对该市职业教育的发展既是难得的机遇又是严峻的挑战。沪遵职教联盟成立有助于遵义各职业院校以联盟的形式来统筹优化资源配置，深化校校、校企合作，提升人才培养工作水平，有助于遵义各职业院校以联盟力量赢得发展机遇，通过开展师资培养、教学诊断活动，构建远程教育平台、开发远程教育课程、施行远程教学等手段，真正发挥联盟的优势和上海对口帮扶职业教育的潜力。

3．借上海先进的办学理念，引领遵义市职教内涵建设

近年来，遵义职业教育通过实施贵州省教育“9+3”、“中职百校大战”，得到了快速的发展，硬件实施极大改善，各县中职学校初具规模，但师资力量薄弱、理念落后，专业与产业对接不紧密，同质化严重，校企合作停留在初始阶段。如何改变，如何推进发展，都需要行家诊断，把脉下药，更需要先进的理念支撑。当前，遵义市职业教育正以省级示范专业、精品课程、名师培养工程、大师和名校长工作室、优秀教学团队、产教融合开放实训基地、现代学徒制试点、创新创业教育基地、精准扶贫基地、示范数字化校园的“十大项目”为引领，全面推进职业教育内涵发展，督促各县（市、区）进一步加大中职学校实习实训基地建设及配套设施设备的投入，争创省级产教融合开放实训基地、创新创业教育基地、精准扶贫基地、现代学徒制试点和数字化校园，大力实施“五变五结合五对接”（五变：校长变厂长，教师变师傅，学生变学徒，课堂变车间，作品变产品；五结合：理论与实践相结合，校内与校外相结合，教学与生产相结合，学校与企业相结合，学习与应用相结合；五对接：专业与产业对接，课程内容与职业标准对接，教学过程与生产过程对接，学业证书与职业资格证的对接，职业教育与终身学习对接）。遵义市将在贵州省率先开展中职学校专业评估，通过晒专业、晒工种、晒师资、晒设备、亮身份的“四晒一亮”活动，向社会公开所有职业学校的基础条件、培训能力和培训方向，建立职业教育“培训包”，引领专业对接地方产业，错位发展，特色发展。同时，他们还将借鉴上海“中职——应用本科贯通”培养的成功经验，拟从遵义师院2017年本科招生计划中划出学前教育、旅游管理、酒店服务与管理3个适合遵义产业发展需求的专业共90个指标先行试点，招收遵义的中职学校毕业生，以此推动遵义职业教育创新发展。借助沪遵职教联盟平台，遵义各中职学校与上海中职学校在师资队伍建设、品牌专业建设、精品课程建设、资源信息共享等方面合作走向深入，并统筹遵义市中等职业学校技能大赛与上海“星光计划”职业院校技能大赛，举办沪遵职业院校师生技能大比武，以此激励遵义师生练技增能。

（执笔：施蔷生）

八、适应国际大都市发展需求积极开展城市职业培训

紧密结合经济转型升级、建设“四个中心”和“具有全球影响力的科创中心”的上海国际大都市发展功能定位，上海2016年职业培训工作总体推进平稳有序，全市完成职业培训64.94万人，同比增长27.3%；开展职业技能鉴定54.14万人，同比增长3.69%，核发职业资格证书36.33万本。全面完成年初确定的各项任务。

（一）大力加强企业职工职业培训

截止2015年底，上海高技能人才占技能劳动者比重为30.17%。力争在“十三五”期末，上海高技能人才占技能劳动者比重提高到35%左右。为此，上海大力加强职业培训，发挥企业主体作用，调动企业技能人才培养积极性，积极推进技能人才队伍建设。上海年平均投入近40亿用于支持职业培训，劳动者自主参加社会化培训每年约50万人，企业自主开展职工培训每年约100万人次。

1．发挥企业主体作用，大力推进企业职工职业培训工作

充分利用地方教育附加专项资金，发挥企业主体作用，2015年通过市政府办公厅修订印发了《关于完善本市地方教育附加专项资金分配使用办法进一步加强企业职工职业培训的实施意见》，会同市财政局、市教委、市总工会制定了《关于区县使用地方教育附加专项资金开展职工职业培训工作的指导意见》，开发建设了地方教育附加专项资金用于职业培训信息管理系统，大力推进企业职工职业培训工作。

一是鼓励大企业自主开展职业培训。对自身具备培训能力、有职工培训需求的企业，鼓励企业结合生产服务实际情况，自主开展包括岗位技能培训、职业技

能等级培训等在内的各类职工职业培训，并利用地方教育附加专项资金给予企业相应的培训费补贴。自 2011 年以来，本市每年有 5 万多户企业自主开展职工培训并享受了职业培训补贴。

二是通过中小微企业职业培训公共服务平台提供培训对接服务。对有培训需求、但自身缺乏培训能力的广大中小微企业，自 2014 年起，本市依托区县公共就业服务机构搭建专门的“中小微企业职业技能培训公共服务平台”，广泛收集中小微企业的培训需求，落实培训机构提供培训对接服务，并使用地方教育附加专项资金给予相应的培训费补贴，两年多来培训中小微企业职工 15 万人。

2．落实春潮行动计划，实施“农民工技能提升培训”和“养老护理人员职业培训专项行动计划”

2010 ～ 2015 年，上海前后实施了两轮“农民工技能提升三年行动计划”，特别是 2014 年人社部印发了《农民工职业技能提升计划“春潮行动”实施方案》，本市积极落实人社部“春潮行动”农民工培训任务，同时每年开展中央就业专项资金用于农民工职业培训的专项审计工作。2016 年农民工培训 27.77 万，超额完成年初制定的农民工职业技能培训达到 20 万人次的目标任务，同比增长 13.1%；其中，等级工培训 16.57 万，占农民工培训总量的 59.7%，超额完成年初制定的 10 万人次的目标，农民工职业技能培训的质量进一步提升。

专栏 1　上海农之梦青年公益服务社积极开展农民工培训

2015 ～ 2016 年，上海农之梦青年公益服务社在共青团浦东新区委员会的指导下积极开展服务来沪务工青年工作，会同上海开放大学组织的“阅读城市，融入上海”进城务工人员读书项目获得上海市振兴中华读书指导委员会评选的优秀项目；由农之梦服务社组织的朗诵节目亮相 2015 年上海市读书节开幕式，并获得好评；农之梦服务社还被评为 2016 年浦东新区未成年人暑期工作优秀组织奖。两年来，农之梦服务社报送的信息被上海社会组织网采纳 100 条，被中国上海门户网站采纳 20 多条。

农之梦服务社是一家致力于服务来沪务工青年的非营利性公益组织，核定的业务范围为：以“与农民工交朋友”项目为纽带，为来沪务工青年提供信息、咨询服务，并开展相关研究（凡涉及行政许可的凭许可证经营）。农之梦服务社遵守宪法、法律、法规和国家政策，遵守社会道德风尚，本着自助助人的目的，为来沪务工青年更好地融入上海搭建平台，在了解情况、疏通渠道、反映需求和提供服务的基础上，协同相关管理部门做好来沪务工青年管理与服务工作，逐步消除本地人和外地人的隔膜，实现工作、居住在上海的不同出生地域、不同户籍青年的和睦相处。

1. 继续开展服务—培训—引导—提升来沪务工青年的各项工作

(1) 服务：8个服务站共开展“与来沪青少年交朋友”活动（包括与来沪青少年一起迎新年，一起吃年夜饭，一起过端午节，一起过中秋节）近40次，每次活动不少于300人。(2) 培训：与嘉定区江桥镇、浦东新区航头镇等单位合作，通过五个渠道开展进城务工人员技能文化培训，培训内容包括家庭教育、环保意识、身心健康、法律知识、城市文明、计算机技能、音乐欣赏及舞蹈欣赏，完成培训超过5万人次。(3) 引导：在浦兴路街道开展城管、街道就业管理部门与来沪务工青年面对面交流活动，街道城管中队，浦东新区就业管理部门及浦兴路街道就业管理部门的领导及工作人员与30名来沪务工青年面对面交流，介绍浦东新区的城市管理与就业支持政策，并解答来沪务工青年的疑问。(4) 提升：会同上海开放大学开展来沪务工青年艺术修养提升培训，已培训音乐、舞蹈爱好者近50名，并会同嘉定区江桥镇太平村为他们提供演出舞台，已经开展2场公开演出。

2. 开展浦东新区社会组织公益月的相关活动

(1) 联合上海市城乡建设和管理委员会业务受理中心开展“新老上海人，结对圆美梦”主题活动，近200名新老上海人相互结对，开展丰富多彩的体育活动。上海市城乡建设和管理委员会业务受理中心团支部还为农民工子女捐送了体育器材和书籍。(2) 6个服务站开展“新老上海人，结对圆美梦”义卖活动，义卖物品包括《农之梦与中国梦》、《那些“穿越”的孩子》等书籍，印有“新老上海人，结对圆美梦”的帽子，义卖所得用于6个服务站开展的“与来沪青少年一起过端午节”活动。

3. 参加社会组织规范化建设评审申报

按照浦东新区民政局的通知要求，申报浦东新区社会组织规范化建设等级评定。按照等级评定的标准，强化制度建设，加强档案管理，并于2015年9月16日接受评估专家小组的检查，获得2A级。2016年7月29日第二次接受评估专家小组的检查，3A级已经通过。我们按照专家小组的意见，进一步规范服务社的各项工作。

4. 开展“阅读城市，融入上海”进城务工人员读书活动

(1) 组织农民工家长及其子女阅读《农之梦与中国梦》《那些“穿越”的孩子》等书籍，浦东新区航头镇、北蔡镇的近万名农民工家长及其子女参加。(2) 组织农民工及其子女学习优秀传统文化。会同航头镇团委开展《弟子规》等传统文化进社区活动，组织4次讲座，由上海开放大学的专家主讲“百善孝为先”、“谨言慎行、诚实守信”、“爱己爱人，亲仁亲德”、“余力学文，知行合一”的讲座，近300民农民工及其子女参加讲座。

5. 组织开展农民工子女优秀传统文化教育项目

在浦东新区北蔡镇民办鲁冰花小学、航头镇民办航头小学开展优秀传统文化经典诵读及第二故乡摄影比赛试点，为开展校级、区级和市级比赛做准备。

新的一年，农之梦服务社将在继续开展服务—培训—引导—提升来沪务工青年的相关工作基础上，重点做好建设农民工创意创业服务平台、会同同济大学艺术与传媒学院等单位排练演出话剧《乡归何处》以倡导来沪务工青年融入上海的“接纳—回馈”模式、开展新市民人文素养和志愿服务模式及人文素养培训效果等调查、以来沪务工子弟家长课堂为载体开展家庭文化素养证书培训和家庭健康证书培训等工作。

另外，根据本市老龄化社会的发展需要，市人保会同民政、卫生计生委等部门，实施了“养老护理人员技能提升专项行动计划”，提出到2020年组织开展养老护理人员职业技能培训10万人，其中等级工和专项能力培训3.5万人，力争新增从业人员全部经过技能培训持证上岗，在岗从业人员50%以上通过培训提升技能，优化养老护理人员队伍技能结构，提升服务水平。2016年市区建立培训工作领导协调机制，将养老护理从业人员培训费补贴比例提高到80%，培育了一批养老护理优质培训机构和实习基地等，以切实有效的实际措施推进养老护理培训各项工作开展。截止到11月底完成养老护理从业人员培训1.79万人，超额完成全年1.5万人培训的市政府重点任务。

3. 启动企业新型学徒制试点工作

上海是人社部确定的开展企业新型学徒制的试点省市之一。2016年3月出台了《关于在本市开展企业新型学徒制试点工作的操作办法》，规定本市试点企业组织新招用人员、新转岗人员开展“企校双制、工学一体”新型学徒制培训模式的，给予每人每年4000～8000元的培训补贴，补贴期限最长不超过2年。通过组织专家对企业新型学徒制试点单位和培养项目进行了评审，最终11家单位的21个培养项目通过评审，首批试点学徒 2700 人，其中新招用人员 1500 人。新型学徒制培养方式很受企业欢迎，许多企业都要求加入试点范围，扩大试点学徒名额，下一步市人保局考虑有序扩大试点范围。

4．做好化解过剩产能企业职工职业培训工作

根据部里印发的《关于实施化解过剩产能企业职工特别职业培训计划的通知》，本市高度重视化解过剩产能企业职工职业培训工作，指导区县实施特别培训计划，落实培训补贴政策。如本市宝山区的宝钢不锈钢厂搬迁和中铝铜业裁员，涉及职工 1.2 万人，人社部门积极做好转岗培训工作。在政策上给予全额培训费补贴，免除企业和职工后顾之忧；在操作上建立企业与培训机构对接机制，定期公开发布开班信息。目前已组织宝钢不锈钢厂 200 多名职工转岗培训，中铝铜业已组织培训机构对接制订培训计划。

专栏 2　上海市慈善教育培训中心开展创业教育培训的实践

开展创业教育培训这是上海市慈善教育培训中心体现“知识扶贫，助人发展”宗旨，紧跟时代步伐，致力于动员社会力量，发掘慈善资源，实施慈善教育，传播慈善理念的一个特色项目。2004 年该中心与北京光华基金会合作引进美国的全球创业基金会创业教育课程(简称 NFTE),13 年来对上海 20 多所大学、50 多所中高职校的学生、上海市下岗失业人员、外来媳妇以及进城务工人员等 9000 多名人员开展创业教育。从 2006 年起，与《成才与就业》杂志社合作连续 11 年举办“上海青年创业夏令营”。2007 年将课程引入高校，与上海 20 多高校合作，重点对高校贫困大学生开展创业教育。

通过创业教育培训，有 70 位同学在上海商业计划书大赛上获奖，25 位选手参加全国商业计划书大赛，7 位获得全国一等奖，赴美国参加全球创业精神大奖颁奖典礼。2016 年 12 月，慈善教育培训中心创业班学员，上海工艺美术学校的学生平健昊以“漆人愿工作室”的创业项目获得全国创业大奖赛冠军，2017 年 4 月将代表中国参加“全球青年创业者大奖”的评选。为推进创业教育项目的开展，慈善教育培训中心多方位筹措项目经费，2016 ～ 2010 年上海市慈善基金会捐资 100 多万元，2011 ～ 2014 年以基金资助 79 余万元，2015 年，上海市慈善基金会、上海市教委分别资助 30 余万元，慈善教育培训中心争取其他资助 40 余万元，体现了政府、基金会、社会服务组织共同推进项目实施，共同解决弱势群体和大学生创业的民生关注问题。

创业教育培训这个慈善教育项目，对参加培训的学员实行全免费的创业教

育培训，受到弱势群体和大学生，特别是家庭困难大学生的热烈欢迎，因为创业教育培训采用模块教学，内容涵盖了创业者的条件，识别商机、市场营销、销售谈判、财务管理、公司注册、社会责任等主题。其课程具有鲜明的特点：第一，深入浅出，易学易用，针对性和实用性强；第二，教学方式灵活多样，强调学员的参与、互动，既有创业知识的传授，又有成功创业者的现身说法、参观企业、模拟谈判、销售实践、撰写商业计划书和演示等实践环节；第三、项目的授课教师具备NFTE认证教师资格具有实践经验；第四，有一套严格的管理要求和规范的管理及课程评估方法；第五，有正确的创业理念。教会学员明确企业的使命和社会责任，懂得要创业先做人的道理，激发学员开发潜能、自我发展。使学员在充满欢乐和享有尊严的气氛中学习创业知识，从而帮助他们激发潜能、播下创业的种子，培养自信、树立积极的人生观，引领他们积极寻找成功之路，实现创业的梦想。

（二）强化高技能人才队伍建设

1. 推进高技能人才培养基地建设

根据本市产业发展对高技能人才的需求，依托重点产业领域的大型企业（集团）、行业协会、产业园区和重点院校，本市建立一批高技能人才培养基地，不仅积极开展本行业企业职业培训，而且面向社会开放，辐射带动上下游企业技能人才培养。建立了培养基地的发展认定、绩效评估、专项资助等工作机制。对成效显著的高技能培养基地，给予实训设施设备资助、培养项目开发资助、师资队伍建设资助等相应政策扶持。

目前，本市已建立高技能人才培养基地76家，其中国家级基地10家，基本覆盖了本市现代服务业、先进制造业、战略性新兴产业和现代农业的重点产业领域。

专栏3　企业大学发展与“中国最佳企业大学排行榜”

1955年，美国在经济转型发展中创建了全球第一所企业大学——通用电气(GE)克劳顿学院。此后企业大学在美国及其他发达国家异军突起，据不完全统计在全球财富500强的企业中，有超过80%的企业创办了自己的企业大学。

从1998年我国青岛首创中国第一所企业大学——海信学院至今，据不完全统计我国已建立了8000多所具有一定规模的企业大学，如国药大学、携程大学、乐视网大学、中国银联支付学院、中粮集团忠良书院、东航培训中心、中国电信学院等。2016年12月8日，由上海交通大学海外教育学院主办、上海格略企业管理咨询有限公司智力合作、企业大学管理者联盟/亚太首席人才官联合会(APCHOU)协办的“2016年度中国最佳企业大学排行榜颁奖盛典暨第六届中国企业大学发展论坛”在上海举行，来自国家政府机关领导、国内外一流企业大学代表、专家学者近500人汇聚一堂，共同见证2016年度最佳企业大学的颁奖盛典，回顾中国企业大学排行榜5年发展历程与成果，共创共享中国企业大学新生态。

“中国最佳企业大学排行榜”组委会隶属于上海交通大学海外教育学院，是国内高校第一个针对企业大学研究的专业机构。凭借交大深厚的研究力量和专业能力，整合企业界实战者，扎根于高校，服务于企业，旨在通过企业大学业务的研究、推广和实施，搭建一个专业务实的平台，推动国内企业大学的发展和成熟。自2012年起，在多年企业大学发展研究的基础上以及众多专家、企业大学方的支持下，已成功举办了五届“中国最佳企业大学排行榜”。5年来，600多家企业大学参与了排行榜评选，共评出：95家中国最佳企业大学、98个最佳学习项目、55家最具成长性企业大学、16家中国企业大学卓越成就奖、12家中国企业大学社会责任奖、10家企业大学创新实践奖。

本次评选活动自2016年9月7日正式启动以来，共收到了百余家企业大学提供的上百个参评样本，代表了国内企业大学的最高水准。本次参与评审的18位评委专家均来自于各大企业大学及企业发展专业领域，秉承权威、科学、严谨、开放、保密的原则，认真筛选参评材料、参与调研，共评选出了20家“2016年度最佳企业大学”、16家“2016年度最具成长性企业大学”、20个“2016年中国企业最佳学习项目”和五周年特别奖16家10个行业“中国企业大学卓越成就奖”。华润大学荣膺“2016年度中国最佳企业大学排行榜”榜首；华润大学燃气学院选送项目《催化促进组织有机成长》荣获“2016年中国企业最佳学习项目”。

专栏4　上海浦东软件园企业大学的创新探索与实践

上海浦东软件园是经原国家计委批准，由原机械电子工业部与上海市人民政府合作的共建项目，经过20多年的发展，已形成了郭守敬园、祖冲之园、三林世博园、川沙园和昆山软件园5个分园，总建筑面积约143万平方米。作为首家国家软件产业基地和软件出口基地，现拥有注册软件企业超1650家，入驻企业570多家，园区企业软件产品与服务超过千种，形成了庞大完整的信息化上下游产业链，突显浦东软件园三商发展战略“物理空间开发商+服务集成商+科技投资商”的创新转型实践，软件产业示范和集聚效应显著，园区软件从业人员约3.8万人，均为高学历（海归比例高）高技能人才。

浦软学院集成服务平台主要由校企互动平台、人才交流平台、技能成长平台、综合服务平台4个子平台支撑。学院成立以来已先后投入了近千万元用于学院培训教室和公共实训社区的建设。学院现占地约3000平方米，其中电脑实训室7间（每3年更新1次），普通教室3间，实训室均配置开发软件系统和实训软件系统。今年学院将再次投入200万用于实训教室的升级改造工程。该学院高技能人才培养基地有别于其他国企集团的基地，其培训的对象（没有行政隶属关系，是房东和房客关系）完全市场化运行，社会招生（散户班）报名到开班需要等候6个月，因为培训的教室有限，开班集中在周末。学院受上海市人力资源和社会保障局的委托，目前已开发企业内在职员工国家职业资格继续教育培训项目标准14个，其中11个为国家三级和二级高级项目，3个为专项职业能力项目，上述学员培训学费全部纳入政府财政补贴目录，在浦软学院学习“零”学费已“名声”在外，成为上海市IT从业者获得“正能量”继续深造学习国内外先进技术的有效途径之一。

浦软学院专业技术服务的亮点工程是“实训平台+阳光政策+多重优势+N个服务”。学院不仅是企业内高技能IT相关职业技能培训标准、考试鉴定的制定者，也是信息化专业技术工程师继续教育课程的开发者，双师型职业教师实践基地，中国（上海）自贸区、张江高科技多重政府阳光政策落地的探索者。大学应届毕业生（信息化知识更新快，应用型双师型师资奇缺、教学内容严重脱节）、专业技术人员走进浦软基地免费享受：职业规划+技术培训（国内外著名企业技术总监为基地教学亲临指导）+技术沙龙+职称评审+创业孵化+创投基金+人才公寓+多重荣誉等等专业化服务。

培训案例之一：花旗金融信息服务（中国）有限公司2013年开始参加浦软学院高技能人才培训项目，主要是计算机高级程序设计员（JAVA、.NET）培训项目，开始是一个小部门参加培训，反馈效果良好，培训结束后，推广到大部门，现在每年开设3～4个企业定向班。学院每年训前与都与公司技术人员先行沟通，精心设计教学计划，根据企业实际，采用“1+X”的模式，比如JAVA课程，后期加入一部分云计算、Android等流行的新技术，使学员既掌握岗位实际开发技术的同时紧跟技术发展的趋势。花旗金融的工会也一起积极参与，鼓励推荐员工参加技能培训，2015年花旗金融团队获得全国竞赛团体第四名，同时一人获得上海市五一劳动奖章荣誉。

培训案例之二：胜科金仕达数据系统（中国）有限公司，简称SunGard中国，自2010年和SunGard中国建立培训合作关系以来，累计为该公司培训人数超500人，主要集中在一线员工的高技能人才培养项目上，包括计算机程序设计员（Java）、计算机软件测试员等，为该公司留住骨干技术人才做了相当多的工作，也为该公司在培养人才上大大节省了培训费用支出。历次培训均得到了SunGard中国公司管理层的认可，学员反馈良好，受益匪浅。同时，公司也积极参与浦软学院承办的各类职业技能竞赛。自2011年开始连续3年获得团队一等奖，并有多人获得各类个人奖项。公司也非常感谢浦软学院为他们提供的培训和赛前强化集训服务，为公司的研发人员提升了软件开发和实施能力，确保了SunGard中国的产品研发技术始终处于国内外领先水平。

2. 推进首席技师和技能大师工作室建设

本市实施“首席技师培养选拔千人计划”，鼓励有条件的企业建立完善首席技师制度，发挥首席技师的引领带动作用。对建立首席技师制度且有工作成效的企业，给予人均3～5万元的经费资助。在此基础上，鼓励有条件的企业建立“技能大师工作室”，以技能大师为带头人，开展技术创新、技能攻关、技艺传承、技能推广等工作，对成绩显著的技能大师工作室，按照10万元/个的标准予以经费资助。

“十二五”期间本市已认定资助1021名首席技师、106个技能大师工作室，其中国家级技能大师工作室共28个。“十三五”期间，将启动新一轮首席技师千人计划和技能大师工作室建设，新认定资助1000名首席技师、100个技能大师工作室。

3. 组织开展各类高技能人才评选表彰活动

大力开展高技能人才的评选表彰，共评选出“上海市杰出技术能手”20名、“上海市技术能手”100名。共新建和追加资助技能大师工作室30个、首席技师196个，推荐国家级技能大师工作室6个。2016年年底，人力资源社会保障部公布了《关于表彰第十三届中华技能大奖和全国技术能手的决定》，授予全国30名同志“中华技能大奖”荣誉称号、授予全国299名同志“全国技术能手”荣誉称号。其中，上海隧道工程有限公司管涵顶进工李鸿、宝山钢铁股份有限公司热轧厂钳工王军、中国核工业第五建设有限公司焊工罗开峰共3名本市高技能人才获得了“中华技能大奖”，使上海获此殊荣的高技能人才总数达到了19人；上海现代电梯工程有限公司电梯安装维修工刘玉华、上海市第三社会福利院养老护理员黄琴、上海锅炉厂有限公司电焊工季永平、上海石库门酿酒有限公司黄酒酿造工毛严根等19名本市高技能人才获得了“全国技术能手”荣誉称号。本届表彰中本市获奖选手之多，取得了上海高技能人才队伍建设工作历史性的突破，体现了近年来本市大力加强职业技能培训和高技能人才培养的工作成果。

（三）广泛开展职业技能竞赛活动

1．构建多层次、多形式的职业技能竞赛体系

鼓励区县、行业主管部门或行业协会、控股（集团）公司、大企业开展各类职业技能竞赛活动；在此基础上，市人保局会同市总工会、团市委、市教委、市经信委、市国资委、市财政局等部门组成“上海市职业技能竞赛组委会”，每年组织开展市级一类竞赛活动，会同市教委组织开展职业院校“星光杯”技能大赛；同时本市积极选拔优秀高技能人才参加各项国家技能竞赛、世界技能大赛。本市逐步形成了以企业岗位练兵技能比武为基础、市级职业技能竞赛为主体、国家级和世界技能大赛为引领的多层次、多形式的职业技能竞赛活动，每年参与竞赛人数10万多人。

2．承办好国家级技能竞赛活动

2016年8月10日至8月15日，上海承办了“2016年中国技能大赛——第44届世界技能大赛全国集中选拔赛”，国家人社部尹蔚民部长、汤涛副部长，上海市政府杨雄市长、时光辉副市长，世界技能组织首席执行官大卫·霍伊先生、副主席斯泰芬·普拉绍尔先生等出席开幕式并视察了比赛赛场。借鉴大赛采用了“竞赛、展示、体验、观摩”为一体的办赛形式，设置了车身修理等15个比赛项目，涵盖世界技能大赛六大领域；来自全国32个省市的350多名选手报名参赛，同时俄罗斯和我国香港地区也派团参与技能交流；在赛区内设置了相关职业技能展示互动区域，邀请了13家技术支持单位展示相关领域的最新前沿技术。大赛社会反响热烈，两天正式比赛日观摩人流量达2.2万人次，社会各方对大赛组织反响良好。

3. 积极申办2021年第46届世界技能大赛

经中央批准，我国拟申办2021年第46届世界技能大赛。2016年8月1日，经上海市政府常务会议研究决定后，上海市人民政府向人社部发出了《关于上海市申请成为我国申办2021年第46届世界技能大赛承办城市的函》。10月6日，在加拿大尼亚加拉市召开的世界技能组织2016年大会上，国家人社部汤涛副部长宣布中国申办2021年第46届世界技能大赛，并推出上海作为承办城市。世界技能大赛是“世界技能奥林匹克”，其竞技水平代表了职业技能发展的世界先进水平。

（四）加大政策扶持和资金投入

1. 积极稳妥地开展“双证融通”试点工作

市人保局会同市教委、上海开放大学，有序推进双证融试点工作，探索专业教学要求与职业技能标准的融通，课程评价方式和职业技能鉴定方式的结合，推进技能人才培养模式的改革。面向院校学生的“课程重组型双证融通”试点，目前中职31所学校15个专业纳入试点，高职13所学校13个专业启动试点；面向培训学员的学历与技能同步提升的“直通车双证融通”试点，目前有22家培训机构6个专业开展了招生培训工作。

2. 加大职业培训资金投入

本市职业培训资金投入主要包括失业保险基金、中央和市级就业专项资金，以及地方教育附加专项资金。失业保险基金按照扩大支出范围报国务院备案文件，主要用于本市劳动者个人自主参加补贴培训项目的培训补贴，每年支出近2亿元。中央补助就业专项资金主要用农民工职业培训，每年支出近1亿元。市级就业专项资金主要用于毕业学年学生、服刑戒毒人员等培训补贴，每年约0.5亿。地方教育附加专项资金重点用于支持和促进以职工职业培训为主要内容的人力资源建设，包括用于支持各类企业组织开展职工职业培训的经费补贴，对本市高技能人才培养基地建设、职业培训基础能力建设等给予经费支持等，近年来投入逐年增长。

3. 大力加强职业培训宣传工作

一是专门开通“技能上海”官方微信服务号，权威发布上海职业技能培训和高技能人才培养相关政策与最新动态，提供职业技能培训各类咨询服务。二是建立了职业培训信息宣传员队伍，在各区县、各高技能人才培养基地都落实了宣传联络员，形成了市区联动、政企联动的宣传工作格局。三是制定年度职业能力建设工作宣传计划，要求各项业务工作都要同步做好宣传，重要的时间节点、重大活动要有专门宣传方案，利用网络媒体、传统纸媒、广播电视、户外传媒做好多角度宣传。

（五）创造产业工人茁壮成长的法制环境

加强职业培训，推进产业工人队伍建设，以不断适应振兴实体经济及工业4.0革命的需求，上海作为国际大都市，也迫切需要国家法律和制度层面的支持。

1. 职业培训立法方面

目前职业技能培训法规碎片化严重，相关条文散见于劳动法、职业教育法、就业促进法等法规中。再加上多数法律条文以原则性、宣示性的规定为主，给法律的执行带来不便，亟须出台专门的规范职业技能开发方面的法律。

2. 职业资格清理与新产业新职业培训方面

当前国家职业资格改革在持续推进，职业资格清理一批又一批，但感觉职业资格清单化管理破而不立；同时新产业新职业有不断产生，如何处理职业资格清理和新产业新职业产业工人培训问题，有关部门感觉有方向无抓手，对职业培训工作有一定影响。

3. 要多措并举提高技能人才的待遇

2016年，全国人大代表、上海市总工会副主席（兼）、上海电气液压气动总公司总工艺师李斌提出了《关于“十三五”期间重视提高技术工人待遇的建议》，受到了高度重视。2016年6月，人社部专门派员赴上海答复该建议的进展情况，并在上海召开了多个“提高技能人才待遇研讨会”，听取了各省市人社部门的意见，听取来自企业和一线技能人才的建议，上海市总工会也参与了调研和提供了有益经验。提高技能人才的待遇需要全方位的重视和参与，政府积极推动和社会广泛参与的同时，最为重要的是企业作为经济的要素组成部分所发挥的主体作用。企业要将形成提高职工素质—提高生产质量和劳动生产率—提高职工待遇的闭环，实现队伍建设与待遇提高的良性互动。

（执笔：施蔷生）

第三部分

上海职业教育及特殊职教案例

一、德育先行篇

编者按：党的十八大报告明确提出要“把立德树人作为教育的根本任务”。毋庸置疑，德育是职业教育的重中之重的首要任务。然而，传统的说教式德育模式在实践中日益式微，为了提高德育工作的有效性，不少职业院校的德育工作者以育人为己任，开展德育工作的创新活动，在实践中总结了不少新鲜经验。体验式德育因符合中职学生的认知特点而深入人心，爱胜过一切美好的教育，文化育人更是体现出润物细无声的持久效果。在新的历史时期，内地新疆中职班模式是国家的大政方针下产生的新生事物，而新疆班学生的德育工作更是体现出其特殊性，值得教育工作者的研究。

以大爱为魂 以文化为核
——构建职教特色和校本特征鲜明的校园文化育人体系

上海电子信息职业技术学院

学院是培养电子信息、先进制造业和生产性服务业高素质技术技能型人才、全面对接新兴战略性产业（电子信息产业）的高职院校。学院将高职定位和大学精神融合起来，坚持社会主义核心价值观，以大爱为魂，以文化为核，着力构建了职教特色和个性特征兼具的校园文化体系。

一、规划内蕴深厚标识系统，引领学院品牌建设实践

学院历经半个多世纪风雨，在砥砺奋进中形成了“自强不息、开拓创新”精神，确立了“特色立校、学做一体、综合培养、持续发展”办学理念，形成了“尚

德修能、知行合一”校训等文化内涵。为进一步升华积淀文化底蕴，塑造学院品牌形象，凝聚师生员工认同感和向心力，学院校园文化建设委员会全面规划负责视觉形象识别系统工作，下设的办公室则负责推广使用和日常管理。为此，学院组建师生团队设计构思了整套图像文字、符号标识视觉形象识别系统。视觉形象识别系统分为基础系统和应用系统两大体系，其中，基础系统包括学院图形标志、标准色、标准字体、标准字号和标准字及标准色组合体，以及学院精神、校训、教风、学风、发展愿景，等等；应用系统是基础系统延伸出来在办公用品、教学文件、环境布置等各方面衍生使用的总和。在设计思路上将学院历史、办学特色、行业背景、所在地域、时代特征和实际需求进行综合考虑。如学院图形标志，基本轮廓由两个同心圆构成，圆环上半部为舒同体书写的校名，下半部为英文校名。图案以“电子信息技术学院”英文缩写4个大写字母EITI为元素，构成一朵绽放的白玉兰花；图案中的小圆点象征电子，体现出学院与IT行业的关联；图案的标准色，采用代表高科技力量的蓝色和象征白玉兰花的白色等。同时，在学院视觉形象识别系统整体战略思路下，设计团队与7个教学系部（二级学院）反复协商、沟通、修改，数易其稿又设计了与各院系学科特征相配的二级标识。如电子工程系选取电子元件、线路板等组合成标识图案。学院7个教学系部（二级学院）分别选取赤、橙、黄、绿、青、蓝、紫为标准颜色，配合“学院蓝”的主色调，隐喻“七星伴月”的美好寓意。

二、打造育人“四个平台”，组合设计穿插实施

学院将培育和践行社会主义核心价值观融入校园文化建设全过程，注重多载体相互衔接的立体式文化育人平台构建，形成了既具时代特征和学院特色，又深受师生喜爱的校园文化建设“四个平台”。“四个平台”分别是“感动校园·十佳人物”、“校园文化艺术节和体育年”、“思想政治工作年会”以及“向30周年教师致敬和建立荣退室”。四大文化平台总体设计，功能互补，穿插进行，取得了良好的育人效果。

1. 塑造美好心灵，弘扬价值追求，评选“感动校园·十佳人物”

学院弘扬进取奉献、敬业好学价值追求，坚持用身边的典范去影响人、感染人，去承传学院“自强不息，开拓创新”精神并注入新的元素。为此，学院每隔2年开展“感动校园·十佳人物”评选，至今已开展6届，许多敬业守职、刻苦攻读、

无私奉献、感恩铭记的师生成为校园榜样。如“勇于直面命运，与病魔顽强抗争的‘玻璃女孩’方菡同学”、“让伤痛的心灵重燃希望的张楠楠老师”、“用骨髓捐赠和献血行动诠释感恩和责任的许华杰同学”、“用真情感动企业，用真心赢得合作的周萍老师”、“关爱他人，助人为乐的公益少年王懿涵同学”、“执著追求，勇于创新的王荻老师”、“攻坚克难，敢为人先，勇夺全国职业院校技能大赛一等奖桂冠的物联网竞赛团队”等等。他们的事迹在校园里流传，感动着师生，从各自角度诠释升华着学院的文化价值。

2. 陶冶情操，引领成长，举办“校园文化艺术节和体育年”

寓教于乐，根据青年学生特点积极开展各类文娱活动，创设丰富多彩的校园文化生活，引导青年学生健康快乐成长。为此，学院隔年举办以“提高艺术素养，积淀文化内涵”为主题的“校园文化艺术节”和以“积极健身健体，愉快学习工作”为主题的“体育年”活动。

“校园文化艺术节”注重师生的创造创新和优秀文化引入相结合，为师生展示才艺魅力提供舞台，使师生审美情趣、艺术修养和文化素质得到进一步提升。每届艺术节形式多样、内容丰富，有“高雅艺术进校园”、“舌尖上的校园”、“校园梦想家”、“校园好声音”、“中华经典诵读”、“主持人大赛”、“行进中的我们”情景剧大赛，还有师生艺术作品展暨书法、摄影、绘画、小制作大赛等等。学院还发挥青年学生的创造力和想象力，在校园网上创建了网络文化艺术节来延伸演绎。在网上艺术节里，学生们不仅可以了解各类活动信息，还可随时全程参与学习互动，成为学院长期育人的文化平台，同学们亲切地称它为“永不落幕的艺术节”。“体育年”是学院推进全民健身，增强素质的重要举措，是对师生集体主义、竞争合作、奋勇争先、综合素质和精神面貌的大检阅。体育年设计的运动项目同样丰富多彩，吸引着广大师生热情参与。通过举办“体育年”，重视体育，参与运动，弘扬体育精神、创造健康人生已成为学院人的自觉追求。

3. 注重创新，提升境界，召开“思想政治工作年会”

学院以弘扬培育社会主义核心价值观为己任，通过召开“思想政治工作年会”系列活动，激发全体教职工做好思想政治工作内驱力，创新思想政治工作方法、途径和载体，开拓思想政治工作新境界，使思想政治工作更富针对性和有效性、时代性和感召力。今年召开的思想政治工作年会设计的系列活动包括年会召开、论文征集交流、师德师风建设、廉政教育、文件学习、读书活动、专题报告和关工委工作等多方面内容。系列活动将思想政治工作与高职人才培养改革创新结合起来，与党内主题实践活动结合起来，在全员育人、全方位育人和全过程育人方面进行了全新的思考和探索。征集的论文显现出较高水平，既有对思想政治教育和文化建设工作的经验总结，也有面对新情况新问题新挑战提出的思考对策研究，如：《探析大学生寝室人际冲突的预防与化解》《高职生的时间管理问题及对策研究》、《基于活动角色作用的学生园区工作的探索》等等。2012年年会在“思想引领未来，文化造就品质”的主题下召开，并创新形式地邀请了上海师范大学教授、博士生导师王正平和上海市国资企业思想政治工作研究会、文化促进会副秘书长王慧芬作嘉宾发言，特邀了时任上海市教卫党委宣传处处长赵扬作主题演讲。年会高质量的育人论坛和嘉宾的精彩发言获得了全院师生的充分肯定。

4. 崇尚忠诚，倡导专一，设立“向30周年教师致敬和建立荣退室”

育人者自育，良好的师德师风是学院发展的根，是教育教学质量的保证。为表彰从教乐业、忠于职守的职业操守，学院校园文化建设委员会决定，在每年教师节大会上开展向从教30周年教师致敬和新教师入职宣誓仪式，以及为退休教师建立“荣退室”。学院开展崇尚忠诚，倡导专一系列活动就是要在全院倡导尊师重教、热爱教师岗位这种敬业爱岗精神，并用教师高尚的道德品格和丰厚的学识涵养去影响感染学生，引领学生健康成长。从事教育事业是光荣的，能30年如一日更是难能可贵。向从教30周年致敬仪式庄重而热烈，从事30周年教师工作的老教师代表发言，回顾教育生涯，勉励后辈，谆谆教诲化春雨，无悔一生育英才。激励青年教师以他们为榜样，像接力棒一样将30年坚守教师职业的职业精神传承、延续。建立荣退室是指学院每位教师退休前，人事处、教务处等职能部门汇同其所在系部（二级学院）共同收集整理其从教资料图片、教学成果、出版书籍、荣誉奖牌、教学影像、从教拾萃等素材，在学院专门设立的退休教师“荣退室”里展出。退休教师所在系部（二级学院）会组织本系全体教职工前去观摩致敬，追寻退休教师的足迹，感悟其弥足珍贵的精神财富。荣退室展出的影印资料将作为学院材料保存展出，从而增强教职工的荣誉感、使命感和责任感，勉励后来者珍惜荣誉、学习先进、敬业奉献。

三、打造多姿多彩“走廊文化”，创新开拓育人新天地

学院在立足行业、注重技能培养的同时，极其重视环境育人，把“走廊文化”

建设作为学院文化育又一突破口。“走廊文化”从学生的成长成才发展需要考虑，让学院的每一面墙壁都承载育人功能，学院校园文化建设委员会对“走廊文化”进行总体设计，位置、长宽、面积板块，其标识、颜色与学院视觉形象识别系统之各系（二级学院）的标识颜色对应，展示内容则由各系（二级学院）根据自身特色创造发挥。从而营造出浓郁的多姿多彩的文化氛围，形成既统一又多样的育人气氛。你若徜徉于学院各系（二级学院）教学场所，设计雅致、色彩亮丽、内容丰富的走廊文化将引起你极大兴趣。走廊文化的主题涉及行业发展进程、院系发展历程、专业介绍、人才培养、校企合作、国际交流合作、名师风采、优秀学生案例、志愿者活动、技能大赛、各类荣誉等，不胜枚举。“走廊文化”传递着清新蓬勃的文化气息，学生经过走廊时，不仅有视觉的享受，更有心灵的洗礼，对传承校园价值观、提高学生综合素质起到了潜移默化、润物无声的效果。例如行走在“通信行业发展进程走廊”，犹如走进时空隧道，感受科技发展的神奇；行走在“计算机名人堂走廊”，对话计算机奠基者和发展者，点亮学子探求真知、攻坚克难的信心决心；行走在“校企合作走廊”，感受到未进企业门先融企业魂（文化）的浸润；行走在“作品展示走廊”、“技能大赛荣誉走廊”、“志愿者活动走廊”，让学子们看到了价值追求、兴趣爱好和个人梦想在这里的定格实现。“走廊文化”的许多展示内容、创意板块及制作完成还是由许多学生与系部老师共同实施。在学院，“走廊文化”不仅成为校园文化一景，参与“走廊文化”建设也成了一道亮丽风景。

四、实施“六个一”工程，形成独有的素质培养体系

学院着眼于职业技能和职业精神相融合，提出了以培养学生综合素质“六个一”工程为载体的新思路，并从制度、政策和措施等方面予以保障以有效实施。“六个一”工程，即指导学生实施一项职业目标行动计划、打造一支专业指导教师队伍、每年举办一次职业技能大赛、开展一系列职业文化理念教育、打造一种真实的企业车间场景、新建一批学生职业社团。“六个一”工程将社会主义核心价值观融入其中一个环节，紧密结合高职特征、学院特色和学生特点，紧扣专业、职业和就业，将职业素质培养贯穿于3年高职教育教学全过程。如“指导学生实施一项职业目标行动计划”。在新生入学初，学院就同学生联系家长一起制定《职业目标行动规划书》，并在3年的高职学习生活中不断完善、修正和践行。其中

将参加社会实践、志愿服务、公益劳动、企业实习、专业观摩、技能考证、诚信考试健康文明等纳入其中，结合家长寄语回复、学生自我评价、辅导员和专业指导教师点评指导给出学期和分年度及最终综合评分。又如“打造一支专业指导教师队伍”，规定专业教师必须走出课堂走近学生，为学生的职业生涯导航。从专业发展规划、知识技能、竞赛辅导、企业实习、就业指导、思想困惑等多方面指导学生，每位导师在3年里须完成20位学生的全程跟踪指导。而专业指导教师完成指导学生的情况则纳入其工作量和年度考核与收入分配挂钩。“打造一种真实企业车间生产场景”，则按企业实景与企业文化要求布置数控、液压机加工和网络布线等所有实训场所。在这些教学做一体的实习场所，学生按企业规程操作、检验、记录，并严格按照企业安全防范进行管理，推行班前会、线长制，按企业“6S”法进行管理。

校园文化是大学精神的沉淀和反映，是高品质办学质量的体现，是院校最深层次的内涵建设。学院以深远的战略思维谋划，以笃行致远的态度扎实推动，铸灵魂，创品牌。而今，学院人在“自强不息、开拓创新”精神引领下，正以无比坚实的步伐坚定地走在中国特色社会主义道路上，以自己的勤奋努力为伟大“中国梦”的实现做出自己应有的贡献。

（作者：杨秀英）

运用体验式教学优化中职德育课程教学

上海市高级技工学校

中职培养的学生是生产、管理行业的技术技能人才。他们在职业生涯中不仅展示个人的专业才能，也在与他人的交往中呈现自己的道德修养。道德修养是人才素质的灵魂。当前，较多企业更看重学生的道德品质。道德品质的高低直接影响中职学生今后的人生发展。但是，道德修养在校园中还没有受到足够的重视。作为德育主阵地的德育课程处于边缘化的境地。德育课堂教学被中职专业课教学模式所同化。对此，文章从体验式教学的角度，根据中职德育教学特点，在充分尊重师生的前提下，尝试将体验式教学的理念渗透到中职德育课程教学中。

一、体验式教学的特点

体验式教学以学生的社会生活为基础，引导他们比较全面、客观地认识真实的生活世界。我国著名学者朱小蔓教授在《体验教育：共青团、少先队最适应的教育模式》一文中写道："许多教育家、许多人都有这样的体会：很多事情、很多书本知识离开学校后会忘记，但有些东西是忘不掉的，忘不掉的是那些最值得纪念的东西……这些忘不掉的东西其实是最刺激、最冲击你的人物、事件、情感，它和知识一起积淀下来，构成、内化为人的素质。" "理论是灰色的，而生活之树常青。" 陶行知说："教育只有通过生活才能产生作用并真正成为教育。" 因此，课程教学应以事件、场景的形式展现生动活泼的学生生活世界，使他们从心理上感觉德育课程不是学习德育知识，而是解决现实生活中的诸多困惑。

（一）体验式教学实现德育课程教学"知行合一"

体验式教学取代传统的知识传递式的外在输入式教学，则是以学习体验式的内在创生性教学。英国学者麦克菲尔说"个体体验是一个中介，通过这个中介，道德问题才被体察和领悟。" 教师传授给学生的德育知识不是简单告诉学生结果，而是通过设计各种与学生生活世界紧密相连的体验活动，师生之间高效的互动交往，引导学生用身体去亲身经历，用心灵去感悟，从而领悟德育知识的内在意蕴，体验德育理论的生命意涵，促使学生从知识向能力、品质升华。

只有学生亲身体验德育的某个道理，才能真正领悟到它的内在涵义，并从中感受到德育学习的价值和乐趣，能实现真懂、真用，有利于实现"知行合一"。如让学生从中体验到讲诚信所带来的内心的满足感和喜悦感，不讲诚信所带来的愧疚、惭愧等等良心不安的感受。这些体验活动能够让学生自己理解诚信的作用，与直接得到诚信的结果相比较而言，学生获得的是饱满的、充盈着学生内心真实感受的概念，在今后的生活中就能不自觉地调动这些感受，从而朝着做一个讲诚信的人的方向努力。学生从体验中感悟到认识提高的快乐，参与合作的快乐，从而更加激发学习的积极性和主动性，形成良性循环。

（二）体验式教学体现以人为本的教学理念

体验式教学把学生作为一个"完整人"，具有生命和情感体验的个体来看待，目的在于激发学生的积极性和主动性，让学生"动"起来，使学生成为课堂教学的主体，全面、主动参与学习过程。体验式教学触及学生的灵魂，激发学生对学习活动的思考与体验，使学生以自己独特的方式认识和感悟，充分张扬了学生的个性，真正引起学生的真切感受和内心认同 焕发学生的生命活力。学生不是教学活动的观众，而是真正的参与者。英国教育理论家怀特海在《教育的目的》等多部著作中“主张教育应充满生气与活力，反对向学生灌输知识，而应让学生躬行实践、解决实际问题，获得积极的体验，使学生心智发展不囿于被动和消极，而趋向生机勃勃”。[1] 学生在解决问题的过程中，体验到酸甜苦辣，才更容易激发成就感。因为他们在解决问题的过程中投入了智力劳动，做了深入的思考。

二、体验式教学对优化中职德育课程教学的意义

（一）中职德育课程的性质和特点要求

中职德育课程是公共必修课，是培养学生道德品质和法律意识的主要课程。通过课程学习，使学生成为“德才兼备”的人，使学生能较快地适应未来的就业岗位。因此，在授课时，应与学生的特点特别是学生将来可能从事的职业相结合，避免传统式的教师单向度的理论说教，而应采取学生喜闻乐见的方式，用生动活泼的形式，增强学生的体验认知，使学生获得真实的经验，才能使课程内容“入耳、入脑、入心”，增强学生行动自觉。

（二）摆脱传统中职德育教学误区需要

中职传统德育课程主要采取传统的教学模式，忽视了学生道德修养提升的规律，把道德理论单纯作为一种知识传递给学生。教师和学生只是一个“单向度的人”，没有作为一个“完整的人”参与德育课堂，而德育是关于人的课程，传统德育教学则失去了真正的人。

第一，教师是教学活动的中心人物或绝对权威，教师讲授多，学生参与性少。教师过多的讲解，替代学生的自主分析和思考的时间，剥夺了学生体验知识内蕴的乐趣，容易导致学生懒于思考，不善于思考。

第二，注重间接经验，忽视学生直接经验。课程内容与学生的生活实际脱离，理论与实践断裂，忽略了学生个体生命内在的发展要求，缺乏让学生通过体验达到自我完善、自我发展的过程。

第三，学生在道德实践中容易出现“知行不一”的现象。因为学生在课堂上所获得的德育理论和他们的道德实践有一定的距离，或者说这些理论没有融入学生的生活世界。这些德育理论在现实中成了无法利用的“惰性知识”。

第四，教学评价指标单一化。期末试卷成绩判定学生德育课程学习效果。虽然，

有学校采取平时成绩加期末试卷综合测评，但是平时成绩比重仅占30%，试卷成绩占70%。这种评价指标，容易导致教师忽视对学生综合素质的健康，忽略对学生道德实践的考核。学生则出现“平时懈怠，考前突击”的心理。

体验式德育能够更好地与中职德育课程的特点相吻合，对于克服传统中职德育教学误区也颇有裨益。

三、体验式教学对增强中职德育有效性的作用

（一）激发学生学习德育课的兴趣，确立学生的主体地位

传统教学方式学生的主体性没有得到充分实现。他们的主体性被教师的主体所占据。学生在教学过程中更多的是“授—受”的客体，失去了对其生命的关照，导致一些学生对德育内容不感兴趣，参与感很差。“我们听得到声音，却得不到印象；我们听得到声响，却看不见行动”，“因为它们缺乏对内在生命的直觉，它们缺乏内容。”[2] 学生的主体性体验被剥夺。体验式教学注重学生主观能动性的发挥和自主学习能力的培养。它遵循学生学习的内在机制 ：自主体验、积极建构、不断反思。布鲁纳曾说：“学习不是把学生当成图书馆，而要培养学生参与学习过程。”知识传递性教学扼杀了学生在教学过程中的能动性，结果使学生养成服从权威、依赖他人的习惯。体验式教学使学生有了自主体验的空间，学生学习的兴趣和参与感也就有了很大的提升。

（二）有助于创建新型互动师生关系，实现真正的教学相长

教学是师生相互交往、共同对话的互动过程。师生都是作为一个“完整的人”来参与课堂教学，课程的人文性、生命性得以展现。“教育者不仅仅是社会的‘傀儡’，受教育者不仅仅是社会生产的准‘工具’，他们之间也不仅仅是授与受、训与练的机械运作关系，而是处于生成过程中的有血有肉、有情有感的独立自主的人，带着自己的主观意志相互交往于教育过程中。正是因为他们各具特色的个性和发展的多种可能性，才使教育过程充满了生命活力。”[3] 体验式教学中师生之间是民主、平等的“你—我”型的对话关系。教学是以学生为中心，教师不再是学生活动的中心人物或绝对权威。教师在教学过程中是引导者、指导者的角色，学生是教学活动中的主体。体验式教学大部分时间归还给学生，教师只利用很少的时间引导学生。在师生互动中，不仅实现生生、师生分享交流，而且使教师也从中受到启发，达到教学相长的目的。

四、中职德育体验式教学原则

（一）情感性原则——营造体验的情景

调动学生的情绪体验。情感共鸣的德育知识，更容易被学生所接受。德国著名教育家狄尔泰认为在教学过程中，“只有通过融入了感情的心灵体验达到心灵相通、互相理解，才能真正而完美的理解生命意义”。苏霍姆林斯基说“如果教师不想方设法使学生产生情绪高昂和智力振奋的内心状态，那么这种知识只能使人产生冷漠的态度。而没有情感的脑力劳动就会带来疲劳，没有欢欣鼓舞的心情，学习就会成为沉重的负担。”教师要调整好自己的情绪，以热情、激情来感染学生，产生师生内心共振；以真诚来打动学生，使师生心理相容，关系和谐。同时，教师要善于利用教学内容创设多个兴奋点，调动学生的情绪。

（二）针对性原则——有的放矢，关注差异

中职学生生源的复杂性使得学生德育水平参差不齐。教师在分析学生特点的基础上，也要认识到部分学生在养成教育中存在的不足。自开课之初，教师就要立好规矩，帮助学生养成良好的学习习惯；同时要结合不同专业学生的特点，学生的专业方向、就业岗位更有针对性。如理工科的学生动手操作能力较强，但在语言表达能力逊于文科生。教师可以通过设置岗位场景，让学生认识到自己与职业要求的差距，从而激发学习提升的动力。

（三）合作性原则——师生互动，团队合作

在体验式教学活动中，教师既是剧作者，又是剧中人。教师的职责决定了教师的主要角色是“引导”。教师以合作者的身份与学生一起参与教学活动，有助于消除学生的戒备心理，拉近师生距离，消除学生思想顾虑，使他们敢于敞开思想，各抒己见。这种引导以合作者的形式出现。教师作为剧作者，有较高的要求，需要教师深入学习教材，密切关注社会，关注学生，关注身边事，挖掘、整合各种教学资源。

同时，在教学过程中，根据自愿原则使学生自由组建团队，确立团队内部组织机构及团队的口号和目标。学生团队内部有分工、团长是团队的第一负责人。教师组织课堂及评价均以团队为单位。在课堂教学中，尽可能创造较多的机会组织学生团队讨论交流。学生以团队合作的形式共同完成某项任务，培养学生的团队合作意识，实现生生之间的充分互动。

（四）挑战性原则——难度适当，启发思考

教学活动要有一定的挑战性才能具有吸引力，才能激发学生的兴趣，提升学生的能力。一方面，教师注重开发富有时代气息的资源，让学生感受更亲近、真实。根据教学大纲的要求，在教材的指导下，结合时事、时势及学生关注的热点、焦点问题，有针对性地动态掌握适合课程教学内容的教学素材，从而激发学生的好奇心和求知欲。另一方面，教师要了解学生当下的心理状态，对相关知识的理解和把握程度，这样才能使学生做到“跳起来摘桃子”。例如教师可以设计关于“道德银行”的讨论，使学生讨论形而上的道德与钞票联系在一起，是否妥当？你是否支持？并说明理由。这个讨论可以联系当前社会中关于“有奖让座”等类似的时事，便于学生理解和把握。这些讨论可以激发学生关注社会现实，引发学生的思考，锻炼思维能力。

（五）科学性原则——实践检验，科学评价

学生道德修养的提升是一个长期的过程。仅凭期末试卷来考核是片面的。体验式教学更注重整个学习过程的评价，对学生的课堂表现采取定性评价和定量评价相结合的原则。综合评价体系目的在于促使学生关注德育学习提升的过程，同时学生也从评价中看到自己成长的足迹。教师在教学过程中要根据学生的平时成绩，善于总结学生阶段性的表现，并以此作为下一步教学的依据，采用有针对性的教学措施促使教学效果进一步提升。这种动态评价体系也是教师自我检查教学效果，提升教学水平的重要手段。

五、中职德育体验式教学的实践

中职学生的生源素质在一定程度上加大了德育课程体验式教学模式的难度。部分中职学生相对而言，自控能力差，责任感相对不足，对德育课程容易产生消极懈怠情绪。因此，教师授课时要首先把握授课对象的特点，对症下药，对可能出现的不良现象有所准备，采取合理的措施，帮助学生扭转消极情绪，使学生转变观念，积极参与课堂教学。

（一）整合中职德育课程内容

现行的中职德育课程教材与中职学生的实际知识水平、学习能力及社会现实有一定的距离。教师在授课时，不能囿于课本，而应根据教学目标和学生的特点，优化整合教学内容，从而达到预期的教学目的。

1. 以提升学生的综合素质相结合为目标

德育体验式教学不是单向的授受关系，而是师生、生生的充分互动。在教学过程中，每个人都“动”起来，活跃课堂气氛。学生通过各种不同的方式表达自己的观点、见解和主张，同时认真倾听他人的意见。通过这些活动提高学生的交际能力，增强合作意识。在体验式教学中，教师肯定学生以自己独特的方式感知世界的能力，有意识渗透自学的方法，引导学生深入地观察、体验社会，给学生探究、思考的时间，让学生进行讨论、反思和感悟，充分理解、消化相关内容，培养学生独立、自主、创新的主体精神。

2. 以学生职业生涯发展为导向

中职的学生毕业后大部分就是“职业人”、“社会人”。在德育课程中，教师应有目的地培养学生基本的职业素养，为成为一名优秀的“职业人”奠定基础。如作为一个职业人应具备的良好的语言表达能力、团队合作意识、服务意识。体验式教学中学生表达个人观点的机会较多，教师可以从能力上予以诚恳的点评。

3. 以中职学生特点为根据

中职学生生源的复杂性使得学生德育水平参差不齐。教师在分析学生特点的基础上，也要认识到部分学生在养成教育中存在的不足。自开课之初，教师就要立好规矩，帮助学生养成良好的学习习惯；同时要结合不同专业学生的特点，学生的专业方向、就业岗位更有针对性。如理工科的学生动手操作能力较强，但在语言表达能力逊于文科生。教师可以通过设置岗位场景，让学生认识到自己与于职业要求的差距，从而激发学习提升的动力。

（二）综合运用多种教学途径

1. 与学生的生活世界相结合的生活体验

教育家陶行知说，社会即学校，生活即教育。体验式教学就是教师把“现实生活”作为课程的源头活水之一，所设计的问题源于学生在日常生活中遇到的道德困境；选择生活中与课程内容相关的热点、焦点、学生已有的生活体验与德育理论有机整合，从而引导学生不断深入地观察和体验真实社会。如组织学生拍摄“道德视频”。因为把视频拍摄等现代化的信息技术与道德知识结合起来，激发学生内在兴趣，活化学生已有的知识经验，培养学生善于观察、善于思考，发现问题、解决问题的能力。这些能力有助于培养职教学生的自学能力，对他们今后的终身学习奠定基础．体验式教学实现了知识传授、能力培养、素养提升一体化教学。

2. 与学生的职业相结合的角色体验

只有体验到的知识才能内化为个性品质。在体验式教学中，学生能感受到自己是如何通过切身体验获得知识的，从而使他们有意识地关注生活的感受。体验式教学使学生获得“原体验”，缩短学校与社会，理论与实践的距离．通过体验式教学使学生领悟到将来可能从事的职业角色。学生从角色体验中认识到对角色的专业要求。通过体验追溯当下的学习状态，以未来职业角色要求为导向，提高当下学习的针对性和有效性。例如连锁经营管理专业，在团队成员所期待未来职业角色的基础上，综合协商，以团队为单位就未来职业中的某一工作情境进行分角色扮演。

3. 与学生兴趣相结合的游戏体验

教师采用生动、活泼的游戏，使学生体验到集体的归属感和师生、生生之间浓浓的感情。马斯洛“需求层次理论”中，当人的生理需求和安全需要得到基本满足后，个人就会受归属和爱的需要所支配。学生在体验式教学过程中，归属感和爱的需要都得到满足，就会产生积极健康的需求，从而形成良性循环。群体所营造的氛围很容易感染和带动学生的情绪，很容易带动中间型的学生，而那些处于消极状态的学生也在中间型学生转变后，受大势所趋也能自觉不自觉地参与，并且在参与中体验到积极的情绪，从而从根本上改变他们的对待德育课程的消极情绪。例如心理课教学中关于“大风吹”等游戏，使每一位同学都能积极参与。

（三）体验式教学的基本环节

1. 体验的准备

深入透彻把握课程教学的重点和难点。教师在创设教学情景时要遵循与教学大纲相一致的原则，不要单纯地为了吸引学生而背离了教学目标。因此，教师需要对教学大纲、教材深入理解的基础上从现实生活中寻找准确的素材，达到既激发学生的参与性，又能达到教学目标的效果。

建构主义学习论认为，教师应把学生原有的知识经验作为新知识的生长点。学生的学习活动是一个主动建构知识的过程。教师备学生，就是充分了解中职学生的生活背景与生命经历、知识结构体系，了解学生的知识水平和心理态度，把学生当下的生命体验与未来的生命可能联系起来，激活学生已有的知识经验和生活感受。在课堂教学中，教师可充分运用多种教学手段模拟真实生活情景，不仅发挥学生的形象力，而且使学生触“景”生情，使学生利用原有知识结构中的相关经验去同化、“顺应”当前学习到的新知，从而改造或重组原有的认知结构。其次，教师要备时事。教师要不断了解时事，才能准确把握学生的思想状况。再次，营造轻松、愉悦的课堂氛围。在学期开课之初，采取游戏等有效的开场白，破除“人际坚冰”，使师生、生生之间建立起彼此信任的关系。

如在“老人摔到扶不扶”等社会焦点问题，学生均有一定的认识和理解，可设置更多的机会请学生来讨论。在体验准备环节，教师应在列举类似“老人摔倒”的正方面案例，请学生列举类似案例，使学生逐步进入状态。

2. 体验的产生

在课堂教学中尊重学生，教师要善于倾听。“倾听是对别人的尊重，也是广开言路的有效方法，可以使某些心情忧郁的学生得到释放压力、舒缓心理的机会”。[4] 教师要善于抓住学生在体验活动时的闪光点，如语言、思维、合作意识等加以表扬。教师对学生的信任与激励是学生大胆表现的重要条件。学生看到自身的优点，意识到自己的努力教师都会予以客观的评价，使学生有成功的积极体验，从而激发内在的积极向上的动力，形成一个良性循环。在体验产生环节，围绕“老人摔到扶不扶”问题在团队内部讨论，可以角色扮演形式，使学生真切体验问题的核心。

3. 体验的共享

调动学生的情绪体验。情感共鸣的德育知识，更容易被学生所接受。德国著名教育家狄尔泰认为在教学过程中，“只有通过融入了感情的心灵体验达到心灵相通、互相理解，才能真正而完美的理解生命意义”。苏霍姆林斯基说“如果教师不想方设法使学生产生情绪高昂和智力振奋的内心状态，那么这种知识只能使人产生冷漠的态度。而没有情感的脑力劳动就会带来疲劳，没有欢欣鼓舞的心情，学习就会成为沉重的负担。”教师要调整好自己的情绪，以热情、激情来感染学生，产生师生内心共振；以真诚来打动学生，使师生心理相容，关系和谐。同时，教师要善于利用教学内容创设多个兴奋点，调动学生的情绪。如在讲授理想信念时，教师可以通过诗歌、演讲、散文、讲故事等形式，来感染、打动学生。同时，请学生以同样的艺术形式展示自己的梦想，这是学生之间、师生之间的一次共享。

“老人摔到扶不扶”问题在团队内部讨论基础上，由各个团队展示自己的理解和认识。可以采取演说，可以借助 PPT，可以采用角色扮演，只要有助于学生表达即可。

4. 体验的升华

教师要及时引导、掌控课堂气氛、教学主题。体验式教学使学生“动”起来，课堂教学就充满诸多不可预测的变数，会增加课堂教学的诸多不确定性。动态化的课堂教学也使教学活动充满创意和可能。这对教师的综合素质提出了更高的要求。教师不仅在课前备课、备学生，还要尽可能地预测学生各种可能出现的情况。教师在设计教学活动时，改变格式化的教学模式，预留一些弹性空间。体验式教学目的在于通过学生的感性体验达到思想升华。因此，教学不能过分单纯追求感性艺术形式，教师要及时从学生的感性体验中引导方向，把握主题，使学生在感性层面的提升转化为思想理论的升华。如在辩论课中，“亲人犯罪，是否应该举报？”，教师要及时引导，使学生在充分辩论的过程中认识到道德和法律的力量。在学生发言结束后，教师要及时总结，指出其中的闪光点和待提升的部分。

参考文献

[1] 辛继湘 . 体验教学研究 [D]. 重庆 : 西南师范大学博士论文，2003.

[2] 福禄贝尔 . 人的教育 [M] . 北京 : 人民教育出版社 ,2001 ,64-65.

[3] 曹树真 . 浅论教育的确定性与不确定性 [J]. 教育理论与实践，2004，(6):6-8.

[4] 陶宇平 , 彭福栋 . 学校拓展训练 [M]. 北京 : 人民体育出版社，2008.

（作者：王柳丽）

关于内地新疆中职班学生德育工作研究

奉贤中等专业学校

国家为切实解决新疆缺乏技能型人才，维护祖国统一、民族团结，实现各民族共同团结奋斗的目标，2011 年 9 月起在沿海发达城市举办内地新疆中职班的“教育援疆”项目。国家举办内地新疆中职班（简称“内职班”）是实施西部大开发战略的少数民族人才培养工程。据中央办学规划，2013 年之后内地新疆中职班招生规模为每年 3300 人，到 2013 年在校生规模将达到并稳定在 1 万人左右。目前，内地新疆中职班在校生 6600 人，分布在 9 个省、直辖市的 33 所办班学校。因此它不仅仅是简单的教育教学问题，同时还涉及多民族的历史、文化、民族宗教等问题。面对这一特殊的教育群体，学校进行了有的放矢的德育管理方面的实践探索，形成了“四维一体”较为有效的少数民族学生品德素养的机制。本文以培养少数民族学生品德素养的途径略谈几点粗浅的认识。

一、内地新疆中职班学生现状

内地新疆中职班的学生90%以上是少数民族孩子。不同民族的学生由于南北疆经济发展的差异、城市与农村的差别使他们在语言、生活习惯、性格特征等方面存在着明显的差异。另外，学生的年龄处于13～22岁之间，跨度较大的年龄使得学生个体所呈现出的差异更为显著。加上此阶段正是学生自我意识觉醒和价值观形成之际，而我们新疆学生却脱离了父母温暖的怀抱，赴内地上学，失去了亲人的照应，来到一个从未来过的陌生环境，其内心难免会产生一种莫名其妙的孤独、自卑、胆怯感觉。他们认为自己是一个弱势群体，自我保护意识比较强烈，因此在与老师沟通、交往时总有一种戒备的心理。毫无疑问，这批少数民族学生远离家乡亲人，赴内地发达省、市的中专就读，其个人在身心发展、习惯养成、文化认同、价值观形成等诸多方面都发生巨大的改变。所有这些都给内地承办学校的德育管理提出了一系列严峻的挑战。

二、内职班学生品德素养教育的要求

品德素养是一个以世界观为核心，由心理、思想和行为3个子系统及其多种要素按一定的方式联结起来，具有稳定倾向的立体结构。学生的品德素养是通过处理与自身、与他人、与集体、与国家和社会的关系，而逐渐培养起来的做人做事的稳定的思想方式和行为习惯。

对于少数民族的学生来说，其良好品的素养的养成不仅有助于进一步加强民族文化融合和民族团结，而且有利于举全国之力为新疆的发展加快培养一支靠得住、留得下、用得上的高素质劳动者和技能型人才队伍，支持新疆经济发展与社会稳定。

三、构架“四维一体”少数民族学生品德素养机制

鉴于民族学生的特殊性和师生不同文化习俗的背景，在学生品德素养研究中以文化融合为主线，以民族团结教育为重点，营造共同生活、共同学习、共同进步的良好育人氛围，构建民族文化融合教育、学生行为素养培养、品德内化分层

教育、职业道德规范培养的“四维一体”民族人才品德素养培养机制，形成体现“融、爱、严、细”内涵特征的德育管理特色。

1. 构建民族文化融合教育机制

从民族团结大局出发，引导少数民族学生与汉族学生相互了解文化生活习俗，构建民族文化融合教育项目。通过德育校本教材——《视野》、每学年爱国主义社会实践考察、民族团结主题精品课程等项目，将德育内容通俗化，主题化、系列化，明确各阶段的教育工作目标和重点，提高教育的实效性，提升学生人文素养，使学生逐步将朴实的感激之情提升为理性的爱国责任动力，变成民族团结、遵纪守法的合格公民。

2. 构建学生行为素养培养机制

根据不同民族学生日常行为的特点，构建学生行为素养培养项目。通过利用校园四级网络德育积分管理软件，实施“全员育人”的网络化德育积分管理；以学生自律行为训练等平台，实施 Piece RMB 学生奖励制度；以内派老师为导师，实施老师指导下同伴教育自管会，制定学生自主管理委员会章程，落实学生自主管理项目（包括晚自修、日常行规检查等），让学生逐步养成遵守日常行为规范的好习惯。

3. 构建品德内化分层教育机制

在少数民族学生群体中，关注不同学生群体非常重要。“一把钥匙打开一扇门”，构建品德内化分层教育项目有利于民族学生良好品德素养的形成。

学校开发的德育校本教材——《正心修身》，能让新疆学生尊重不同民族的风俗习惯，放飞心灵，使每一位学生意识到“物格而后知至，知至而后意诚，意诚而后心正，心正而后身修，身修而后家齐，家齐而后国治，国治而后天下平”。同时，该手册也是班主任与每位民族学生思想交流的平台，为实现班主任关注每一位学生的健康成长提供了途经。

面对行规尚好的经济贫困生，学校积极探索和形成民族特色的自强班教育模式，通过提供相关勤工俭学的岗位，引导教育学生树立自强、自立的生活态度，培养新疆学生的岗位责任意识、质量意识和家庭责任感。

为帮助一小部分学生认识自身的缺点和不足，学校成立了希望班，对行为规范和品德素养问题生开展相关教育引导课程，加强学生对自我的认识和约束，引导他们的兴趣趋向，帮助学生强化自律意识，在自我行为中谋求点滴进步。

4. 构建职业道德规范培养机制

为全面推进新疆学生“融”入社会大家庭工作，学校构建职业道德规范培养项目。利用“STS”成功之技教育培训项目，形成符合民族班学生认知特点的生活教育为主题教育课内容，为来自天山南北的学生有信心开始全面健康而有意义的人生之旅奠定基础。校企合作专业规范培训项目的实施使学生明确员工日常行为规范，帮助学生发展和增强自身的就业软技能，以便他们能够胜任于未来工作岗位。

四、少数民族学生品德素养的关键问题

少数民族学生品德素养的提高来自于学生的学习、生活中点点滴滴的细节教育和引导。在这一群体的品德素养实施教育工作中，我认为须遵循3个“务必”：

1. 务必真诚对待少数民族学生

爱是教育的基础。尤其对于少数民族学生，充分认识、诠释“融、爱、严、细”的三字教育方针，是做好内职班学生教育管理的前提。因此，我认为作为内职班的教师，她应该是亲人——严师——朋友3个角色有机、完美的结合。新疆孩子的情感特点是淳朴、外露、冲动。“医者父母心”，在工作中我们始终用真诚的情感教育他们，耐心地等待他们成长，绝不敷衍。

2. 务必发挥少数民族学生的优势

来自民族地区的少数民族学生，潜意识中会把自己当作小众的群体，往往觉得自己和学校中的主流人群——汉族人相比是弱势群体，不够自信，不会表现，但又希望老师重视他们。于是他们就用常人难以接受的表现方式来引起大众的注意。因此，我们在引导、教育这类群体时，就要晓之以理、动之以情地与学生进行沟通，务必充分挖掘他们的优势。“好孩子都是夸出来的”。作为教师也需要开放思维，不断地促使我们的学生发挥自己的优势，强大学生的内心，使学生每天都开心地生活、学习。

3. 务必认可多元化价值观的存在

当代社会价值观多元化是不争的事实，更何况不同民族。因此，面对来自天山南北的学生，我们应注意避免价值观教育的高度一致，尽可能避免简单的“好”与“不好”或“对”与“不对”来做出对事物的判断，而应通过拓宽民族学生视野，提高学生的人文素养，引导学生学会进行多维度、多途径地思考来寻找一种

现实的、有意义的价值观的整合和培养。

作为受教育主体的学生，任何民族和个体都具有同一性和特殊性。我们在全面认识民族的特殊性的前提下，充分应用学校环境的支持、管理层的智慧和每个人的责任之心，探索少数民族学生品德素养的有效途径和方法是当务之急。

参考文献

[1] 王正琪 . 浅析不同文化背景下德育工作的方法和技巧 [J]. 科学教育研究，2007（7）.

[2] 符菊成 . 内地新疆高中班德育工作的实践与探索 [J]. 中国民族教育，2003（1）.

（作者：唐春凤）

用大爱塑造学生美好的人格

上海音乐学院附属中等音乐专科学校

当今社会，百姓最关注的民生问题除了衣食住行，养老就医，就是教育。如果说教育是民生之本，那么，如何塑造学生美好的人格是教育之本。

孟子曰：爱人者，人恒爱之；敬人者，人恒敬之（《孟子 · 离娄章句下》）。这句话的意思是：爱别人的人，别人也永远爱他；尊敬别人的人，别人也永远尊敬他。

人与人之间的关系说复杂很复杂；说简单，其实也很简单，人际关系就像是扇门，打开这门的钥匙就是爱。良好的师生关系源自于爱！

近代教育家陶行知名言是“捧着一颗心来，不带半根草去”，他认为作为一名老师对学生要无私的“掏心”地爱！

苏联教育家苏霍姆林斯基也说过：“没有爱就没有教育”。显然，一位合格的教师，不仅要有广博的知识，丰富的教学经验，更重要的是要有爱心。

在多年的教学实践中我体验到，如果老师对学生能做到 4 个“凡事”，教育就是一件春风化雨，润物无声，其乐融融之事，学生美好的人格自然而然就能养成，这也是真正对学生的大爱。

一、大爱的前提：凡事包容

包容是大爱。教育学上有个概念，叫“无条件地爱”，即爱是不带任何附加条件的。教师热爱学生就是无条件的爱每一位学生，并不受其家庭出生贫或富、本人长相美或丑、聪慧或愚笨、乖巧或倔强、机灵或木讷、行为举止优雅或粗鲁等等而影响；也不会因学生做错了什么事，而使那份爱减少。

我觉得，教师“无条件地爱”学生，就是爱的最高境界，也是最有效的教育。在教师无条件的爱的阳光照耀下，学生才能充满自信去学习，才能在自由的空气中最大限度发展自己的个性，形成自信、诚实、勇敢、善良的健全人格。

意大利作家亚米契斯著作《爱的教育》，记述了这样一件事：孩子们在打雪仗，其中一个名叫卡洛斐的男孩扔出的雪球不慎击中一个老人的眼睛。“老人的眼镜打碎了，玻璃割破了眼，怕要变瞎子了”。卡洛斐知错且怕得身体战栗，在好友卡隆的扶持下去向老人认错。当时，围观的人“大叫‘伏在地上谢罪！’要想把卡洛斐推下地去。这时，校长先生用两腕将卡洛斐抱住，说‘这小孩已自己承认了，不要再这样责罚他，不也可以了吗？’卡洛斐眼中忽然迸出眼泪来，前去抱住老人的膝，老人伸出手来摸卡洛斐的头，且抚掠他的头发。”[1]

在“雪球事件”中，校长先生和受伤老人都宽容了无心犯大错的卡洛斐。给旁观的“我”上了一堂生动的课——自白过失承担责任的勇气。

宽容，有时候比惩罚更有力量。对人宽容，是做人的一种美德。对孩子们宽容，则不仅是美德，还是一种教育艺术。[2]

中学生涉世未深，难免会犯错，与成人犯错不同，中学生大多不会明知故犯，也许出于无知或好奇，也许不能像成人一样控制自己的行为。这时，老师对学生的行为要抱着宽容之心，要给学生留有改正错误的机会，切忌“一棍子打死”。

我的一个学生小东，因为从小没养成好的学习习惯，也因缺乏家长有效监督，在高一时因大量旷课和迟到导致“记过处分”。这意味着从高二起一旦有任何违纪行为发生就会被学校退学处理。

进入高二不久，我从同学处听说小东最近在学生中“做生意”——出售假冒名牌运动鞋。证据有二，其一，我查看了他的桌肚，里面有一双崭新的某名牌运动鞋。其二，有一女生用600元从小东那里购买了一双鞋。女生到商场专柜比对过，确定小东所售为假货，怒而向小东退货与索回鞋款，小东不愿意，女生继而告诉了我，我这才知晓。

我立即打电话给小东妈妈，请她和小东一起到学校谈话。我义正词严地告诉他们：卖假冒名牌鞋是违法行为，根据《中华人民共和国刑法》规定，已满16周岁的人，应当负刑事责任。同时，小东已有“记过处分”在先，如把这个事件上报学校，小东违法违纪，必定开除学籍，作退学处理。听了这话，小东的母亲已泪流满面，急切地恳求我能否“网开一面”，再给孩子一次改正错误的机会。本着挽救小东前程的初衷，我答应了小东母子。但同时指出，小东必须作出承诺，退款给女生，不再卖假货。妈妈答应对小东加强监管，小东从此再也没有犯过此类错误。

对于小东这样的学生而言，他已经有一个记过处分，还无知地去卖假货。我对他的宽容是让他知道，宽容是为了挽救他的前程。他必须努力约束自己行为，要守国法，也要守校纪。二年后，他顺利地拿到毕业证书，我也长舒了一口气。

当然，包容不是一味的纵容。批评与打击一个学生很容易，但是一个严厉的处分往往成为压垮学生的最后一根稻草，使其忽视自身的价值而破罐子破摔。所以，作为教师，我们要包容学生的偶尔错误或失误，在不挫伤学生自尊的前提下，合理地运用批评，给予他们改进的机会，帮助他认识错误，改正错误，取得进步。

二、大爱的基础：凡事相信

著名教育家夏丏尊先生有一个非常著名的故事——《绝食捉贼》：

有一次，一位同学在宿舍里丢了东西，告到夏丏尊先生那里，并且说出了怀疑对象，希望夏先生去搜查一下。

夏丏尊先生一时非常为难，搜查学生铺位，他是万万不肯的，觉得这有辱学校和学生尊严。可是，学生丢失的东西若不找回来，他这个舍监也当得太不称职了。为了找到解决办法，他愁眉苦脸地到处找同事帮忙出主意，结果那些主意要么他不屑于做，要么太过偏激没法做。思来想去，最终，他决定来个绝食捉贼。

他在宿舍楼外贴了个告示，让偷东西的学生速速前来自首，并说犯错不要紧，诚实承认依然是好学生，如若不然，便是他这个舍监的失职，是他没有教育好学生，他愿绝食谢罪。学生一日不来自首，他便一日不肯进食。

此告示一经贴出，立即轰动全校，所有人的目光都投到了夏丏尊身上，密切关注着事态发展。夏丏尊说到做到，从告示贴出之时起，便滴水未进。最终，那位偷盗的学生受不了良心的煎熬，主动找到夏丏尊承认错误，并交出了所偷的东西，从而迷途知返。

夏丏尊曾说："教育之没有情感，没有爱，如同池塘没有水一样。没有水就不成其为池塘，没有爱就没有教育。"[3]

为何夏丏尊敢于"绝食"？只因他坚信犯错的学生会被自己真诚的绝食行为所感化。如果没有对这位学生高度的相信，他怎会试图以"绝食"之举打动、感化学生？所以说，良好的师生关系正是基于"信任"二字。

现代"人本主义"的教育观强调人的自我实现。真正的教育是自我教育，真正有效的自我教育是信心的内化。[4]要做到学生的信心的内化，老师必须要相信学生。因为老师相信学生，学生就能学会自己对自己负责。

我任教的初一有一个学生小玄，他去年因为成绩太差而留级了，我教他时，他正读第二遍初一。他上课有个坏习惯，一直大声和远隔半个教室的好友讲废话。一次次地提醒他无效后，我只能请他站着。然而，他即使站着也还在讲废话。我甚至尝试过让他站到教室门口去，但也只能让他安静几分钟。奇怪的是，如果让他念课文或回答问题，他即使答对了，音量却小如蚊叫。小玄这种行为虽令人生气，但不乏令人同情之处。长期以来，"后进生"的标签已摧毁了他仅剩的一点点自信和自尊，而"留级生"这个标签更让他试图以调皮捣蛋来吸引别人的注意。

教育改革家魏书生说："后进生不缺批评和训斥，缺的是鼓励，表扬和感化。"作为老师，要让赏识与信任的阳光照亮每一位后进生成长的路。

基于此，我决定对小玄"采取行动"。行动一，我对小玄的语文基础进行了深入的了解，发现还有可教之处。于是，我上语文课时尽量请小玄回答一些中低难度的问题，一旦他答对了，我就大声表扬和鼓励他。

行动二，用沙里淘金的心态去发现他的生活方面的闪光点。一次，一个已毕业的学生要开一份成绩证明。我开好证明并填好快递单，刚走出办公室准备送到门卫处，上课预备铃响了，这节正是小玄班级的课。这时，小玄刚好经过我办公室门口，我马上叫住他，请他帮我送到门卫处。他一溜快跑，帮我办好事，回到教室时已满头大汗，气喘吁吁。我立即在同学们面前大力表扬、赞美他。

就这样，小玄同学在语文课上，安静的时间越来越长了。当然，偶尔还有忍不住大声讲废话的时候。此时，我无需大声呵斥和请他罚站，只要朝他做一个安静的手势，他就能忍住，慢慢安静下来。

没有信任就没有教育，教师要信任学生一定会变好，即使"后进生"不良行为给老师带来苦恼和气愤，但信任与仁爱应时刻充盈教师心中，这是教师职业的人格修为。

三、大爱的魅力：凡事盼望

教育的规律是“三分教七分等”。当老师觉得学生有错误，需改正的时候，不仅要进行指点，更要用信心和耐心帮助学生成长。有耐心的老师往往比着急冒进的老师更能取得良好与持久的教育效果。热切的盼望也是一种大爱！

古希腊神话故事中的“皮革马利翁效应”就能说明了这种情形。

塞浦路斯的国王皮格马利翁是一位有名的雕塑家。他精心地用象牙雕塑了一位美丽可爱的少女。他深深爱上了这个“少女”，并给他取名叫盖拉蒂。他还给盖拉蒂穿上美丽的长袍，并且拥抱它、亲吻它，他真诚地期望自己的爱能被“少女”接受并将她“唤醒”。在皮格马利翁日复一日挚爱及真诚的期盼下，雕像发生了变化，它的脸颊慢慢地呈现出血色，它的眼睛开始释放光芒，它的嘴唇缓缓张开，露出了甜蜜的微笑。盖拉蒂向皮格马利翁走来，她用充满爱意的眼光看着他，浑身散发出温柔的气息。不久，盖拉蒂开始说话了。皮格马利翁惊呆了，一句话也说不出来。在皮格马利翁热烈的爱与真诚的期盼下，他的雕塑成了他的妻子，皮格马利翁称他的妻子为伽拉忒亚。

人们从“皮格马利翁”这神话故事中总结出了“皮格马利翁效应”：期望和赞美能产生奇迹。

我任教的初一班级还有一名叫小丁的学生，年龄比同龄人小，心理年龄更小。他上课没办法管住自己，常常前后左右地乱转，讲废话，做小动作，偷吃零食。他作业常常忘交，导致期中考仅仅 30 多分。我批评他，鼓励他，似乎都没什么大的用处。

有一次，我决心找小丁聊聊。小丁来到办公室后，我对着他认真地说道：“陈老师看好你的，你其实非常聪明，语文学习有灵气，一定能在期末及格的！”期末考，小丁一下子冲到 78 分！当然，这期间，我和小丁妈妈也加强联系，妈妈在家盯着小丁及时交作业，背古文，好好复习。得知儿子语文竟然考到 78 分，小丁妈妈说：“小丁一直很感激你，其他老师都不太看好他，对他大多是批评，只有你鼓励他，对他寄予高的期望，你让他看到希望，愿意付出努力。”

泰戈尔说：“教育的目的应当是向人传递生命的气息。”因此，我认为，老师应唤起学生自身“向善”，“向好”的“善根”！时光不语，静待花开。盼望能产生奇迹！

四、大爱的境界：凡事忍耐

“人在学习时，不是因为他被人施教，而是因为他自己在学习。”[5]学习只能由学生自己去完成，教师在期间所能做的其实很有限。就好像，一棵小树苗要长成参天大树，需要好多年的时间，在生长的过程中，如果它长歪了，园丁才帮它修枝剪叶，促使它朝正确的方向发展，但千万急不得，拔苗助长于事无补。为师亦如是，“忍耐”是等待学生成长的一剂清新剂。

老师要教会学生理性思考问题，首先自己要会“忍”，忍住自己的怒发冲冠，忍住那即将喷薄而出的怒气。

在大学实习期间，我曾经给初二的一个班代课。

第一次上课，师生相安无事。第二次上课，我一进教室就感觉到诡异地安静，学生们目光炯炯盯着我，我心中“腾地”冒出一个念头——“其中一定有名堂”！

我小心地接近讲台，果然！讲台上，粉笔盒边，爬着一只天牛。我一把抓起它的后背，这只天牛六脚无措地在空中挥舞。我扫了一眼全班学生，淡淡地说：“天热起来了，小昆虫们都来教室纳凉了哈！”然后打开窗户，把天牛放飞了。

学生们的嘴巴一个个张成“O”型，目瞪口呆。这节课纪律超级好，上课特别顺利。后来，我了解到，这件事其实是几个调皮的男孩子得知要来一位年轻的女实习老师代课，萌生了对新老师来个“下马威”恶作剧的念头，预期新老师不是被天牛吓得哇哇叫着逃离讲台，就是劈头盖脸地对全班同学来一顿训斥。然而，他们“失算”了，完全没有料到我用如此淡定和幽默的态度化解了这场他们精心策划的“危机”。这样的处理平添了他们对我的佩服，之后的课我和学生们相处得非常之好。

经历这件小事后，我觉得，课堂上以克制忍耐的态度对突发事件进行冷处理，往往比声色俱厉地批评和训斥效果要好得多。当师生冲突产生时，为师的冷静控制自己的情绪，既能表现老师宽宏大量和机智幽默，也可以在学生心目中树立更高的威信。

结语

诞生于1886年的世界名著《爱的教育》的结尾记叙道，安利柯的父亲对儿子说："安利柯啊，你似已渐能了解学校生活为诗的情味了。……再过 20 年，……学校将比你现在所见的更美，更为诗意的了。""……学校的将来，真是如何美满，如何广大啊！"[6]

这是一个非常美好的场景，130 年后的今天，学校是否成为美好，广大的所在呢？这个非常美好的场景，仿佛实现了，仿佛还很远；这个非常美好的场景，需要我们共同的持续的努力啊！

德国教育家第斯多惠说："教学艺术的本质不在于传授知识，而在于激励，唤醒，鼓舞。"是的，教师的爱，能激励学生大步向前进；教师的爱，能唤醒学生向上向善的天性；教师的爱，能鼓舞学生成为有尊严的大写的人！

知识就是力量，仁爱给人尊严。老师只有通过爱的教育，才能建构良好的师生关系，学生才更有希望成为人格完善的国家有用之才，拥有充满爱与尊严的精彩人生。

参考文献

[1] 亚米契斯 . 爱的教育 [M]. 江苏：译林出版社，2010：51-53.

[2] 孙云晓 . 好的关系胜过许多教育 : 我的教育自述 [M]. 新世界出版社 2005 ：50.

[3] 意林作文素材 . 夏丐尊绝食捉贼 [EB/OL].http://blog.sina.com.cn/u/2207897105.

[4] 马芊 . 浅谈"人文主义"教育观念在中职语文教育中的应用 [D]. 上海师范大学，2012：2.

[5] 瓦格纳 . 教育大未来 [M]. 海口：海南出版公司，2013：24.

[6] 亚米契斯 . 爱的教育 [M]. 江苏：译林出版社，2010：231-23.

（作者：陈漪）

基于项目导向的德育课程教学实践探索
——以中职《职业生涯规划》课程为例

上海市公用事业学校

德育对学校工作和学生健康成长均有重要作用。尤其是随着"以人为本、德育为先"，"学生主体"等理念的深入人心，作为德育育人主渠道的德育课程教学也应随着课改的不断深入，充分发挥其在培养学生职业意识、职业素养、职业规范等方面的优势。但是当前的中职德育课程教学存在着一些问题，需要我们借助职教课改的有效成果，改革德育教学，提升德育教学实效。

一、现行德育课程教学中存在的问题

《职业生涯规划》课程是中职生四门德育必修课之一的，其教学总目标是“使学生掌握职业生涯规划的基础知识和常用方法，树立正确的职业理想和职业观、择业观、创业观以及成才观，形成职业生涯规划的能力，增强提高职业素质和职业能力的自觉性，做好适应社会、融入社会和就业、创业的准备[1]”。作为面向一年级新生开设的课程，由于教学中存在的一些痼疾，使得本课程教学成效甚微。

（一）课程内容“去专业化”

目前我国大多数中职校在一年级第一学期开设《职业生涯规划》课程。由于该群体来自普通教育，对专业、职业、企业一无所知，本课程承担着帮助学生了解职业、了解专业、了解未来的就业道路，树立专业自信心与自豪感的重责。

但目前大部分课程内容很少在课程资源的专业特色上下工夫，课程教学简单沦为理论知识教授。这种脱离了专业实际的泛泛而谈，无法让学生形成对“职业”的切实感受，最终大大降低了学生学习、参与体验的主动性。失去专业特色的职业生涯规划，无异于中小学的思想品德课，德育实效大打折扣。

（二）教学方法吸引力不足

课程内容是教学方法选取的主要参照，“教材的二次开发目的在于能更好地适应具体的教育教学情景和学生的学习需要。[2]”而课程内容“去专业化”，不仅让课程失去了职业特色，也影响了教学效果。

在空洞的课程内容面前，教学方法使用受限，吸引力不足。纯理论知识的教学，始终无法挣脱教师讲，学生听的桎梏，教学又走回了“满堂灌”的老路子。这种单一的授课形式，背离了“将课堂还给学生”的课改理念，也抹杀了多年的教改成果。有的学生上课甚至不带一张纸、一支笔，往那一坐，敷衍了事。

（三）教师缺少企业实践经验

德育课教师基本来源于普通高校毕业生，缺少企业实际工作经验，社会实践能力不足。他们在教学中偏重理论讲解，缺少专业案例介绍；停留在对职业生涯规划书制作框架、技巧等介绍，而规划书撰写的核心部分，即个人的专业认知、职业启蒙，对将来从事岗位的工作职责、发展方向等方面不能做到因材施教、因人而异。他们对行业企业的认知，对职业生涯发展趋势的了解是通过书刊、网络、杂志、与专业课教师交流等途径获得，缺乏深入全面的系统掌握和亲身体验。这就带来他们在应对与专业相关的知识与能力时力不从心的问题。

二、基于项目引导的德育课程教学实践探索

由于德育课程教学中存在的问题，探索彰显中职教育、体现专业特色、符合学生实际的德育课程教学迫在眉睫。“项目”思维是近年比较流行，又较早被用于专业课程改革的概念。将其用于德育教学，引导、组织学生通过完成项目实现知识、技能习得与素养熏陶，是改革德育课程教学的一次实践探索。

（一）指导理念

为贯彻落实新课改精神，进一步探索德育实践性教学，真正达到“立足教学过程完成职业素养渗透教育”的目的，笔者进行了《职业生涯规划》课程教学的实践探索。

借助“项目”思维，将课程内容重新梳理、整合为“两条线”——以职业生涯规划书撰写为明线，以德育实践性项目为暗线。前者是检验学生学习效果的有力凭证，也是当前职业生涯规划课比较常见的考核方式。因为它涵盖了整门课程的知识点、技能点，具备相对完整的框架，在考评中可视性强、便于固化、操作简单。后者，即将专业元素融入到德育教学中，在体验式德育思想的引领下，综合新生企业认识实习、社会实践等活动，形成符合本课程教学所需的德育实践性项目，这也是本次实践探索的创新所在。德育实践性项目使学生真正进入企业、了解企业、认识职业，了解所学专业对应的岗位及其职责、行业企业发展趋势，增加其社会活动能力，提升其职业素养，从而更快地适应中职校学习、生活，树立自己的发展目标。德育实践性项目是由若干个小项目构成，各小项目又可根据要求拆分为更加具体的任务。当然，并非所有的课程内容都使用项目教学，应根据具体内容，活用“项目”思想。

（二）实施路径

从专业视角进行职业生涯规划教学改革，专业应成为职业生涯规划课程教与学的指南针，被视为当前职业生涯规划课程改革的发展趋势与有力依据。“中职

校职业生涯规划课程的教学必须立足学生专业，让学生学会提高自己的职业生涯规划能力，并以此规范和调整自己的行为，为顺利就业、创业创造条件，最终促进学生的全面发展。[3]”从专业视角解读基于项目引导的职业生涯规划课程教学，综合了专业和育人两大元素，其实施路径主要由以下几方面构成：

1. 创建德育教师、专业教师、班主任等构成的联合师资团队

要实现职业生涯规划课程教学的有效性，必须考虑将其与专业相结合，选用贴近学生、贴近实际的鲜活案例，最好能结合教师自身的企业实践经历。这就要求德育教师借助专业教师对专业的了解及企业实践经验、相对广泛的企业人脉关系；班主任对班级整体特点与个体差异，为自身德育教学积累鲜活素材。

2. 组建职业生涯规划专任教师工作小组

职业生涯规划专任教师是本课程教学的主要执行者，也是整个项目开展的设计者、指导者。考虑到学校专业分布的广泛性与复杂性，首先需要经过教研组商讨，进行专业分类，并就项目设计、具体实施、联系企业、指导开展等事宜展开探讨每位教师结合自身实际，尽量集中认领类似的专业（方向），避免重复工作。

3. 组建各班调研小组

各班结合专业特色与活动要求，进行班级内部分组，班级每名成员根据自身优势与关注点，选择合适的调研小组，并选拔出每组的小组长，通过项目活动的开展，在潜移默化中培养学生的团队意识、竞争意识等。这也是充分发挥了小组合作在项目教学中的作用，为后续调研活动的开展与报告撰写提供组织保障。

4. 确定小组调研主题

遵循德育贴近实际、贴近生活、贴近学生的原则，各班结合专业特色，确定项目主题。通过对课程内容的梳理，尤其是关于专业对应的岗位职责、相应的职业资格证书要求、岗位发展通道、企业规章制度、学校人向职业人的转换、区域经济发展动向等，围绕“企业文化、用人标准、生产 / 工作流程、岗位及其工作内容、发展方向、规章制度”等确定不同小组调研主题。

5. 开展调研专题辅导

为了让学生更好地开展调研活动，完成项目调研任务，任课教师或其所在的工作小组结合项目开展进度，给每个或多个班级的学生进行调研的专题辅导，如调研方案、调研问卷、访谈提纲与记录、参观感悟等的撰写要求，进一步理清项

目开展思路、明确调研任务。

6. 寓实地调研于专业认识实习中

认识实习是指学生由职业学校组织到实习单位参观、观摩和体验，形成对实习单位和相关岗位的初步认识的活动。[4] 通过组织新生走进企业等系列活动，感受企业魅力，进而了解专业，培养专业兴趣，增强专业自信心和自豪感。借助班级的专业认识实习，通过学生调研小组的参观、问卷调研、访谈、座谈等活动的开展，进一步提高了认识实习有效性。

7. 撰写小组调研报告并准备展示事宜

根据学生收集的一手资料，教师分班级指导学生学会用简单的方法数据处理。针对问卷中的数据，利用 EXCEL 软件进行数据整理与分析，如果条件许可的话，可以使用 SPSS 软件进行深加工。同时借助互联网、计算机软件等手段，将收集的数据整理并通过图表等形式，简明扼要地呈现出来。在此基础上，着手调研报告撰写于成果展示准备。

8. 进行成果评比与展示

教师应鼓励学生在给定的框架内，根据现有资源、条件以及自身优势，选择擅长的方式制作并展示成果。最后学生提交的作品可以是 PPT、视频、小论文、调查报告等丰富多样的成果，选拔出优秀作品参与全年级评比。由入围小组上台汇报、答辩，评委现场点评，评选出各类优秀作品并颁奖。并通过不同形式向全校展示获奖作品，调动学生参与项目的主动性与积极性。

（三）条件保障

德育实践性项目系列活动的开展需要相应人财物的支撑，也需要国家层面的制度保障。

1. 制度保障

为提高教育质量，推进产教融合、校企合作，《国务院关于加快发展现代职业教育的决定》明确提出要加大实习实训在教学中的比重，出台了《职业学校学生实习管理规定》。《规定》对职业学校学生实习做出了重新界定，“职业学校学生实习包括认识实习、跟岗实习和顶岗实习等形式[4]”。同时也指出，职业学校学生实习从根本上将依然是教学的一部分，凸显了实习的教学属性。这也为本项目实施提供了政策依据。

2. 人力保障

多元化的师资队伍是保证该项目教学顺利开展的关键环节。由德育教师，尤其是职业生涯规划任课教师、专业课教师、班主任等不同背景构成的多元化师资队伍分别从教学、专业、育人等层面保障了项目教学有效实施。任课教师多渠道收集和开发不同专业类别的课程资源，专业教师为认识实习、企业参观等提供便利，班主任则提供班级认识实习的机会，同时也与任课教师通力合作，保障活动有序开展与人身安全。

3. 财力、物力保障

除此之外，财力、物力保障也是推进德育实践性项目得以实施的重要因素。财力保障主要包括项目活动中涉及的外出车辆的接送费用、学生成果评比与作品展示的费用等。物力保证主要是学校良好的校企合作为项目实施提供了认识实习企业、校内专题辅导中涉及的第二课堂、评比与展示需要的场所与媒介。

三、基于项目引导的德育课程教学实践反思

结合“全员、全程、全面”育人目标，在职业生涯规划课程中引入项目教学的理念与做法，确实能在一定程度上提升德育教学成效，但是在具体实施过程中，还需我们进行实践反思，以期更好地指导课程教学。

（一）如何确保职业生涯规划教育的系统性

就中职生而言，在“以就业为导向”的中职教育领域，职业生涯规划理应贯穿在整个中职校学习中，将其阶段化、全过程化。对于一年级新生而言，需要及时对他们进行职业启蒙教育，此时通过将职业生涯规划教育与认识实习结合起来，可以让他们对所学专业、将来从事的职业等有一个感性的认识。随着专业学习的深入，学校的跟岗实习、顶岗实习等企业实践安排，使我们的教育教学与生产一线操作、学生培养与企业用人需求紧密联系，在无形中提高学生的职业意识，使其树立正确的就业观和创业观。另外，职业生涯规划教育的“分段实施，连续实行[5]”并非囿于仅有的一学期课时的课堂教学中，课堂不仅仅局限于教室，丰富职业生涯规划教育形式和内容，还可以通过教学第一课堂、活动第二课堂、社会第三课堂实现，从而贯穿于中职生在校学习全过程。

（二）如何凸显职业生涯规划教育的专业性

随着职教改革的深入开展，中职校专业设置日益细化，不同专业的就业方向

存在着许多差异，即使同一专业，还细分许多方向。因此，教师在进行本课程项目设计时，需要考虑不同专业的差异性。有计划、有层次、有针对性地在课程教学中融入专业内容，体现专业特色，是保持学生学习兴趣的关键。如果学生在学习过程中感受不到课程学习对其生活、学习、未来工作的意义和价值的话，就无法调动其学习的主动性、积极性。职业生涯规划教育的专业性需要在教学情境的设置、典型案例的选取、项目活动的设计等方面综合考虑并体现专业特色。尤其是在课程资源的挖掘上，教师应将各专业优秀毕业生、创业者的资料整合成为鲜活的案例；深入挖掘乡土资源、社会资源，借助志愿服务、社会实践等活动，培养学生专业情感，使德育教学更具专业性、针对性、实效性。

（三）如何保障德育师资队伍的综合职业能力

项目教学的实施需要教师强大的综合职业能力做支撑，这也向德育师资队伍提出了巨大挑战，尤其是加强教师自身实践能力培养。在教育部等七部门印发的《职业学校教师企业实践规定》的通知中对专业教师、公共基础课教师的企业实践提出了相应要求："职业学校专业课教师（含实习指导教师）要根据专业特点每 5 年必须累计不少于 6 个月到企业或生产服务一线实践，没有企业工作经历的新任教师应先实践再上岗。公共基础课教师也应定期到企业进行考察、调研和学习。[6]"因此，学校应在积极组织德育教师参加省级、国家级骨干教师培训，加强自身专业化发展的同时鼓励德育教师下基层、下企业参与实践，了解行业企业最新发展动态和变化形势。德育教师下企业有助于了解各专业学生实习、考证、技能竞赛、校园招聘等时间安排，以便更好地指导学生确定自身职业生涯目标，构建发展阶梯，制定并落实发展措施。

职业生涯规划课程并不能涵盖中职生整个职业生涯规划，充其量只是其中的一小部分，同时也是不可或缺的部分。在本课程中进行基于项目引导的教学实践探索，既是当前课改的一大趋势，也是提高德育教学实效的有效途径。当然，项目教学只是德育课程教学改革的一种尝试，要想进一步提高德育教学实效仍旧任重道远。

参考文献

[1] 教育部关于印发中等职业学校德育课课程教学大纲的通知 EB/OL].
http://www.law-lib.com/law/law_view.asp?id=272523

[2] 杨小可 . 凸显中职德育课课程资源开发的专业特色——以《职业生涯规划》课为例 [J]. 新课程 (中旬),2014,04:8+10.

[3] 姜进梅 . 专业视角下的职业生涯规划课程改革 [J]. 江苏教育 ,2012,33:28-30.

[4] 教育部等五部门关于印发《职业学校学生实习管理规定》的通知（教职成〔2016〕3 号）[EB/OL].http://www.lm.gov.cn/EmploymentServices/content/2016-05/03/content_1181454.htm.

[5] 牟方燕 . 论中职生职业生涯规划课程的现状和对策 [J]. 卫生职业教育 ,2011,02:26-28.

[6] 教育部等七部门关于印发《职业学校教师企业实践规定》的通知 [EB/OL]. http://www.gov.cn/xinwen/2016-05/30/content_5078086.htm.

（作者：范心忆）

二、校企合作篇

编者按：校企合作是职业教育永恒的主题。多年来职业教育在校企合作中作出了不懈努力，取得了不少可喜的成果。然而，随着校企合作的深入，不少深层次的问题接踵而至，如何在合作中体现校企双赢，怎样保护职业院校师生在校企合作中的知识产权，如何使校企合作产生“一加一大于二”的集聚效应，怎样将校企合作真正融入教学全过程等，成为校企合作进一步发展的难题与掣肘，探究这些问题对于突破瓶颈，促进校企合作可持续良性发展富有积极意义。

校企合作 “一体三合” 共赢人才培养模式创建

上海市群星职业技术学校

上海市群星职业技术学校是“教育部动漫游戏专业全国中等职业学校重点专业教育示范基地”，是中国职教学会教学工作委员会数码艺术（类）教学中职研究会（中职）暨全国中职校动漫游戏教育联盟的主任单位。近年来，学校以适应社会需要、校企一体、工学融合为目标，不断完善知识型发展型技能人才培养方案，确立课程标准，深化课程改革，编写系列教材，建立新型师资团队，形成与动漫游戏产业联动发展的校企一体办学模式。

一、办学理念

职业教育一头是教育、一头是产业，具有鲜明的跨界性。只有建立产教深度融合、校企紧密合作的体制机制，实现教育与产业、学校与企业两翼齐飞，才能办出有特色的职业教育。为此，多年来学校坚持“产教融合，校企一体，合作共赢”

的办学理念，在市区教育行政的领导下，运用了利益的纽带和公平的规则，引企入校，合作办学，按人才成长规律和岗位需求，校企共同参与人才培养全过程，深化工学结合人才培养模式改革，真正实现了校企一体化育人。校企合作的根本目标不是学生就业，也不是经济效益，而是促进学生成才，使学生在现代化、网络化条件下实现职业的可持续发展。学校深刻地认识到：学校和企业，是社会系统中的两个子系统，要使两个子系统进行有效的交流与合作，需要把握连接双方的根本因素，即构成二者之间的结合点——人才培养。在校企合作中坚持按照市场经济规律，有效遵循和坚持市场导向原则、服务企业原则、目标一致原则、校企双赢原则、相互融合原则，才有效地促进学校与企业的持续、深入、和谐发展。

二、具体措施

1. 构建“一体三合”的人才培养模式

学校与企业合作精心设计了“一体三合”人才培养模式，即通过“校企一体”，“产教融合，工学融合，校企文化融合”，实现合作共赢。

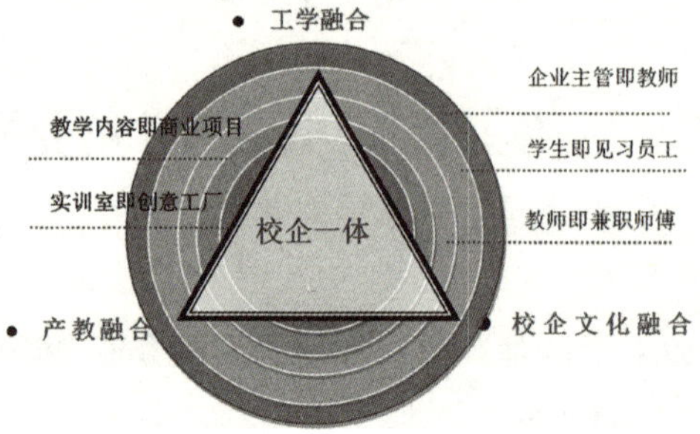

在“一体三合”内实行教学工厂育人：（1）企业主管即教师，按照工厂化作业流程，设计教学，教知识与技术；（2）教学内容即商业项目，学生在技术总监、兼职师傅的指导下，直接为公司制作产品，接受市场用户的检验；（3）实训室即创意工场，强化产业意识，在学习企业创意文化中，确保技能训练到位；（4）学生即见习员工，实现与企业的岗位工种零距离对接；（5）教师即兼职师傅，引导学生学习在学习的过程中、在作品制作中体会校企文化、提高审美观念。由此，学校先后引入30多家动漫企业进校，与10多家企业建立了紧密型合作关系。目前校内有“奥趣三维游戏班”、“拓雷三维建筑动画班”、“贝兹三维建筑动画班”、“大慈二维动画班”、“影澄动画班”、“曙星影视后期动画班”等

6家企业、5个模块、5个方向专门化教学专业班，形成了具有“人才共育、过程共管、成果共享、责任共担”的校企利益共同体，为专业学生搭建了实训、实习和就业平台。学生在“一体三合”的人才培养模式中，理实一体化地学习文化与产业的核心技术，形成一出校门就能为企业生产产品，就能成为一个熟练工艺的员工，具有职业可持续发展的可能。

2. 构建了独具特色的校企一体化CPTB课程结构

学校以“校企一体、工学结合”为专业建设理念，搭建了“公共平台CP”（Common Platform）和“实训基地TB”（Training Base），将本专业学生的教育活动、课程教学、实践活动等均纳入CPTB框架内。通过公共平台“CP”实施基本素质教育与通用能力培养，通过实训基地“TB”实施模块化专业技能训练与岗位能力培养，构建了独具特色的校企一体化CPTB课程结构。

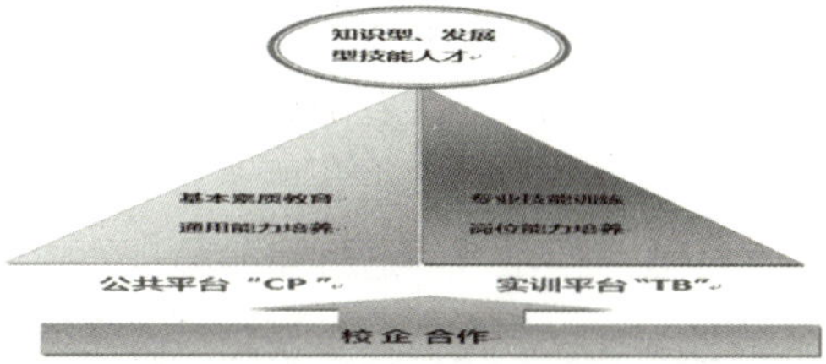

公共素养学习 专业基础训练		文化艺术类专业群 模块教学						校内企业工作室 校内教师工作室 校外实训基地
公共基础课	专业核心课	影视动画模块	影视广告模块	三维会展模块	二维动画模块	游戏美术模块	网页设计模块	顶岗实训
语文	运动规律	动画制作	影视后期编辑	室内效果图设计	原动画设计	角色建模	网页设计	影视动画顶岗实训
数学	漫画创作	动画渲染	影视后期合成	三维会展效果图制作	动画场景制作	场景建模	网页制作	影视广告顶岗实训
英语	动漫美术基础				动画上色	原画设计		三维会展顶岗实训
德育	动漫美术构成				flash动画			二维动画顶岗实训
艺术欣赏								游戏美术顶岗实训
体育与健康								网页设计实训

CPTB课程结构

2012年学校主持了“全国中职动漫游戏专业人才培养方案”，与企业和行业专家共同完善与专业建设相适应的、与市场需求相匹配的课程体系与教材编写。目前，所编制的专业课程及其教学大纲已列入教育部“十二五”国家规划教材，由北师大出版社向全国发行的校企合作的系列课程。同时，在校企合作下，《三维场景设计与制作》、《图形图形制作》、《三维动画制作》3门上海市精品课程第一阶段顺利通过专家验收，进入第二阶段的互评。这些教材均采用了历届学生设计与制作的校企合作的商业作品，以岗位职业能力标准和国家统一职业资格等级证书制度为依据，以培养学生的职业道德、职业能力和可持续发展能力为出发点，把岗位职业能力标准作为教学核心内容，与行业企业合作开发与生产实际紧密结合，以职业能力导向改革教学方式，在教学过程中突出实践技能的培养，注重实践操作能力的考核。全书图文并茂，运用了大量企业实例，理论联系实际，开拓学生的设计思路，提高他们的审美能力和创新精神，为专业方向性课程的学习和将从事的工作打下良好的基础。2012 年 2 月与上海奥趣数码科技有限公司共同搭建动漫游戏专业三维游戏实训室，借助奥趣深远的行业背景和丰富的游戏资源，以及奥趣与上海电影艺术学院、中国美术学院艺术设计职业技术学院等，建立了融合型的校企产学结合的中高衔接的人才培养模式。2012 年 9 月首届三维游戏实验班开学，2013 年 2 月开建“上海电影艺术学院（3+3）班”和“高薪游戏模块班”，进行“项目驱动，任务引领”的实战教学实验班。这是由奥趣公司牵头，在中职打基础，到高职直接从事商业作品的设计与制作，受到了学生的欢迎。

3. 以校企师资整合，组建“产教结合”教学团队

校企双方在师资建设上全面合作，组成学校专职和企业兼职两支力量，共同参与到学校教育和企业生产实践中。“产教结合”教学团队年龄上实现老、中、青优化组合，来源上实现学校专任教师和企业技术骨干专兼结合，学缘上实现知识与技能和设计与制作的专攻方向结合；通过团队成员的知识技能互补和人才双向互动，完成动态开放的教学过程。目前，学校先后聘任了 8 家企业的技术总监和行业专家走进教室，给学生开设不同的专业课。他们以其企业家的眼光，敏感的市场触角，以项目引领，使学生在有限的时间内学到了全新的知识和技能，实现了学生与企业岗位的对接。以名师工作室为载体，引进企业专家加盟专业教师队伍。通过每年对企业知名技术专家和能工巧匠的考查，以及实际教学效果，引进 4 名曾经在企业中担当重要职位，承担一定项目、在行业内有较高知名度的专家，成为学校的专职专业教师，并建立以他们名字命名的“名师工作室”。这些企业专家充分发挥他们的技术优势，带领学生一起制作商业作品，极大地提升了学生的实践技能，并通过工作室引领行业专业岗位的主导技术，在课程建设、教学改革方面发挥示范引领作用。

4. 完善了校企一体化运行机制

成立了由区政府、主管行业、合作企业、社区以及学校等合作方组成的合作办学理事会，形成人才共育、过程共管的紧密型合作办学机制。在校企深度融合的办学模式下，学校和企业建立校企合作工作委员会，共同研讨校内外实训基地的建设，建立合理合法的监督、评估等制度，从组织上保障“产教结合”的教学

团队正常开展工作。校企融合、工学互动是专业教学改革和发展的方向，对于每所学校来说都是一个值得研究的重要课题。校企双方践行先进的合作理念，构建科学的保障机制和人才评估机制，是推进校企深度融合办学模式的关键；校企双方共同参与课程改革、师资建设、教学实施、考核评价，是开展工学互动育人模式的关键。只有把握这些关键点，从区域经济和社会需要角度出发，才能构建技能型人才培养的新模式。

三、取得成效

1. 学生实现体面就业

在产教融合、校企一体合作机制下，动漫游戏专业学生就业有优势，近三年我校的毕业生就业率分别为92.08%、92.56%和92.60%，始终位居区域前列。毕业生月薪起薪高于非重点建设专业毕业生30%～50%。

2. 学生专业水准提高显著

2013年在校企合作、工学结合下，学校成为“浦东新区高技能人才培训基地动漫游戏专业群星工作站”的“高级游戏美术设计师培训班”，学员考证率达到100%。2013年在全国第八届“天眼杯”动漫画大赛中，获动画片制作一等奖等奖项，彰显了本专业实力。2014年由教育部职成司数字媒体技能教学示范项目执行单位与北京市高等教育学会动漫游教育研究分会举办的中职竞赛中，胡蓉老师指导的，陈珞斐同学创意制作的《童年》荣获电脑动画第一名。

3. 课程与教材建设成果丰硕

2012年，受上海市教委委托，与企业一起主持开发了《上海市中等职业学校动漫游戏专业教学标准》和《国际水平动漫游戏专业教学标准》；2013～2014年本校教师与企业技术总监成功地编制了中职动漫游戏专业的课程结构与8本系列教材。

4. 促进教师专业化成长

一批年轻的动漫专业教师成长了起来，目前有市名师1名、区骨干教师2名、校骨干教师8名；双师型教师14名；学校李爽老师、高嫞老师受聘为“2014全国职业院校数字媒体、数字艺术以及动漫、游戏、新媒体艺术等相关专业规范建设编写专家”。

（作者：顾晓光）

数控专业校企合作“四阶梯”人才培养策略

上海市奉贤中等专业学校

一、实施背景

随着经济全球化的加速，世界制造业中心正在向中国转移，我国正成为“世界制造中心”，采用数控技术替代传统的制造技术是制造业的发展方向，中职校的数控技术应用专业是培养数控加工一线技能型人才的重要基地。职业教育的培养目标和职业导向决定了职业学校必须和企业合作，校企合作是职业教育改革的重要方向，校企合作教育模式是实现中等职业教育人才培养目标的有效途径，职业教育教学过程中需要不断加强学校与行业、企业的合作，使教学与生产紧密结合。

教育部制定的《关于全面推进素质教育，深化中等职业教育教学改革的意见》要求中等职业教育要树立以全面素质为基础、以能力为本位的观念，培养具有综合职业能力，在生产、服务、技术和管理第一线工作的高素质劳动者。这就要求职校生也应该具备的文化基础知识、专业知识、比较熟练的职业技能和适应职业变化的能力。而且，随着企业向技术密集型转变，劳动分工从单一工种向复合工种转变，也要求劳动者具备跨岗位的能力。所以，新时期的中等职业教育将更加侧重综合职业能力和综合素质的培养，让学生拓宽知识基础，掌握多项技能，增强就业适应能力，成为“一专多能”的复合型人才，才能解决专业的定向性与未来职业（岗位）的不确定性的矛盾。

因此，我校数控专业探索通过改进人才培养策略，在专业认知、基础训练、综合培养、顶岗实习等四个阶梯深化校企合作，来达到全面提升数控专业建设内涵，为先进制造业培养掌握数控技术的实用型、技能型人才的目标。

二、主要目标

学校数控专业从学生专业认知、基础训练、综合提升、定岗实习 4 个阶梯深化校企合作：在专业认知阶段，校企共建专业认知教学平台；在基础训练阶段，将企业加工产品引入学校实训教学中；在综合培养阶段，将企业管理理念和企业生产过程融入到专业教学中；顶岗实习阶段，根据学生顶岗实习反馈的情况，和企业共同检验学校教学成果，更好地为教学服务。

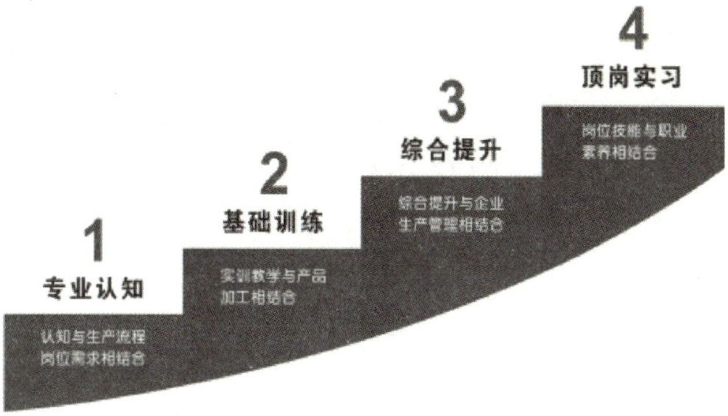

图 1　校企合作“四阶梯”人才培养模式

三、实施过程

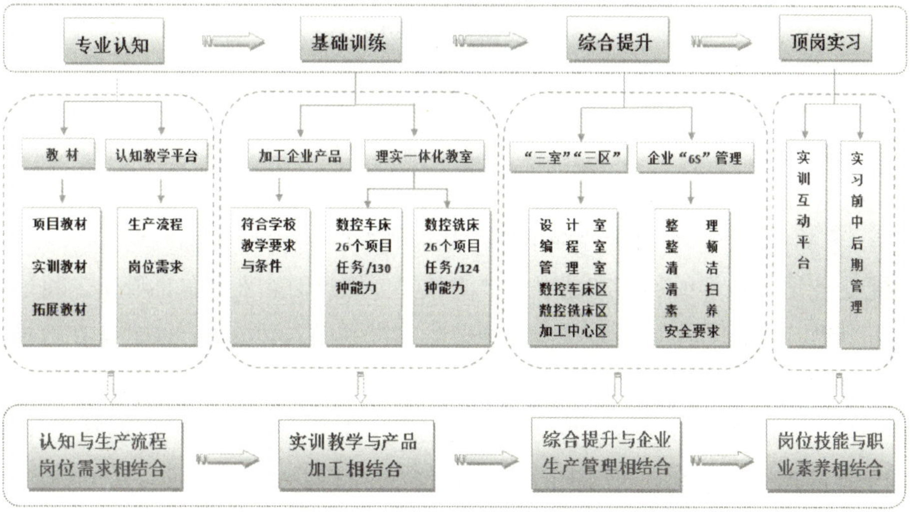

图 2　校企合作“四阶梯”人才培养实施计划

1. 专业认知阶段：校企共建专业认知教学平台

人才培养模式与课程体系改革是我校示范校建设的重要任务，我校数控专业创新将专业认知的内容作为数控专业教学计划的一部分，与北京数码大方科技股份有限公司合作，共建了专业认知教学平台。

在专业认知教学平台上，学生可对制造业企业生产流程和典型制造业的不同工作岗位进行认知，以明确自己的学习方向，增加学习动力。例如，可以通过平台了解企业生产管理、设计、工艺、编程、车间加工等5个岗位的岗位职责、岗位所需的专业知识、专业技能和专业素养。如图所示，典型制造业的加工制造流程，学生可以对典型制造业的生产流程有个全面整体的认识。让学生通过专业认知教学，掌握各岗位所需的技能、素养，并对以后所需的专业知识有更深层的认知。

图3 数控专业认知阶段

2. 基础训练阶段：将企业加工产品引入到实训基础训练

把企业适合教学的加工产品引入技能教学，通过对企业产品的筛选，将适合学校机床加工、符合学生专业技能培训要求的产品引入学校进行实训。在数控专业实训车间内建设了理实一体化教室，在数车、数铣理实一体化的教室内，可以开展理实一体化教学，也可以将企业加工该产品的加工过程进行视频教学，使学生对企业的加工过程有直观形象的认识。

通过实践证明，只要加强教学与生产的组织管理，实训教学与加工产品有机结合的教学模式切实可行，工学结合办学模式降低了实训原材料的消耗，缩短了学生实训与生产的距离，提高了专业实训教学质量，形成了校企合作、产教结合的人才培养模式的长效机制。

3. 综合提升阶段：将企业管理理念融入到专业教学中

把企业先进的生产管理理念引入学校，在专业实训教学过程中，引入企业生产管理机制。如“6S”管理制度（整理、整顿、清洁、清扫、素养、安全）。通过规范现场、实物，营造一目了然的工作环境，培养学生良好的工作习惯，其最终目的是提升学生的职业品质，把企业的管理理念融入教学过程，在培养学生技能的同时，更注重培养学生职业精神和职业素养。

同时，将企业的生产过程融入到学生综合训练中，在实训中心综合培养教学区，建设设计室、工艺编程室、生产管理室和数控车床、数控铣床、加工中心3个现场加工区，将企业的生产过程引入到专业教学中。

4. 顶岗实习阶段：和企业共同检验学校教学成果

顶岗实习是中职学校数控专业教学体系的重要组成部分，是中职学生与职业技术岗位“零距离”接触，为学生提供包括基本技能和综合能力训练的实践环境。既培养学生团队协作精神、群体沟通技巧、组织管理能力等综合素质，又培养学生解决生产实际问题的技术及管理能力。在真实的工作环境中，按照规范的职业标准开展项目实训，能提高学生就业竞争力，缩短他们的工作适应期。学校在顶岗实习环节，加强校企合作，将传统的“放羊式”的顶岗实习模式改善为“风筝式”顶岗实习模式。

学校和企业合作，完善顶岗实习教学环节，建设顶岗实习互动平台，加强企业和学校互动，从而实现学生在到岗实习前，预先掌握实习企业的典型生产流程及实习内容；在学生顶岗实习后，学校和企业共同总结学生顶岗实习情况，更好地为企业培养所需人才。

图4　数控1303班学生在顺贤公司实践

四、主要建设成效

1. 组织了一批共建战略合作企业

我校与北京数码大方科技股份有限公司、上海轩诺机电设备有限公司、上海日野发动机有限公司、上海顺贤机电设备有限公司、上海中隆轴承有限公司等企业进行战略合作，在数控专业的专业认知、基础教学、综合能力培养、顶岗实习等四个环节深化校企合作。

2. 完善了数控专业的课程体系

我校经过两年多的建设，数控专业修编人才培养方案，重新规划专业课程设置和课程结构，制定相应的课程的课程标准、教学大纲、教案、课件，完成了9门专业课程开发：《数控机床编程与加工》《数控车床编程与加工》项目教材，《数控铣床编程与加工》《数控车床编程与加工》实训教材，《加工中心编程与加工》《数控电火花线切割加工》《三坐标测量技术应用》《铣刨磨削加工》拓展课程实训教材，以及《工学交替产教融合》岗位实践实训手册等。

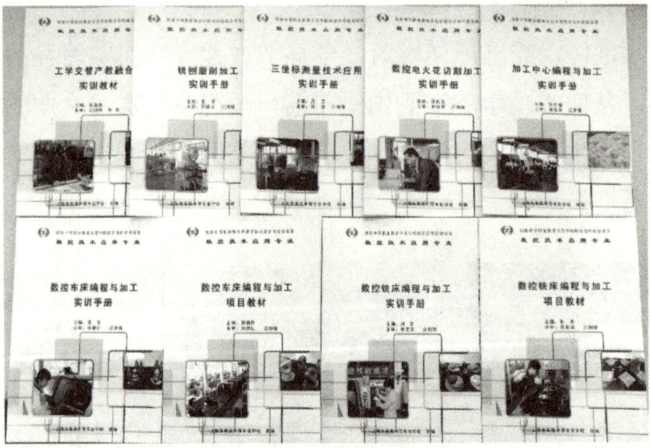

图5 数控专业编写校本教材情况

3. 形成了“教、学、做”一体化的教学模式

在专业课程的教学过程中，将过去的“以教师教学为中心”转化成“以学生学习为中心”，注重技能训练与职业素质并重的教学方式，坚持“教、学、做”一体化的原则，采用多种方式教学，根据本专业工种的特点，选择典型零件的加工过程作为载体，设计学习情境，实现教、学、做一体化。同时在这一过程中，也可让学生去发现问题、分析问题、解决问题，这个过程也就是学生学习知识的

过程和培养其学习能力的过程。

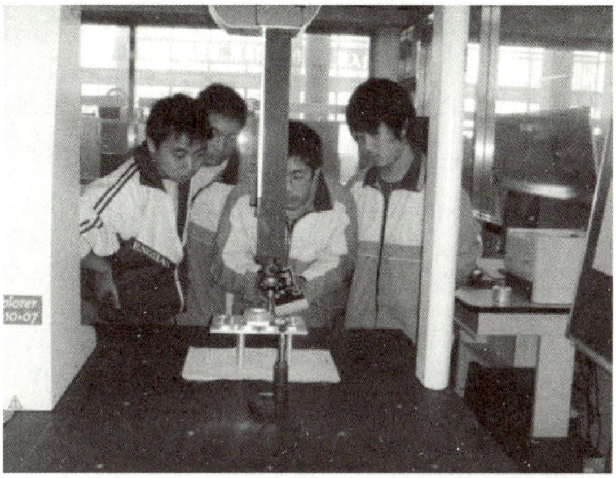

图 6　数控班级学生现代测量课程一体化教学

4. 建构了一支结构合理、技术水平高的双师型教学团队

产教融合人才培养模式，同时也提高了专业教师实践操作能力，我校数控专业教师共 20 人，10 位专业教师参加“数控应用技术”专业上海市骨干教师培训。其中具有高级专业技术职称 9 人、数控技师 6 人、高级技师 3 人、“双师型”教师 19 人，双师型教师比例达到 95%。另外学校也聘请具有该专业丰富实践经验的专业技术人员担任兼职实训指导教师，经过 10 多年的努力，形成了一支结构合理、技术水平高的专兼职师资队伍。

五、主要体会与思考

通过“四阶梯”人才培养策略，有效调动了企业的主动性和积极性，整合了企业的优质资源为教学服务，密切了校企合作，推进了课程内容与岗位需求能力对接、教学实训与生产实训对接，使校企合作贯穿于数控专业教学的全过程。但如何通过校企合作，继续深化专业及课程改革，不断优化专业人才培养方案，积极推进课程教学改革，依托合作企业将更多的生产项目引入课堂，进一步优化专兼结合的专业教学团队，进一步提升数控专业人才的培养质量，还需要作进一步实践与探索。

（作者：江剑锋　朱勇）

以校企合作为途径 创建与生产过程对接的教学新环境

上海商业会计学校

专业与产业、职业岗位对接，专业课程内容与职业标准对接，教学过程与生产过程对接，学历证书与职业资格证书对接，职业教育与终身学习对接，这是深化职业教育人才培养模式改革的基本要求。作为商科类专业为主的商会校如何践行“教学过程与生产过程对接”这一人才培养模式改革要求，是我校这次特色示范校建设所列的重要课题之一。我校的商科类专业主要有会计、金融事务、国际商务、电子商务、物流服务与管理、商务英语等专业。长期以来，我校这类专业教学仅限于“课堂理论教学+实训室统一训练”的传统模式，这样的教学环境下，学生缺乏企业环境和社会环境的感受，缺乏岗位角色感和商务实战感，所学知识不易领会，不能理论联系实际。这种现象在职业教育商科类教学中非常普遍，要实现“教学过程与生产过程对接”，必须突破目前现有的教学状态。凭借特色示范校建设之际，我校将解决这一难题列入示范校建设的重要科研项目和建设项目。

一、办学理念

经过深入调研和反复讨论，我校提出了“以校企合作为途径，创建与生产过程对接的教学新环境”的建设目标，即借助于校企合作的优势，利用企业资源，将社会经济运行的真实环境和企业的真实岗位以虚拟仿真的形式引进学校。学校提出了“让校园社会化，班级企业化”的环境建设要求，让学校商科类学生在专业课程学习过程中，不但能够直接感受经济社会的环境，而且还可以在仿真企业环境下、在近乎真实的岗位上，以真实的业务为内容，进行专业课程的学习、实训和实践，从而实现教学过程与生产过程的直接对接，让学生能够通过岗位学会实际有用的专业知识和技能。

二、具体措施

1. 校企共建企业经营管理全景仿真实训中心

学校会计专业以上海市职业教育会计开放实训中心为依托，通过与用友新道科技有限公司校企合作，共建企业经营管理全景仿真教学实训中心。该项目以现代制造业为背景、以现代企业经营为核心、以现代信息技术为依托，是仿真社会真实经济环境在互联网环境下运行的现代制造业综合实训平台。通过该平台可让学生在虚拟环境下，通过角色扮演营造出真实的社会环境。企业经营管理全景仿真教学实训平台分软件平台和物理环境两部分，其软件平台也称 VBSE 系统，其结构如下（见图 1）：

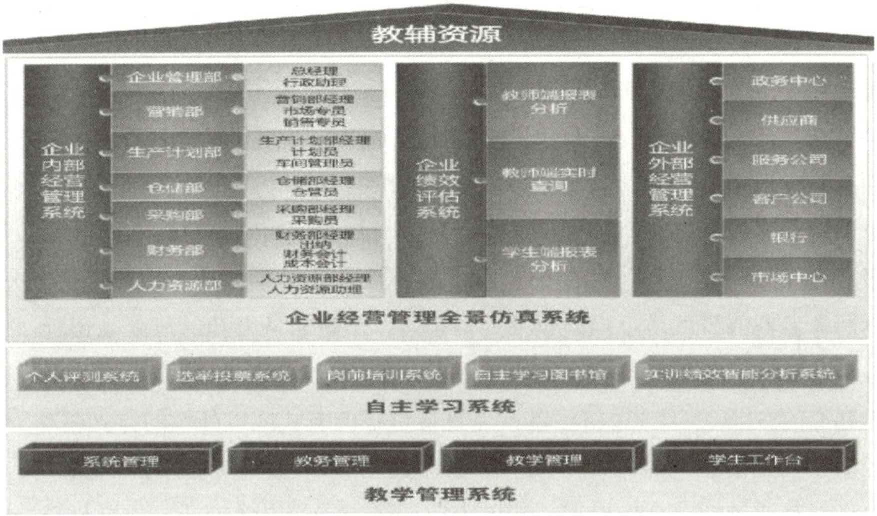

图 1　企业经营管理全景仿真体系

为了让学生有真实的环境感，该平台还搭建了仿真物理环境，该环境除了诸多企业和企业内包括会计在内的各类工作岗位外，还有诸如工商、税务、社保、银行等各类经济管理部门。这是一个十分庞大的工程，在建设初期，项目组亲赴用友新道科技有限公司北京总部进行了参观、调研并签署了校企战略合作协议书，交流会上大家就仿真实训中心建设之软件、硬件进行了全面的沟通，初步确定了建设方案；还调研了国家级实验教学示范中心——上海理工大学经济管理实验室，吸收了该实验室很多值得借鉴的地方。通过调研参观，项目组成员开阔了视野，为项目组如何根据我校专业要求和学生特点设计和建设实训室提供了重要参考。该项目最后确定，以用友新道原有的“虚拟商业环境 VBSE”软件为基础建适合本项目建设目标要求的软件实训平台，在学校现有的会计实训中心基础上建符合上述要求的物理环境，从而形成满足建设目标要求，集教学、实训、实践为一体，以会计类专业为主的“企业经营管理全景仿真实训中心”建设方案。

经过 1 年多时间的紧张而有序的工作，目前该中心已经初步建成，软件平台和物理环境都已进入验收阶段。为快速进入试运行，学校同时还派教师外出培训：两位教师参加了2014年5月由新道师资研修院承办的第二期新道跨专业实践教学VBSE综合版全国师资研修班；今年暑假学校派8位教师去用友新道科技有限公司上海分公司参加VBSE系统培训，并就教学中应注意的问题进行了咨询，为该实训中心建成后的教学和实训做好准备。下图为我校参加培训的教师。

2. 校企共建虚实一体的商务实战平台

我校拥有庞大的商科类专业学生群体，如何打通各专业的联系，打造整个学校的商务实训实战平台，这是学校围绕“教学过程与生产过程对接”课程改革的又一课题和建设项目。学校提出的理念是：“校园社会化、班级企业化”，即每个班级就是一个与专业岗位相关的企业，如会计专业的班就是小型代理记账公司，国际商务专业的班就是小型内贸及外贸公司，金融事务专业的班就是银行，电子商务专业的班就是电商，甚至应用艺术专业的班也可成为小型设计类公司。由贸易为起点的企业（班级）经济活动或以直接进行的方式或以外包的方式带动了“社会经济”活动的整个过程，形成“一班一企业”“一校一社会”的局面。其实现途径仍然是通过校企合作形式。通过企业调研和项目内涵论证，项目组最后确定了与两家公司共同合作，一家是以商贸业务及软件系统开发见长的美华系统有限公司，另一家是上面提到的以开发实训后台管理见长的用友新道科技有限公司，通过校企合作形式，三方共建“虚实一体的商务实战平台”。

目前，该商务实战平台正按照既定的要求处于紧张的开发中，将在今年底初步完成，并将进行为期一个月的调试，下学期将正式投入运转，届时学校所有班级将按一、二课堂安排和设计在该平台上进行实战。该平台具有如下特点：

（1）社会化校园 + 企业化班级——模式创新，实战意识。“虚拟 / 实战一体化商务平台”打破了传统意义的单一专业实训模式，而是将以财经商贸类专业为主的学校整个实训实战平台打通了。

（2）线上模拟 + 线下实践——平台思维，做学一体。传统意义的实训主要是在实训软件上学习操作流程，但商务实战平台是线上企业（班级）间的交易，线下各阶段经济活动流程的实践。

（3）主体公司 + 外包服务——专业链接，时代背景。校园式的社会经济活动的起点是贸易，它是以主体公司的形式存在的，但代理记账公司等基本是以外包服务模式存在，使学生进一步了解在更倾向于专业化发展的今天，社会经济活动的模式已悄然改变，使学生有产业链、供应链的概念。

（4）设计 + 组织 + 实践——资源融合、能力提升。“虚拟 / 实战一体化商务平台”的设计，需依靠软件公司和相关企业；线上及线下的演练需要有教师及企业相关特聘兼职教师的引导和组织；各专业学生的实践需要班级同学相互协作和有效沟通。在这过程中，使校企合作的外延得以衍生，学生团队合作、人际沟通、问题解决能力得以提高。

3. 保障措施

（1）专业保障。我校是以商科类专业为主的学校，专业规模庞大，招生人数稳定，师资力量雄厚，教学成果显著。尤其是会计专业，已经成为上海市中等职业教育的特色品牌，2013 年我校会计、金融事务、国际商务 3 个专业通过上海市教委精品特色专业验收。

（2）资金保障。学校这两个平台都已纳入特色示范校建设项目，加上将“企业经营管理全景仿真教学实训中心”作为对会计开放实训中心内涵的补充和能级提升，学校可以调用一部分会计开放实训中心建设资金补充该项目建设资金的缺口，从而可以在资金上完全得到保证。

（3）队伍保障。我校两个平台建设分别设两个项目组，由教学副校长总体协调，教学部主任和专业带头人具体负责项目的推进，用友新道公司和美华公司的领导层介入、项目经理直接参与，从而形成了两支有效的开发团队，并定期例会协调，保证了项目的质量和进度，确保项目按计划完成。

三、取得成效

两个平台的建设，不但大大提升了学校专业教学与实训的环境，还有进一步的成效和意义。

1. 教师专业能力得到提升

伴随两个平台的建设，参与建设和培训的教师不但学到了现代企业的专业知识，如现代企业运行管理流程、现代企业会计如何做账、企业与企业之间如何博弈等，同时也进一步增进了教师现代职业教育的新思想、新理念，为教师按照“与生产过程对接进行教学”打下了坚实的基础。

2. 校企合作内涵得到深化

校企共建“企业经营管理全景仿真实训中心”和“虚实一体的商务实战平台”

使学校的校企合作内涵进一步深化，教师与企业共同制定专业课程内容、教学形式、实训要求、评价标准等，使得课程更加有用、有效、更加贴近企业实际，可以真正实现教学过程与生产过程的对接。

3. 校企双方实现合作共赢

合作共赢是校企合作的基础，通过共建“企业经营管理全景仿真实训中心”和“虚实一体的商务实战平台”，使这一基础更加牢靠长久。学校通过与企业合作，确保实训、实战课程的不断更新、紧贴最新要求；企业也因此提升其在教育界的商誉，例如：用友新道科技公司已确定将我校建成的“企业经营管理全景仿真实训中心”作为其在全国培训示范基地之一。

4. 突破了商科类学生实习难之瓶颈

较之工科类学生，商科类学生专业实习难是众所共知的。比如会计类专业，由于会计部门是企业重要部门，会计岗位所接触到的各类数据资料一般不能对外，加上会计岗位工作要求高，因此企业很难接受学生到会计岗位进行专业实习。借助企业经营管理全景仿真实训平台进行会计专业实习，可以取得在企业实习的同样效果，从而突破了会计类专业学生实习难之瓶颈。

职业院校校企合作中学生知识产权的保护

上海市交通学校

近年来，职业院校校企合作中逐步涉及知识产权问题，如何有效地保护学生合法知识产权权益，同时正当的推动知识产权的实施成为职业院校必须解决的难题，当前校企合作中职业院校知识产权保护工作尚存在一定问题，亟待分析原因并寻求有效的解决途径及对策。

职业院校与企业建立合作模式是当前职业教育改革发展的一项重要举措，特别是理、工、艺术、设计等职业院校更是涉及与企业的深度知识产权合作，然而现有合作中一些院校知识产权保护意识薄弱，校企合作中学生权益受到侵害的事例时有发生。例如，2013 年湖南某高职院校在学生进行毕业实习时要求学生签订一份知识产权协议书。协议书规定所有与他们参与课题相关的知识产权都归校方所有，包括校企合作期间的发明创造。当时此消息经新闻媒体报道后，引起了极大争议。又如，2015 年上海某职业学校计算机专业的学生张某，在学校安排的为期一个学期的下企业实操训练中，在企业老师的带教下，自主开发编制了一套 app 应用软件，但企业在对源代码进行知识产权登记时，只是把著作权归属在了自己企业名下。

当前，随着我国经济增长的动力正在由要素驱动向创新驱动转换，技术进步和产业转型升级使一线劳动者内涵发生深刻变化，尤其近两年我国职业教育培养的人才也逐步向中高端发展，学生在校企合作中，创造的发明成果也呈上升趋势，根据岗位接触的生产过程和产品制造的实用专利，外观专利、互联网软件 app 等技能方案逐步应运而生，但这一块的知识产权保护却处在一个相对比较落后的状况，这是非常遗憾的现状，学生在遇到这类纠纷时往往处于绝对被动接受的地位。对企业或学校的一些侵害自己知识产权的规定，学生出于就业和被管理等原因只能忍气吞声，不敢声言维护自己的权利，这种状况若不加以改变，高职院校学生知识创新的积极性将受到极大的挫伤。正如有的学者所指出的那样，通过分析可以发现实际上我国高校在大学生创新知识产权管理方面存在较为严重的问题。科研创新是现如今高校发展的主要动力，学生是高校创新体系中不可或缺的重要组成部分，只有从根本上认识到知识产权管理与大学生创新知识产权保护的重要性，才会更好地促进我国高校创新体系的更好发展。加强我国高校知识产权创新体系的管理和建设能够为实现科教兴国战略和现代化建设的发展奠定坚实的基础[1]。

一、职业院校校企合作中的学生知识产权保护存在的问题

（一）对校企合作中知识产权存在性的无知

知识产权保护是和科技创新相伴生的一种制度创新[2]。知识产权是法律赋予智力成果创造主体专属性的权利，是知识经济时代下社会成员最重要的法律权利之一。在校企合作中要保护好相关人员的知识产权，首先要求高校科技管理人员加强知识产权保护意识，良好地掌握和运用这些法律法规[3]。然而一些职业院校对知识产权的认知度太低，不了解国家相关知识产权法律规定。不清楚自身与企业的合作中哪些智力成果已进入知识产权保护的客体范围，更不具备基本的知识产权意识对自身创造的智力成果加以确权保护，导致学生权益遭受损失。

（二）对校企合作中知识产权权利归属的淡漠或过度要求

产生该类问题的职业院校是具备基本的知识产权认知度的，但在智力成果完成后是否申请相关部门权利认定的问题上持消极态度或过度要求单方持权的态

度。前者的淡漠意识阻碍了其按照法律规定积极获取权利归属的行动，表现在校企合作中常常是校方自动放弃合作中出现的智力成果权利，交由企业方做出知识产权归属认定申请，后者的过度要求又会使得校方千方百计希望抛开企业和学生，自己独立成为知识产权权利主体，影响校、企、学生三方的互信互利。

二、职业院校校企合作中产生上述这些知识产权法律风险的原因

（一）对知识产权相关法律缺乏最基本的认识

不了解知识产权相关法律，不具备知识产权意识是当前校企合作中一些职业院校存在的最根本问题。意识对人的行动具有反作用力，当意识本身处于淡漠状态时自然无法很好的指挥行动。这类职业院校从思想上丧失了在校企合作中把握权利的主动性，不利于与企业搭建长效合作机制，也容易使发明创造的学生在激烈的竞争中失去优势。由于知识产权等法律知识的教育和普及相对滞后，加之一些教师和科研人员自身产权法制意识淡薄，又受到市场经济大潮中物质利益的驱使，未经单位允许暗自将职务发明成果转让以获取高额回报现象时有发生，这使得知识产权保护工作日渐复杂和细化，高校的知识产权保护工作难度随之加大[4]。可见，对知识产权相关法律缺乏最基本的认知，是职业院校在校企合作中产生知识产权受到侵害风险的重要原因。

（二）对合作经济效益的过度看重

知识产权尤其是适用于工业上的产权无疑是市场主体宝贵的财富可通过许可实施、转让等形式成为直接的经济效益。一些职业院校在校企合作过程中，在处理和学生的关系上，仍然习惯性地站在管理者和被管理者的角度，没有根据今天中国职业教育的发展现状做出调整，缺少一种平等对待的态度；其次，企业缺少具有长远眼光的考虑，对于企业而言，学生是未来企业的新鲜血液，是企业发展的动力，仅仅盯着眼前的利益，不注重用优秀的企业文化激励校企合作中在校生的眼光，注重一时一地的得失，是对企业未来的漠视和不负责任；第三，学生对自身权益的认识模糊，也是造成目前这种情况的重要原因。因此忽略在合作模式下企业、学校、学生互利共赢的基本准则，会破坏了校企学生三方之间的信任和持续创新的积极性。

三、职业院校校企合作中的知识产权保护的对策研究

针对上述问题，应从根本原因分析出发，调整职业院校自身不足，真正实现对校企合作中所产生知识产权的有效保护，建议做好几下几点：

（一）提升知识产权认知度，从思想上予以保护

职业院校当务之急应首先提升对知识产权的全面认知，包括知识产权的性质、法律特征、保护对象、权利类型等，全面了解各部法律具体规定，做掌握知识产权知识的法律人，才能在这场非物质财富的权利空间找到自己合法的地位。要认识到，知识产权是一种制度创新，与科技创新和技术进步之间形成一种共生互动的逻辑关系，两者互相影响互相作用[5]。在这个认知的过程中，职业院校应结合自身的学科类型和专业建议特点有的放矢，要向学生普及与自身专业息息相关的法律规定，寻求专项法律帮助，从思想上增强学生自我的知识产权保护意识。要加强职业院校教师对知识产权相关法律的认知，首先要求高校科技管理人员加强知识产权保护意识，良好地掌握和运用这些法律法规。为此，高校科技工作主管部门应制定并实施知识产权保护和管理工作的培训计划，面向高校科技管理干部强化知识产权保护和管理的教育培训工作，使科技管理干部在提高自身素质的同时，通过言传身教和工作实际进行宣传与教育，激发广大科技人员的知识产权保护意识和主动配合工作的积极性[6]。

（二）法律途径确认知识产权，从权利归属上予以保护

科技创新在技术上表现为进步，在市场上表现为独有，在法律上就应当表现为一种权利[7]。所以，对知识产权最根本的保护，是从法律途径确认知识产权，从权利归属上加以保护，这才是最根本、最有效的。为了实现这一目标，有必要对学生在校企合作期间的知识产权的权属根据具体情况分类厘清。第一，学生在工作中，根据相关安排，并主要由工厂指导老师进行指导，形成的知识产权，其主要权属归于企业或工厂；第二，学生在工作中，主要由学校老师进行指导，并利用学校资源进行的发明创造，主要权属应该归于学校；第三，学生在工作中，独立或相当程度上独立做出的创造发明，主要权属应归学生所有。通过明确立法或立规，厘清在校企合作过程中发明创造的一些模糊的细节，最终在发明创造成果出来以后，三方都可以根据自己贡献的大小确定自身的权益大小，这样才能既充分保证三方利益又能保证智力成果的持续创新。

（三）培养专业知识产权管理人才，从过程管理上予以保护

知识经济时代，职业院校应响应国家号召努力打造自身的专属权利，实现软实力的提升从而提高与企业合作的资本实力，而这样的工作无疑需要专业知识扎实、业务素质精干的专人完成。有学者撰文指出，目前，大多数教师和专利科技人员还不熟悉申请专利的程序，这就需要专利服务人员为他们代理，撰写专利申请文件，专利申请书、说明书、权利要求书，同时还要进行专利申请前的咨询，申请后的跟踪、转让，侵权纠纷的处理等。因此，建议高校配备高素质熟悉专利法的、专门的专利管理人才来担任知识产权事务管理工作，其工作人员须具有深厚的法律知识，并执有律师、知识产权工程师执照[8]。显然，职业院校应培养专业知识产权管理人深入校企合作全过程，时时监控合作中出现的知识产权法律现象，控制知识产权法律风险，从过程管理上给予校企合作中学生知识产权最好的保护。

参考文献

[1] 毛宁 . 浅析高校对大学生创新知识产权保护中存在的问题 [J]. 科技展望 2016（21）：344.

[2] 刘群彦，刘艳茹 . 创新驱动视角下我国知识产权保护制度研究 [J]. 中州学刊 2015（12）：35.

[3] 刘汉红 . 高校知识产权保护现状及措施探讨 [J]. 科技创业月刊 2007（3）：165.

[4] 刘汉红 . 高校知识产权保护现状及措施探讨 [J]. 科技创业月刊 2007（3）：164.

[5] 刘群彦，刘艳茹 . 创新驱动视角下我国知识产权保护制度研究 [J]. 中州学刊 2015（12）：36.

[6] 刘汉红 . 高校知识产权保护现状及措施探讨 [J]. 科技创业月刊 2007（3）：165.

[7] 刘汉红 . 高校知识产权保护现状及措施探讨 [J]. 科技创业月刊 2007（3）：164.

[8] 孙敬鸿 . 加强高校知识产权保护与管理，促进专利技术成果转化与实施 [J]. 科技管理研究，2010(20).

[9] 吴汉东 . 知识产权法 (第四版) ［M］北京 : 法律出版社，2011.8.

[10] 刘一展 . 职业院校学生知识产权教育现状与路径探究 [J]. 天津职业大学学报，2013，(8).

[11] 李弋强 . 大学生实习期身份的法律分析 [J]. 法制与社会，2014，(10).

[12] 李文江 . 高校知识产权的流失与保护 [J]. 科技进步与对策，2013，(1).

[13] 李英姿 . 高校学生发明创造权利归属问题初探 [J]. 成都纺织高等专科学校学报，2005，(7).

（作者：袁莺）

艺术类高职院校产教深度融合的实践与创新

上海工艺美术职业学院 · 水晶石公司

一、校企合作概况

（一）合作企业介绍

水晶石数字科技有限公司（简称水晶石公司）是亚洲规模最大的数字视觉技术及服务供应商，成立于1995年。水晶石公司致力以数字化三维技术为核心，提供与国际同步的全方位数字视觉服务。核心业务是三维可视化的开发和应用服务，涉及的技术领域涵盖影视特效、3D动画、多媒体、影像数据库、在线三维展示、VR及AR等多个专业，是“2008年北京奥运会图像设计服务供应商”、“2010年上海世博会指定多媒体设计服务商”和“2012年伦敦奥运会官方数字图像服务供应商”、“2022年北京冬奥会申奥赞助商”。在北京、上海、深圳、香港、新加坡、伦敦、东京等国内外20余个城市设有分公司及办事机构。

（二）校企合作的悠久历史

2010年3月，上海工艺美术职业学院与水晶石公司签订合作协议，先行培养一年期及两年期的数字多媒体人才。

2012年9月起，双方正式成立二级学院——水晶石数字艺术学院（下称水晶石学院），按照数字多媒体产业人才标准，合作培养三年制的适应行业发展且富有创意和创新精神的高质量应用型数字多媒体专业人才。2012年起，水晶石学院以“互动多媒体设计制作”专业申请招生指标，每年每届招收90人，根据行业发展制定人才培养计划，运用互动式教学方式和项目案例式教学模式，把以水晶石公司为主的行业企业用人标准贯彻在教育教学的每一个环节，真正做到理论与实践高度结合，让学生在3年的学习过程中完成由“学生”到“企业员工”的身份转变，至今已为行业各大企业输送约600名毕业生。

二、校企合作的实施措施

水晶石学院秉承“以顶尖企业标准为导向”的办学理念，依托水晶石公司的强大技术支持和独有的大型政府及商业真实项目资源，以“实战教学、实用教学、实时教学”为特点，致力于通过领先的技术手段、高品质的教学案例和变革性的教育方式，完善个体的终生学习和学习型组织的发展进程。水晶石公司近年来在水晶石学院的建设运营上提供了教学体系建设、技术支持、业界品牌支持、课程建设、行业师资人才招募、实践实习、就业企业资源、教师培养等方面的资源支持，与学校在培养专业人才方面形成创新的合作机制。

（一）主导学院专业建设和教学创新工作

水晶石公司依据行业发展对人才的需求，为水晶石学院制定了数字艺术创新人才培养计划，着力实现创新创业教育国家和社与专业教育有机融合，努力成为中国数字艺术高职教育领域的领航者。创新，为水晶石数字艺术学院的人才培养计划的核心。创新精神、创业意识被列为水晶石学院人才培养质量的重要指标，也一直贯穿于学生整个学习过程中。水晶石学院对传统的3年专业教学过程进行了多维度的创新：

1. 教学体系课程衔接设置的创新

水晶石公司按照模块化的课程体系来构建水晶石学院3年的专业课程，专业课程学习全部采取“单元制”教学安排，每一个模块之间不是单独割裂，而是有机结合在一起。每个学期中包含4个左右的专业模块。这几个模块之间的联系完全参照企业真实项目构成方式。首先任课老师拆解项目中所蕴含的知识要点，各个专职老师要把本模块的基础讲解要点整合到项目当中。专职老师还要在一起商讨教学模块之间怎么配合已达到完成项目的要求。除了关注一个学期的模块之间的彼此联系外，还要整体设计3年6个学期的教学模块的联系配合，以形成聚合效应。本着基本的先易后难的教学原则，先从小项目开始到复杂项目的过渡，最后到真实商业项目的引进，课程与职业资格标准的对接，把职业资格标准的要求与内容渗透到课程中，学生在专业老师团队的帮扶下，在技能和心态上慢慢成长，一点一点地从学生的状态演变从一个专业的从业人员。

2. 教育和被教育载体的创新

教育和被教育载体在学校这个环境中就是老师和学生，水晶石学院对此的定义做了更多的延伸，水晶石公司从集团及行业内挑选优秀团队转换工种，兼备Teacher（教师） 更是Mentor（导师），Teacher教师的重点在教，而Mentor导师在“教”的含义之上更重要的是“导”，也就是“辅导”“引导”“开导”。水晶石学院的导师是学习过程中不是标准答案的给予者，而是问题的提出者，学习方法的传授者，学习效果的评价者。

水晶石学院的老师在课堂讲解知识的时候他的身份是老师，在把一学期要完成的项目布置给学生的时候，他的身份是项目负责人，学生就是他团队的员工。在单位时间里面项目负责人需要带领团队完成项目。学院内有专门的项目评估小组，定期进入班级进行项目评估，以此来监督项目的完成质量和完成进度。每一个教学模块完成，项目评估小组会阶段性的对此项目模块进行评分和总结。在此过程中，老师和学生是彼此帮助，彼此配合，学生和学生之间是彼此学习、彼此竞争的关系。 在项目的推进过程中，学生完全沉浸在企业的工作状态下，这对于职业能力的培养和职业心态的锻炼都有非常好的效果。

3. 学生实践环节的创新。

水晶石学院的目标是将实践环节融入每个学期，挑选了一些和各个模块对应的项目引入课堂，同时引入水晶石公司项目管理的操作模式，以此来保证项目的完成在实践中学生最大的变化是完全忘记自己是学生身份，完全转变为一个高度负责的从业人员。大大激发学习的热情和培养从业职业心态。另外给每个班级配备来自行业一线的专业层面的班导师，规避传统大学下课后找不到老师的弊端，水晶石学院的学生有任何问题都可以随时联系到老师解决。

4. 复合型课程体系及多样化课程形式创新

课程体系每一项内容都经过严谨设计，使学生能够通过接触行业信息，系统地了解和掌握国际最新软件使用方法和技能。课程密切贴近行业用人的实际情况和具体需求，尤其侧重互动式教学法，使课程形式丰富多样。包括课堂教学，讲座，多媒体辅助教学，指导性学习、水晶石真实商业项目实践、观摩和考核。

（二） 积极引进大型商业项目资源，教学实训结合

水晶石公司在水晶石学院内推行“330计划”，即水晶石学院每位学生在3年大学生涯中，每年至少有30个小时的参与水晶石公司团队主创人员的“智力时间”，学生可以参与及分享水晶石公司的智力资源和项目资源。使水晶石公司项目资源与教学实训无缝结合，实现水晶石学院院企零距离接轨，引进水晶石整体项目管理模式和企业文化，实现教学、研发、实训全真化。

水晶石公司每年安排学生参与的商业项目量级不低于100万，并在创作平台中预留出30%-50%个项目工位，安排学生团队参与到国内顶尖及国际项目中。学生直接参与水晶石一线企业项目全过程，边教学边实战，突破一般的模拟型实训模式或小规模工作室教学模式，直接融入水晶石企业标准化流程，实现教学内容实用化、教学手段现场化、实训场地企业化、实训情景真实化，完全实现专业培养和岗位能力培养的无缝对接，完成真正的“真岗位、真任务、真要求”的“三真”技能训练。

根据学生年级情况，“330计划”将各年级学生分别安排为：大一见习、大二实习、大三实践。大一见习：组织大一的学生参与到水晶石公司内部项目创意讨论会、案例总结会、项目提案会等，目的是让大一的同学了解商业项目客户需求、创意方向、运作流程、执行思路、团队配合等项目运作各个环节。让学生对未来从业和工作有真实的理解；大二实习，安排大二学生加入水晶石公司项目组，安排项目工作，指派指导导师对实训过程进行教授、指导、考核、建议。使学生实践专业课程所学的知识应用到真实项目中，并从中找到自己的专业特长和未来求职方向；大三实践：整理已完成的真实项目，让大三学生全流程实践，从创意提案到实施执行，用企业要求指导学生，帮学生分析项目成功的经验，并指导学生完成项目的创意和执行。让学生通过项目历练，积累大项目经验，体会到职业素养，对未来就业、创业具有很重要的现实、实际意义。水晶石公司每年派遣约30名核心主创团队（创意、设计、项目管理等），以1∶2的结对的形式挑选各年级的学生，形成水晶石导师制，每年至少贡献900小时的“智力时间”。

表1 水晶石学院的学生2016年参与的项目

项目名称	客户
中车柏林轨道交通展项目	中国中车股份有限公司
中兴巴塞展论坛视频剪辑	中兴通讯股份有限公司
吉利汽车车展项目	浙江吉利控股集团有限公司
上港集团长滩壹号影片	上港集团瑞泰发展有限责任公司
桃浦科技智慧城	上海市普陀区政府
北京车展视频剪辑	北京车展主办方
中海运企业形象片	中国海运（集团）总公司
项目名称	项目方向
大电影《大话西游》—刘镇伟导演	后期特效制作
剧集《幻城》—鞠觉亮导演	后期特效制作

（三）全程贯通的职业养成就业规划体系

水晶石公司以企业人力资源系统要求，以员工职业成长路线规划水晶石学院的学生职业养成路线，根据学生个性特点制定职业规划，引导学生在未来的职业道路上展现自身所长，找准职业定位快速成长。

水晶石公司组成以公司 HR 部门、项目管理层为核心的职业规划智囊团，配备专门的就业指导团队，三年贯穿全程的为水晶石学院学生提供职业养成就业规划体系。针对大一学生建立职业生涯、职业人、职业素质概念，培养学生职业习惯，鼓励社会实践、暑假打工，体验工作环境、工作任务、职业要求等；针对大二学生：确定职业岗位定位、准备专业作品、简历、开始求职实习、就业演习（试错）的过程；针对大三学生：通过应届生毕业作品个人路演秀与企业双向招聘会等各种形式，推荐学生实习并顺利争取到就业机会。三年系列指导课程贯穿始终，分别从职业素养、精英标准、行业介绍、实习动员、职业生涯、就业准备等安排六个系列课程，帮助学生从学生角色转换为职业角色。学生学习的各个阶段对学生进行职业指导和相关调研，每位学生建立职业规划档案。

为有创业需求的水晶石学院学生在团队创业初期提供外包工作项目和技术指导支持，部分已经注册成立独立公司。水晶石创业孵化平台还可为创业缺乏项目及企业运营经验的学生，提供有偿外包长短期项目和创业团队真实有效的创业指导，帮学生实现自主创业梦想。

在多方面多维度的教学就业资源融通情况下，水晶石学院的就业成绩相当可喜，以水晶石学院 2016 届毕业生为例：实习期间签约率均为 100%，签约起薪点为 4107 元，专业对口率高达 97.8%。原来被很多人都不看好的高职生，经过校企联手培养，纷纷进入了业内知名的公司，用人企业类型特点也呈现多样化：互联网跨界企业（医疗可视化、VR、互联网视频、新媒体互动广告公司等）、中大型影视制作公司、知名多媒体公司、甲方企业及政府部门相关部门等向水晶石学院学生伸出了橄榄枝。

（四）企业全方位资源导入，促进学院办学特色塑造

水晶石公司将多年服务于政府及行业的品牌相关资源导入上海工艺美术职业学院，通过资源对接、品牌加持，加强合作院校在国内外重要活动中的曝光率和参与度，加强塑造学院办学特色。

三、校企合作的成效

上海工艺美术职业学院和水晶石公司的合作，取得了丰硕的成果，诸如参与各类国内外重要活动情况以及参加各类社会实践项目及比赛获奖。

（一）近年来参与各类国内外重要活动情况

- 获得“2014上海设计之都活动周”合作贡献奖（指导单位：联合国教科文组织）；
- 联合主办“2015上海国际数字媒体技术与产业发展论坛之数字媒体精英登峰计划”（指导单位：上海市科学技术委员会）；
- 联合主办“2016沪台双城论坛”重点展览活动——“两岸双城青年文创设计师联展暨论坛”（国台办2016年对台重点交流项目、上海台办2016年对台重点项目）；
- 美国Parsons双向交换生计划（美国排名第一的设计学院）。

（二）参加各类社会实践项目及比赛获奖情况

2011 获“第六届全国信息技术应用水平大赛”3DMAX三维设计一等奖；

2012 水晶石学院师生暑期赴伦敦水晶石公司参与伦敦奥运项目实训；

2013 获“第六届全国美育成果展”全国艺术美育先进单位称号；

2014 获“2014年全国职业院校技能大赛”二等奖（国家级）；

2014 获“2014年上海设计之都活动周”合作贡献奖；

2015 获“第七届上海星光计划职业技能大赛”三等奖；

2015 获“佳能感动典藏摄影大赛”月赛入围奖；

2015 获“第七届全国大学生广告大赛”影视类二等奖、三等奖，微电影类二等奖（国家级），上海赛区一、二等奖及优秀奖（省部级）；

2015 获“国际创意节ONE SHOW国际创意节”作品优秀奖（国际级）；

2016 获“第八届全国大学生广告大赛”上海赛区 平面类一等奖、二等奖，广播类一、二、三等奖，视频类一、二、三等奖等15个奖项（省部级）；

2016 获“第八届全国大学生广告大赛”全国视频类一等奖和二等奖等4个奖项（国家级）；

2016 获“2016第八届上海设计双年展”概念作品奖、绿色设计奖、创新设计奖等8个奖项（省部级）；

2016 获“第八届上海市大学生公益广告大赛”优秀作品奖（省部级）；

2016 获教育部职业院校艺术设计类专业教学辅导委员会优秀毕业设计奖（国家级）。

四、下一步工作展望

面对国家加快构建现代职业教育体系的发展机遇，面对大众创业、万众创新的历史潮流，高职教育应成为推动建设宏大的知识性、技术性、创新性劳动大军的中坚力量。坚持“服务发展，促进就业”的办学方针，进一步提高人才培养质量，是我们面临的持续性挑战。

水晶石公司继续开创全新的产业融合教学模式，颠覆性的突破一般院校的“工作室教学”或“模拟实战教学”模式，帮助上海工艺美院在数字媒体类的科研项目中实现质的飞跃。通过同轨化融合教学实训平台实施，目标水晶石学院学生在毕业时，参与实际项目的创意策划及项目执行经验将是一般大学应届毕业生的 3 ～ 5 倍，毕业后起薪点提升 10% ～ 20%。

水晶石学院的师资团队共享水晶石公司项目创意设计与技术研发资源，通过同轨化项目融合平台的零距离联通，水晶石学院与水晶石公司技术研发部、实验室进行直接和深入的合作，共同开发和申报技术研发课题或申请项目，为学院积累同轨化项目融合平台的教案和经验。

关于校企互聘推进校企合作的实践与思考
——以群星职校为例

群星职校

根据《上海市教育综合改革方案（2014-2020）》，上海市教委积极推行各项教育综改项目，其中重要的一项就是探索中等职业学校校长与企业主管之间进行交流互聘制度，以进一步加强校企合作，推动校企资源的有效整合。浦东中等职业教育以此为契机，以群星职校为试点，探索通过校企互聘制度提升职业教育质量，培养更适合企业需要的技能人才，为推动浦东相关产业发展服务。

一、课题背景

（一）学校基础

上海市群星职业技术学校是“教育部动漫游戏专业全国中等职业学校重点专业教育示范基地”，是国家动漫游戏产业振兴基地实训基地，是中国职教学会教学工作委员会数码艺术（类）教学中职研究会（中职）暨全国中职校动漫游戏教育联盟的主任单位。学校地处后世博发展园区和前滩中央商务区之间，适应浦东新区产业结构优化调整的要求，形成了以动漫游戏文化艺术专业群为主体，培养了众多企业欢迎的动漫游戏高素质人才。

学校创新人才培养模式，与30多家企业建立了良好的合作关系，特别是在课程体系建设、师资队伍培养、实训中心配备、校企深度合作等方面进行了积极有益的探索，引领了全国中等职业教育动漫游戏专业的发展。目前动漫游戏专业已建设成为教育理念先进、教学模式新颖、享有良好社会声誉的上海市重点专业与教育部的示范基地。本专业学生在国内各级动漫大赛、技能大赛中取得了优异的成绩；学生就业质量高，就业对口率、稳定率、晋升率、企业满意率和学生满意率均保持较高水平，彰显了本专业的独特优势。

（二）职业学校人才培养与企业需求深度对接的主要问题

企业对于动漫游戏职业岗位人才培养的需求是学校专业内涵建设的基点。因动漫游戏专业教育的价值体现就是要培养适应企业需要的高技能专门人才。为此，动漫游戏专业内涵建设必须依照“满足企业用人需要，符合岗位素质标准”的原则积极推进教学改革，逐步建立起科学的课程体系、操作项目和评价标准等与企业需求的深度对接；着力在学生的“自主能力”和“高技能”塑造上下工夫，精心塑造“敬业、爱岗之人才”。但在动漫游戏专业的人才培养与企业需求深度对接的探索与实践研究中还存在一些问题。

1. 校企双方深度对接与高度融合问题是难点

由于实施校企双方深度对接与高度融合，必然会带来学校专业管理模式、教学过程的全面变革，对学校职能部门以及动漫游戏专业教师也提出了更高的要求，不仅要求组织好课程教学内容，还要处理好学校与企业用人间的关系。教师是校企双方深度对接与高度融合的直接参与者和执行者，由于每个教师的认识不同、实践能力不同，对教学的理解把握也不同，推进的难度也就很大了。

2. 动漫游戏专业课程建设跟不上现代动漫游戏技术的发展

游戏动漫专业是依托数字化技术、网络化技术和信息化技术对媒体从形式到内容进行改造和创新的技术，覆盖图形图像、动画、音效、多媒体等技术和艺术设计学科，是技术和艺术的融合和升华。从上世纪的二维动漫游戏、到本世纪初的三维动漫游戏，现在已经发展到了 3D 打印、VR 与 AR 技术等。其中，三维动漫是随着计算机软硬件技术的发展而产生的一新兴技术。三维动画软件在计算机中首先建立一个虚拟的世界，设计师在这个虚拟的三维世界中按照要表现的对象的形状尺寸建立模型以及场景，再根据要求设定模型的动画轨迹、虚拟摄影机的运动和其他动画参数，最后按要求为模型赋上特定的材质，并打上灯光。当这一切完成后就可以让计算机自动运算，生成最后的画面。由此，VR、AR 技术呼之欲出，使学校整个专业课程建设跟不上产业发展的需要。

3. 动漫游戏专业教学管理、监控模式与工学融合的矛盾

在教学管理运行中，由于行业、企业的参与，工学交替进行，必须做到校企双方深度对接与高度融合的过程科学、衔接合理，以学校、课堂与实训室为中心的教学组织形式已经无法适应工学融合的要求。

在教学质量监控上，由于学生分散在不同的企业顶岗实习，实习成绩的考核很难统一标准，缺乏过程管理和实时监控，使校企双方深度对接与高度融合的实效打折扣。

4. 双师素质教师的不足

虽然本校动漫游戏专业的双师素质教师已占较大的比重，但其中很多是仅参加培训、具有职业资格证书，主要是缺乏企业商业模式的产品设计与制作的过程，真正具备较高理论知识又有丰富实践经验、能指导学生工作过程产品设计与制作实训的双师素质教师不足，而这是推进校企双方深度对接与高度融合的关键。

二、项目实践

随着游戏动漫产业的全面发展，培养动漫设计与制作的人才已经成为动漫游戏行业发展的迫切需要。

从 2010 年起，学校与企业建立校企主管互聘制度，这是在学校先后与 30 多家动漫企业建立了校企合作的基础上，进一步提升校企深度合作机制；2014 年基本形成了具有“人才共育、过程共管、成果共享、责任共担”的校企利益共同体；2015 年建立了校企融合的长效机制，为动漫游戏专业群的学生搭建了实训、实习和就业的平台。

（一）设立动漫游戏专业校企互聘合作委员会

通过建立校长与企业主管互聘制度，学校设立了校企互聘合作委员会，并不断明确双方责任，完善校企互聘条例，对校企融合型合作进行有效监督管理。为此，校方派出主抓动漫游戏专业的校副职，到对方单位挂职，深入学习与了解企业运作模式与用人需求，共同提升具有企业文化的课程领导力。企业派技术主管驻场学校，开设企业命名的工作室，通过项目引领，帮助学校培养专业骨干和培养高技能人才。

在校企互聘合作委员会运作下，2016 年 4 月学校在世博园区会议室召开上海群星职业技术学校与上海摩意网络科技有限公司共同主办的“国际数字媒体校企合作论坛会”。参加论坛的企业代表希望通过校企互聘合作委员会设置的数字艺术人才平台，让其掌握行业最新的制作技术与工作流程的领导直接参与学校动漫游戏人才的培养。

在专职委员会的运作下，在校企互聘对接后的世博和张江科技园区的动漫游戏产业，进一步加强与优质动漫游戏企业的合作，将具有深度战略合作关系的公司由 10 家发展到 15 家，实现专业人才培养标准、教育质量、就业质量达到行业知名、上海领先和国内一流的水准。

（二）校企互聘下的课程内容与岗位内涵的深度对接

校企合作是中职人才培养中既符合职业教育规律又适应人才市场需求的办学模式，是国际职教界公认的应用型人才培养的有效途径，以便培养更多更新和更能适应企业需求的动漫游戏高素质人才。

1. 企业兼职校长参与教学计划的制定

学校根据企业的人才培养规格及要求，顺应市场，由企业兼职校长参与教学计划的制订，并提出相应专业课程开设的要求。在教学内容和教学计划的编排上顺应市场需求和企业变化，校企双方论证动漫游戏专业课程内容与体系的方案。除了邀请互聘单位的兼职校长外，并尽可能邀请相关动漫游戏企业技术骨干参与教学计划的制订工作，使其课程内容及体系能进一步适应行业及企业的需求，突显其针对性和实效性。

在“校企深度合作”人才培养中，学校结合动漫游戏专业特点，积极推进与企业深度融合的课程体系实施方案的改革，推进工学结合、分阶段教学、过程教学课程体系建设，加强教材建设开发力度，采取边工作边学习的方式来完成，实现高技能动漫游戏人才培养和岗位工作的深度对接。同时，加大学校的教学方法更新的力度和积极推进以项目建设为核心的教学管理，深化教学方法改革，更新教学手段，力求用更适用和更新型的教学方法使教学更加有效。

2. 校内模拟实训与校外顶岗实习课程的深度对接

学校通过兼职校长与企业工作室，共同进行动漫游戏专业的课程设置升级，建设了《3D动漫场景设计与制作》《3D动画技术运用》和《动漫图形图像技术与应用》3门精品课程，编写3本教材；同时，校企一体共同规划专业设置、教学标准制定、课程设置、教材编写、课堂教学、顶岗实习等，企业专家全程参与评价模式、教学模式、教学资源建设等，实现校企共赢，共同发展。

3. 建立专业教学资源中心系统

在校企深度合作下，校企共同进行了网络资源库的开发，并基本完成了数字化教学资源库建设。主要包括课程标准（教学大纲）、教材、实践指导书、电子教案、多媒体课件、课外习作、教学录像、行业资源等，实现资源共享，真正体现“以学生为中心”的学习方法的改革。以课程为中心汇集电子教案、试题、教学素材、网络课程等教学资源，为营造智能学习的环境，构建多元化的学习方式奠定物质基础。

（三）师资队伍与企业技术骨干的深度对接

随着时代的进步，动漫游戏专业涌现出了许多新知识、新技术，学校专业教师对专业知识的更新与专业技能升级也在不断进行学习。但这一切都离不开对接机制的智力支撑和人员支持。在校企互聘合作委员会领导下，学校与企业商定对接机制，实行互兼互聘和通过多种渠道充实和提高“双师型”教师队伍，提高学校教师队伍的专业技能教学水平。同时，学校的专业教师利用寒暑假深入到企业接受再实践或锻炼，便于进一步考察行业发展与人才需求的对接情况，增加动漫游戏专业建设与行业发展的融合成分。在校企互聘合作委员会领导下，依托专业建设聘请行业或企业专家担任学校课程的兼职专业指导教师，进行理论课教学和实训指导；企业也聘请教师到动漫游戏行业兼职设计与制作商业产品，接收教师到企业顶岗实践。通过培养、引进、外聘等方式打造一支专业技能强、教学水平高、综合素质好及职称、学历、年龄结构合理、专兼职结合并有丰富实践能力的“双师”素质教师队伍。学校建立了企业兼职教师人才库，扩大兼职教师队伍，完善兼职教师管理制度，实施专兼职教师一体化管理。2016年上半年，又对兼职的专业师资进行专项培训。经过多年的努力，一支思想观念新、精神风貌好、学识技术高、业务能力强的骨干教师队伍已经基本形成。

（四）校企互聘下的国际合作教育

在校企互聘合作委员会运作下，学校与韩国湖西大学开展动漫专业国际合作。新生入学后（经选拔独立编班）增加韩语课程，职三年级赴韩国进行一年的海外实习（费用基本由学校承担），海外实习结束及韩语二级考试合格后，根据两校协议，开展大学四年本科阶段学习（费用低于国内同类大学水平），学习合格，获韩国湖西大学本科学历（中国教育部认证）；与袁爱萍中巴文化交流中心简称CCCB开展葡萄牙语国际合作；与新西兰维多利亚国立理工学院等国际院校实行联合办学，圆有志同学的留学梦。

学校与捷恒森教育集团联合阿根廷国立大学，合作实施西班牙语国际教育项目，以超前的学业规划、实用的专业设置，可靠的就业保障为一体化的国际教育体系。此项目的3个特点是：就业前景好、学业有保障、认可度高。西班牙语和英语是世界上应用范围最广、商业价值最高的两大通用语言。西班牙语人才在我国非常紧缺，社会需求量不断增加。

此外，学校与袁爱萍中巴文化交流中心简称CCCB国际合作提供：出国留学、中国驻葡语国家企业就职、贸易公司就业。学校与新西兰维多利亚国立理工学院等国际院校实行联合办学，圆有志同学的留学梦。

尤其是兼职副校长叶维中兼任国际计算机图形图像协会亚洲区副主席，是中国计算机图形图像协会主席开展了日本、新西兰、马来西亚以及香港地区的同类学校的国际合作，将双方学生进行游学交流；引进VR、AR项目对本校师资进行培训，VR360°全景拍摄和制作，将突破专业教学的瓶颈，为学校专业发展培养了卓越的领军人物。

校企互聘合作委员会的工作，培养青年骨干教师，打造一支专兼结合的教学团队和浓厚的教研氛围有力支撑了本专业群建设。构建校企深度合作办学机制，突出了动漫游戏专业内涵建设，着力于学生职业能力培养，按照行业企业的用工标准与要求，体现基于职业岗位分析和具体工作过程的课程设计理念，以真实工作任务或产品为载体组织教学内容，在真实工作情境中采取工学交替、任务驱动、项目导向等教学模式，充分体现职业性与实践性。

通过校企互聘合作平台，学校充分发挥动漫专业服务社区、服务浦东、服务上海，乃至全国的社会辐射作用，促进动漫创意产业的发展。

三、课题思考

（一）校企互聘，有利于建立高素质的专业教学团队

通过校企互聘平台，部分学校领导和专业教师走进工厂、公司担任兼职管理和技术工作，感受真实的企业环境，摆脱从书本到书本、从理论到理论的尴尬现状；聘请企业的专家、技术能手进课堂，有的还担任兼职教师，把从实践中总结出来的新知识、新技术、新材料、新工艺、新方法——这些书上没有的“理论”传授给学生。根据项目建设和教学的需要，把专业教师和校外兼职教师组成专业群教学团队，让他们相互交流、学习和共同参与实践教学项目，共同制定人才培养方案，评定学生实践（实习）成绩，有利于发挥专业群教学团队的最大带动作用。

（二）校企互聘，有利于更好地推进学校专业课程建设

通过企业全程参与制定人才培养方案，有利于把握最新的企业需求动向，有利于人才培养符合市场需要，有利于校企融合的不断深入。企业全程参与制定实施工学结合的人才培养方案，就打破了传统的以学校为主导地位的方式，让企业真正成为制定人才培养方案的主体。校企联合开发开放性课程，打破校企合作的条条框框和壁垒，把企业生产、销售过程中需要的职业素养和职业技能融合在联合开发的课程中并及时更新，形成教学资料库，使学生可以自主地学习，可以利用校园网随时随地地上网，不再局限于课堂教学，学生可以根据自己的兴趣和爱好进行选择式的学习和研究式的学习；通过教学资源库提供实践模拟的工作场景和企业真实的案例，学生可以提前领略职场环境，为学生更好地适应就业岗位打下基础。

（三）校企互聘，有利于充分利用双方资源推进校企共建

一方面，有利于更好地推进“产教融合、工学结合”的人才培养模式。学校职业教育最大的难点不在于理论课教学，而在于实践教学。实践教学水平的高低，决定了中职学校人才培养水平的高低。通过校企共建“仿真、全真”的产学研合作基地，在生产线开展教学，教师、学生进企业，在企业现场授课，企业

教师与学校教师交替授课，企业环境与学校环境结合，企业资源与学校资源结合，这种人才培养与生产一线“零距离”的工学结合形式，把企业“搬进”学校，让学生在仿真和全真环境下去学习和感受工作场景，这样才能让实践教育和理论教育得到高度的融合和统一。另一方面，校企互聘可以更好地利用学校资源和企业资源的整合，使企业的优质资源比如国际合作企业和国际化渠道等为学校所用，进一步提升职业学校学生国际化水平和国际竞争力。

（四）校企互聘应该注意的问题

推进校企互聘模式，要职业处理好企业、企业员工、学校、教师四方的切实利益，协调发展，多方共赢。企业要意识到教师到企业挂职的对企业技术改造、技术难题公关有着重要的作用。学校应意识到聘请校外人员兼职的重要性，要重视和尊重企业。教师要意识到赴企业挂职锻炼试一次难得的提高自身素质的机会，要注意自身言行；企业员工要树立危机意识，利用学校优越的资源，不断更新自己的知识结构，提升自己的业务能力。教师和企业员工双方要敢于承担责任，共同构筑校企双方沟通、学习的桥梁。

三、教学改革篇

编者按：教学改革是职业教育提高质量，满足经济社会需求的必由之路，也是职业教育自身发展的重要工作。最近，教育部出台了关于提高职业院校学生综合素养的相关文件，对职业教育教学质量提出了新的要求，特别是强调了职业教育学生的文化素养。在此背景下，课程和教学改革任重道远，如何破解学生厌学难题、提高课堂教学的有效性成为当务之急。

中职艺术设计类专业全息递进式课程初探

上海市第二轻工业学校

中职艺术设计存在诸多问题，制约了学生学习的质量。主要表现在学生对专业认知度低、缺乏学习动机、厌学情绪严重和学习中缺乏知识联系等诸多方面，究其原因主要是现行课程缺乏活力，难以激发学生的学习兴趣和动机。为此，我们在教学实践中探索旨在激发学生学习动机的“全息递进课程”，让学生在全面而深入学习本专业全部课程前，先浅显而宽泛地学习专业课程，以便对该专业所学课程有一个全面的认识，并产生学习该专业的兴趣，有利于提高教学效果。

一、中职艺术设计专业存在的问题

首先，学生并不了解本专业究竟要学什么。报考中职学校的许多学生对于认识、选择专业没有概念。在每年我校举行的招生咨询会上，许多中学生跟随着父母来学校进行专业咨询和报名，他们中的大部分人对各专业都了解甚少。对工艺美术专业更是一无所知。当家长询问了专业的大致情况，知道该专业与美术有关，转而问一下孩子：是否喜欢美术？并以此来决定是否选择该专业。

其次，学生缺乏学习本专业的动机。专业学习需要学生对专业有较高的学习动机、兴趣和积极性，也就是通常我们所说的："我要学，而不是要我学"。如果学生对自己所学的专业并不十分了解，也就谈不上会热爱专业，随之而来的就是和以前的一样被动式学习，而缺乏了学习动机。过去选择艺术类专业的学生目标很明确，是因为喜欢美术，立志要将美术设计作为自己的终身事业，是出自热爱艺术，对艺术设计有满腔的热忱和追求才选择了艺术类专业。而现在似乎有个误区，即：考不上高中，选择艺术类专业可能是条出路，因为美术设计类人才仍然是市场紧缺人才，工资待遇都比较好；如果要考大学，因为要加试美术，文化课成绩相应的比较低，因此选择这个专业又成了部分学生考进高校的捷径、无奈于文化成绩欠佳之下投机取巧的办法。在这样的情况下，学生更没有正确的学习动机。

第三，学生厌学情绪严重、学习兴趣有待激发。学生不了解专业、不热爱专业，自然而然地就回归了老的套路，产生了厌学的情绪。产生厌学情绪的关键是不了解专业，而一般传统艺术设计专业的课程安排都是让学生到高年级才接触专业知识，这样的安排难免失去使学生对专业产生兴趣的时机。

最后，学生学习中缺乏知识的相互联系。有些孩子从小就在课余时间学画，具备一定的美术基础，在一年级的绘画基础课中表现较好，但艺术设计专业不仅要求学生有较强的绘画功底，更要有活跃的思维能力、丰富的想象力。唯有如此，在今后的专业课中才会有更好的表现。因此，绘画基础好并不代表设计能力强。有些绘画基础好的学生到了学习设计类课程时就表现出弱势，在传统的课程结构安排下，同一课程只出现一次，如果学生掌握得不好，再也没有补救的机会。

综上所述，传统艺术类专业的课程安排不利于学生尽快地了解专业，培养对专业的兴趣，课程改革势在必行。为此，我们在教学实践中探索能提高学生学习兴趣、尽早认识专业、进入学习佳境的课程与教学模式——全息递进课程。

二、全息递进式课程的内涵与优势

1. 全息递进式课程的内涵

全息技术原系摄影领域的一个词语，指的是利用光的干涉原理记录被拍摄物全方位立体化的光波信息，以达到记录下物体全貌的技术。后来该词被广泛用于其他领域，用来表示反映或还原事物全貌的多种技术或方法。“全息递进式课程”体系则指的是这样的一种课程安排：即让学生在全面学习本专业全部课程前，先大致了解该专业将会学到的各门课程的概况，以便对该专业所学课程全貌形成一个统觉并产生学习该专业的兴趣。

2. 全息递进式课程的特点

传统的设计专业教学，是由绘画基础学起，逐步过渡到学习与设计有关的课程，到了高年级再学习专业核心课。即：绘画基础（素描、色彩）——设计基础（“三大构成”等）——专业技能（电脑绘画、平面设计等专业核心课）。全息递进课程体系中在每个学年都设有每一个模块的课程，只是在难度上有递进的关系。由于刚开始都是从基础开始学起，学生比较容易接受，即便不能接受，在今后的学习中还有相关的内容可以加以巩固，这就避免了因学生一下子不能掌握自己所不擅长的模块而最终放弃这部分内容的学习。

3. 全息递进式课程的实例

我校艺术设计专业采用全息递进课程，采用模块教育理论，以实际项目为载体，岗位所需的职业能力为线索，设计专业课程的教学内容。将所有课程整合成四个模块——绘画基础、设计基础、专业技能（专业核心）、能力拓展。专业技能模块以实际项目为载体，以“真题拟做”、“真题再做”、“真题真做”为教学手段，按能力模块的内涵与递进顺序安排课程。由此构成有利于本专业岗位能力培养的“全息递进式”课程体系。

在传统课程结构安排下，学生在第一学年都是学习绘画基础——素描、色彩。第二学期开始学习设计基础——三大构成等。第三学期学习平面设计等专业核心课。学生学完一年继而学习另一个模块的内容，这样知识点缺乏联系性，容易产生学完就忘的现象。而全息递进课程体系中每个模块都同时进行学习，就不容易学一个忘一个，且同时进行的模块都有着相互的关联和相辅相成的作用。全息递进课程的结构，如图 1 所示。

表 1 上海市第二轻工业学校艺术设计专业全息递进式课程安排表

模块 \ 学期	1-1	1-2	2-1	2-2	3-1
绘画基础	素描色彩	素描色彩	素描色彩	素描色彩	
设计基础	平面构成 图形设计	色彩构成 立体构成	字体设计 版式设计	装饰图案	

（续表）

模块\学期	1-1	1-2	2-1	2-2	3-1
专业技能（专业核心）	Photoshop 软件应用	Illustrator 软件应用	企业形象识别 包装设计	商品促销 网页设计	项目设计
能力拓展	美术鉴赏	摄影基础	创意设计	设计与生活	

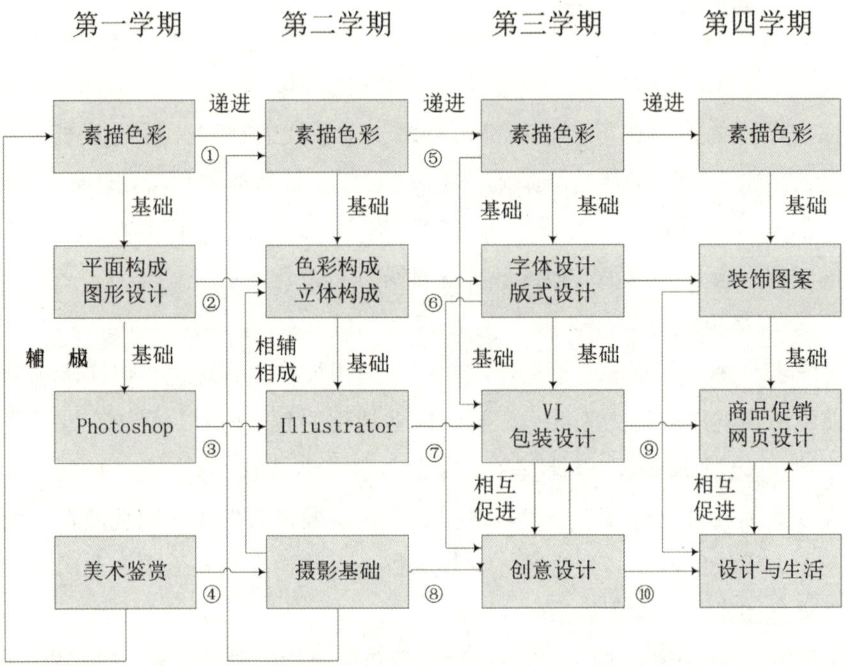

图1　上海市第二轻工业学校艺术设计专业全息递进式课程结构图

①锻炼学生的造型和色彩搭配能力，为学生能快速地把设计想法和感觉用手绘表达出来。

②培养学生对图形的组织、把握和再创造能力，是现代艺术设计的重要基础。

③要求学生掌握电脑绘图技术，提高其设计水平。

④拓宽学生视野，增长其美学知识，提供理论知识。

⑤同上。

⑥培养学生对色彩和空间的组织、把握和再创造能力。

⑦要求学生掌握更多的电脑绘图技术，进一步提高其设计水平。

⑧提高视觉的敏锐和艺术表达的思维意识。

⑨以所有基础课为基础，将版式、色彩、结构、电脑软件制作等重要技能综合并进一步领会和把握，从而具备工作岗位所需技能。

⑩培养学生的创造性思维能力，设计的审美能力，对设计基础知识的综合运用能力。

设计与生活：将学生的设计技巧进一步发挥，并沿用于与生活息息相关的各个方面，是设计创造的进一步延伸。

字体设计、版式设计：通过学习实践，使学生掌握字体设计、组合编排及版式设计在平面设计中的应用等技能，为本专业核心专业课的学习奠定一个良好的基础。

装饰图案：通过训练加深学生对装饰画的技法表现力，熟练掌握装饰绘画的知识理论和实操技能，使学生能够独立完成艺术性较高的作品。

4. 全息递进式课程的优势

“全息递进式”课程体系能让学生第一时间了解认识自己所学的专业，例如：一年级学生在学完电脑绘画课后，我们以“奥利奥”、“趣香”等知名食品公司的广告设计项目为题，让学生真题拟做，一方面能巩固Photoshop、Illustrator等平面制作软件的运用，使之活学活用，另一方面也对广告设计有了初步的认识，在作品进行了展出（学校学生作品展）之后，学生对课程引起了极大的兴趣。随着“绘画基础”和“设计基础”两大模块的同时推进，学生的设计知识和实践水平逐步提升，在学习了二年级的专业核心课之后，学生已对专业设计有了全面系统的了解，根据教学进度，学生已具备真题再做的能力，例如：为校企合作单位“维思戴克”设计公司，再做一套企业VI（视觉标识）。经过企业专家和教师的共同指导，学生设计能力日增，作品也日臻成熟与完善。在最后的项目设计阶段，引进企业的真实项目来锻炼学生的专业能力，如为“青咖啡”设计价目卡。项目以招标的形式，让每一位学生参与设计、参与投标，中标的作品现已投入使用。

与传统的教学模式相比，“全息递进式”课程体系能使学生更快的接触学习专业课程，同时也更能激发起学习兴趣，产生更好的学习效果。

三、全息递进式课程的成效及实施要件

（一）全息递进式课程的实施成效

1. 一年级新生作品脱颖而出，激发学生学习积极性

我校在2013年决定进行专业教育改革，尝试构建以综合职业素质和人文素质教育为基础、专业技能课程为核心的“全息递进式”课程体系。即：绘画能力、设计基础、专业技能、拓展能力的培养渗透在每一学年，而非传统教学模式中先教基础的绘画技能，再慢慢介入平面设计等专业课程。改革方案一出，当然也有质疑声：一年级就接触专业课，学生能接受得了吗？经过王正明教授等校领导及全体教研室专业教师的再三研讨，终于坚定地走上了教学改革之路，初步取得了的成效。

目前，在专业教师的指导下，从一年学生开始就实现做中学，学中做，以市场为导向、采用“任务引领”的教学模式，最大的激发学生的学习积极性，提高了专业教学质量，从最初的质疑到最终得到了事实的认可。在为学校创新创业孵化基地设计招聘海报的项目中，我们以招投标的方式让全校的工艺美术专业学生参与竞争，最终脱颖而出的就是一年级的学生作品，夺冠者——14141班的赵朏感慨地表示：“刚进入学校时自己是一个专业零基础的学生。在一年级就扑面而来的专业课中我们像海绵一样吸收了很多平面设计的相关知识。在电脑绘画课上，老师让我们做一个海报设计参与全校的竞争，要求我们大胆把目前所学知识和对海报设计的理解表达出来，告诉我们做设计灵感很重要，并不断启发鼓励我们多看多学，拓宽视野才能有设计灵感。于是我就想用一只刚被孵化好，破壳而出的小鸡图案作为海报的背景，可爱的卡通形象，很符合学生的形象，也很符合孵化基地的精神。当然在制作的过程中也遇到了种种难题，最终在专业老师的循循善诱地启发和耐心地指导下完成了作品”。学生自己设计的海报，如图2所示。

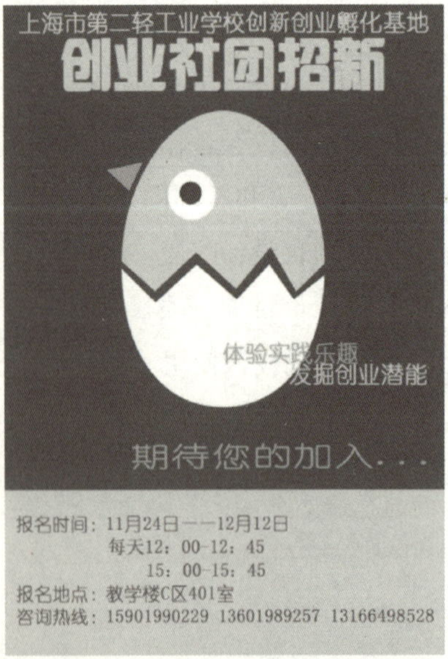

图2　学生自己设计的海报

看到自己的作品被做成“易拉宝”放在学校大厅展示，有的又被打印成小尺寸的宣传单张贴在各个班的教室里，学生们心情无比激动，因为自己毕竟只是一个新生，从懵懵懂懂接触这些从来不知道的软件，初试牛刀就取得这样的成绩，自豪感油然而生，也感悟到原来“设计”并非遥不可及，于是更加热爱这个专业了！

全体学生参与的项目完成后，大家的学习积极性明显得到提高，普遍感觉专业知识一下子充实了好多，真实的项目促使自己做设计的同时要考虑很多制作等切实的问题，在积极储备知识的同时期待着下一个任务挑战的来临。

2. 学生在实战中融会贯通，改革发展现端倪

在2016年学期末的工艺美术学生作品展中，学生王瑜青负责展示墙的平面设计工作，最初的灵感来源自“展”字的设计。她用Photoshop绘图技术将绚烂的图形与“展”字结合在一起，来体现本次展出作品精彩纷呈的特点。作品刚完成，就得到了专业老师的认可，随即鼓励其将此设计延展至整个背景设计中，接受了老师在版式设计上的建议之后，一幅优雅大气的背景墙孕育而生。用她的话来说：“通过这次布展任务，我用上了以往好多专业课的知识——平面构成、电脑绘画、字体设计、版式设计等，其实很多课都是触类旁通的，无论是包装设计、VI设计、还是类似于像这样的背景设计无非都是色彩、图形、版式等知识点的综合运用，不同的只是表现的方式和媒介，项目做得越多，就越能体会到过去所学知识之间千丝万缕的关系，通过这次任务的完成，让我越发有信心去迎接更多的挑战”。学生自己设计的展示墙，如图3所示。从学生的作品看来，他们已经在实战中会将学过的许多知识和技能融会贯通，打破了既往那种僵化死板的学习模式。

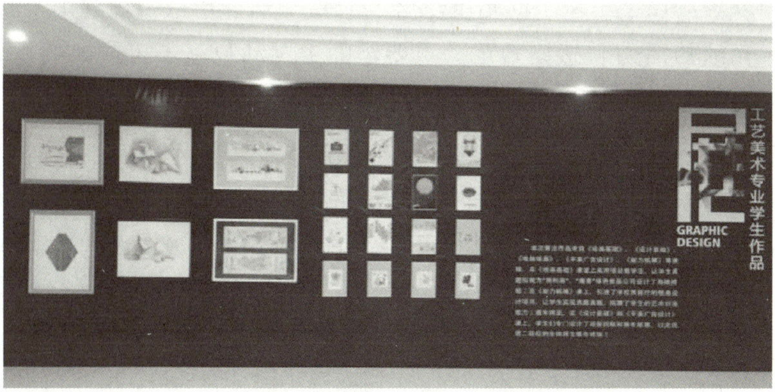

图3 学生自己设计的展示墙

（二）全息递进式课程的实施要件

当然，“全息递进式”课程体系在实际教学中也会遇到问题，也需要许多保

障条件。因为招生原因，现在的美术设计专业没有加试美术，因此学生大部分都是美术零基础，对“绘画基础”模块教学有较大的难度（传统课程体系中第一学年集中绘画教学，更有利于美术零基础的学生学习），而绘画基础薄弱，势必会影响其他的专业课学习。建议艺术设计专业在招生时能重新考虑加试美术，把好生源第一关。

“全息递进式”课程体系实施需要拓展学生相关能力，因此能力拓展课是必不可少的。能力拓展包含：美术鉴赏、摄影、创意设计、设计与生活等课程。本课程基于学生已有的绘画能力、艺术设计能力与电脑绘画基础，通过平面设计之外的多种行式使学生更宽泛地了解艺术创作，锻炼动手实践能力，培养学生的创造性思维能力、设计的审美能力，对设计基础知识的综合运用能力和设计制作能力，是对装潢设计专业知识的巩固与延伸。例如通过电脑软件将装饰画表现在墙纸上，即现在十分流行艺术装饰壁纸设计；将图案设计表现在T恤衫、靠垫等与生活息息相关的对象上，在课程结束后，这些充满创意的作品将成为商品进行展示和义卖，或将其捐赠给街道养老院的老人。本模块是综合性课程，涉及电脑设计、绘画基础、动手制作能力，形式丰富、新颖，深受学生的喜爱，成为学生最受欢迎的课程，它对拓宽学生创造性思维及设计制作能力有着重要作用。

全息递进课程在教学过程中，以学生为主体，教师主要起到推动、引导和辅导的作用；教学过程中，可充分地利用分组讨论学习的方法，使学生互助合作、头脑风暴，让学生从不同角度理解和获得知识；在教学过程中，教师的个人魅力、充沛的活力和感染力至关重要，师生互动也是不可或缺的重要因素，及时的反馈更是值得重视的；同时，在教学过程中，教师对于学生的充分信任、平等地对待每一位学生，也是教学取得成效的重要条件。

为了更好地落实全息递进课程的教学，招到对艺术设计专业真正感兴趣的学生是关键。为了防止学生盲目选择本专业，我们在新生入学前的专业介绍中已作了讲解，包括介绍课程、培养方向、培养目标、专业特色、就业岗位、师资力量等，最后着重介绍了学好该专业的必备条件。力求让家长和孩子能在了解专业的情况下慎重地做出选择。在新生入学后，我们会通过不同的形式让学生深入了解专业，例如：请历届的毕业生代表介绍学好专业的经验与心得；组织学生参观相关企业，了解实际工作中设计师的具体工作等；采用全系递进式课程，让一年级的学生就全面接触所有的专业课，让学生亲身体验学习本专业的乐趣，当然如果觉得自己并不喜欢或是不适合该专业，学生可以向学校提出转换专业的要求。实际上经过一年的学习，学生已经能从比较准确地认识自己就读的专业，从而克服了选择专业的盲目性。一旦真正了解和喜爱本专业，对于今后的学习就是一个良好的开端。

（三）全息递进式课程的评价方式

要有效贯彻实施全息递进课程，改革传统的评价体系是至关重要的，包括评价的理念，评价的内容、方法和手段，评价的主体等。这方面，我们可以借鉴国外的一些评价理念与方法。首先，在评价的理念上要采取鼓励为主的策略，比如澳大利亚的教师常采用一种叫做“三明治”式的评价，在学生的学习过程中，开始时首先是鼓励表扬学生，在学习过程中实时地指出学生的不足，必要时适当地给予必要的批评，在学生完成学习后，教师对学生的学习绩效或成果进行点评，这时候又以鼓励为主，并指出他们的下阶段努力方向，他们将这种评价模式形象地比喻成“三明治”式评价模式。其次，评价的目的不是为了惩罚或者分等，而是为了诊断学生存在的问题，及时地加以改进；第三，在评价的主体上，也一改教师一人说了算的传统模式，而是由教师、同学、学生自己及企业人员组成多元评价主体和主客合一的多元评价和自我评价相结合的模式。

总之，全息递进课程及相应的教学给艺术设计的教学改革带来了新的活力和希望，使初中阶段饱受应试教育之苦的学习落后学生重新尝到了学习的乐趣和甜头。

（作者：黎颖华）

如何突破中职学生学习文言文的瓶颈
——从“对偶与对联”中汲取克服学生厌学的智慧

上海音乐学院附属中等音乐专科学校

对于中职学生而言，文言文的学习既是难点，也是他们最为头痛的事情。为了提高中职学生学习文言文的兴趣和效果，以“对偶与对联”为突破口，借助于中国古代“对偶与对联”中的丰富智慧和奇闻趣事吸引学生，并从学习目标、教学内容、教学手段和教学过程等诸多方面对提高文言文学习有效性作了探讨。

一、问题的提出

1. 中职语文教学的现状和存在的问题

首先，中职学生通常是初中甚至小学阶段文化课学习的落后者，他们文化基础差，课堂上想“吃”也“吃”不进，语文水平不高，尤其是文言文，更是他们的弱项。因此，学生很怕上文言文的课。例如，“啊！又是文言文！”这是我用精心设计的故事和语言导入文言文的课文时，经常听到学生这样的“哀嚎”。为什么学生讨厌文言文？怎样才能让优秀的古典作品吸引学生，去乐于学习呢？其次，在中职学校，由于受到专业课，各类专业比赛的冲击，文化课地位低，语文尤其处于“鸡肋”地位。再次，对于中职学生而言，现代文尚且能看懂，还有点学习兴趣，文言文可就不一样了，不但看不懂且面目可憎，这种局面如何改变？第三，语文教学内涵深，外延宽。上课可以很好玩，很热闹有趣，但是下课如何吸引中职生完成作业，如何及时反馈？如何实实在在提高学生语文水平，尤其是文言文的水平？

2. 中职语文课程改革要求

语文课程的性质决定其人文性和工具性的统一。当今社会，强烈的物质追求成为多数人终极人生追求和精神寄托，于是我们的社会出现了浮躁之气。这一切，究其根本，是人文的缺失[1]。语文课在克服浮躁、熏陶学生人文修养方面是大有可为的，也只有语文课最有条件能“润物细无声”地潜移默化影响学生，使其形成美好自立的品格，积极乐观的心态，健康快乐的心理，高远坚定的志向。

语文课程目标方面体现知识与素养培养的统一。瑞士心理学家皮亚杰1966年提出的建构主义理论。建构主义认为，学习不是知识由教师向学生的传递，而是学生自己建构自己的知识的过程，学生不是被动的信息吸收者，而是信息意义的主动建构者，这种建构不可能由其他人代替。[2]建构主义以学生为中心，强调学生对知识的主动探索，主动发现和对所学知识的主动建构。我国传统的教学模式强调以教师为中心，学生被动接受知识。从建构主义的立场出发，倡导“以学生为主体，以教师为主导”，语文课就要变“传授知识”为“启发智慧”，通过对联和对偶锻炼学生思维、启发他们思维是有效方法。

在课改背景下，语文课的教学要变“教教材”为“用教材教”“生活处处有语文”，只有把语文教学与生活密切联系起来，才能真正做到语文服务于生活。语文教学要拥有魅力，不能离开生活这片沃土。杜威在《民主主义与教育》中就

“教材的社会性”问题提出“一个课程选材时必须以改进我们的共同生活为目的，使将来比过去更美好。”[3] 因此，语文教学要联系生活，才能实现工具性与人文性的统一。

为了顺应中职语文课程改革的潮流，突破中职学生对语文学习，特别是文言文学习的瓶颈，笔者在课堂上作了积极的探究，并以此次公开课参加第七届教师教学法改革交流评优活动为契机，用传统的语言文学精华——对偶与对联来尝试吸引学生，取得了较好的教学效果。

二、学习目标：力求符合“最近发展区”理论

《上海市中等职业学校语文课程标准（2015 修订稿）》中说：“既要讲究教法贴近学生，又要关注和引导学生步入‘最近发展区’。”著名心理学家维果斯基的“最近发展区”理论认为，“最近发展区”是儿童在有指导的情况下，借助成人所能达到的解决问题的水平与独自解决问题所达到的水平之间的差异，实际上是两个邻近发展阶段间的过渡状态。[4] 因此，教学应着眼于学生最近发展区的内容，调动学生积极性，发展潜能，超越其最近发展区而达到下一发展阶段的水平。

这堂课的学习目标就设定在学生已知的知识点“最近发展区”——对偶常识，和未知的向上一层次的知识点“下一发展阶段的水平”——对联写作之间。

对偶的知识学生从小学到初中一直在诗歌与文言文中巩固，但怎样自己动手创作对联？这就是本课要达到的学习目标。

本节课根据“最近发展区”理论设计了由易到难五个练习，表格如下：

标号	练习名称	练习目的
A	一字对（24 组小练习）	对联的基本要求是对偶和句末押韵
B	删改下联，使之与上联对仗工整。	强化对偶中严对的概念
C	鉴赏袁世凯“驾崩”挽联（为讽刺袁埋伏笔）	强化对偶中宽对的概念
D	多字对（3 组小练习）	对联写作要符合传统文化和语言表达习惯
E	温家宝总理的对联（填充练习）	对联写作要符合时间的逻辑顺序

以练习 B 和练习 C 为例：

练习 B“删改下联，使之与上联对仗工整。”：

上联：世事如棋，让一着不会亏我。

下联：心田好似大海，能够纳百川亦可容忍他人。

删改后的下联：（心田似海，纳百川亦可容人。）

练习B的目的是复习对偶的基本要求：字数相等，词性相对，结构相同，不重复用字。

练习C“鉴赏袁世凯“驾崩”挽联”：

上联：袁世凯千古

下联：中国人民万岁

此挽联不符合对偶的基本要求中的“字数相等”。作者的写作目的是暗喻“袁世凯对不起中国人民”。此联是非常著名的宽对。

作者的写作背景：孙中山和袁世凯达成协议，让权给袁。但后来袁违背原有誓言“以后有帝制为之者，天下共诛之”，成立“中华帝国”。仅仅当了83天皇帝，在全国人民的唾骂声中死去了。作者的写作目的：借挽联斥责背信弃义的袁世凯。

当学生的知识还停留在初中阶段的对偶常识，尚未形成更深一层的意识时，教师的练习设计是重要的推进手段。[5]练习B到练习C的设计目的是从教师提供的带有难度的内容中，学生积极动脑，七嘴八舌的讨论，在原有知识架构中质疑，得到了新的知识——对联可以不那么严格，此为宽对，宽对还可以有故事，有教化意义。此课程的上课对象是高一的学生，这节课的目标就是“下一发展阶段的水平”——学会写作宽对。

“跳一跳，摘苹果”，教师的练习设计就是用来带动学生“跳一跳”。学生跳上一个又一个“最近发展区”，快乐的动脑，投入的练习，跳上“下一发展阶段的水平”。

三、教学内容：捕捉古汉语中的育人元素

“对联”是古汉语的精粹之一。其中有大量的优秀作品，有很高的美学教育价值。丰富的人生哲理，作者的人生经历，对学生情操的培养，审美观的建立，认识事物，观察事物的能力都有很大的帮助。通过写作对联，教师能激发中职学生学习文言文兴趣，提高其学习有效性的元素。

1. 对联中包含了很多有趣的中国古典语言文字的精粹，蕴藏了中国式智慧

这些能大大地激发学生学习对联和对偶的兴趣，继而迁移到学习文言文上。如中国近现代政治家、教育家于右任写下的“荷风送香气，松月生夜凉”，塑造

的安静舒爽的夏夜，恐怕是水泥森林里吹着空调冷风的当代人艳羡的吧！又如明代书法家郑燮“一竹一石一兰，有节有香有骨”，他用普普通通的园中景物，演绎着文人内心的铮铮傲骨。

2. 通过对联中育人作用的名句，达到“文以载道”的目的，培养学生爱国、正直、善良、诚信、友爱、同情心等美德

例如“朱门酒肉臭，路有冻死骨”——贫富悬殊自古有之，青年人应有一颗悲悯之心；“星垂平野阔，月涌大江流”——自然的美景是人类最好的教科书，抬头看天让人心胸开阔；“爆竹声中一岁除，春风送暖入屠苏”——传统佳节热闹喜庆，现代人更需珍惜岁月的恩赐。

3. 借助于对联，启发学生的智慧，做思维体操

在课程的最后，作业是“高中生活已经过去三分之一，在高二和高三，会有很多学习西洋乐的同学出国留学。写一副对联送给熟悉的老师或同学，建议用五字对，七字对”，学生们的反馈远超预期；“玉臂清辉轻歌曼舞一曲醉红尘，云鬓香雾微淡墨香五湖归沧海”，此联是赠与一位唱歌特别动人的女生的；“一枝独秀才女子挥笔洒墨，两芊玉臂志男儿看书吟风”，此联描画的是班中的学霸；“收起人间多少芬芳，落于浊世几分风雅”，配得上此联自然是班中的男神。

四、教学手段：巧妙借助现代教育技术

文言文教学中涉及的诗、词、曲、赋，古人在创作这些作品时，是非常讲究意境的。过去语文老师在上这些内容时，只能凭自己的想象力和如簧巧舌来讲解，事倍功半；如今，现代教育技术为创设情境提供了巨大空间和便利，再现古人当时吟诗作画时的情境已不再是难事。

《课程目标》“实施建议”第五条“教学实施应合理，充分地运用现代教育技术手段，积极开发并有效利用现代信息技术为载体的数字化教学资源”。

当本课从第一板块“对偶对联的基本知识”到第二板块“对偶对联对于现代人的意义”时，可以设计播放视频——歌手赵照的《声律启蒙》MV。此视频共3分50秒，包含了水墨画的背景图案，用遒劲有力的书法来呈现歌词，配上温婉悠扬的乐曲。

赵照《声律启蒙》歌词：

云对雨　雪对风　晚照对晴空

三尺剑　六钧弓　岭北对江东

颜巷陋　阮途穷　白叟对黄童

沿对革　异对同　冀北对山东

两鬓霜　一客行　新绿衬酒红

七颗星　一袍风　佛陀对苍生

天浩浩　日溶溶　弯月对长虹

我对你　嘴对心　九夏对三冬

一曲终了，学生们沉浸其中，纷纷感慨，“对联怎么那么好听！”我校的多媒体教室可是有杜比5.1声道的高品质音响，无怪乎学生们反应如此迅速。

此时提问第一个问题——如此美妙的曲子用了哪些乐器？学生们都是音乐方面的“小行家”，他们七嘴八舌地抢答“木鱼，中阮，吉他，古琴，竹笛”。因为他们先是对音乐产生兴趣，继而更想探究歌词的魅力。

第二个问题——赵照是当代歌手，这首《声律启蒙》的歌词从哪里来？出处是一本古代幼儿的启蒙读物《声律启蒙》，作者是清朝的车万育。由此，本课进入对《声律启蒙》的介绍和预习作业“一冬”检查和探究。

《声律启蒙》（卷上）“一东”为例：[6]

云对雨，雪对风，晚照对晴空。来鸿对去燕，宿鸟对鸣虫。三尺剑，六钧弓，岭北对江东。人间清暑殿，天上广寒宫。两岸晓烟杨柳绿，一园春雨杏花红。两鬓风霜，途次早行之客；一蓑烟雨，溪边晚钓之翁。

沿对革，异对同，白叟对黄童。江风对海雾，牧子对渔翁。颜巷陋，阮途穷，冀北对辽东。池中濯足水，门外打头风。梁帝讲经同泰寺，汉皇置酒未央宫。尘虑萦心，懒抚七弦绿绮；霜华满鬓，羞看百炼青铜。

贫对富，塞对通，野叟对溪童。鬓皤对眉绿，齿皓对唇红。天浩浩，日融融，佩剑对弯弓。半溪流水绿，千树落花红。野渡燕穿杨柳雨，芳池鱼戏芰荷风。女子眉纤，额下现一弯新月；男儿气壮，胸中吐万丈长虹。

本课运用的第二次音视频是《为你读诗》，此视频是文化部“为你读诗”系列活动的其中一集。在短短的1分15秒中，同学们可以听到当红少年组合TFboys成员之一易烊千玺的深情朗诵。在黑底白字的背景下，《声律启蒙》的“二终”节选部分被磁性嗓音极佳地演绎了。

易烊千玺《为你读诗》

春对夏，秋对冬，暮鼓对晨钟。观山对玩水，绿竹对苍松。冯妇虎，叶公龙，舞蝶对鸣蛩。衔泥双紫燕，课蜜几黄蜂。春日园中莺恰恰，秋天塞外雁雍雍。秦岭云横，迢递八千远路；巫山雨洗，嵯峨十二危峰。

借助于多媒体的现代教育技术，学生感受到美如画卷的情境。特级教师于漪曾说："学生不步入特定的情境之中，难以有深切的感受。" 多媒体的现代教育技术在创设情境中有关键作用，不但加深了对课题的理解，还吸引学生对文言文学习的兴趣，同时也获得了一次美的享受。

课后，一个学生非常激动地对我说："老师，我曾经很讨厌文言文。因为一旦学习文言文，整天就是翻译啊，背诵啊，超级费时费力。而且感觉很无聊啊，都是几千几百年前的东西，都是大道理，好像和我们一点关系也没有。但是，今天的两段视频，太好听了！易烊千玺和赵照都是我喜欢的歌手，耶！我有一点点喜欢古诗了。"

这个学生说得很直白，虽然稚嫩，然而直指文言文教学的软肋——如何让学生乐学？俗话说"兴趣是最好的老师"。现代教育技术在文言文课堂上，绝对能担当起激发学生兴趣的职责！

五、教学过程：文言文和专业水乳交融

在中职学校，因为就业的压力，专业课永远是第一位的；文化科永远是服务于专业发展。学生对文化科普遍不重视，但是却非常重视专业课的学习，可以充分利用这一现象，化劣势为优势。通过语文课中加入专业课的方式，让学生认识到学好语文对于学好专业课的帮助意义，从根源上去重视语文学习。[7]

以上音附中的课时安排为例，学生每天在文化科上需要半天时间，还有半天几乎都是"奉献"给专业的，钢琴和小提琴专业的学生每天至少要 4 小时的专业练习，管乐和民乐的学生每天也要 2 ～ 3 小时的专业练习。就时间规划而言，文化和专业，是一组"相爱相杀"的搭档。所以，如何把专业课的元素融合进文化课，如何在令学生望而生畏的文言文课上吸引中职生，如何让学生感觉文言文和当代人有很大关系，这些是急需解决的难题。实践表明，只要开动脑筋，通过在专业活动中巧妙渗透文言文教学，以上难题都能迎刃而解。例如，我们以《声律启蒙》的演奏为任务，组织了一场文言文和音乐水乳交融的音乐会，通过这场活动，同学们学习文言文的热情大大提升。

首先，教师在课前提前一周在班中招募志愿者，组成小乐队。志愿者看了赵照的《声律启蒙》视频后，分配任务：小孙负责写总谱，分配乐队成员的分谱以及负责演奏中阮。小王负责声乐部分。小金负责吉他和打击乐部分。最让人惊喜的是小林，原本他出外比赛错过了报名。当他回校，得知语文课上要演绎乐曲，主动去找小孙，表示他可以负责小提琴和和声部分。

其次，课前，提前三天集中排练。小孙写出总谱和分谱后，小乐队成员各自回家练习。人均练习时间半小时。三天后，大伙儿集中合练一小时。最后，正式演出。课堂上，全班同学先观看了赵照的《声律启蒙》视频；听出此曲用了木鱼，中阮，吉他，古琴，竹笛这些乐器；探究清朝的车万育《声律启蒙》“一冬”部分。此时，请小乐队上台演绎高一学生版本的《声律启蒙》。学生们欣赏到期待已久的同学的演出，欣喜极了，一曲终了，掌声雷动。大伙儿开玩笑说，小乐队可以出道了。小乐队的演出一共四分钟，时间上转瞬即逝，但是带给同学们的启示是绵长的——对偶的音乐美，节奏美和音乐是相同的，对偶能帮助音乐！

曾有学生问“现在是一个知识爆炸的时代，新知识都学不完，我们为啥要学古老的文言文呢？对我们又啥用呀？”小乐队的演出回答了这个疑问，对偶写作训练的在当代的意义就是它是一种综合的语文基础训练。张志公先生在《传统语文教育初探》中指出：“属对（对对子）是一种实际的语音，词汇的训练和语法训练，同时包含修辞训练和逻辑训练的因素。可以说，是一种综合的语文基础训练。”

如果说，文化和专业，是一组“相爱相杀”的搭档，那么，文言文和音乐，更应该是“相亲相爱”的好朋友。

结语

首先，用“对联和对偶”作为激发学生学习文言文兴趣的抓手，效果卓著，不但有效提高了学生学习积极性和参与意识，还借助于“文以载道”的手段培养了学生的美德，同时还启发了学生的智慧，可谓一石三鸟。其次，古人创作的灿烂文化作品强调情境，借助于现代教育技术创设情境，能够更好地还原古人创作作品时的情境和意境，必定能给学习者以更大的启发和收获。最后，学习古汉语要落实到现实情境中，要启发学生学以致用，强化实际应用语言艺术的能力。学生不仅能用对联来赠送给老师和同学，还可以以此增加文学涵养，个人修养。

文言文的学习“任重而道远”，让我们师生共同努力，不再使学生看到文言文就心生厌恶，发掘学生乐学的元素，突破中职学生学习文言文的瓶颈，创造文言文学习的精彩！

参考文献

[1] 周卫鸽 . 中职语文教学改革中几个基本问题的反思 [D]. 上海师范大学，2009：5.

[2] 教育心理学 [M] 华中师范大学出版社 .2011: 59.

[3] 杜威 . 民主主义与教育 [M] 人民教育出版社 .1990: 204.

[4] 教育心理学 [M] 华中师范大学出版社 .2011: 23.

[5] 顾春洁 . 体验视角下语文阅读教学的困境解析 . 2016 年度职教教改论坛文集 [M] . 华东师范大学出版社，2016（5）：192.

[6] 冯兴炜 . 对偶与对联 [M] 山东：青岛出版社 .2011（5）：147.

[7] 马芊 . 浅议“人文主义”教育观念在中职语文教育中的应用 [D]. 上海师范大学，2012：24.

（作者：陈漪）

论职业教育语文课堂教学中的新误区及对策

上海市工商外国语学校

一、中职语文课堂教学中的新误区

（一）教学目标华而不实

教学目标是教学的前提，教学目标制订是否明确具体、实际恰当决定了一堂课的成败得失。

语文作为中职基础学科中的基础，与其他学科相比，由于其学科的特点，课程标准中规定的课程目标很难像其他学科特别是理科学科那样清晰而明确，做到探索规律、演绎归纳、阶段分明、层次清晰、分类精确。语文学科很难用具体的数据来量化，语文学科的知识也很难分章分节去推进，它是以一篇篇感性的文章为载体，通过教师引导学生反复阅读、沉淀、联想、感悟、讨论等行为，让学生在潜移默化中受到沐浴熏陶、浸润渐染，从而提高语文阅读和写作的能力，最终提高语文素养。

因此，语文的课堂教学目标相比其他学科而言是很难确定的。在实际教学中，我们经常会发现，不同的教师面对同一篇课文会制订出不同的教学目标。这是语文学科的特性所致，不过有一点是可以确定的，即不经过认真思考而草草设定的华而不实的教学目标不会对课堂教学有任何指导意义。

在当前教学中，特别在一些公开课的教案中，教学目标设立有华而不实的趋势。《上海市中等职业学校文化基础学科课程标准》（以下简称《课程标准》）为语文课程确定了知识和能力，过程与方法，情感、态度和价值观这三个维度目标，正因为如此，现在有一种颇为流行的做法就是试图让每堂课的教学目标都涵盖这三维目标。[1] 很多教师在备课时会绞尽脑汁去生搬硬套这三维目标，直到贴好标签才松了一口气，似乎只有这样，自己的课才称得上是所谓“新课改的课”，否则就是走上了不可饶恕的“老路”。教学目标是“鸟枪换大炮了”，但具体实施起来，不是浮光掠影，就是顾此失彼，到头来不过是一件“皇帝的新衣”。

（二）课堂气氛游戏化

当前评价一堂课是否成功似乎有这么一个重要的参照标准，即课堂气氛是否生动热烈、学生发言是否争先恐后、师生互动是否天衣无缝、课堂活动是否新奇有趣。于是，有些教师在构思设计一堂课时，首先想到的是怎样活跃课堂气氛，怎样让原本沉闷冷清的课堂生动活泼。他们在课前挖空心思、花样百出，于是我们看到了一个个游乐场似的课堂：有猜谜的，有表演的，有游戏的，有笑话小品，有相声段子……新招怪招层出不穷。[2] 这样的课热热闹闹，学生轻松快活，听课的人倍感欢乐，授课的人也颇有成就感。

可是，我们静下来细细思量，这节课学生读了几遍文本？学生有没有真正沉浸在文本当中？学生有没有自发思考有关文本的问题？学生的文学素养有没有得到提高？学生对生活有没有什么新的感悟？这样的课，学生情绪是活跃兴奋了，但是缺乏思考感悟。他们漂浮在水面，看到的只是冰山的一角，他们没有沉到水底，去探索真正广阔深邃的境界。这样的语文课堂活泼有余，新颖有余，实则根基浮躁，犹如墙上芦苇，头重脚轻根底浅。

（三）课堂评价重表扬轻批评

伴随着课程改革的推进，课堂如何评价学生日渐成为教育关注的焦点之一。教师们似乎越来越形成一个共识，即在课堂上面对学生的回答反馈不应该只是给予一个非此即彼的简单结论，更不应该给学生一个用于比较的等级分数，而是应该通过鼓励性的评价来激发学生的兴趣，发挥学生的特长，挖掘学生的潜能，帮助学生建立自信，这对于中职学生尤为重要。

但是，当前有些教师在课堂上评价学生时又不知不觉走入另一个误区，就是完全不管学生回答正确与否，都一律给予表扬，褒奖的话语不假思索、张口即来。褒奖性评价在课堂里大行其道，究其原因，是因为有的教师认为只有表扬才能表达对学生的尊重，传递对学生的关爱，而批评则会伤害学生的自尊心、使学生学习的积极性受挫。诚然，“良言一句三冬暖，恶言一声暑天寒。”任何人都是喜欢受到鼓励和表扬的，特别是孩子，温暖的鼓励话语会使孩子们更积极乐观、健康向上地成长和发展，而冷酷的批评讽刺则会让孩子们变得怀疑自己，犹豫退缩。但是，肯定和表扬不能过度和没有原则，模糊对错或者夸大其词，这样的褒奖会无形中贬值，它应有的激励作用也会荡然无存。在课堂评价时对学生盲目表扬，一律给予“你真棒”、“回答得很好”、“很不错”的评价，会让学生感觉雨里雾里，模棱两可，分不清对错，辨不明优劣，被表扬的学生很难有成就感，其他同学也不会真正认同，这种廉价、不真实、不真诚的表扬其教育效果微乎其微。这又是一个由新观念导致的新误区。

（四）教师“缺位”

实行课程改革以来，教师的教学理念受到强有力的冲击，教师们也在不断地更新和调整自我的教学行为。新的教学理念更加重视教育教学行为要以人为本，要关注每一个学生的发展。“把语文课堂交还给学生”这一口号振奋人心，教师们越来越关注如何把课堂的主导权返还给学生，从而让学生的能力充分提高，让学生的个性充分张扬。

不少教师经过短暂的困惑后马上接受下来并付诸实施：既然要把课堂时间交给学生，岂不正好解放了自己？于是，出现了一些我们不愿看到的现象：教师们朗读少了，讲授少了，解释少了，分析少了，教师变得更像一个节目主持人，报完节目名称就隐身幕后，“话筒”在学生手里传来传去，课堂讨论看似热烈却没有主题，学生海阔天空，甚至语无伦次还受到表扬——有个性，能创新。如在文本的阅读理解中，在没有充分引导的情况下让学生“想读哪段就读哪段”或者是“请随便谈谈你的读书感受”等，一节课下来，学生的思维就像脱缰的野马，任意驰骋，课堂的推进就像意识流电影一样，飘忽不定，无法捉摸。长此以往，学生经常“不假思索地说”、“无根据地说”、“不负责任地说”只会让学生对语文学习产生新的误解，表面上是获得了自由，实际上是“放羊式”课堂，教师形同虚设，好像“隐身”了，“缺位”了。

二、走出中职语文课堂教学新误区的对策

（一）设定集中恰当的教学目标

教学目标要集中恰当。有一种说法叫“一课一得”[3]，虽然不见得每一节课学生都只能有一个收获，但是这种实事求是的态度却值得赞赏——毕竟一节课只有 45 分钟，还来不及做太多，更不用说面面俱到、改天换地。

教学目标就是教师通过一堂课要把学生引向何处。在明确集中的教学目标引领下，学生思维之舟会成功驶向思想停靠的港湾，而不是漫无目的地漂浮，甚至不知所踪；在明确集中的教学目标引领下，学生更能集中注意力，将明确的学习行为进行到底，从而提高学习效率。

前苏联心理学家维果茨基指出：儿童的发展存在“已经达到水平”和“可能达到水平”两种，两者之间的水平叫做“最近发展区”。教师在设定课堂教学目标时，就应该通过深入分析学生的语文基础、思维习惯、学习方法等情况，确定学生的“最近发展区”。[4]

首先，设定课堂教学目标要尊重学情，中职学生相比高中学生，基础知识和基本能力都会薄弱一些，教师在设定教学目标时，不能盲目拔高，过于复杂。如果学生怎么努力都达不到，就会失去学习的兴趣和信心，反而得不偿失。其次，课堂设定的教学目标也不能过于单一，过于浅显，要高于学生已达水平，要有适当的难度，学生需要通过一番努力才能达到，否则就很难调动学生的积极性，很难激发学生挑战困难的欲望，很难挖掘学生的潜能。那种比喻为“跳一跳能把果子摘下来”的目标才是最佳的教学目标。

语文课堂的教学目标要基于《课程标准》的整体目标，基于所用教材的整体目标，从单元的整体目标出发，确定单元内的课文目标，再从课文目标出发，划分课时，确定分课时实施课文目标的具体目标。分课时的具体目标必须界定明确，循序渐进，考虑学生的差异性，力戒混杂交叉，违背规律。有时，根据教材实际和文本需要，根据学生实际和教学需要，具体目标可不断反复以强化巩固，也可与其他目标组合以显灵活多变。

（二）创设乐于思考的课堂氛围

其实，课堂的“活”并不局限于手段的灵活，比如说多媒体、游戏什么的，而在于教师教学理念的更新和教学思维的灵活，是一种课堂内在精神气质的鲜活。

在备课阶段，教师思维要始终保持开放鲜活状态，要善于激发学生的兴趣，激活学生的思维，调动学生的学习行为，这样，课堂气氛想要不活跃也难。学生在积极的思维状态下，会产生鲜活的语言表达，会生发活泼的学习行为，这时学生学习的效率也是最高的。

课堂教学本来就是一个双边活动的过程，需要师生相互配合共同完成。在这个活动过程中，教师要有一定的教学预设，但也要做好心理准备，面对课堂展开过程中有可能出现的新内容、新问题、新生成，这种不确定性有时正是课堂魅力的体现，也是对教师教学灵活性的最大考验。此时，教师切记不能对课堂上产生的动态生成不闻不问，也不能照搬教案将课堂教学生硬尴尬地进行下去。这就要求教师必须不断丰厚自己的教学底蕴，不断提高自己的教学能力，不断提高自己驾驭课堂的水平。只有这样，教师才能游刃有余地面对、处理和运用课堂教学中动态生成的东西，使课堂活化。

需要说明的是，活泼的课堂氛围固然不可或缺，且充满吸引力，但它并不是教育教学的终极目标。我们教学的目的是创设一个良好的学习氛围，使学生在其中乐于阅读、思考、表达、互动、探究，真正成为课堂的主人，成为学习的主人。只有这样的语文课堂才是求真、求实、求活、求美的。

那么，如何活化语文课堂呢？语文课堂主要应通过语言品味、意理阐发、情感激发和幽默点染等手段，让人体验到一种富有教学个性和文化气息的，同时又令人陶醉的诗意美感与自由境界。[5]

（三）进行事实求是的课堂评价

课堂评价要有原则，即实事求是的原则，并在此基础上艺术性地运用好表扬和批评——唯有这样才能既保护学生的自尊和积极性，又能提高学生原有的认识水平。

赞美首先应该以事实为依据，要抓住学生回答中值得赞赏之处。其次，赞美时教师要发自内心，不能敷衍，更不能背台词。只有发自内心的评价，才能真正传达教师对学生的爱，达到鼓励学生向学、乐学的目的。

当然，批评也是一种不可或缺的评价形式。古语说“忠言逆耳利于行”。有时，恰如其分的批评会有醍醐灌顶之功效，更让学生刻骨铭心。实事求是和尊重学生是批评的前提。批评要讲究方法，要和颜悦色，让学生心悦诚服，不能采用简单粗暴的批评方式，如嘲讽、比较、反语、贬低等。批评还要讲究技巧，比如说，要批评先表扬，多采用点拨式批评和暗示性批评等。

总之，课堂评价不应拘泥于一种形式，它应因人而异，因文而异，因课而异，因即时的情况而异，教师应全心投入，客观评价，使学生犹如坐春风、沐春雨，在一次次的惊喜和鞭策中，积极主动地参与到课堂教学活动当中，形成一个个教学的高潮。

（四）建立“教师主导，学生主体”的课堂教学师生关系

毋庸置疑，我们应该摒弃过去那种“教师照本宣科洋洋洒洒口干舌燥，学生听课埋头笔录手忙脚乱头昏脑胀”的满堂灌局面，但是教师如果采取撒手不管的态度，也是不负责任的。教学过程绝不仅仅是教师的事，更不可能是学生自导自演的独角戏。教学过程是师生交往、共同发展的互动过程。在教学过程中教师应引导学生质疑、调查、探究，让学生在实践中学习，使学习成为在教师指导下主动的、富有个性的过程。在教学过程中，建立“教师主导，学生主体”的课堂教学关系，才能在教学相长的氛围中形成一个真正的“学习共同体”。

现在倡导“将语文课堂交给学生”，是想要扭转过去那种“只管教不管学”的单方面强调教师作用的教学理念，力求改变学生的配角地位，确立学生在学习中的主体地位，但并不是说教师可以功成身退了，淡出课堂了。相反，在新形势下，对老师要求反而是更高了。如果把课堂教学比成精彩纷呈、深刻动人的电影，那么，导演就是教师，而学生就是主角。一部优秀的电影一定会有伟大的导演和出色的演员，这两者缺一不可。

教师如果想要当好这个导演，首先就要对“台本”，也就是教学内容（包括课程标准、教材、文本）了然于心，有设想，有构思，有预设，也有留白。其次这个“导演”要对自己的演员，也就是学生的特点了如指掌，懂得如何让他们充分理解剧本，展现个性和激情。

如同演员在阅读剧本之后，在导演的引导和暗示下要独自面对镜头，自主表演，学生也需要在阅读文本之后，在教师的引导和点拨下自主学习。在引导学生进行自主学习前，教师应该给学生提出明确的学习目标、学习内容，要让学生知道自己要学的是什么，该怎样学，会用到什么方法，让学生在自主学习前心里先有底有数。在学生展开自读自悟、小组讨论的时候，教师也不是一个普通的旁观者，而是一个积极的参与者，要随时对学生在学习中出现的问题进行引导，在学生遇到困难时，进行点拨、启发，以便于他们的学习过程能持续下去。在学生自主学习后，教师也不是一个单纯的听者，要边听边评价学生的学习成果，并给予具体的引导、启发，以便于学生能在自主学习的基础上有进一步的提高。

笔者在上莫泊桑的《项链》一课时曾经做过一个尝试。课前首先让学生自读课文，了解小说基本情节（开端、发展、高潮、结局），然后让学生分组讨论并续写剧本形式的结尾，最后指导学生如何表演（主要是神态、语言、动作的感觉）。课上，学生们开始了各具特色的表演，笔者所做的是提问和点拨。表演完毕，请学生评价哪一组的剧本更能延续作者的创作思路，更具有批判现实的力度，笔者再对学生的评价进行评价和总结。这样，戏演完了，也评完了，学生在观察与比较中对课文的理解也就更深入了。

以上是对中职语文课堂出现的新误区的反思和对策。法国著名的牧师纳德·兰塞姆聆听过一万多人的临终忏悔后说，假如时光倒流，世界上将有一半的人可以成为伟人，前提是如果每个人都可以把他们的临终反思提前几十年。如果做到了这一点，将有 50% 的人可能成为自己想要成为的人。我们的中职语文课堂教学也是一样，早一点反思，多一点反思，或许会多一分清醒，多一分进步。

参考文献

[1] 苏春香 . 新课标下的中职语文课堂教学理念 [J]. 科技资讯，2007（15）.

[2] [5] 伍有才 . 论中职语文教学中的“本味”缺失与回归 [J]. 语文学刊：基础教育版，2012（5）.

[3] 刘卫东 . 如何激发中职学生的语文学习兴趣 [J]. 语文学刊 : 基础教育版，2011（2）.

[4] 郑华 . 中职语文课堂教学中的有效提问 [J]. 科教文汇，2012（26）.

（作者：甘敏）

人际关系理论对提高英语课堂有效性的探索

上海市公用事业学校

“以人为本”是科学发展观的本质和核心，教育是培育人和塑造人的事业，而学校作为教育的主阵营需要切实关注学生多方面的需求。在当前我国产业结构调整与职业教育改革的大潮中，有学者提出“技能本位”向“人格本位”课程模式的转型，把“做人”放在教育的首位[1]，提升学生的“软技能”例如人文素养、公民品质、职业道德、学习能力和团队合作精神等；也有学者在当前职业教育发展中加强校企合作的案例中，强调企业在职业教育中是以育人为出发点的，努力培养出“高素养技能型”人才。可见，在职业教育中，学生的成长并不仅仅是学科技能的发展，而是越来越趋向依赖于对学生“人”的培养，这恰恰需要依托于“社会”。梅奥人际关系理论中将企业视为“社会”，职工视为“社会人”，那么，教师能否也可以尝试将课堂比作“社会”，将学生看作“社会人”？梅奥人际关系理论视角下的高校管理、课堂师生互动等方面备受关注，而以中等职业院校为对象，且针对中职英语课堂的师生互动研究却鲜有学者涉足。此文将联系梅奥人际关系理论，寄以尝试探究其对提高中职英语课堂有效性的启示和应用。

一、梅奥人际关系学说概述及其应用

美国行为科学家梅奥首次提出人际关系理论，对现代企业管理学产生了深远影响。梅奥将霍桑实验置于企业当中，将职工所处客观条件、职工劳动积极性与劳动生产率三者关系作为参数进行实验，最终正式创立了人际关系学说。梅奥提出的理论中，强调职工是“社会人”，影响生产效率的根本因素不是工作条件而是职工自身，导致劳动生产率提高的主要原因是职工有所作为的观念、团队整体观念的形成，而这些观念则源自于职工意识到自己“被注意了”；梅奥经过实验发现，新的领导能力在于提高职工的满意度，较之奖励性的工资，职工被团队接受的安全感和归属感对提升劳动生产率更为行之有效。人际关系学说是从管理学的角度出发，可以应用于企业、学校等各行各业。受梅奥人际关系学说的影响和启发，在企业管理中，企业开始重视寻求劳动力效率与职工感情之间的平衡[2]，使得个人、集体、企业三方的利益保持均衡；在学校管理中，学校管理者同样尝试将个人、集体和学校联系紧密，强调校园文化的重要性；那么着眼于班级课堂的管理，又该如何利用梅奥人际关系理论为能让学生与课堂达到融和，成为了当下需要解决的问题。

二、学生亦是“社会人”课堂即为“社会”

梅奥在其学说中强调职工是“社会人”，职工的行为很大程度上反映了职工对社会尤其是心理方面的需要，而非单纯以追求物质为动机。因此，企业提升劳动生产率应从职工的社会、心理方面着手，并对职工进行合理的组织和管理。同样，对于中等职业院校的学生，教师也可其视为“社会人”，而孕育“社会人”的土壤则可称为“社会”，换言之，“社会”既可以是学校整体，也可以是由教师组织管理的课堂。那么，从课堂管理的角度出发，能够提高课堂有效性的关键则是教师能为营造良好“社会”环境做出努力。

首先，教师要充分意识到学生的“社会性”，人的社会性是人最根本的特性，其特性表现为人需要实现其社会价值以及自我价值。在课堂这个“社会”当中，教师给学生营造安全的氛围，让学生得到情感上的照顾和在集体中的归属感，让学生得到充分的尊重，让其感受到被关注和被需要，继而实现社会和自我价值，那么实现提高课堂有效性的基础是教师对学生“社会性”的认知和重视。其次，人的价值由潜在变为现实的唯一途径是参加社会实践，因此教师需要鼓励学生主动积极地参与到课堂当中，这样学生才能够得到充分得到实践的机会，并在不断的实践中潜移默化中增强学生自身的社会性，因此提高课堂有效性的重点是教师对学生在心理上的积极影响，让学生更多的参与“社会”，即课堂中的实践。

三、人际关系学说与英语课堂有效性

梅奥在人际关系学说中指出职工的工作目的并不仅以经济利益为前提，依靠奖励性的工资并不能为提高劳动生产率做出贡献，而是要让职工感受到被关注和被需要，即满足其情感上的需要。着眼于中职英语课堂，如何提高英语课堂的有效性这一命题即可从梅奥学说中获得启示。对于中等职业院校的学生而言，英语学科是一门必修的公共基础课程，很多中职学生学习目的只是因为英语是必修课，不及格会影响毕业。因此梅奥学说中的思路告诫教师，不能仅仅以分数来激发学生学习英语的动力，而是能够让学生在英语课堂中，能够被关注被需要，以此树立为社会所用的信念。

例如中职英语课程中有关求职面试 Job Interview 的单元中，教师安排学生进行情景模拟的英语口语课堂活动。教师将班级设置成面试现场，根据班型将学生分为 4-5 个小组，并在每个组里安排同学作为面试官和面试者。在活动过程中，作为面试官的同学们需要一起准备面试考题，制定评分内容和标准等，面试结束后要对面试进行打分，并集体做出最终录取人员并一一进行点评。学生的社会性在此次活动中可以充分的得到发挥，让学生在团队中实现了自身价值，是被“社会”所需要的，比如，自己准备的考题被团队所用，自己在团队中有着同等的选择权和决定权等等。与此同时，作为面试者的同学同样可以获得“社会”给予的关注，这种关注可能是来自面试官的鼓励和认可，自己也发现了自己的闪光点，最终能够被录取；这种关注也可能是在自己的面试中被同学指出了自身的不足，以此树立信心为自己未来更好的职业发展做努力，树立正确的自我价值观。中职学生在英语学科普遍存在英语基础薄弱、英语口语能力差的情况，通过这样的活动使得学生可以大胆开口，尝试交流，参与实践，这也大大提升了学生的“社会性”。

梅奥在人际关系学说中也一再强调，提高职工的满意度是提高劳动生产率的有效途径，这引发了如何提升中职学生英语课堂有效性的思考，那么提高学生满意度是否可以为此带来积极且有效的影响呢？教师又该如何提升学生的满意度呢？

诸多问题英语教师可以通过课堂的实践，实时的师生互动、评价，建立一套科学的学生满意度评测体系等方法进行分析总结。学生对“社会”的满意度中最为重要的方面即为对教师以及课程本身的满意度，针对教师的满意度可以通过一些细节进行呈现，例如，英语教师讲课时的声音是否洪亮、发音是否标准、表达是否清楚、是否带有感情、是否有亲和力有幽默感、教师是否为学生提供多样性的学习方式等等。针对课程本身的满意度可以包括例如，英语教师是否能够深入浅出、多举实例、是否添加背景知识介绍、话题词汇诠释、篇章结构分析、视听说的实践活动等等。

四、结语

英语作为第二门外语，对于很多中职学生来讲是一种挑战，依据梅奥人际关系学说理论作为基础，英语教师可以尝试将英语课堂中的学生定位成“社会人”，而由师生共同营造的课堂即是“社会”的载体，英语课堂有效性的提升依赖的是学生为“社会”所用的观念，依赖的是学生能够被“社会”所注意和所需要的情感依托，依赖的是学生对“社会”能够给予其实现个人价值所需的满意度。然而，针对如何将梅奥人际关系理论与英语课堂的实际应用，尤其是提升学生满意度的方式方法本文尚有不足，但仅此作为未来继续研究的方向，并能够为中职英语课堂教学提供借鉴。

参考文献

[1] 董奇．产业机构调整与职业教育改革的三个转变 [J]. 群言，2014(12).

[2] 昀熙．乔治 · 埃尔顿 · 梅奥：人际学说的创始人 [J]. 现代企业文化，2013(Z1).

[3] 周蓓．中等职业学校学生管理现状分析与对策研究 [D]. 天津大学，2007.

（作者：吴双）

教会中职学生“用数学”
——基于学业水平考背景下的中职数学教学策略

上海市公用事业学校

一、中职数学教学背景分析——为什么要教学生“用数学”

根据国家和上海市职业教育工作会议精神，按照国务院和上海市关于加快发展现代职业教育的决策部署，国家与社会对职业教育人才培养模式提出了新的要求——培养“高素质劳动者和技术技能人才”。这不仅需要坚持提升职校学生技术技能培养质量，更需要进一步改进和提高学生的文化基础素养。

为了加强对各校文化基础课教学质量的管控，上海市教委提出了中等职业学校学业水平考试办法。2015 年 9 月，上海市教委重新修订了中职数学课程标准，明确提出中职数学课程的任务之一是通过学习获得新的数学知识和方法，形成在未来生活和工作中所必备的自觉发现数学信息、运用数学知识和数学方法解决问题的意识和能力。为了适应职业教育人才的培养目标，在应对中职校学业水平考试的背景下，明确中职数学教学的任务应为教学生用数学。在调研基础上，分析影响学生不会应用数学解决实际问题的原因，并提出针对性的教学策略：增强使用计算工具的意识、强化信息读取分析能力、培养数学建模的能力。

二、中职数学教学存在问题——为什么学生不会“用数学”

为更客观地了解当前我校数学教学的现状，借助问卷星平台向我校部分三、四年级中职学生随机发布了调查问卷。最终成功回收问卷 62 份，根据调研结果，得出以下结论。

（一）数学教学与生活实践脱节

调查中 91.94% 的学生认为教师在教学中很有必要大量补充相关实际问题。但只有 50% 的学生表示自己的中职数学老师经常结合实际问题进行教学，大约 45.16% 的学生表示数学老师偶尔或有时会补充一些生活实例，甚至还有将近 5% 的学生上数学课时，基本不会碰到生活情境问题，完全是纯理论教学。

正是由于数学教学“重理论，轻实用”、“实际案例浅尝辄止”，使得学生大大低估了数学对于生产生活实践所起的重要作用：竟然有 9.68% 的学生认为中职数学知识对于解决现实生活中的问题完全没有帮助，只有 14.52% 的学生认为有较大帮助。

（二）学生的综合应用能力薄弱

“用数学”解决生活实际问题并不是简单的套公式计算，它需要学生从具体情境中识别、筛选有用信息，明确条件及问题，建立数学模型；灵活运用所学到的数学知识与方法，求解数学模型；分析反思解模结果。这对于学生的信息提炼能力、阅读理解能力、实践应用能力、计算分析能力、综合归纳能力提出了较高的要求。通过调查“学生求解实际应用题时碰到的主要困难”（最多选 3 项），发现排名前 3 项的为：

（1）数学应用意识薄弱（79.07%）。很多学生无法从应用题提供的材料中提炼有用的数学信息，即使能看懂题目，仍然不知道该如何抽象为数学问题，建立数学模型。

（2）数学应用能力欠佳（53.49%）。应用题往往涉及多个数学知识点，需要学生能制定适当的解题策略，列出有条理的解题计划，明确解题的先后步骤。但很多中职学生的综合宏观分析能力并没有这么强：解题时缺乏全局观，无法整体把握，只能抓住片言只语进行局部分析。

（3）应用题的数据繁琐，不易计算（41.86%）。很多应用题直接改编自生活实际问题，题中的数据未必是理想易算的整数。中职学生的手工计算能力本就不强，即使计算一些简单的数式，都可能犯低级错误。更甭提求解应用题时，学生没有足够自信是否列出正确的数学式，再遇到繁琐数据，给他们带来的心理负担、运算负担，往往直接导致他们或是放弃求解，或是稀里糊涂地错解。

三、中职数学教学策略调整——如何教学生“用数学”

（一）增强学生使用计算工具的意识

通过调查，发现学生使用计算工具计算的意识还有待提高：只有 3.23% 的学生表示会尽可能使用计算器计算，9.68% 的学生表示尽管自己运算能力不强，但仍然坚持手工计算。

中职数学课程，不同于高中数学课程，应摒弃不必要的繁杂运算和高难度的解题技巧，将教学的重点应放在“应用”上，而非“计算”方面。教师应该引导学生借助计算工具扬长避短。当然，对于极少数有能力的学生，可以鼓励他们手工计算 + 计算工具两手一起抓，使不同的学生在数学上得到不同的发展。

作为数学教师，应帮助这些不擅长手工计算的学生养成使用计算器的习惯：比如在讲题时，当建立了数学框架后，可以给学生留一点时间当场用计算器求解。可以布置计算器实操作业，小组内自查。在测验考试中设计一些只能使用计算器才能求解的题。总之，教师可以在教学各个环节，搭建平台，鼓励学生使用计算器，提高计算效率。

（二）强化学生的信息读取分析能力

1．咬文嚼字，抓关键词

在“学生求解实际应用题时碰到的主要困难”这一多项选择题的调查中，22.58% 的学生选择了“阅读能力欠佳，审题不清”。作为数学教师，在讲析应用题时，应特别重视向学生示范科学的审题方法，通过每一次讲题，引导学生学习如何从冗长的文字中，抓住关键词，提取内涵的数学信息。学生看多了，就会有感觉，看到类似的关键词，常用的句式，自然会联想到相应的数学内容。

对于学生容易错读、曲解的文字信息，教师可以在审题过程中咬文嚼字，举例对照，使学生体会“一字之差，谬以千里”。比如“每年的数量是上一年的20%”与“每年的数量是上一年的 0.2 倍”是一回事，都涉及公比为 0.2 的等比数列，而“每年的数量比上一年增加 20%”的意义则不同，它表示“每年的数量是上一年的 1.2 倍”，本质是公比为 1.2 的等比数列。

总之，教师要做个细心人：字斟句酌，抠细节；学生要做个有心人：注意辨析、勤于积累。长此以往，学生的审题能力必定会有所提高！

2．读图看表，数形结合

生活中，图、表比比皆是：股票（机票等）的价格走势图、投资理财不同方案的利率表等等。学会读图看表，筛选所需信息进行分析，是“数学用于生活实践”的基本技能要求。掌握读图能力，对一般的中职学生而言并不是难事。这一技能类似于别的职业技能，都具有可操作性，可以通过分解目标，强化训练帮助学生掌握读图表的能力。

比较难掌握的是将文字等其他信息转化为图表的能力。面对某些抽象的数学性质、代数式，甚至部分涉及位置、形状的应用题，数学能力强的学生画上一张图，列一张表，很可能就豁然开朗。这种数形转化的思想是重要的思维方式，是学生综合能力的体现。培养学生数形转化的能力，不可能一蹴而就，需要教师在平时的课堂教学中，始终坚持渗透数形结合的思想。

（三）培养学生“数学建模”的能力

1. 紧扣“数学概念”，建立基本数学模型

根据情境学习理论的观点：应该在知识实际应用的真实情境中呈现知识。在传统的数学教学中，数学概念往往是以经过精密组织的语言所呈现，教师字斟句酌其中的关键字进行解读。但对于逻辑思维相对较弱的中职学生来说，有相当一部分学生对概念定义仅仅停留在字面的认知，并没有真正吃透其中的概念本质，毕竟从抽象概念到具体情境还是有一个跨度。如果教师在教学时能设计好符合“概念”的情境，学生借助这一桥梁，就能从具体情境中意会“概念”的本质，对于抽象的定义表述也能更深入地理解把握。

以2014年上海市中职校学业水平考数学试点测试卷中得分率最低以及得分率最高的两道题为例来说明。

得分率最低的是第22题：“半径是20cm的轮子绕圆心O逆时针方向旋转，如果轮周上一点P转过的弧长为40cm，则轮子转过的弧度数是____”。这道填空题考核的是弧度制概念，应用原始定义 $\alpha(\text{弧度})=\dfrac{\text{弧长}l}{\text{半径}r}$ ，即可求得弧度数为2。该题没有任何弯子、陷阱，计算也相当简单，偏偏得分率最低。究其原因，就是教师教学时将重点放在了两种度制的换算：$2\pi(\text{弧度})=360(\text{度})$，忽视了基本概念；学生对弧度制公式的直观化印象不深刻，未能联想到这一基本模型。而得分率最高的第26题，由于在题中提供了一个样板“可以用列矩阵 $A=\begin{pmatrix}78\\65\\70\end{pmatrix}$ 表示小陈第一学期的语数英成绩”，即使没有学过矩阵知识的参试学生也依葫芦画瓢地模仿着列出所求矩阵。

可见，通过设计合适的情境，可以帮助学生将抽象的数学概念直观化为基本的数学模型。新编的中职数学教材，全书贴近生活实际，以情境实例引出每一节的内容。教师应该认真钻研教材，引导学生更多地关注这类情境类别易于识别、模型明确单一的基本数学模型，帮助学生将这些基本模型与相应数学概念建立起关联机制。

2. 多视角设计情境，掌握数学模型

调查中，90.32%的学生表示当教师多次讲解同一类型的实例，他们基本可以依葫芦画瓢模仿着建立数学模型。但很多老师也困扰：“明明讲过类似的题，

学生还是不会。”这是因为对于同一数学模型，可以从不同角度、不同层次进行探讨，如果学生没有吃透理解该模型，碰到不同视角下的同类型问题时，学生很可能又束手无策了。因此，教师应该围绕基本模型，从不同视角，设计不同层次的情境实例，帮助学生更全面地认识这一数学模型。

以绝对值不等式 $|kx+b|\le a$ 为例，设计下列 3 个情境实例：

实例 1：报考男性飞行员的身高 $x$cm 必须满足 $|x-175|\le 10$，某人身高 186cm 是否符合报考条件？

实例 2：加工制造一批长度为 18cm 的零件，规定每个零件的加工绝对误差不超过 0.1cm 为合格品，求合格品零件的长度范围。

实例 3：某地昨天 24 小时的气温 x℃的范围为 26℃$\le x\le$32℃，则该温度范围可以用绝对值不等式表示为_____。

实例 1 最简单，学生只要代入检验，比较大小，即可正确判断。实例 2 是绝对值不等式问题最常见的实际情境，对学生能力提出了更高要求：需要学生建模（列出不等式）、解模（求解不等式）。有经验的教师可以将这类用来一般化地描述加工、测量误差的问题抽象为基本数学模型：“｜实际值x－标准（中间）值｜≤绝对误差”。实例 3 本质而言是求解绝对值不等式的逆问题。绝对值不等式的解为“ ”，如下图所示，标准(中间)值对应的点恰好是不等式解集区间的中心；而绝对误差是解集区间长度的一半。即存在数量关系：

$$\text{标准（中间）值}=\frac{m+M}{2},\text{绝对误差}=\frac{|M-m|}{2}\text{。}$$

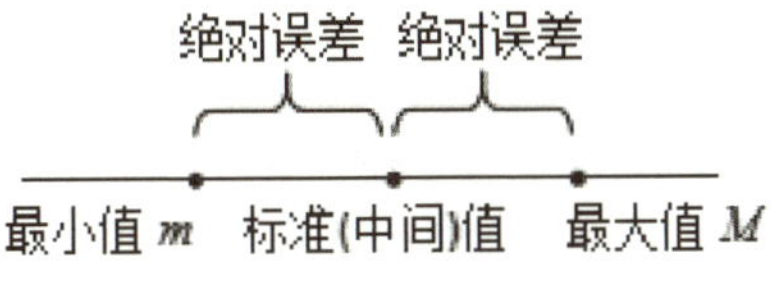

这三个实例从浅到深，帮助学生强化理解绝对值不等式的实际意义，通过进一步挖掘模型中各量的内涵，使学生轻松掌握“绝对值不等式”数学模型。

3. 积累生活实例，强化应用意识

情境学习理论认为仅仅通过学校、课堂情境来百分百地解决生活情境中出现的各种实际问题是靠不住的。有意义的学习应该是参与到实践活动中，从生活中发现问题、提出问题、应用知识解决问题、反思提升。这需要教师充分准备素材、逐步引导，有意识地培养学生的应用意识。

一开始，教师可以要求学生寻找生活中的数学元素，引导学生用数学的眼光看世界。比如，我家的家电品牌构成的集合、商场旋转门构成圆柱等等。这种训练虽然简单，但是有助于学生将数学对象与实际情境联系挂钩。

渐渐地，教师可以要求学生参考课堂上列举的实际情境案例，结合实际编制问题。比如，在讲解了出租车计费、批发零售两道分段函数应用题后，可以布置作业：设计一个生活中分段函数的案例，并建立相应的分段函数式。能力欠佳或者偷懒的学生一般会选择直接改编课堂案例；但善于思考、认真学习的学生会乐于接受挑战，努力挖掘实际生活中的应用素材。最后，教师可以将优秀案例与学生分享。这样不但能合众人之力，积累有用的生活实例，也能使学生对“分段函数”的认识得到升华：分段函数可以用来描述各种分级计量、计费问题。

教师还可以选择贴近学生生活实际、符合学生知识和能力水平的问题，作为实践案例。比如，请学生计算分析自己压岁钱的理财方案。由于实践案例具有一定的开放性，有时可能连已知条件都未必完整，需要学生自己搜集相关信息，建议教师应针对每一环节，做好指导监管工作。学生完成实践案例的过程，就是一个相对比较完整的数学建模过程。积累这类建模经验，将有助于提高学生综合应用能力。

总之，要培养学生的数学应用意识，教师应该将数学学习延伸到课外，鼓励学生做个有心人，发现生活中的数学问题，为学生创造更多学以致用的机会，潜移默化地培养学生的数学应用能力。

参考文献

[1] 上海市教育委员会 . 上海市中等职业学校数学课程标准 [Z]. 上海：华东师范大学出版社，2015.

[2] 顾威 . 培养中职学生数学应用意识的探索 [J]. 民营科技，2015(11).

[3] 志馨物理教师工作室 . 高中物理教学情境设计 [M]. 上海：上海科技教育出版社，2013.

（作者：王星）

学业水平评价视角下提高中职学生文化课学习兴趣的策略
——以数学课程为例

上海商业会计学校

在当前大部分中职院校“重专业轻文化”的大背景下，上海市启动了对中职生文化课学业水平进行评价的改革。为了顺应学业水平评价中“促进学生全面发展”的指导思想，以数学课为例，探索中职教学中“轻文化”的原因以及提高学生数学学习兴趣的举措，对于改进教学，提升中职学生数学能力和数学素养具有现实意义。

一、背景

中职院校的生源大多是没有考上普通高中、希望学习一门技术以尽早踏上工作岗位的学生，基于这一背景绝大多数中职院校培养学生的宗旨是以就业为导向，以技能为特色。这种导向让文化基础本来就弱的学生陷入“重专业轻文化”的泥潭不能自拔。然而，实践表明，当今社会对技术人才的需求不仅仅是熟练的技艺，文化素养与专业技能齐头并进全面发展的人才更符合社会生活生产的需要。

2015 年 9 月 28 日，上海市教委向各中职院校印发了关于《上海市中等职业学校学生学业水平评价实施办法》的通知：“为贯彻落实党的十八届三中全会关于考试招生制度改革的要求以及国家和上海市职业教育工作会议精神，根据《国务院关于深化考试招生制度改革的实施意见》（国发〔2014〕35 号）和《上海市深化高等学校考试招生综合改革实施方案》（沪府发〔2014〕57 号）的要求，我委制定了《上海市中等职业学校学生学业水平评价实施办法》……”这一通知的下发开启了上海中职生评价机制更客观更全面的新大门，文化课对于中职生的重要性不言而喻。

详细的“上海市中等职业学校学生学业水平评价实施办法”就包含了数学在内的文化基础课明确了以下几点（以下以数学为例）：

（1）评价以“坚持职业教育培养目标，实施专业技能与文化素质全面评价，促进学生全面发展”为指导思想与原则。（2）数学科目分设合格性考试和等级性考试，其中，合格性考试为学生必考，等级性考试为学生选考。合格性考试及格的同学中，根据合格性考试和等级性考试的得分之和（满分为 150 分），按获得等级性考试有效成绩的考生（即缺考或未得分的考生除外）总数的相应比例划分等级，位次由高到低分为A、B、C、D、E5个等级。其中A约占15%，B、C各约占30%，D约占20%，E约占5%。（3）评价结果不但可以作为学生综合素质评价的组成部分，而且可以作为用人单位录用和高等学校招生的重要参考。

这次改革举措的出台，促使上海中职院校的学生必须更加重视基础文化课的学习，尤其是他们最薄弱却又最“害怕”的数学科目，怎样才能充分激发学生的学习兴趣、调动学生的学习积极性，在短短3个学期内达到新课标的数学能力培养要求，以期在学业水平评价时交出一份令人满意的答卷成为中职数学老师亟待解决的一项课题。

二、中职学生学习兴趣现状和原因

当前中职学生多数学生对于数学的学习兴趣不大，调查表明[1]，仅有15.42%的中职生对数学“很有兴趣”，20.35%的中职生对数学“有些兴趣”，50.82%的中职生对数学“兴趣一般”，13.41%的中职生对数学“不感兴趣”。

造成学生对数学不感兴趣的原因有：第一，学业水平考试政策刚刚出台，还没有实施过，大部分学生没意识到评价结果对自己升学或就业造成的影响，依然秉持“上职业院校就是来学习专业技能”的态度，认为学习数学没有用；第二，学生的数学基础薄弱，长期以来数学一直学不好，产生了深深的挫败感和自卑感，从而抵触数学；第三，学生的学习习惯较差、学习意志较弱，不会主动安排自己的学习，数学是一门需要逻辑思维能力和抽象思维能力的课程，而在逻辑思维和抽象思维的过程中，意志力薄弱的学生容易走神，注意力的分散造成跟不上老师的讲课，学习习惯不好又未能及时预复习、认真完成作业，又没有掌握课后补上来的方法，自然就有学习漏洞，从而迁怒于数学这门课，当学习漏洞积累到一定量时干脆自暴自弃了；第四，课堂的教学模式以老师讲学生听为主，学生被动接受较多，主动学习较少，导致学生觉得数学课枯燥无趣，不喜欢；第五，老师对学生的关注不够，甚至有的学生一年下来从未被老师点名回答问题，作业也没有老师的评语，感觉老师不喜欢自己，所以自己也不喜欢老师，从而不喜欢老师的课。

三、提高中职学生数学学习兴趣的建议和举措

俗话说：兴趣是最好的老师。大部分学生对数学学习的兴趣不高是学业水平评价取得好成绩的最大障碍，如何清除这个障碍呢？下面谈谈作为一名年轻教师的几点思考：

首先，用情感灌溉课堂，用学习充实自己。教学活动不是孤立的，而是蕴含了丰富的教师与学生之间情感互动的一系列活动，教师是主导、学生是主体，这对教师有两个方面的要求，一方面，教师需要加强对学生的关注和尊重，多倾听学生的想法[2]，并与教学内容结合起来，用合适的语速语气引导和鼓励学生积极思考，在思考过程中培养学生的数学素养；另一方面，教师自身需要不断地学习探索，拓宽自己的深度和广度，以适应当今飞速发展——“若要给学生一杯水，教师仅有一桶水恐怕远远不够”——的社会需求，同时，当教师通过不断的学习，提升了自己的学识和涵养时，学生能受到教师人格魅力的感染，从喜欢任课老师到喜欢这门课的学生就比比皆是了。

其次，简化学科知识，消除畏难情绪。大部分的中职学生对数学有畏难情绪，教师在教学活动中需要动脑筋把数学知识“变难为易”，如总结规律编制口诀——在讲授三角比的诱导公式时，可以引入口诀“奇变偶不变，符号看象限”，并通过例题指导学生如何理解口诀，通过口诀的使用，学生发现 20 多个公式不用记了，只要理解 10 个字的口诀就可以了，原来数学并没有想象中的难，畏难情绪得到缓解，学习兴趣得到保护。

第三，通过分层、分组等方法，让学生感受收获，体验成功。把学生按照现有学习基础分成若干“层”，不同的“层”设置不同的学习目标、提出不同的学习任务、布置不同的作业、设计不同的评价方法；分组时主要安排团队共同完成任务，同一组里每个“层”的学生都要有分布，课堂内外结合，课外可布置就相关内容搜集资料并讨论、形成一个小组作业，如搜集黄金分割比的相关资料并举例说说黄金分割在生活中的例子；课内可组织小组间的互相比拼，积极回答老师提问比拼和课堂练习比拼等。通过这样的方法，让以往有数学学习挫败感和自卑感的学生也品尝到学习数学的快乐，学习数学的兴趣就会得到提高。

第四，创设情境、贴近生活、结合专业、动手实验。新课程明确指出：“有效的数学学习活动不能单纯地依赖模仿与记忆，要重视课程内容与实际生活的联系，增选在现实生活中广泛应用的内容，加强实验和各类实践活动，培养学生乐于动手、勤于实践的意识和习惯，提高实际操作能力。”很多学生感到数学比较枯燥，如果理论太多太强，难免感到枯燥，我们可以多举生活中的例子把要讲授的数学知识囊括进去[3]，尤其是与学生专业结合的例子，能让学生自己动手实验的与专业相关的例子最为理想。比如讲解空间几何时，可以让学生用笔做直线、用书做平面，自己动手摆一摆直线与直线、直线与平面的位置关系；讲解解三角形时，可以让学生动手量一量教室里某三个座位两两间的距离，用余弦定理计算夹角等；给金融专业的学生讲等比数列前n项求和时，可以引入银行等额本息还款的例子等。这样可以强化学生的主人翁意识，感觉到课堂不再是老师的舞台，而是学生乐于参与并勇于展示自己的平台。

第五，借助信息技术，丰富课堂教学[4]。鉴于中职学生的意志力较薄弱，注意力容易分散，借助现代信息技术让课堂教学变得丰富多样就显得尤为重要。教师根据需要选择合适的信息技术手段，不但能节省很多宝贵的时间使得课堂的有效性大为提高，而且大大增强了课堂教学的生动性，把学生的好奇心充分调动起来，化作内在的动力自主探索学习[5]。Powerpoint 和 Flash 可以加入声音和视频，丰富了教学的维度，能吸引学生的注意力；几何画板能准确地作图，例如讲解正弦型函数图像的时候，可以借助几何画板把不同参数对函数图像的影响直观地展示出来；涉及枯燥的计算的时候，只需要在 Microsoft mathematics 软件里动动手指，结果就能迅速准确地呈现出来；微课的运用可以让学生在任何时候任何地方方便地重复学习；蓝墨云班课甚至可以让学生在课堂里在线答题，软件会迅速在线批阅并分析学生掌握情况。这些信息技术手段的运用，让学习数学变得生动有趣，学生便再也不会觉得乏味。

四、结语

学习兴趣的提高，直接带来的好处就是学生的内在动力被激发了，当学习变成一件有趣的事情、内心想要做的事情，就自然会想攻克它；当学生品尝到甜甜的学习成果的滋味时，就会更有信心去学习。这样的良性循环必将提升他们的数学能力，助他们成为专业技能与文化素质全面发展的中职生。

参考文献

[1] 刘人瑞．中职生数学学习的现状及教学策略研究:[硕士学位论文]. 长春：东北师范大学，2012.

[2] 杨祥林．以防为主，矫正中职学生学习数学的心理障碍[J]. 教育科学，2016，(2)：75.

[3] 徐锦．谈中职数学教学生活化[J]. 西部素质教育，2016，2（13）:86.

[4] 费建国．信息化教学在中职教学中的应用优势[J]. 求职导刊，2016.4:49.

[5] 张成仁．信息技术与中职数学整合设计的思考[J]. 教育科学，2016,（3)：47.

（作者：黄双双）

四、工匠精神篇

编者按：自李克强总理在在政府工作报告里第一次提到“工匠精神”这个词后，培养具有工匠精神的学生成为职业教育的指导方针。从社会的变迁中探寻失落的工匠精神；从身怀绝技的能工巧匠的成长轨迹和心路历程中探寻匠人成长之道，对于职业教育中如何培养学生的工匠精神都具有积极的启迪意义。

社会变迁中失落工匠精神的追寻
——工艺匠人的叙事研究

上海工艺美术学校

工匠精神，从一般意义而言无外乎是：一丝不苟、精益求精、一以贯之。然而这12个字却严苛得令人敬畏，背后的潜台词是“耐得住寂寞，受得住诱惑，克服得困难”。这些对工匠道德、精神上的高要求，是关于价值观和社会认知层面的。然而，自古以来，学界到民间，对于“工”的误读始终存在。管子的“士农工商”论，将工列为社会阶层的下端。因为“工”属于非本，出于务本的原则，“抑工”自然是几千年来士人阶层固化的印象，在中文化里对工的排斥态度[1]，成为影响民众的集体性观念。潘光旦在《工与中国文化》一文中指出，“以往的中国文化，就大体来说，是不利于工的发展的[2]”。

自《管子·小�》以来的文献记载起至中国历史各阶段乃至当下，即便有一些学界的呼声，但事实却是“工”依旧在历史文化中的地位卑微。[3]因此，当李克强总理在2015年政府工作报告中提出“培育精益求精的工匠精神”这一号召，迅速引起了社会各界的热议。轰轰烈烈的工业化浪潮已有百年，为什么“工”仍然是阶层的末端，甚至在当下的中国呈现一蹶不振的面貌，影响整个社会的进步和变革？

本研究试图从一个群体的生存发展和教育社会生活中发掘属于一个群体的社会性变迁。

一、引言

囿于千年以来学理的根基，教育尤其是专业教育已习惯将人才的培养分为“士农工商”，或许，世界上没有哪个国家如中国，从小学起就如此重视理想教育。每个成年人大概都会影影绰绰地记得，曾经写过的诸如以“我的理想”为题的作文。将来我长大了，要做科学家、数学家、作家、军人、警察、老师、医生、企业家，如此等等，几乎成为一届届学子千篇一律的标准化表述。自古有大家如韩愈认为，“医乐师百工之人，君子不齿。”在所有职业选项中，倘若有人提及木匠、铁匠、裁缝、修表匠、车工等，即便不被耻笑，恐怕也会因为其“格调低下”而被归于无大志向、缺乏理想之辈。最近30多年来，在我们的社会文化中，所谓“无匠人之志，无匠心独运之巧”，匠人的地位卑微，匠心的培育始终是整个教育体系中最为薄弱的环节。

一个史实是技师、技工在中国严重短缺，高技能人才的缺失，导致整个工业领域的技术发展和进步堪忧。从一个侧面来看，“近半个世纪以来，随着工业化程度的加深，廉价工业制品的侵入，民间手工艺遂慢慢消失。”[4]当越来越多的民艺，成为非遗目录中的一条注释，意味着这项“工”已淡出了民生生活。

潘光旦的早期文章充满着人文主义的关怀：“工学与工业人才的缺乏是目前最显著的现象，也是目前最严重的一个问题。旧的士大夫阶层里似乎不容易供给这类人才，如果不因外缘的督促鼓励，而但凭他们的志愿兴趣，恐怕十之八九会走文法的一路，而避免理工的一路。”[5]随着社会变迁，20世纪70年代以后，这类情况似乎略有改善，“走文法的一路”的人是越来越少，学“理工的一路”的人越来越多，可是，人才的断层情况依旧没有得到改善，工变得越来越偏文，人脑和人手的距离也越来越疏离。

社会发展过程中多元文化所掺杂的急功近利思潮使得工匠文化离我们渐行渐远，并直接导致一些传统工艺面临后继无人的威胁。那么关于匠人文化教育的研究，是否可以从文化研究的角度中寻找一条出路？譬如，传统文化中哪些内容适合职业类学校学生的学习？究竟让学生从匠人文化中汲取什么？如何处理本土文化与其他多元文化之间的关系？用什么方法在多元社会、时尚文化中成长起来的而学生理解并亲近匠人文化并重塑匠人精神？

然而，如此多的难题迫在眉睫，职业教育中对这些问题研究却不多，亟待在这一研究领域开拓一个全新视角，提供一个别样的观看匠人文化的方式，从一个个活生生的案例来追寻正在失落的工匠精神。

（一）研究问题

随着社会变迁和外来文化的渗透，传统文化被稀释的问题日益深化，社会各界强烈呼吁加强传统文化教育，各地各级学校纷纷响应号召，开展了传统文化活动，开发传统文化教育课程。从已有现状来看，国学、戏曲、武术、茶艺、民乐、书法等都被写入了教科书，走进了社区和课堂。随着这些形式的传统文化实践的深入，有关匠人精神的探讨也成为全社会日益关注的问题。“工匠精神”正在作为一种软实力，在生活和工作中发挥着隐形的力量。工匠之美，不囿于外在所囊括的工艺和匠人的外显形式，更具有丰富的时代内涵讲求的是一种精益求精的人生追求。

工匠在现代汉语字典里的解释条目为：手艺工人。从木工中派生出的“匠”在这里的含义为，有手艺的人，是以技艺作为谋生手段的人。这是《说文》对匠的理解，如果更深层次地来看，匠作为一种行为，也有治世、匠理的意思。张祜《题王右丞山水障》诗云：“精华在笔端，咫尺匠心难。”这里的“匠心”犹言“造意”，是指文学艺术上的构思。因此，匠还包括了“工巧的心思”之意，指代一种精巧的设计思维。

另一方面，现代匠人因独具个性，遍布社会各个领域，如今成为媒体的高频词汇。从已有实践来看，匠人的生活整体来看是一种非正式学习的过程。一个匠人的成长环境是与生活基本融合在一起，呈现不可分割的面貌。

本研究旨在对工艺匠人的生活和创作展开研究，透过叙事中呈现的现代匠人的生活和工作现场，这不仅仅是对工艺史的补充，可以丰富匠人文化的研究，同时对匠人生活工作的现场采用叙事研究的方法，提供临场的真实感和可视的教育叙事“场域”。研究关注的匠人群体是1970年代之后接受工艺匠人教育的一代人，通过对谈们的生活叙事和教育成长，梳理中国现代匠人的培养模式，反思其中的问题，提供可供借鉴的职业教育发展模式。

（二）研究对象及其生态环境

对于“工”的忧思，是困扰国人几千年来有关经学讨论的后遗症。我们研究“工”，其实更多的是将关注点放置在这一群体的生活状态，透过他们的生活来映射杰出的工匠是如何被塑造出来的。

本研究中出现了两代工艺匠人，一是1960年代建校初期的师生。他们已退休多年，基本远离了职场，也没有过多参与到现今这场工艺复兴的浪潮中。参与建校中的教师和学校领导，在反思当年的教育现场和办学思路时，更多的是从历史的角度和国际立场来看待社会的问题。他们的立场和观点，代表了一代人对整个行业和社会分工的宿命。

第二代是1970年代接受工艺教育的匠人，如今也已经到了知天命的年纪。他们有的已经退休，计划着回家颐养天年，有的即将退休，在回顾个人职业生涯的同时，难免会集体怀旧那个曾经师傅领进门的学徒生活又或者可以称之为一个特殊时期的师生模式。毕竟，是这样一个途径，让这批人成为目前中国匠人群体中的中坚的力量。

在这两代人受教育的时代恰巧是“文化大革命”之前和“文化大革命”后期，国家政策依然可以决定了一个人的基本命运的年代。在研究中群体中，有学校的领导，专业教师，由曾经学生转变为教师的群体，学生，借调到学校的专业手工艺人，这一群体的肖像共同构成了一幅匠人的生活图景。他们的际遇折射了社会的变迁和整个行业的兴衰，通过他们的口述，我们可以接近匠人生活的现场，还原真实的生态环境。

本研究中的叙事是教育叙事的典型手法，通过描述匠人、教师群体的经验、行为，呈现这群人的群体和个体生活方式来还原曾经的历史。教育者的价值取向和意识形态在叙事的过程中自然流淌，研究的视角和洞察力将穿透现场，直抵教育理论的核心和本质。

以下将通过叙事，娓娓道来那个年代有关匠人的故事和记忆，正是这代人的生活故事，向我们展现了一幅丰富的匠人生活图景，追寻他们的脚步，回溯历史的现场。

二、沧桑的历史变迁

（一）建校回眸

1957年的时候，上海市手工业局和上海市工艺美术局先后撤销，上海工艺美术行业归口上海市轻工业局管理。此时，全市工艺美术行业的个体手工业已完成社会主义改造，为了人才培养和传承手工艺的需要，轻工业局开始筹备办学。虽说是有了办学意图，但行业办学的步伐还是有点迟缓。一晃又是两年，1959年的时候，局里决定将此事提上议程，由副局长朱纪青负责筹建学校。1960年2月，上海市轻工业局向上海市委提交《上海市轻工业局拟办上海市工艺美术专科学校的请示报告》，即获得是为工业部、教育卫生工作部的口头允诺，自此由上海文娱体育、工艺美术公司（简称，市体文公司）负责，市体文公司经理刘怀塘兼任校长、副校长汪邦彦任书记，选址黄浦区圆明园路43号，原美术模型厂厂房，开门办学了。

创校初期的学校，有多个车间组成了方圆3公里范围内多个校区的简易学校。原模型厂厂房差不多有1000多平方米，老城厢南市区光启路180号的分校，面积差不多有300平方米。还借用了新乡路木雕一厂的厂房，建了玉雕、木雕、漆雕三个实习工场。

学校初办学，教职员工一共48名，来自于不同的行业背景，其中有一些就是匠人，也就是我们俗称的老师傅，来学校做了工艺教师。专业教师中从行业借调来的手艺人有：朱永贵、乔松林、张爱泉、顾顺海、徐万成、徐宝庆、高婉玉，这批匠人绝大多数没有进入学堂接受过正规的学校教育，更没有从事教师行业的经验。梳理这群人的职业身份，可以发现，有关一个行业的师承关系，是由古至今工匠教育的一脉相承的传统底色。

（二）教师群体

一所学校的师资构成是决定学校发展的重要条件。在古代，匠人的教育主要是师徒制——一种中国传统伦常最重要的非血缘关系之一。《百喻经·蛇头尾共争在前喻》：“师徒弟子亦复如是。言师耆老，每恒在前；我诸年少，应为导首。”这种师承关系，决定权在师傅。师傅和教师是全然不同的职业身份，他们的角色区别在于师生主要是从学校这个范围来说，在学校这样的一个理想国环境下，教师和学生统称为“师生”，而师徒则主要是从传授技术、技能角度来讲的，专指通过传统的跪拜仪式认定的一种有关职业传承的非血缘关系。

在工艺美术学校早期，这种师徒关系和师生关系似乎是浑然一体的。部分从行业借调来的匠人，在学校里成为了教师。他们与学生的关系似乎不同于在工场、作坊中的师徒制关系，因为3年的时光没有规定一个仪式上的传承关系，所以也没有后面的所谓一代传一代的传统。除此之外，还有从行业借调来的一批匠人师傅，成为专业教师中的另一个群体。

匠人生活其实不是我们想象中的工厂和学校的天然沟通。在学校里，做工和学艺是分开的两个部分。专业教师教绘画、雕塑技法、老艺人教手法，一件作品的完成是多人合作的结果。或许在最后的署名中看不出来，但是习作一定是经由多手才得以完成。

上海地区后来出现的工艺美术大师，基本来源于美校生源。这批60-70年代的毕业生，就是在这种半工半艺的过程中完成了早期的匠人教育。

三、最富匠人精神的一代工匠

学校的老一代教师习惯把1960年创校初期至“文化大革命”停办称为“老美校”，1973年为起点，恢复办学后的学校称为“新美校”。73届就是在这个转型期中最值得记载的一代人。在这批人身上有时代的重重烙印，有中国现代工匠教育的独特教育痕迹，他们的成长和故事，是回溯整个工匠教育的切入口。

那么，这212名学生到底是怎样的一个群体？从校史来看，这批学生学制3年，收获的是技工班的文凭（并不属于真正意义上国家认定的中专学历），毕业后大部分经国家分配进入企业，从事与工艺美术相关的职业。其中的部分被留校，经过培训成为专业教师。回望这段历史，可以用一种素描的方式勾勒出中国当下主流的匠人教育的过程，一种身不由己的身份和状态。

周：当初文化大革命后逐步恢复，虽然招生不是考的，但客观上讲，招生要求也是很高的，后来我了解到，它向全上海市的4个区的所有的学校挑1～2个，而那时候大学还没有恢复，所以是在每个中学里最好的挑一两个，所以这样组建了工艺美校的第一届学生。听说那时，我们进来时，团员占70%～80%，那时一个学校里是团员的是很少数的，而工艺美校这批占百分之七八十。

余：我记得我当时好像就是朱家俊老师挑的。所以说他当时找我谈话的时候，他还做家访了。他对每个学生都进行家访，家访了之后就结束了，就等于说像现在的面试一样。其实和你聊一聊之后，了解你大概情况。我对这个老师印象蛮深的，做事情蛮仔细的。

专业的抉择身不由其，学生处在历史的洪流中，个体是不具备选择的能力和条件。究竟是为什么选择？选择是否符合个性、能力发展？一切都是未知数。由于目标的不确定和身份认同方面存在冲突，这也造成这群人在未来选择职业道路上遭遇的第一次困惑。这种矛盾和无奈始终存在并交织出现，最终成为影响群体成长的重要因素。

陆：那时候不是主要看你平时的学习成绩。最主要看你对美术的爱好，还有就是推荐人的很重要。

沈 当时读书，学习的氛围尽管是（处在）“文化大革命”当中，但是学习呢，我们那时学习和现在的学生不一样，自己很要很要的。当时。“文化大革命”时，提倡走又红又专的道路，一定要政治思想好，再强化学习专业，但事实上，两者并不是完全兼得的，你政治上一天到晚上在外面搞政治活动，（学习）专业时间肯定是不够的，相对来说，环境也没有现在好，外面连书都看不到一本的。

陆：同学互相影响也非常重要，比如陈箴，他对我影响比较大。他那时候非常卖力，各方面都要比别人做得好，那时候他是标杆。

学生都认为这3年的专业学习收获了正规教育，获得了技能和知识，但尴尬的是，这批学生却没有获得学历认同。他们没有得到教育部门颁发的学历证书，多年后还在各类培训机构和继续教育中，获得教育身份的肯定。

王：我们学校在20世纪70～80年代非常好，有一批现代艺术的老师。这些老师不是当时学校请他们出来的，是工艺美校当初有个宽松的环境，很多老师都自己主动的接触西方的现代东西。培养了自己的现代艺术观念。所以说我们都很有体会，工艺美校造就了我们。我们那时候上课老师学生同时画的，最开始是示范稿，学生跟着你老师的示范稿，就没有创造性了。后来就改变这个观念，大家同一起跑线，学生在画的时候，老师也在勾草图。老师给学生看，学生给老师看。这样师生互动，也容易出好的东西。

陆 那时候师生比例要比现在高，那时候我们一个专业就25人，3位专业老师，1位班主任，另外的还有雕塑，国画、塑料老师等，一个班级有6～7位老师。我们那时候都风气很好，练习绘画等各项和专业有关的到晚饭时间。吃完晚饭还继续绘画等，空闲时间不会出去玩什么的。

沈：老师，经常来我们这看的，晚上也不回（家），夜里也来看我们，这时，读书的氛围很好，学生真的非常好学。那时红卫兵晚上巡逻赶人，我们把门、灯关了，等他们走了，我们继续学习。

陆：那时还有一个特点是博览群书。例如，像《艺海拾贝》之类的书。那时候的美术基础是学速写，速写的书也很流行。像《工农兵画报》之类的素材也很多。那时候作品都是生活化的，没有市场化。当时的文艺理论主导就是革命现实主义和革命浪漫主义相结合。我们当年的创作都要来源于生活并结合形势的发展。那时候写生至少3个学年有3次出去的比较远的，在我的3年里，一次是去黄山，在黄山茶林场和茶农一起劳动。一般是1个月左右的时间都待在那边。我们每学期有2～3个月是专业的制作课。专业制作课里有1个月是体验生活搞创作。还去黄沙岛体验生活和写生，完了之后回来搞创作。

周：那时学校环境也相当好，有利于人提高艺术修养。学校很大，有小桥流水，氛围好、环境好。在这种环境下成长起来，浸润在艺术环境中，人的境界不一样。不是像现在比较商业化，浮躁。当时能沉得下来，一门心思在专业上。

王：当时的工艺美校相对很宽松的，时间上就很宽松。不像当时我临退休的时候，机械化的教学，使我很厌烦。

余：当年没有机器，人能够静下来。现在的人都静不下来，老一辈的生活比较稳定，不用想着用它来赚钱。所以我就觉得我们工艺美校的人在传统工艺上稍微欠缺了一些。

从现实来看，整个行业的衰退导致了专业的没落，匠人总是无奈地被时代所选择。

四、社会变迁中的工艺美术教育

随着社会的变迁，工艺美术面临各种技术发展的冲击，比如20世纪70年代，随着轻工业的大发展，传统的工艺美术受到了包装装潢和日用品造型等实用工艺美术的挤兑；面临工业社会向信息社会的转型，计算机技术突飞猛进地发展和无孔不入的渗透，又给工艺美术带来了冲击，也带来了机遇和希望，匠人工作生活的环境也发生了巨大的变化，商业化大潮也影响到工艺美术领域，工匠们心无旁骛、专心致志从事匠人手艺的环境一去不复返了。

颜：20世纪70年代末期，轻工业发达，国外要求发展轻工业。我们学校就办了一个包装装潢设计专业还有一个日用品造型设计专业，当时的塑料公司等特别需要造型专业人才。1979年开始招生的。之前的一个红木专业，后来人分配不出去，也就改成装潢专业了。就是为了适应需要，当时的木雕后来都改成了装潢专业了。这都是根据市场的需要不断调整，甚至有的学生读了一半改变专业都有。

冯：20世纪80年代全国都在转向。那时候很多地方雕刻类专业都没有了。我们学校还是保留工艺雕刻类的专业，这个是我们学校的特色，其他学校都已经没有了。雕刻类的就归类的了，以前一个材料学4年，现在4年可以学很多材料。到了20世纪90年代工艺美术学校基本上就变成设计类专业了，雕刻班4年招1次，之后又要动脑筋怎么发展新专业，后来他们又想出来工艺美术要做销售，销售做了就要学外语，后来电脑出来了，思维敏捷的老师去弄电脑，学电脑，就出来办计算机图形班。

余：工艺有许多东西，各种各样的传统东西，还有各个阶段历史性的东西，每段历史都留下印记。工艺美校的发展，不能老是做着以前的，否则怎能超过前辈呢。所处的环境不一样了，心态也不一样了，回不到以前了。人总要向前看，要有新的东西，因为这个审美一直在变。要根据当代社会的发展，用新的手段和新的观念去创作。

陆：我们那时候（20世纪70年代）是搞工艺美术的，后来到了20世纪80年代，工艺美术几乎是被淘汰的了。后来非常紧缺的是装潢方面的人才，学校留就把工艺美术的专业也转成装潢。我们后来也就彻底改行，很多东西都是新的东西。我们也重新开始学。后来到了21世纪，工艺美术又兴旺起来了。

沈：尽管自己从小学画，有一定的美术基础，但在学校接收这样系统化、正规化的学习训练，各方面都打下了厚实的基础，所以到了企业后，即便转行到老凤祥搞首饰，仍受益于良好扎实的基础。

五、寻找失落的匠人精神

在商业化、实用化和信息化等大潮的冲击下，“一丝不苟、精益求精、一以贯之”的匠人精神似乎渐行渐远。然而，随着时代的变迁和发展，我们对匠人精神的理解也应该赋予其新的时代内涵，创新和与时俱进是新时代匠人精神发扬光大的核心要素。只有不断创新，匠人精神才能经久不衰。

余：当年，我们在工艺美术研究所时创作的木雕《海底》时请的师傅，在他身上就集中体现了匠人精神。他年轻的时候可以把两块木头整得很平，然后再吸起来。现在这种传统工艺逐渐失传了。所谓匠人精神，就是促使我们看重细节。

颜：据我了解，工艺美术的发展，要随着技术的发展，不断地更新手段和更新观念。例如，计算机融入工艺美术当时是我们学校率先提出，我们学校第一个开的计算机图形专业。当时就是考虑到技术的发展会对工艺美术带来质的变化。所以将来也是要充分利用高科技，不管哪方面的设计，设计的思想都是需要的。制作也会产生很多变化。

陆：计算机的出现，颠覆性的影响着工艺美术。但人们对艺术的基本概念是不变的。以前我们画一个平面的包装或者宣传画都是手绘的。现在的都是电脑制作了。传统的工艺美术还是没改变，基本还是以雕塑和制作为主，不过电脑的制作基本没有冲击到传统的工艺美术。

沈：我觉得人应该具备多方面的素质，你学一样东西进去后，还能够出来，出来就是靠各方面的素质了。有些了学了样东西进得去出不来，只会死地往里钻。就是不能单一，还是要全面发展。在遇到发展变化时，出不来就麻烦了。

冯：还是要创新设计。创意还是要加强，有些想不到的东西，确实看了豁然开朗，首先还是老师要接触的东西多一些，后来我上的课里，就在制作里面加设计。加进去之后每届学生做出来的东西都不一样的。技术辅导和设计辅导这两项都要跟上。现在有些的老师，只会设计，纸上谈兵。工艺美术教师的发展方向要既懂技术、材料，又懂设计、加工工艺。工艺美术是小众产品，关键是培养学生怎么创意的，这方面的确是蛮多的。国外这方面做得比较多。从现代的社会来说，互联化，电脑雕刻，虽然出来的作品不是很有感觉，但是随着社会发展还是有点市场。还要融入一些现代的东西，不管学生老师，设计思路好的，不管搞什么都行。就像传统工艺好都很好的。从现代工艺美术来说，有什么好的教育的方法？能够培养出好的人才？现在很多设计还是从传统工艺上的基础上来设计的。

陆：工艺美术的行当里，电脑的渗透是肯定的。手工艺作为一种特殊的人才可以保留下来。可以搬到校外去学习，例如到老凤祥的师傅那里去学习。到了校内要学先进的东西，创新的思想。这个是非常重要的，没有创意是不行的。

王：一定要根据人的时代改变人的需要来设计，不是为了设计而设计。更高一点的话设计去引导生活。在中国，我和颜老上次写了一篇从图案角度的文章，图案设计怎么样从农村走向城市。我们提了一个所谓的新名词：城市民间图案。其实这个城市民间图案已经存在了，上次我们也找了些，就像我们一般的蓝印花布，印丁攀菊的图案一个个拼起来，拼成像墙面隔断，当时用钢丝穿起来的，用缝纫机弄起来的空间隔断，实际上农村是没这个要求的，随着人们的要求，放到室内的陈设里去，就变成了城市民间图案。这个民间图案，我们教师在引导的时候就应该考虑到。这样在设计上的思维方式就会改变。

陆：国内的工艺美术虽然强调贴近自然，其实和自然是有一定的距离的。国外的工艺美术倒是很贴近自然的。包括日本、欧洲等，他们确实保留了原汁原味的东西，而我们却相反。我上次去芬兰参观，那个小厂生产的玻璃鸟给我留下较深刻印象。玻璃厂是那个小镇的支柱产业，玻璃鸟成为标志产品。其实这个玻璃鸟造型很简单的，但是变化很丰富。多年来玻璃鸟总体造型不变，但不断丰富产品细节类型，经久不衰。而我们的工艺美术产品是今天这样，明天换个样。他们是有传承的，传承里面有变化的。他是根据社会变化一直在改变，而不是彻底变化的。他们是在细节上的变化。造型是没变的。我们造型一直在变化，没有固定的造型，我们国内如果我要去买东西，看上去品种很多琳琅满目，但是仔细看看自己要买的东西又没找到。国外的都是积累下来后提升再创新，我们没那个延续性。就比如说以前玉雕厂那么多，但是没有典型的产品。

六、结语

随着社会的变迁，市场经济体制，经济改革与建设成为社会的核心问题，作为手艺人，面临如此转型下冲击，不可避免成为观念更新下的试验品或牺牲品。在访谈中，笔者有一个强烈的认识，相对这批人的身不由己，不得不去重新思考整个学校建制、培养目标、课程设置等更为教育学的问题。在当下以量化考评为主要方式的学校生活里，这批曾经在身份上艰难获得承认的教师群体，在处理学术、工艺和生活的态度上，经常出现困惑和抉择。这种抉择受制于各种外部因素，甚至在干预下，只能被动接受。对于这方面的研究，笔者在后续的研究上将深入开展更为细化的考据。从整体的口述研究发现，这一群体对工匠的认识、理解，以及自身的职业定位还是有一定思考。从他们的成长不仅可以窥见中国现代匠人教育制度的变革，匠人职业生活的取向，还能够折射出教育对培养工匠精神的重要作用。这也是本研究试图接近的研究目的之一吧！

参考文献

[1] 参见刘国良《中国工业史·古代卷》卷首语，针对有学者认为中国古代手工作业不能称之为“工业”的误解，刘先生说：“从工业发展的阶段性来看，它包括古代工业、近代工业

以及现代与将来种种产业；就工业的社会形态来看，它分为手工工业、家庭工业、作坊工业、机器大工业等等。”动力机器的产生，仅是“工”在技术手段上的革新。南京：江苏科学技术出版社，1990 年 .

[2] 潘光旦 . 工与中国文化，潘光旦文集 [M] (第 9 卷)，北京：北京大学出版社，2000：552-554.

[3] 郑也夫 . 吾国教育病理 [M]，北京：中信出版社，2013：71：50：54.

[4] 左靖 . 黟县百工 [M]，北京：金城出版社，2014：2.

[5] 潘光旦 . 工与中国文化，潘光旦文集 [M] (第 9 卷)，北京：北京大学出版社，2000：555-556.

（作者：薛志雄）

从一代焊神成长经历看工匠精神是如何炼成的

沪东中华造船集团高级技工学校

在 2016 年 3 月召开的十二届全国人大四次会议上，李克强总理在《政府工作报告》中明确指出，要“培育精益求精的工匠精神”，“工匠精神”一词迅速响彻大江南北。特别是全国和上海等许多地方、多个行业，评选出一批技艺精湛的工匠，从而使工匠成为技术工人学习的典范，“工匠精神”也成为 2016 年十大热词之一。在当前的经济形势下，如何弘扬“工匠精神”？作为中高职贯通学校又该怎样结合教学实际，如何运用“工匠精神”将在校学生培育成德艺双全的工匠？认真思考探索这些问题对于我国职业教育培养更多更好富有工匠精神的技术技能人才，早日成为制造业强国颇具现实意义。

一、当前为什么要大力弘扬“工匠精神”

从国际上看，新一轮科技革命和产业革命已蔚然成势，产业升级和生产要素转移步伐加快，对人类现有的产业结构和生产方式、生活方式将产生深远的影响。特别是随着人工智能在工业领域的普遍应用，具有工匠精神的高技能人才和服务业市场需求增大。面对“工业 4.0”引发的人才需求变化，发达国家纷纷把发展职业教育作为国家战略，作为应对危机、促进就业、迎接新技术革命挑战的重要举措。如，欧盟制订的欧洲2020战略明确提出：要推动欧盟各国职业教育合作；英国颁布了国家技能战略；澳大利亚和新西兰分别提出技能澳大利亚、技能新西兰战略等。特别是美国新当选的总统特朗普提出，要收回在国外的美国制造业，大力发展美国自身的制造业，赶走在美国的外国制造业，重塑世界第一制造强国。这一切，无疑将会对中国制造业的发展形成巨大的冲击。

从国内来看，经过近40年的改革开放，我国已成为制造业大国，但多数行业还处在产业链的中低端。特别是近几年，我国经济发展进入新常态，面临增长速度换挡期、结构调整阵痛期、前期刺激政策消化期“三期叠加”，从而导致发展速度放缓。针对经济社会发展碰到的新问题、新形势，中央有的放矢地强调加速转型升级，强化创新驱动发展引领作用；并在宏观上以削减落后产业、过剩行业产能，以提供适销对路的产品、提高产品质量和服务质量为重点，积极推进供给侧结构性改革，以切实提升我国的制造业水平，进而真正实现制造强国的目标。

毫无疑问，中央关于大力推进供给侧结构性改革，是总体的政策依据；而要为社会提供优质产品和优质服务，促进经济社会的持续发展，实现制造强国目标，必须依靠各类高素质的人才，必须加快速度、努力培育大批具有专业技能的高素质劳动者和技术人才，才能为实现制造强国目标、推动经济社会持续发展奠定人才基础，才能在日趋激烈的国际竞争赢得主动权。

二、如何认识中高职院校在培育各类工匠中的重要作用

长期以来，在许多企业的生产实践中，一代又一代年轻的技术工人，通过前辈的“传、帮、带”，及自身的刻苦钻研、努力学习，成为具有高超技能的工匠，成为各行各业专业技术的领头羊、排头兵。但从总体上来说，这种培养高级技术工人的传统方式，无论是数量、还是质量，已经不能适应整个国家经济社会发展的需要。

而在改革开放以来的30多年中，我国的中等、高等职业学校已为国家和各行各业的用人单位，培养了数以千万计的各类专业技术人才，并通过以后的实践涌现出了一大批能工巧匠，从而有效地补充了各企事业单位在实践中培养技术工人的数量。这是不争的事实。

为进一步发展职业教育，《国家中长期教育改革和发展规划纲要（2010-2020）》

提出了“到达2020年，形成适应经济发展方式转变和产业结构高速要求、体现终身教育理念、中等和高等教育协调发展的现代化教育体系，满足人民群众接受职业教育的需要，满足经济社会对高素质劳动者和技能型人才的需要”。还有，在2016年12月2日推进职业教育现代化座谈会上，国务院副总理刘延东在《加快推进职业教育现代化 开创我国现代职业教育新局面》的讲话中强调：“要树立正确人才观，培育和践行社会主义核心价值观，着力提高人才培养质量，弘扬劳动光荣、技能宝贵、创造伟大的时代风尚，营造人人皆可成才、人人尽展其才的良好环境，努力培养数以亿计的高素质劳动者和技术技能人才。”这一切，均为我国职业教育如何培养社会需要的人才，指出了明确的方向。

在国家有关政策的支持下，近年来，中高职贯通的学校、专业逐渐增多，并以它从社会实践需要出发形成的教学方式、人才培养模式，已经成为新形势下，成为适应社会经济发展、深受广大家长和学生欢迎的现代职业教育体系的一种创新。从中高职贯通的教学实践来看，它与传统的“中职+高职”或“普通高中+高职”的人才培养模式相比，中高职贯通人才培养模式采用一体化设计，拓宽了技能型人才的上升渠道，合理构建了技能型人才的终身学习体系，有利于职业学校培养更多的社会需要、用人单位欢迎的高级技术工人，从而为这些高级技术工人成为工匠奠定扎实的基础。

因此，在如今的新形势下，中高职贯通学校的各级领导和广大教师，必须充分认识到：在培养高素质劳动者和专业技术人才方面，依然重任在肩。

三、如何发扬我校以往在培育大国工匠方面的经验

沪东中华造船集团高级技工学校是众多中高职贯通学校之一。从1958年成立至今，已为沪东中华造船（集团）有限公司及社会培养了18000多名技校毕业生，被誉为“上海造船工人的摇篮”。这18000多名学生毕业后大部分在企业从事生产、技术、服务等一线工作。其中大多数技校毕业生成为各个用人单位的生产技术骨干。

更为值得骄傲的是，在近四十年来，学校培养了一位大国工匠——张冬伟，两位上海工匠——张冀飞、秦毅。在新的历史时期，沪东中华造船集团高级技校应当总结经验，为培育出更多的大国工匠提供借鉴。在此，让我们回顾一下3位工匠的成长之路——

1. “焊神”，是怎样成为“神”的

1979年张翼飞从沪东技校毕业，经过多年的勤学苦练，先后掌握了100多种焊材的焊接技术，几乎什么领域的焊接难关他都能攻克，被业界誉为“焊神”。全国焊接领域一位资深专家这样说：毫无疑问，张翼飞是一个十分神奇的人物。因为像他这种身怀这么多技术的人，在中国绝对是个位数。

张翼飞技校毕业来到船厂当了一名电焊工。那个时期，“文化大革命”遗风仍在肆虐，不少青工对学技术不感兴趣。可他却反其道而行之，别人不想学的，他学；凡是有技术难题，他主动请缨，参加攻关；工间休息，他缠着师傅，千方百计要把窍门挖到手。1.9米的个儿，500度的近视要做这个工作真的很难，可是面对各种困难，他咬紧牙关，凭借足够的毅力，潜心钻研，不断超越前人，超越自我。船厂焊工能够焊接三四种材料已属“全能冠军”，而张翼飞竟掌握了100多种焊材的焊接技术，成为该领域标杆人物。并先后在全国、行业和上海的技术比赛中榜首，多次获得 “全国技术能手”、“中华技能大奖”、“十大工人发明家”、“全国劳动模范”、中国船舶工业集团公司焊接首席技师。

更为可贵的是，张翼飞成为沪东中华的电焊高手后，他没有骄傲自满，而继续精益求精，在参与公司的各项攻关中屡建功勋。他认为：成为“焊神”没有捷径，唯有精益求精，追求卓越，超越自我。

之后，又担任公司的电焊“教头”，毫无保留的将自己的技术传授给徒弟们。在他的言传身教下，带教出一大批焊接专业技术人才，他带的徒弟中，不乏“全国技术能手”、“全国五一劳动奖章”获得者、“中央企业劳动模范”，更有大国工匠、上海工匠，可谓桃李满天下。几年前，张翼飞创办了劳模工作室，他领衔的焊接技术工作室被评为上海市“劳模创新工作室”，以培养更多的大国工匠，旨在培养更多工匠式的高级焊工。

2. “焊痴”，“痴”在哪里

1998年从沪东技校毕业的秦毅，成了公司的一名电焊工，从此与焊接结下了不解之缘。不管是酷暑严寒，日晒风吹，他总是拿着一把焊枪勤学苦练，孜孜以求，常常连续几小时埋头练习，到了废寝忘食的境界，被大家视为“焊痴”。 这个能吃苦、爱钻研的小伙子很快引起了车间领导的注意，专门指派了张冀飞进行传、帮、带。仅仅几个月，他的焊接技术迎来了第一次飞跃。2001年3月，秦毅在中国船舶工业集团公司焊接比赛中勇夺桂冠，被授予中国船舶工业集团公司（部级）技术能手。那年，他年仅 21 岁。2001 年企业转型发展，开始建造液化天然气船（LNG），然而，世界上只有欧美和日韩等少数发达国家才掌握这种建造技术。不掌握殷瓦钢焊接技术，中国就造不出 LNG 船。要造 LNG 船就需要大量持有 G 证的优秀殷瓦钢焊工，但当时中国一个都没有。秦毅是第一个被派往日本学习殷瓦钢焊接技术的人。日本最优秀的焊工要取得 G 证，起码经过 6 个月以上的刻苦训练。秦毅竟然仅用了 4 周，他的焊接试板就如同自动焊机焊出来一般。日本专家都对秦毅翘起大拇指："中国小个子，了不起！"中国第一位持有 G 证的焊工诞生了！

回国之后，秦毅又带教出了一批又一批优秀的殷瓦钢焊接技工，成为沪东中华建造第一批 5 艘 LNG 船液货舱殷瓦钢焊接的主要技术力量，为公司成功交付这些被誉为"造船王国皇冠上的明珠"的 LNG 船作出了重要贡献。其中就有大国工匠张冬伟。

3. "大国工匠"是怎样炼成的

2001 年，张冬伟从沪东技校毕业作为尖子生进入沪东中华工作。因为有在学校打下的良好基础，他一进厂，就被派到秦毅门下，拜师学艺。从此，张冬伟把师父秦毅作为榜样，跟在师父身边仔细观察和学习每一个焊接手势，连最小的细节都不放过节。让张冬伟真正成长的是沪东中华建造的国内首艘 LNG 船，电焊工们要在厚度仅为 0.7 毫米的殷瓦钢上焊接，犹如在钢板上"绣花"。而且，一艘 LNG 船上的手工焊缝长达 13 公里，短短几米长的焊缝，通常需要焊接五六个小时，而任何一个针眼大小的漏点，都有可能带来致命后果。因此，LNG 船焊接是一个对技术要求极高，对人的耐心和责任心要求极高，只许成功、不许失败的高难度任务。在如此艰巨的技术任务面前，张冬伟并没有被吓倒，而是凭借追求卓越、精益求精的精神，在实践中锤炼、摔打，不断学习、不断总结，最终炼成了新一代的大国工匠。

这两位上海工匠、一位大国工匠均毕业于沪东中华造船集团高级技校，这是学校的光荣。当我们总结这 3 位工匠的成才之路时，便会发现他们的一些共同之处：

一是在技校学习时就脚踏实地，怀有朴实的理想——力争经过技校的学习和锻炼后，争当一名造船厂需要的技术工人。

二是认真学习文化知识、喜欢学习专业技术理论知识，酷爱学习电焊专业技术，从而为进厂之后成为出色的焊工打下了扎实的基础。

三是进厂之后，在虚心向老师傅学习的基础上，自己勤学苦练、善于钻研琢磨、保持持续进步；尤其是在实践中珍惜在岗位上遇到每一项工作，并将其作为锻炼自己、促进自我成长的一个个台阶。

四是甘当人梯，乐于传授技艺，毫无保留地将自己的高超技能传授给更年轻的焊工，为企业培养了一大批焊接人才。

以上这些正是我们沪东中华高级技校的宝贵财富，是今后培养更多的大国工匠和上海工匠的范例。

四、中高职贯通中如何以“工匠精神”培育更多的工匠

面对新形势的需要，在中高职贯通培养模式中，我校如何培育更多的工匠苗子。本人以为，应高度重视以下几个方面：

1. 从本校已往的实践虽然有成功的经验，但与其他学校相比，必须尽快补上我校存在的“短板”

从建校近60年的历史、尤其是改革开放近四十年的历史来看，我校为沪东中华公司和众多用人企业培养了成千上万的技术工人。特别是张翼飞、秦毅、张冬伟3位工匠。再加上具有中高级教育系列和专业技术职称的10多位双师型教师队伍，并在日益完善的教学体系、育人育才方法的指引下，不断提高教学质量；以及焊装、船电、数控等设施齐全的实训基地，为培养更多的既有中高等文化知识、又具有中高级专业技术人才，提供了物质技术基础。

但是，与上海和国内的一些中高职贯通学校相比，还存在一些不足之处。如，教学创新较少，传统的教学方法仍占主导；教师队伍结构日趋老化，既有高级技师又有高级讲师职称还年轻的教师数量为0；实训场地比较小，设施虽为齐全，但数量较少，不能满足全部学生一次性实习，有的设备较陈旧，落后于现代制造业的快速发展。诸如此类“短板”，应该尽快补上。

2. 教育者先受教育，学校领导和教师要学习工匠精神，从而培养出更多的未来工匠苗子

学校各级领导和广大教师，要进一步认识中高职贯通教育在培养高素质技术技能型人才方面肩负的重任，从职业教育的内在规律要求出发，把工匠精神融入职业教育。在课程设置上、人才培养模式上、专业教学及教育方法的创新等方面有一系列的变革，把工匠精神的培育系统地贯穿于整个教育教学过程中，实现从知识、技能到素养、精神的高度融合，切实把工匠精神的培养落到实处。常言道，“师

者，人之模范也”；“学校领导和教师个人的范例，对于学生的心灵，是任何东西都不可能代替的最有用的阳光”。因此，要培养具有工匠精神的专业技能高素质劳动者和人才，学校的各级领导和广大教师，不仅要学习工匠精神，更要大力弘扬乐于育人的“工匠精神”，规划学校的育人计划并努力实践。

总之，随着时代的发展，教育者只有不断地先受教育、先行学习，才能成为真正的“名师”，才能培育出更多的“高徒”。

3. 必须坚持以往有效的教学育人经验

在近年的教学实践中，我校在育人育才方面，形成了一些被实践证明有效的育人方法，这些方法理应坚持。

一是把企业的首席技师、上海工匠请进校，进课堂直接为学生上好专业指导课。两年来，学校坚持聘请“五一劳动奖章”获得者沪东中华公司的首席技师朱建华担任校首席教师，他不仅教技校学生，而且还带教年轻的教师，一些年轻教师经朱建华带教后迅速成长为教学骨干。

二是努力培养热爱教育、师德高尚的班主任队伍。在张翼飞等3位工匠的成才之路中，我们得知他们在校学习时就是品学兼优的学生，而形成优秀的品德，离不开教师的教诲。因此，多年来，学校一贯重视班主任的选拔、培养和管理，坚持把师德佳、业务好的教师充实到班主任队伍。

三是定期交流、相互学习。近年来，在全社会弘扬工匠精神的浓厚氛围中。为使学校师生的“匠心”“匠魂”真正落到实处，我校坚持请工匠、劳模进校园开展讲座，研讨会，让工匠与教师相互交流，让工匠的“坚持、执著、独具匠心”等方面的经验，成为全体教师的共同受益的宝贵财富。这些活动有效地促进了学校的教师队伍综合素质的提高。

四是坚持产教融合、校企一体，坚持工学结合、知行合一，努力培养高素质劳动者和人才。尤其是近年来，学校充分依托和利用沪东中华公司的优势，在切实抓好学生在技校实训工场实践的基础上，有针对地组织三年级学生进公司跟班顶岗实习，在工人师傅的带教下直接从事造船生产实践，学习掌握生产需要的专业技能。

4. 结合实际努力创新，加快培育大批工匠苗子

面对全面深化改革、大力推进“供给侧结构性改革”的新形势，为实现中国从制造大国向制造强国的目标，我们必须在中高职贯通的教学方面发挥自身优势，有所创新，从而加快工匠苗子的培养。

一要在教学中大力弘扬沪东中华公司3位工匠敬业爱岗、刻苦钻研的精神，以三位工匠的成才之路，激励中高职学生既要学好文化理论知识，更要学好专业技能，立志做一个国家需要、用人单位欢迎的有用人才。

二要结合中高职贯通学生的教学实际，加大力度，请工匠现身说法。学校要紧密结合公司当前和未来的新型舰船建造，及先进制造业的发展趋势，排出有针对性、密度更强的实习计划，邀请公司现有的工匠和更多的有关技术骨干担任兼职教师，结合生产实际，手把手地教学生进行实习，使中高职学生更快更好地学到并掌握专业技能。

三要注重思想道德建设和理想教育。学校各级领导、每一位班主任和广大教师，都要成为对学生进行思想道德教育的行家里手，都要善于运用深入浅出的语言，概括沪东中华公司三位工匠的品德与精神，并以此上好思想政治教育课；同时，要反复教育学生“先做人，再做事”“只有人做好，才能事做好”的朴素道理，使更多的学生在未来能成为德艺双馨的工匠。

四要结合学校开设的《哲学与人生》《职生涯规划》教学课程要点，引导中高职学生树立正确的人生观、价值观、职业观、成才观，教育牢记“三百六十行，行行出状元”的古训，脚踏实地，立足当前，放眼未来，抓紧时机学习、掌握专业性技能，从而真正成为实现中华民族伟大复兴中国梦的有用人才。

当然，在如何培育大国工匠方面，还有诸多问题值得我们思考。但本人感到，应该按照循序渐进的步骤，在近几年先将上述的思考化为真正的实践，一步步精益求精地改进中高职贯通学校的教学。

总之，在今后的教学实践中，中高职贯通的实践任重道远，我们将以大国工匠精益求精、刻苦钻研的精神面貌、创新教学思路、改进教学实践，不辱使命，为培养更多的大国工匠作出应有的贡献！

（作者：薛芳）

中职学校“工匠型”教师奇缺的制度瓶颈及突破

上海科技管理学校

近年来，由于我国制造业转型升级，市场对技能型人才需求迫切，一些职业院校“专业教师荒”的局面进一步加剧，尤其是，那些技能水平高、责任心强、富有钻研精神的“工匠型”实习指导教师更是奇缺，这俨然成为制约职业教育发展的瓶颈。然而，这一瓶颈的形成又受制于现行中职学校教师编制、招聘条件、用人制度和管理理念等。因此，要改善“工匠型”教师奇缺的现状，制度改革刻不容缓。

一、中职学校需要工匠精神和工匠型教师

（一）何谓工匠精神

什么是工匠精神？媒体曾披露，一位在大英博物馆修复文物的古画修复师曾30多年与古画为伴潜心研究与默默坚持，直至练就一手用滚烫开水清洗古画的绝活儿。这种专心致志、心无旁骛、不怕吃苦，聚精会神致力于自己工作的精神，便是工匠精神。在工业化时代，尽管许多工作可以被机器代劳，但仍有不少需要细细打磨、慢慢雕琢的手工技术工作难以完全由机器来取代，工匠依然有用武之地。然而，对工作精益求精，甘于寂寞和敢于坚守的“工匠精神”却永远不会过时，这本身就是人类文明的精华，也是一个国家制造产品质量的重要保障。

（二）职业教育需要工匠精神

职业教育的特点决定了中职教师专业教师应当富有“工匠精神”。因为要将学生培养成具有工匠精神的技术技能型人才，必然教师自身要成为身怀绝技的具有工匠精神的双师型教师，也要成为各自专业技术邻域的佼佼者，只有这样才能率先垂范。这要求专业教师要孜孜不倦地钻研自己的知识，磨炼自己的技能。这要求每位教师具备工匠精神。尤其对于实训教师而言，更要成为名副其实的“工匠”，不仅要在自己的专业领域具有高超技能，熟练掌握每一个操作动作，为学生做出娴熟而准确的指导，还有给学生示范工匠那种一丝不苟、专心致志、甘于寂寞、刻苦钻研的精神。可以说，缺少了“工匠”精神的职业教育很难达到它培养技能型人才的初衷，而缺少工匠则工匠精神的培育则无从谈起。但目前既有技术又有能力的“工匠型”教师普遍缺乏。据资料显示，有丰富实践经验的企业兼职教师目前只占中职教师的14%左右，与教育部希望的1/3的比例相距甚远。同时，根据上海市教委的要求，学校要重点培养“双师型”教师，打造双师型师资队伍，这与满足学校对“工匠型”教师的需求是不谋而合的。另一方面，工匠精神的培育正是建设“双师型”师资队伍的重要抓手。基于此，“工匠型”教师成为中职学校宝贵的师资资源。然而，就目前的现状而言，“工匠型”教师在中职

学校十分稀缺。

二、中职学校工匠型教师奇缺的体制性障碍

（一）“工匠”难觅

职业教育需要技术高超、富有工匠精神的人员充实到师资队伍中来，但是从现实状况而言，满足这样条件又愿意从教的人才少之又少。这是职业院校在在招聘老师时普遍面临的难题。中职教育在社会公众的眼中社会地位不高，导致大专院校毕业生大多不会去考虑作中职教师，有一技之长、技术高超的工匠一般情况下更不可能去选择当中职学校教师。这就导致货真价实的“工匠”非常难觅。

例如，我校也遭遇过加工制造专业实习指导老师奇缺的困境，因为找不到技术娴熟的工匠，只能招收机械专业的大学生，但这些新老师无法独立加工一个工件，更何况要指导学生。这些大学生出身的老师的理论知识与实践的脱节十分严重。由此可见，高校培养的一些教师无法直接满足职校的需求，学校也就难以找到令人满意的应聘者。

（二）“工匠”难进

工厂里、企业内乃至社会中，不乏复合型的“能工巧匠”，他们中出于种种原因，也不乏愿意进入中职学校担任教师的，但这些经验丰富的技师，往往“学历低、年龄大”。进学校当老师与进企业当员工不同，当老师除了要符合教师岗位的能力要求，还要满足教师人事编制的要求，如本科以上学历、年龄低于45岁、有教师资格证等。这些能工巧匠只具备工勤岗位条件，不符合中职校教师招聘条件，种种限制决定了那些“能工巧匠”最多只能作为学校的外聘教师或学生的校外实践辅导员，临时填补一下学校专业教师的缺口，不可能真正走进学校当上专职教师。而聘用兼职教师教专业课只是权宜之计，其一，外聘教师需要钱，而且是高薪，没有高报酬人家就不来，长此以往，学校肯定负担不起；其二，目前，学校根据相关政策规定专业教师占一定的比例，双师型教师占一定比例，否则不利用学校发展，外聘教师过多而专业教师太少会影响学校的评估，如经费审批等，在一定程度上限制了学校的发展。

这就使丰富的生产一线实践经验的应聘者被挡在了门外。所以即使应聘者与学校双方都有意愿，这些潜在的优秀教师资源也无法输入学校。造成了“工匠”们想进进不来的局面。

（三）“工匠”难留

一方面，中职学校具有实践经验的高水平教师缺乏，另一面学校优秀“双师型”教师流失的现象又十分严重。

主要源于在中职学校教书缺乏职业成就感和具有吸引力的薪资和发展前景。现在中职学校学生生源竞争激烈，生源质量不高，有的学生经常迟到、早退、旷课，还伴有其他违纪行为，教师常常抱怨课堂难以管控，缺乏人才培养的成就感。同时，待遇又比较低，教师们自然认为自己的劳动没有得到合理的报酬。

同时，在现有政策下，中职教师晋升到高级讲师后，几乎不可能晋升正高职称，很多教师为此感到失望。还有各个地区在职称评定方面设定严格限制，如根据学校教职工总数，限定初级、中级、高级职称比例，只要达到饱和，低职称教师便无法晋升。根据上海市机构编制委员会沪编 [2006]132 号文件，副高级岗位，占专业技术岗位总量的 33.3%。其中五、六、七级岗位按 2∶4∶4 控制中级岗位，占专业技术岗位总量的 50%。其中，八、九、十级岗位按 3∶4∶3 控制初级岗位，占专业技术岗位总量的 16.7%。其中，十一、十二级岗位按 5∶5 控制，十三级岗位无控制指标。由此看出：中职学校教师职称以中、初级为主；高级讲师比例偏少没有体现中等职业教育的特色很多中职教师比较迷茫，感觉前途无望，挫伤中职教师积极性。尤其是以承担学生实习实训指导的“工匠”型教师，因受职称、学历、职务等限制，他们往往在学校的待遇和地位不高，与其高超的技能并不相称，影响了他们的积极性。因此，即便高水平的“工匠型”教师进入了中职学校也很难留住。

（四）“工匠”难用

即使有了技术高超的“工匠型”教师，不少中职学校在对教师规划管理制度上的缺失，也使难以让他们发挥最大的用处，用好这些工匠。

比如，有的学校领导对教师职业发展重要性认识不够，在实训指导教师培训、进修、奖励上舍不得投入。对优秀教师，尤其是那些“工匠”型教师在指导学生中的特殊贡献奖励不够，档次没有拉开，严重挫败了他们的积极性；也有学校领导把教师仅仅定位为教书匠，忽视教师培养和潜能开发，还有学校领导习惯把资金投放于看得见的实训室、教学楼，对教师继续教育不重视。一些学校受学校财力所限，教师外出培训进修仅限于省内，极少派教师省外或国外培训。

凡此种种管理上的不作为，调动不了优秀教师，尤其是“工匠型”教师的积极性，让他们感到与一般教师无异，甚至还不如一般教师，自然也就发挥不出他们的最大潜能。

分析近年来一些中职学校工匠奇缺的缘由，不难发现其中有诸多难言之隐。背后的原因多方面的。有传统社会观念的制约，但主要源于学校和政府制度上的缺失或不健全。学校自身表现为缺乏有效的教师职业规划管理制度。政策层面表现为教师编制和教师资格限制、教师工资水平低等。找到这些问题的解决方法刻不容缓。

三、中职学校突破工匠奇缺的制度瓶颈

（一）学校“自救”

1. 自主培养“工匠”

招不到现成的高水准的“工匠型”教师，就只能靠学校再培养。如湖南省商业技师学院为培养“工匠”开展了“青蓝工程”，指每一个毕业生上岗后，都会有两位老师“手把手”地进行指导：一位是有扎实的实践技能的老师，一位是有厚重的理论知识的老师。这种“手把手”的带领至少要持续 2 ～ 3 年，年长的老师不仅在课下给予指导，而且还常常与年轻教师共同上课，在课堂上言传身教。

职业学校还可以积极与企业展开合作，将专业教师输入企业进行顶岗实习或培训。只有有一线生产经验的老师，才能带出有实践能力的学生。由此还会有连带益处：与企业的合作也让职业学校有机会引入更多行业内的人才到学校兼职任教。

2. 完善对“工匠”的职业规划管理制度

学校应重视对学校内现有“工匠”的管理。在教师职称评定、学历提升、培训进修、骨干教师选拔、人才津贴保障等方面制定更加完善的制度。还可采取校企合作、国际合作等形式对优秀教师进行进一步国内和国外培训。对优秀教师给予经济奖励，提升其发展空间，提高教师工作积极性。

尽管学校可以采取多种方法自救，但是这些方法普遍所需周期长，经费支出高，并非长久之计。如果不从政策层面提升职校教师岗位的吸引力，招不到优秀“工匠型”专业教师的现状还将持续下去。

（二）政府政策和制度的改革

1. 合理改进教师编制

中职学校的人员编制有限。多年来，中职学校的编制基本是静态的，甚至只

减不增。但是中职学校有其办学特点。一是学校内设部门较多，承担的职能相对复杂。二是中职学校的教师既要承担专业课的教学，又要承担实训课教学。特别是各专业实训课教学，既要有一名实训指导教师，同时又要有相关安全管理的教师。教师编制的紧张，成为工匠型教师进入中职学校的掣肘。

面对中职学校“要人用”却“缺编制”的现状，市、县的教育局编制部门首先应当根据中职学校发展规模和学生数量，负责好中职教师编制的总量核定和宏观管理，给足教师编制，及时补充教师。同时应该积极创新教师编制管理。比如实施“流动编制”，即在现有公办学校编制约束政策不变前提下，支持流入地区政府和教育部门根据办学需要，招聘高质量的基础教育师资作为“流动编制”教师，与公办教师享受同工同酬和福利保障，同时具有充分的“流动性”。这种机制可有效缓解师资短缺或流动不畅的问题。

教师编制应该服务于教育，而不能游离于教育之外，应该根据实际情况进行核定和调整。

2. 降低招聘门槛

在学校难以与企业竞争优秀人才的情况下，如果不能在认可学历的同时也认可技术，允许学校破格录用有多年实践经验的师傅，招募“工匠”的任务将异常艰难。虽然《教师资格条例》实施办法第一章总则第七条中已经规定“申请认定中等职业学校实习指导教师资格者应当具备中等职业学校毕业及其以上学历，对于确有特殊技艺者，经省级以上人民政府教育行政部门批准，其学历要求可适当放宽。”但是力度仍稍显不足。中职学校教师与普通学校教师有很大不同，更看重的是实际操作能力与生产经验，学历只是其次。对于中职教师资格的考核是否也应该与普通学校的教师有所区分呢。在现有的教师资格评审机制外另辟一条道路，着重考察应聘者是否具有教授实训课程的技能水平，或许这样能更符合中职教师的实际情况。只因学历问题就将“工匠”们挡在中职学校的门外，实在是得不偿失。

3. 工资改革

中职教师较低的经济待遇始终是难以找到并留住优秀专业人才的原因之一。适当提高工资，发放奖励是留住人才的有效手段。但是由于目前中职学校教师实行绩效工资制度，包括岗位工资、薪级工资、基础性绩效工资等。由于国家对发放标准作了统一规定，仅有15%左右的奖励性绩效工资由学校考核发放，这就难以发挥应有的激励作用，反而会挫伤教师工作积极性、束缚学校手脚。

就有人曾在两会上提出“实行中小学教师工资总额动态包干，学校自主分配”的方案，并举了四川大学附属中学西区学校的例子。该校成立于2014年，截至如今，学校共有老师76人，有编制的老师仅6位。川大附中西区学校实行“经费包干”，也就是将人员经费和公用经费整合，称为日常运行经费，以人均经费形式打包拨付，年度包干，年初一次性拨付学校，由学校自主管理和使用。学校打破平均主义，坚持按劳分配、按岗取酬、绩优酬高、薪随岗变的分配原则，给老师们发放工资。奖励工资，体现了对教师工作质量优劣的认定。奖励工资一年分两次发放，均在期末，包括期末教学质量奖、常规考核奖和其他奖励。两位老师在半年教学质量奖考核中，由于工作量及成效差异较大，老师的工资也拉开了接近4000元的差距，这样真正起到了“打破平均主义大锅饭”的作用，充分调动了教师的积极性。

这一方案对于中职学校也同样适用。对于优秀教师，尤其是那些职称、学历、职务等并不高，但在教书育人中做出特殊贡献的“工匠型”教师，若能特事特办地对其充分的奖励，使他们的积极性能够被调动，就能有效阻止“工匠”们的流失。

（三）社会观念的改变

受“学而优则仕”“万般皆下品唯有读书高”等传统观念影响，世俗眼光通常将“工匠”视为社会底层人物，是不登学府大雅之堂的，继而排斥“工匠”入职中职学校。这种歧视技能型人才的世俗偏见亟待改变。近年来，政府不断重视职业教育对培养多样化人才、传承技术技能、促进就业创业的重要作用。习近平总书记就加快职业教育发展曾作过重要指示。他强调，职业教育是国民教育体系和人力资源开发的重要组成部分，是广大青年打开通往成功成才大门的重要途径。要真正办好职业教育，需要一大批各类能工巧匠进入职业教育师资队伍的行列，不认可“工匠”身份的人员作为职业教育师资对于职教的贻害是无穷的。这需要政府加大正面宣传力度。另一方面，随着进一步的工资制度改革，改善中职教师的待遇和工作环境环境，相信会有越来越多的“工匠”愿意成为中职教师。

参考文献

[1] 胡晶晶 . 用工匠文化涵养工匠精神 [N]. 北京日报，2016年10月19日 (08).

[2] 葛昌明 . 中职学校为何难招教师？ [J/OL]. 中国教育新闻网 - 蒲公英评论网 .

[3] 职校吐槽：招老师咋这么难？[J/OL]. 中工网 - 工人日报 (北京).
[4] 2016 教师工资改革消息：教师编制已过时工资应由学校自主分配 [J/OL]. 贵州教师招聘网 .
[5] 李勋华，张志勇 . 中等职业学校教师职业发展困境与对策——对全国 70 位中职校长的深度访谈 [J]. 职业技术教育 , 2015, 36(33):46-50.

（作者：金海燕）

国家级技能大师工作室带头人事迹

一、苗俭：坚守在航天领域的数控“巾帼英雄”

苗俭，女，1977 年 5 月出生，上海新跃仪表厂加工中心操作工，高级技师。获 2001 ~ 2002 年度“上海市杰出技术能手”称号；2004 年获“全国技术能手”称号；2008 年获“中华技能大奖”；2008 年获国务院颁发政府特殊津贴；2011 年获“高技能人才楷模”称号；2011 年获“国家级技能大师工作室”资助。

苗俭是上海市 2012 年技能大师工作室中唯一的一位女性。作为铣工和加工中心操作工双工种高级技师，经苗俭亲手生产制造出运载火箭、战术武器和载人飞船等关键零部件超过上千余件。苗俭在航天世界中，不断超越自我，成为航天领域里一道亮丽的风景线。

（一）坚守在航天一线的女技师

苗俭多年来从事的工作是卫星、火箭、导弹、飞船和航天飞行器等产品零组件的加工，产品精度要求高、任务急、难度大，容不得一点误差和失败。而航天技术在全世界属于战略级保密技术，没有国外成熟技术和经验可以引进。从铣工到数控机床，再到工艺编程，上海女孩苗俭在这个许多男性都不能想象的钢铁制造世界里，深深潜修了 17 年，她的高超技艺代表着不断更新换代的最先进的航天加工技术，她和很多男工人一样亲手操作笨重到几百公斤重的超大零件，亲力搬重达几十公斤的机床压板、垫块、工装夹具等，她练就极强的站功以应对每天长达近十小时的站立式工作。车间环境非常恶劣，天冷的时候，摸着设备，是冰冷的铁，天热时穿着短袖，被飞出来带着热量的铁屑，一烫一个泡。

这一切即使对于男技师来说都是对体能、毅力、技能莫大的挑战，更何况是女技师。但苗俭是一个认准目标就会咬住不放的人，凭着对机械加工的极致执著和不懈坚持，凭着极致的刻苦耐劳的精神、刻苦钻研的毅力以及超强的学习能力，练就复杂数控机床的操作能力和精湛技艺，担当重任、开创性地攻克了多个技术难关。

1995 年，技校毕业的苗俭成为分配老大难，女生是被许多工厂以招 3 个男生搭 1 个女生的方式搭配进去的，幸运的是后来苗俭成为唯一一名招进航天 804 所的铣工女工。而后，苗俭在学习和机加工中找到了兴趣。最初的 10 年，苗俭为自己制定过 2 个五年计划，瞄准的都是提高技术等级、学历提升等目标。有了明确的目标，有了为之奋斗的方向，她在 10 年间，完成了上海机电职工大学数控应用技术专业大专文凭，提交了入党申请书，拿到数控高级工，获得同济大学机械专业本科。那些年中，她在许多周末的清晨 5 点多都是在赶往学校的路上。

2005 年，苗俭的身体终于出了状况，严重的腰椎间盘突出和骨质增生，让她几乎站不起来，领导和家人都很担心，但她还是拒绝了从一线退下来的要求："我喜欢操纵数控设备、融为一体的默契感觉，我跟它感情深厚，没有人能接手这台设备，让我再带几个徒弟吧！"就凭着这种不放弃和坚持到底的精神，苗俭又挺过来了。

（二）技能竞赛中展现实力

中国航天技术的高速发展对她的技能不断提出高标准、高要求，让她坚持不懈地进行一次又一次自我突破和全面提升，更给她提供了施展才华和超越自己的航天大舞台。对此，苗俭一直心怀一份深深的感恩，而她的耐心细致、平和坚持使她在机加工中有着她独特的优势。

在国家航天重点工程某型号重要部件的设计工装中，苗俭让高精度复合变曲面不锈钢翼板的五点动平衡重量误差从 2 克减小到 1 克，产品合格率从 10% 提高到 100%。而她多年来克服了女生对于软件的弱项，学习软件编程操作，掌握多种 CAD/CAM 软件，开发运用多款软件系统，解决了国家航天"高新工程"中大型件的高精度加工，完成了"导弹翼板"、"频率综合器盒体"等复杂产品的机械加工，其中难度较大的大型件就有百余项。

除了攻关上的成就感，让苗俭一直最有自我超越激励的是参加各种全国性的技能大赛。1998 年在航天八院高级铣工比武，年仅 21 岁的她获得了高级铣工第一名，而与她PK的是一位50多岁的老技师。本来抱着试试看的苗俭这才发现原来自己在技能方面能有如此的天赋，此后越是大型竞赛，苗俭的潜力和技能就越发挥的淋漓尽致。

2009年，航天803所组队代表上海市参加全国第三届职工职业技能大赛加工中心操作工决赛，所里投入了大量的财力和精力，各方的期望和压力都很大，在松江进行的封闭式集中训练中，每天早上的体能训练，白天8小时技能训练，晚上的业务知识、理论训练。苗俭的腰不好，不能睡软床，便天天睡在床板上，早上起来和其他同事一样训练、跑步。比赛时抽签抽到西门子系统，对所有人都是全新考验，苗俭主动请缨："我来承担这个工作。"通过短短一个月勤学苦练，她的团队在比赛中获得优异成绩。"她的心理素质很好，很自信，在各种平台上通过各种比武把自己最好的展现出来，做到最极致。"人力资源部部长钱锡全看着苗俭一路走来。

（三）搭建强吸引力的圈子

苗俭的工作室以先进数控加工专业为主要方向，麾下汇集高技能人才、工艺技术人员等方面的14名航天技术型男性能手，承担着我国航天星、箭、弹、船、器控制系统的精密机械加工任务，进行着航天领域的各种技术攻关、竞赛比武和带徒传技。这支平均年龄不到40岁的团队，正是航天机加工技术技能人才的黄金年龄。

工作室实行首席技师负责制，苗俭作为负责人，主持开展工作室各项工作。在曾经的上司、而今工作室负责生产管理的秦文津眼中，苗俭多年来一直是静水流深、柔软包容、稳健信任的师妹，以她的坚毅、智慧和钻研成为全国技能高手，又以她的亲和力、很强的沟通能力以及出色领导能力，成为航天领域的巾帼英雄。他说："苗俭是很全面的复合型技能管理人才，除了一线，她在管理岗位能做的很好，做导师可以成为最完美的师傅。她在各方面都很投入很坚持，可以很快地适应和转换角色。"

而今的工作室汇集了所里来自各个生产一线的技术能手，其中不乏和她一样曾获全国技术能手等荣誉的高手，工作室并非行政部门，没有行政权力，苗俭以个人的影响力和领导力凝聚和吸引着男技师们各显神通："我不是领导，我是要让大家觉得这是一个很好的圈子，让大家都愿意往里钻。"

在她的带领下，工作室开展了卫星铸件支架多位旋转式装夹等工艺攻关项目，并把 Studer 数控磨床非圆磨削软件应用、侧压夹具的研究与制造、复合加工后残余应力对精密零件尺寸影响的探讨等攻关项目撰写成论文，积极起到技术积累和推广的作用。另外，工作室按计划正在紧锣密鼓地开展星环式多孔位膨胀夹紧装置研磨工装、薄壁复杂结构件精密加工技术研究等 7 项攻关项目的研发任务。

（四）做徒弟心目中最完美的师傅

多年来最让苗俭感触和开心的是曾被最腼腆内向的徒弟偷偷称为“心中最完美的师傅”，她从 2005 年开始被聘为上海市青年高技能人才导师团成员，现在工作室的重头工作之一是帮助新生代的航天优秀工人快速成长。苗俭和工作室的同事们担任了 2012 年上海市职业技能竞赛暨第 42 届世界技能大赛上海航天局代表队的赛前培训工作，获得了数控车工团体金奖、数控车工个人二等奖和三等奖、数控铣工三等奖等荣誉。苗俭本人参与指导上海航天技能鉴定及竞赛培训，在上海航天技能月活动中担任加工中心专家组组长，参加了市里乃至全国各种青年导师项目。

工作室还开展了高级工培训班加工中心操作工专业课、上海航天局技能竞赛和部门技能人员 CAXA\Solidworks 软件等培训工作，共计近 10 项，培训技能人才 70 余人次。苗俭和工作室的同事们一起，打造着航天行业联动式技能人才培养的新模式：“我更希望技能大师工作室普及到很多基层的工人，帮助更多的年轻人进行职场规划，提供发展空间，看到未来的发展道路。我会尽自己最大的能力帮助他们。”

二、沈国兴：和金子打交道的人

沈国兴，男，1968 年 4 月出生，上海老凤祥有限公司贵金属首饰手工制作工，高级技师、高级工艺美术师，任银器厂大件组组长。获 2001 ~ 2003 年度“上海市劳动模范”称号；2007 年获“全国五一劳动奖章”；获 2008 ~ 2009 年度“上海市突出贡献技师”称号；2009 年获“上海工艺美术大师”称号；2010 年获“全国技术能手”称号及“全国劳动模范”称号；2010 年获国务院颁发政府特殊津贴；2012 年获“国家级技能大师工作室”资助。

沈国兴是中国非物质文化遗产“金银细工”制作技艺——老凤祥的第六代传

承人，师从中国工艺美术大师张心一，他从事“金银细工”制作已有25年，成为手工“金银细工”技术领域的中坚力量和传承传统精髓的杰出代表人物。近年来开发新产品52件，获得国家产品外观专利48项。说起当年入行，还是班主任的一席话起了决定性作用

（一）十年磨一剑

1985年，沈国兴从漕新中学毕业，他本打算学当时流行的电子专业，但班主任家访时，和他父母商量，沈国兴的美术底子不错，学电子专业美术功底有点浪费。如果读远东金银饰品厂（上海老凤祥有限公司的前身）的金银饰品班，他的美术特长可以派上用场，而且这个专业毕业后就在远东金银饰品厂工作，收入也不错。班主任的一席话，说动了沈国兴和他的父母。1985年，沈国兴进入远东金银饰品厂开办的金银饰品班读职高。1987年，沈国兴入职远东金银饰品厂，半年培训下来，沈国兴的成绩是最好的，分配进了技术最全面、要求最高的大件组，师从工艺美术大师张心一。

沈国兴崭露头角是在1997年。当时，无锡灵山要制作3500尊纯金的灵山小金佛摆件，价值高达6000多万元，老凤祥参与了投标。设计制作任务落在沈国兴和他的师兄身上。两人去无锡实地看大佛，再要了大佛的小样、图片，将平面的图片变成了立体的摆件，两人回来花了一星期做出了实样。他们的作品被佛教协会赵朴初先生从一百多件投标作品中一眼看中。这个项目为老凤祥创造了537万元的经济效益，在1997年这可不是小数目。沈国兴令人刮目相看。

成功的背后是默默地付出。在学艺阶段，沈国兴刻苦钻研，打下扎实的基本功。从1987年到1997年，整整十年间，他每天做的就是凿、挑、拨、弹、扳……人物的五官细节、发丝、衣褶……细微之处全凭一刀刀、一锤锤刻画出来。几个星期，甚至几个月，才能完成一个作品。10年练得心静如水，10年练就好手艺。

金银细工，需要动手、动脑、还需要耐心，更需要悟性。但沈国兴套用欧阳修笔下《卖油翁》的话：“无他，惟手熟尔”，实在要他讲成功地奥秘，他说需要“心静，坐得住”。

（二）为观音像四上普陀山

25年来，沈国兴继承中国金银细工制作技艺的精华，努力探索扩大传统工艺的表现范围和规模，设计制作了一批代表中国金银细工技艺顶尖水平的精品。2001年，大件组承接了制作一尊重12公斤、高88厘米的观音金像的项目，这

是建厂以来规模最大的观音像。为了生动地表现观音像的神韵，沈国兴查找、研究了大量的国内外寺庙的佛像造型，四上普陀山，15 次修改设计样稿。

沈国兴与同事第一次上普陀山，从各种角度观察观音像，拍了许多照，回来先做了个泥塑。观音的面容和眼神如何表现，还得细细观察。沈国兴第二次上山，这次专门租了一条船，站在船上，远看近看左看右看，在本子上写写画画。样品完成后送到客户面前，对方提出一个苛刻的修改意见：观音像要跟普陀山观音那样，视角 180 度范围内都显出对你微笑的效果。沈国兴三上普陀山，专门观察观音像的眼神和笑容。沈国兴发现，普陀山观音像体积大，距离远，宏观性和模糊感加强了微笑的效果。但摆放在客厅的观音像体积小距离近，看上去就显得“木”。

怎么办，沈国兴陷入了沉思。他说当时想了“交——关——辰光”。从侧面看，怎么会有“对着你笑”的效果。沈国兴于是四上普陀山，再思考再琢磨。深思熟虑后，沈国兴作了最大胆的修改，将观音像的眼珠雕刻成突出的，并对眼部进行夸张处理。四上普陀山，15 次修改设计样稿，最终完成的一刹那，同事们欢呼起来：不管从什么角度看观音的眼睛，她都对着你笑！客户对沈国兴的作品非常满意。

类似的故事还有很多。2003 年，沈国兴设计、制作公司有史以来最大、最重的传世之宝：用 12 公斤千足纯金打造“静安寺法僧三宝印”。这个作品总高 78 厘米，耗用黄金 4.5 千克，用时半年之久，采用浮雕、透雕、精铸、累丝、镶嵌等工艺手法，镶嵌翡翠、红宝、紫金、白玉、玛瑙等奇珍异宝数百粒，一举荣获 2008 年“天工艺苑百花杯”中国工艺美术精品奖金奖。

此外，沈国兴获奖的作品还有很多，如“韵律”获得亚洲足金首饰设计大赛优胜作品奖，中国地区胸针组第一名；作品“俏佳人”获北亚区黄金金像奖设计大赛优秀作品奖；作品《金盆》获“上海新形象”年度十大创意礼品奖；作品《绽放》获“中国首饰设计制作电视大奖赛”多维首饰设计制作赛优秀奖等。

（三）修复辽代金质文物

此外，沈国兴还练就了一手“整旧如旧”的绝活。2001 年，上海博物馆的工作人员登门求助。博物馆里收藏着一批一千多年前的辽代金质文物，属国家二级文物，但出土时都严重瘪凹变形。这批文物不修复就无法展出，只能在库房里睡大觉，无法和观众见面。而博物馆只有修复绘画、青铜器的技术力量，对修复金质文物没有经验。对方抱着试试看的心态，来老凤祥找“外援”。来人再三强调，这是国家二级文物，不能有丝毫的损坏，而且要整旧如旧，不能有任何改动。对方第一次送来了两件：一个是花瓶，一个是扁壶。两件文物都瘪得厉害，金壁厚度不足20丝，和A4纸差不多薄。沈国兴说，修复有两种办法：要么用外力牵拉，这样做的缺点是用力不均，这些文物在地下埋藏了1000多年，已经又薄又脆，一不小心就会“破相”；要么从内往外慢慢拱，一点点把瘪陷的地方顶出去。这样比较安全，但是瓶口小，瓶颈长，操作难度高。

为了保险，沈国兴决定用第二种方法。两件文物口子小，瓶颈深，工具伸进去只有很小的角度，活动空间小，要么够不到，要么够到了又使不上劲。于是，沈国兴整整花了两个星期专门设计和制作工具，又用这套自制的工具，像楦鞋一样，一点点将瘪凹变形的瓶体楦成原状。

现在，沈国兴的手机里仍保留着文物修复前和修复后的对比照。修复后的辽金花瓶：造型古朴，形体浑圆，花纹精致，丝毫看不出修复的痕迹。第一次修复的结果令博物馆非常满意，此后陆续送来文物让沈国兴修复，摩羯形金提梁壶、辽金孩儿枕、辽金花瓶……前后沈国兴一共修复了十七件严重变形的文物。

（四）工作室作品频获国家级奖项

沈国兴技能大师工作室全称为银器厂大件组，1996年7月建立。工作室共有12名成员。近年来，工作室制作了“静安佛鼎”、“八仙神葫”等精品40多件，其中10多件作品获得各类国家级奖项，仿古金器系列在制作过程中就被多家机构及收藏家预定。

2011年初至今工作室完成的作品销售额达311.4万元，为企业创造净利润94万元。近年来，工作室培养高级技师3名，技师两名，产生两名上海市工艺美术大师，两人获得全国技术能手称号，两人获得上海市杰出技术能手称号，多人获得区级拔尖高技能人才称号，工作室在2007～2009年被评为上海市劳动模范集体称号。

三、唐建平：飞天梦的打造者

唐建平，1954年4月出生，上海航天精密器械研究所数控加工中心操作高级技师，任班组长。2000年获“全国技术能手”称号；2002年获“中华技能大奖”；2006年获“高技能人才楷模”称号；2008年获国务院颁发政府特殊津贴；2012年获“国家级技能大师工作室”资助。

第一个出国进修的工人、第一个被评为高级技师、第一个以工人名字命名的班组……农民出身的唐建平，在上海航天系统创下的无数个第一背后，都凝结着他的毅力、追求和韧劲。唐建平，高技能人才楷模、中华技能大奖、全国技术能手、国务院政府特殊津贴获得者。在航天产品精密结构件加工岗位上，多年坚持不懈钻研专业理论和操作技术，擅长特殊材料的复杂零部件加工，出色完成“神舟”飞船等航天型号产品的高难度、高精度加工任务。

（一）神舟飞船上天的背后

谁能想到，如今技能超群、殊荣满载的唐建平，1979 年刚走进车间时遭遇的尴尬，那年 25 岁的唐建平顶替父亲进入上海新江机器厂（现上海航天精密器械研究所），成了一名航天工人。一开始做铣工，他就碰到了“拦路虎”——他连简单的直角三角形计算也不会。看着难懂的图纸和身边师傅娴熟的技艺，唐建平担心会不会因为学不会而被退回家种地？第一次操作铣床，师傅刚转身，他就由于操作失误，把铣床的台面挖了一个 30 毫米深的坑。看看难懂的图样和师傅们娴熟的技艺，他感到自己的差距实在太大了。

从此，唐建平开始跟自己较劲。白天跟师傅干活学技术，晚上进文化培训班学知识。靠着持之以恒的韧劲，唐建平的操作技能几乎以天为单位迅速提升。1981 ～ 1984 年，研究所年年都搞技术比武，唐建平连续 4 年获得第一名，并于 1984 年被评为中级工。在以后的岁月里，唐建平一直是“学习狂”。1992 年取得高级工证书，1993 年晋升为技师，1995 年被破格晋升为高级技师。

此后，唐建平一门心思学技术。1990 年，他赴英国参加数控加工中心操作培训，成为工厂内第一个操作数控机床的工人。在数控加工的技术领域里，唐建平长期坚持自学，刻苦钻研航天型号产品结构件的加工技术，完成了多项技术攻关项目。

（二）圆满完成神舟飞船攻关任务

在“神舟”飞船研制中，唐建平和他的班组承担“神舟六号”飞船推进舱部分关键部件的研制、攻关任务。这些零件都具有形状结构复杂、精度要求高、家规难度大的特点，且无先例可循。但唐建平不畏困难。接受任务后，他动脑筋、想办法、加工方案想了一个又一个，每个都是“前无古人”的创新性构想；试验做了一个又一个，每个都不下几十次，其中仅对加工推进剂储箱的金属膜片和上、下壳体的试验就达上百次。功夫不负有心人，他们通过设计制造工装夹具、靠模来改进工艺方法，研制出了一个超薄壁铝合金膜片、壳体，“啃”下了这块“硬骨头”。该攻关项目获得了国防科工委科技进步二等奖。

由于唐建平精于高难度、高精度、复杂零件的加工，特别擅长于刚度差、易变形的薄壁铝、镁合金和钛合金零件的加工，在我国航天系统的企业中出了名，成为无可争议的“首屈一指”。他独立设计制造了专用夹具11套、专用刀具23种，都被同行们叫绝。如今，唐建平已经成为中国航天生产领域内的技术专家。

（三）被冠以“精准操作手”的美誉

国家重点工程973项目中强流质子加速器中电极零件的加工攻关项目，是国际前沿高科技技术，对加工和装配的精度要求极高，该零件的所有尺寸公差都是0.01毫米，材料是无氧铜，极容易弯曲变形。唐建平大胆创新，敢为人先，带领班组成员，根据工件材料的机械性能，工件尺寸、形位公差的要求，设计专用刀具，调整机床精度，反复进行多次切削试验，确定了合理的技术参数，并制订了具体的加工方案。最后，他们以精湛的加工技艺为这项任务画上了圆满的句号。这一技术难题的攻克，不仅加快了我国强流质子加速器研发的步伐，也使中国电极制造技术在世界上处于领先地位，成为继美国和日本之后第三个掌握该技术的国家，这一成就堪称世界一流，并获得上海科技创新成果展一等奖。从此，唐建平成了“精准加工”的代名词。

唐建平获得“精准操作手”的美誉非常不容易，这个项目的公差只有0.01毫米，近乎达到“苛刻”的程度。

某高新工程型号的本体与舱体是整个产品的关键零件，形位尺寸公差、精度要求高，尤其是本体和壳体的15个协调孔，加工难度大，为达到配合要求，原来采用单配、组合加工生产方式，报废率高、生产效率低，是该型号批产的技术瓶颈。单位将此项目作为攻关课题交给了唐建平，经他潜心研究，编制出了新的加工工艺，并利用新技术、新设备、新工装、新刀具把本体与壳体两个零件分别进行加工，在加工过程中消除各种因素引起的误差，通过技术创新保质保量地完成加工任务，使装配达到互换性，合格率100%，生产效率大大提高。“控制舱与本体柔性协调加工”攻关课题，攻克了这一长期困扰该型号研制的重大难题，该项目获上海航天局首届工人技术成果三等奖；并在多个高新工程型号中推广应用。

30多年来，唐建平从事运载火箭、飞船、卫星、战术武器等数十项国家重大高新工程项目中关键重要零部件、结构件的机械加工，相继获得《薄型多面体结构件的加工装置及其方法》，《薄型圆柱腔体结构件内外环型齿缺的加工装置》等多个专利。

（四）积极创建学习型组织

2011年唐建平被上海航天局聘任为首批首席技师，2011年6月唐建平数控加工首席技师工作室成立，2012年更名为唐建平技能大师工作室。他在不断提高自身能力的同时，通过名师带徒的“传、帮、带”形式，引领一批在加工中心操作领域的青年技能骨干参与到工作室的工作中，使一批技术好、肯钻研的青年技能人员互相学习、取长补短。他所带的班组分别被国防邮电工会、中国航天科技集团公司、上海航天局以个人名字命名为唐建平班组，并被上海市、中国航天科技集团公司命名为班组建设示范基地。

唐建平非常注重团队建设、技术创新活动，积极开展“创建学习型组织，争做知识型职工”活动，在他的带领下使班组在完成任务、产品质量、创新成果、班组建设等方面都取得了优异的成绩，生产工时每年以30%的速度递增。班组先后被评为上海市红旗班组、上海市500强智能型班组、上海市振兴中华优秀读书小组、上海市劳模集体、国防科技工业职工技能模范班组、全国职工创新示范岗、全国“创建学习型组织，争做知识型职工”示范班组、全国质量信得过班组。2011年又被评为上海市团队创先特色班组、中国航天科技集团公司六好班组和航天金牌班组。

他在班组内积极开展技术培训、技术讲座、技术比赛、带徒传艺活动，带徒17人，对班组的技术员、操作工，积极向他们传授加工经验和操作方法。并担任新大学生的指导老师，指导解决在编程中碰到的数控加工工艺问题，使他们尽快掌握各种关键零件的编程加工方法。

四、万全林：酿酒大师 酿造甜蜜

万全林，男，1954年1月出生，上海石库门酿酒有限公司黄酒酿造高级技师，任副总经理。获2003～2004年度“上海市技术能手”称号；获2004～2006年度及2007-2009年度“上海市劳动模范”称号；2012年获“全国技术能手”称号；2013年获“国家级技能大师工作室”资助。

在黄酒行业摸爬滚打33个春秋，万全林从一名普通的黄酒酿造工成长为一名黄酒酿造高级技师，致力于黄酒酿造生产和工艺、设备技术的创新研究开发；他主持研发了新型黄酒，形成了营养型黄酒市场；同时通过技术革新，在节能减排工作上取得显著成效。

（一）能吃苦、爱“研发”的回沪知青

万全林曾是个知青。15岁初中毕业后，响应国家的号召到云南西双版纳勐腊县插队。活累，还吃不饱。这样的日子一过就是10年，直到1979年回上海，顶替母亲进了酒厂。要在上海站稳脚跟，必须技术比别人强，万全林暗暗下了决心。10年在云南插队落户，有失也有得。万全林特别能吃苦，工作特别拼命，适应环境的能力特别强。

刚进单位，万全林是个保管员。“那点事，两个小时够了。”万全林提出跟班作业。他拼命地学技术，很快掌握了黄酒酿造基本技术。

“万总脑子灵活，主意特别多”，同事都有这样的感觉。其实，万全林进厂没几年，就开始搞“研发”，虽然那时候还没“研发”这个说法。当时，种曲制作有两种工艺，一种是爆麦曲，一种是生麦曲。爆麦曲是将小麦炒熟后，压扁，加水发酵而成。而生麦曲是将小麦直接压扁，加水发酵。“为什么要把小麦炒熟再发酵呢？”万全林百思不得其解。他偷偷地在实验室里分别用爆麦曲和生麦曲做了实验，发现生麦曲糖化率反而高。万全林跑到车间，把爆麦曲换成生麦曲，不知内情的同事说，今天爆麦曲发神经病了，发酵起来停不下来！万全林乐了，事实验证了他的想法。

但黄酒酿造业是个古老的行业，几千年传承下来的工艺，哪容得一个刚进厂的小青工指手画脚。20世纪80年代的发现，这一技术直到2004年石库门酒厂投产才得以应用。

（二）和老法师“打擂台”

按照传统工艺，香雪酒的制作过程是，在缸中进行发酵，生产周期长，用工多，产量低，劳动强度大。1990年的时候，万全林发现，其实只要淀粉转化为糖，就可以中止发酵，完全可以采用大罐发酵生产，省工、省时、省力，提高生产效率和生产产能。厂里的老法师们不相信。

万全林和老法师们“打擂台”，老法师们用老法做，万全林用新法做，看谁做的酒好喝。酒做好后，新酒、老酒分别倒进不同的杯里，杯子做好记号。老法师坐成一排，两个杯子里的酒都咪了咪，品了品。谁都不肯先开口。最后大家公推资格最老的老法师点评。他指着第一杯说，这杯酒醇厚，口感好，指着第二杯说，这杯酒就淡薄些，口感差，“阿林，还是老法好。你这新法做的酒不灵啊。”老法师笑着对万全林说。公证人揭开谜底，老法师们大跌眼镜，他们认为老法做的酒，其实是万全林用新法做的！

“为了找到中止发酵的时间点，我两天两夜没回家，就守在发酵平台边，眼睛都不敢合！”万全林回忆道。

（三）改革走在全行业前沿

近几年，万全林大胆改革，几千年延续下来的黄酒生产方式大大转变。他和他的团队的锐意改革，使上海黄酒生产技术走在全行业前列。

传统的“洗坛、高温杀菌、灌装”三道工序都由手工完成，劳动强度大，效率低，年轻人都不肯做这个技术含量低、劳动强度大的活，2005 年，万全林带领技术攻关小组，成功研制了“酒坛清洗灌装机组”，将三道工序的生产率提高了 200%，大大降低了劳动强度，推进了黄酒生产行业机械化创新进程。

2009 年，万全林看电视时，无意中看到一件事，有人将米炒过之后再烧，这样烧出来的米饭显得更多。万全林脑子里一闪，这个办法能不能用在酿酒上。按照传统工艺，米要浸透蒸熟再拌上曲发酵。浸米的米浆水处理是个令人头痛的问题。如果炒熟，再喷上水，不也一样能达到浸透蒸熟的效果吗？

万全林开始实验，发现新办法比老办法效果还好。这一改进，按公司目前的生产规模估算，可减少米浆水排污 6 万多吨，节约用水 6 万多吨，节约污水处理设备投资费用 1 千多万元。

这个改进 2009 年取得了发明专利，获得中国酿酒工业协会科学技术进步二等奖、中国轻工业联合会科技优秀奖。

万全林还带领科研团队建成了发酵电脑自动温控系统，1997 年推行，1999 年技术成熟后全面推广，有效控制了产品质量，使发酵合格率从 80% 以下提高到 90% 以上，在行业中处于领先地位。

黄酒酿造，用水用电用粮食。黄酒酿造也要节能减排。万全林开始了一项项攻关：

采用混合原料进行纯种生麦曲生产并在大生产酿造中应用，每年可减少小麦用量1千吨左右；

黄酒酿造运用“酶发酵”方法，为酿造清爽型口味产品提高途径，既降低生产成本，又综合利用了米浆水，减少了排污；

冷冻系统和空压机系统的节能改造，每年可节约用电25万度；

酒坛杀菌和瓶装灌装过程挥发酒精回收以及对大罐喷淋冷却方式的技术改造，每年可节约用水16万吨、用电38万度、用煤900多吨，回收酒精12吨；

……

一项项技术革新，换来节能减排成果显著。

（四）千年老酒装上新概念

随着人们消费习惯的改变，万全林带领技术攻关小组开发了“石库门上海老酒”，开创了营养型黄酒新概念。现在，“石库门上海老酒”不仅成功上市，而且深入人心，在上海，说到老酒，就会想到“石库门”。2007年“石库门上海老酒”被评为中国名牌产品，石库门商标被认定为中国驰名商标。2006年公司实现了“销售量、酿造量、酿造工艺、技术设备、研发能力、盈利能力、经济效益、人均创利”八个行业第一，引领中国黄酒的创新发展。

（五）开发黄酒酿造工职业技能鉴定题库

黄酒行业的发展，关键在于人才。近年来，万全林不断探索和完善培训与鉴定相结合模式，制定行业鉴定标准。他组织带领专业团队开发制定了黄酒酿造工职业技能鉴定实施方案和题库。2001年成功开发了上海市黄酒酿造工一、二、三级项目的培训考评实施方案和题库，2009年又开发和完善了上海市黄酒酿造工一、二、三、四、五级项目的培训考评实施方案和题库，同时在2009年经批准建立了企业内高技能人才鉴定点。

万全林还带领技术骨干团队，通过手把手、一对一的传授和培训班培训，至今已培养黄酒酿造高级技师17名、技师25名、高级工128名、中级工133名，初级工88名，企业等级工已达到了391人，占员工比例为28%，另外培育了国家黄酒酿造工职业资格鉴定考评员23名。

酿造大师万全林工作室2011年成立以来，已取得显著成绩。新开发的“9%/VoL石库门上海老酒”已于今年1月上市，几个月来已取得数百万经济效益。“黄酒节能减排新技术——烘焙法黄酒酿造创新技术开发与应用”已通过实践取得成功。

五、王军：人生坐标：学习 + 创新

王军，男，1966 年 3 月出生，宝山钢铁股份有限公司热轧厂机械设备点检高级技师，技能专家。2004 年获“全国技术能手”称号；2006 年获上海市“五一劳动奖章”；获 2004 ~ 2006 年度“上海市劳动模范”称号；2008 年获全国“五一劳动奖章”；2007 年获国家科技进步二等奖；获 2008 ~ 2009 年度“上海市突出贡献技师”称号；2010 年获“全国劳动模范”称号；2013 年获“国家级技能大师工作室”资助。

王军是宝钢股份热轧厂一名机械设备点检员。21 年来，他从一名辅助工，逐渐成长为技能大师。他先后 3 次走进庄严的人民大会堂，接受党和国家领导人的亲切接见。王军的成长经历告诉我们，不管岗位多么小，起点多么低，只要不懈的努力，行行都能出状元。

（一）八级钳工没当成

王军小学二年级的时候，父亲下乡到海丰农场，一家人迁到农场。那里学习条件很差，在初中连英语老师都没有，王军因为英语成绩较差导致高考落榜了。

宝钢是改革开放后我国第一个大型项目。王军的老师鼓动他去宝钢。1985 年王军考进宝钢技校钳工班。他当时的理想是当上八级钳工，让家人过上好日子。王军勤奋好学，休息时间就用来钻研技术，基础打得特别扎实。他的实习成果，老师至今珍藏着，成为学弟们的学习样本。

1987 年王军从宝钢技校毕业后，被分配在 2050 热轧精整线剪刃装配班。这是一个辅助岗位，在一般人看来，这个岗位劳动强度大、技术含量低，做不出成绩。王军的八级钳工梦落空了。但他一转念，做不了八级钳工，也要做一名优秀的剪刃组装工。

（二）爱问为什么的他很快崭露头角

当时，2050 热轧精整线正处于开工调试阶段，王军每天早早赶到现场。有活干活，没活时就跟在外方专家后面问这问那。同样装配剪刃，别人是外方专家怎么说就怎么干，可王军总要多问一声为什么。一次，王军和工友 8 个人用了整整一天时间将一个机架的剪刃装好，累得都快趴下了，外方专家却告诉他们，由于设计的原因，机架装的有问题，必须马上返工，否则第二天没法调试。这次彻夜

返工让王军明白，国外的先进设备也并非完美无缺。

多问多思考，王军开始崭露头角。有一次作业线按计划更换剪刃后，发现钢板剪切质量不尽如人意，几次调整效果仍不理想。王军主动向作业长“请缨”，他并没有立即到机架上调整剪刃间隙，而先通过对讲机，了解当班生产的产品规格，然后轻松地在机架上调整了几个螺丝，就自信地对作业长说，好了。开机一试，钢板剪切质量果然达到了要求。作业长很惊喜，“你小子是怎么做到的？”王军道出“天机”：平时跟外方专家交流时，知道不同规格的钢板对剪刃间隙的要求不同，他留心作了记录，像当天生产的薄规格产品，剪刃间隙应该比较小，只要将出问题的固定螺丝稍作调整就可以了。

王军的第一个创新成果“飞剪剪刃快速更换法”诞生了。新操作法既降低了剪刃更换的劳动强度，又缩短了停机时间，以前更换一个剪刃，两个人干要用一个半小时，现在，一个人用半个小时就行了。默默无闻的王军因为这个先进操作法走进大家的视野，“辅助岗位没有技术含量”的说法不攻自破。

（三）靴底烤焦后带来攻克难关的灵感

为了挖掘王军的潜力，2001年热轧厂管理层将王军调到精整机械设备作业区当设备点检员。获得国家科技进步二等奖的“高强度全密封精整矫直机支承辊技术”就在这个时候诞生的。

当时，由于2050热轧薄板线的剪切线矫直机支承辊密封性不够好，每次更换支承辊或添加油脂后，都会形成油污板，导致产品降级处理，造成较大的经济损失。2001年，王军接手这项技术在中板及厚板线推广应用的科研攻关任务。一次次实验，一次次失败。有一次，王军在实验室里工作到凌晨3时，倒在热水汀边睡着了。醒来时，发现脚上工作靴的橡胶底被热水汀烤焦了。他盯着靴底凹陷部分看了半天，灵感涌现：油脂受压外溢，和靴子受热烤焦，看似风马牛不相及，但科学道理是一样的，那就是要找到防油压的密封圈。经过上百次的实验，近3年的努力，难关终于攻克。这项技术创新，产生了12项专利，形成6项技术秘密，近3年在宝钢产生直接经济效益1.6亿元。

王军创新的势头锐不可当。厂里工业垃圾的吊装一直依赖人工操作，王军仅仅对吊装设备增加了两根绳子，就能自动装运垃圾，同事们戏称这一发明是“不用电的机械化”。铲车的传动半轴头部容易断裂，每次为了取出断头都要将整个铲车拆开，需要花上一两天的时间。王军设计了一种断头处理器，只要5分钟就能轻松地取出断头。发生在王军身上这样的故事数不胜数。王军先后总结先进操作法 3 项、技术秘密 24 项，获得国家专利局受理或授权专利发明达 128 项。

王军创新成果多次获得上海市优秀发明选拔赛金奖、全国发明展览会金奖和宝钢重大科技成果奖等奖项，以及第四届、第五届上海市政府发明创造专利奖。2008 年王军发明成果“高强度全密封精整矫直机支承辊技术”荣获国家科技进步二等奖。

（四）“一看就准”源于不断学习

2002 年，2050 热轧精整 HM05 平整线卷取机改造项目进入最后调试阶段。就在离正式投产还剩两天的时候，出现了卷取机轴头和轴套不匹配，无法定位的难题。刚到点检岗位不久的王军没有参与这项目，但凭着平时的积累，加上对机械设计的熟悉，他一眼就看出问题出在哪里。王军提出“避免落料重新加工、锥形环定位”方案。王军的方案得到设计方认可，问题得到圆满解决，确保了按时投产。

王军“一眼看出问题”的本事并非与生俱来，而是通过不断学习锻炼出来的。1996 年他考取了同济大学夜大学机械设计制造及其自动化专业大专班，之后，他完成这个专业的本科课程。从 1996 ～ 2004 年，经过 8 年努力，终于获得同济大学“机械设计制造与自动化”专业的本科文凭，系统掌握了机械设计制造原理与机电一体化方面的专业知识。为了方便读书，2000 年他特地买了一辆桑塔纳轿车，每天往返于家、厂、学校，3 年时间，累计里程超过 7 万公里。

王军还非常注重提升自己的岗位技能。他连续两年在热轧专业技术工种操作比赛中获得第一名，被破格授予技师资格。2001 年，宝钢专业工种技能鉴定社会化后，王军又成为首批宝钢学员，并顺利通过了钳工高级技师资格考试。

（五）牵头组织“热轧厂发明创造协会”

2000 年初，王军应热轧厂党政工团的号召，积极牵头组织了“热轧厂发明创造协会”，并担任副理事长，将自己创新的心得体会，知识技能毫无保留地传授给协会中的每一名成员，指导和帮助他人总结经验和成果，帮助协会成员提炼先进操作法、技术秘密和技术专利。

2008 年，王军创新室成立，成员 12 人，其中有高级技师 7 人、技师 1 人、高级工 2 人、工程师 2 人。王军创新室注重带领团队共同进步，积极参与带徒和创新培训工作，3 年来所在部门技能等级大幅提升，获得高级技师和技师人数达 45 人，高级工以上技能水平占员工总数 95%。王军创新室在为职工提供技能培训、创新支撑同时，用激情引领并培育他人的创新能力和热情。王军创新室带领热轧厂职工发明创造协会和青年创新协会充分发挥了示范作用、指导作用和攻关作用。截至2010年，仅22名成员的热轧厂“职工创造发明协会”获得技术秘密就达306.34项、获国家专利局受理和授权的专利198.41项，完成科研项目36项、技改项目28项，实现年效益近2亿元。他所在的热轧厂共获专利501项，连续10年排名宝钢创新业绩排行榜首。

六、王康健：工作的岗位就是创新的舞台

王康健，男，1956年4月出生，宝钢股份冷轧厂轧钢高级技师，技能专家。2004年获“全国技术能手”称号；2008年获“中华技能大奖”；2008年获国务院颁发政府特殊津贴；2009年获“全国五一劳动奖章”；2010年获国家创业发明奖特等奖和国家“当代发明家”称号；2012年获“国家级技能大师工作室”资助。

2009年王康健受国务院邀请，进京参加国庆60周年阅兵式和全部活动；2010年1月10日获得国家科学技术进步奖二等奖，在人民大会堂受到胡锦涛总书记和政治局常委的接见，温家宝总理亲自为他颁奖。获得如此殊荣的，不是院士、教授，而是宝钢股份冷轧厂的工人、高级技师王康健。

（一）中国酸轧连线机组第一任主操工

1979年，23岁的王康健报名参加宝钢建设。王康健肯动脑筋爱钻研，1987年被选派到德国学习冷连轧机第一岗——轧机主操工。“当时宝钢有很多大学生，而我只是冷轧厂的一线操作工人，可见领导对我的信任”，王康健现在回忆起来，这样说。为了让他在德国能好好学习，宝钢还送他到上海外国语学院和华东师大学习德语16个月。王康健没有辜负宝钢的重托，在德国刻苦学习，回来以后成为中国第一个酸轧连线机组第一任主操工。

从此，轧钢主操台和生产现场，成了王康健发现问题、解决问题的舞台。其实王康健一开始没想到“创新”，只是“生产过程中，发现产品次品率有时比较高，萌发了改造工艺的念头。”带钢轧后钢卷锈蚀、异物压入、擦划伤、振动痕……一个个难题，被王康健攻破。

30多年的钻研，换来硕果累累。王康健已拥有专利87件，技术秘密156项。多项创新成果荣获全国发明展览会金、银、铜奖，中国国际发明展览会金、铜奖，巴黎发明展览会金、银奖，冶金行业科技进步特等奖、一等奖、二等奖，国家发

明创业奖特等奖，上海市科技进步二等奖，国家科技进步二等奖。

（二）给轧机添一双明亮的眼睛

王康健有许多发明，其中他最自豪的一项发明是2009年度国家科技进步二等奖“高速冷轧带钢多功能在线检测技术”。

冷连轧机组整个生产线长达1公里，机组生产运行速度非常快，每秒钟可以达到30米，一旦带钢表面出现缺陷，通过人工是无法发现。带人后序连续退火机组就会造成生产中断，造成机组20到40个小时的停机，机组降温、掀开炉盖、清理废钢、更换损坏了的设备一系列的“善后”工作复杂麻烦。王康健说，在所有缺陷中，冷轧最怕碰到的就是孔洞和边裂。由于生产运行速度太快，这些缺陷根本无法用肉眼识别，因此，使用机械视觉技术进行检测就成为唯一的选择。

在上级领导的大力支持下，王康健与科研人员从2002年开始攻关，经历6年时间成功开发出集“孔洞、边裂缺陷检测、宽度和中心测量”于一体的高速带钢多功能在线检测技术，对面积不小于1平方毫米的孔洞、开口深度1毫米以上的边裂自动检测准确率达到100%。王康健说：“这个在线监测系统就像是一双火眼金睛一样，能发现生产过程中带钢表面出现的孔洞和边裂缺陷。”这项发明的创新技术已达到国际先进水平。目前，这项技术已向宝钢冷轧薄板厂、冷轧厂、宁波宝新和广钢JFE合资公司推广。

（三）结束制罐材依赖进口的历史

易拉罐的原材料DI材通过冲压变薄拉伸工艺制作而成，变形后罐身的最薄处仅为0.065至0.075毫米，就像一张薄纸那么薄。冷轧制罐材的尺寸精度及内部材质性能要求相当苛刻。目前世界上只有少数几家钢厂能生产制罐材料，国外同行一致认为制罐DI材远比高等级汽车板难生产。

1998年，王康健挑起了制罐材料轧制攻关的重担。经过无数次的现场调试、试验跟踪以及大量的原始记录的分析，王康健发明了新的辊形曲线，来改善轧机辊缝形状的轧制工艺，通过调节轧辊接触压力分布，改善轧辊压扁形状，进而改变轧机辊缝形状，实现带钢沿宽度方向上的变形均匀，有效地保证了冷轧制罐材料的尺寸精度。

王康健的这项发明创新，结束了中国制罐用DI材依赖进口的历史，填补了国内冶金行业的一项空白。2010年这个项目荣获冶金行业科技进步二等奖。

（四）创新要耐得住寂寞

2005年至今，王康健共负责及参与宝钢股份公司级科研项目35项。在他负责的14项科研项目中，形成专利36项、宝钢技术秘密75项。他还担任宝钢集团技师协会副会长、轧钢专业会长和宝钢人才开发院兼职教授。作为国家鉴定员，每年度为宝钢公司轧钢专业约200人次进行高、中级技师资格审定。同时，王康健还负责主持宝钢股份和集团冷轧轧钢专业的操作技能大比武，负责评审轧钢专业先进操作法，培养了一系列高技能人才输送至重要的主操、高操岗位。2010年5月，王康健创新工作室成立。

王康健从过去的团队工作方式发展到今天的创新工作室、市级和国家级技能大师工作室，变化很大，但他们参与现场难题攻关、解决现场实际问题的工作方法没有变，经过多年的努力，为生产现场的产能和质量提高、新产品研发等作出了重要的贡献，新产品开发超过20项，工作室成员从中提炼出宝钢公司级科研项目12项。而且，创新工作室还跨出宝钢为兄弟钢铁企业提供技术支撑。2008～2011年参加梅钢冷轧工程的大科研项目，全面负责酸轧机组的热负荷试车和调试。2009～2011年期间，工作室负责不锈钢1750冷连轧机组乳化液润滑系统和梅钢冷轧薄规格0.17毫米产品规格拓展的指导和帮助。

工作室近5年内累计负责及参与的宝钢公司级科研项目30项，由工作室负责的科研项目年创效益超3亿元。《冷轧多功能在线检测系统》项目，获国家科技进步奖二等奖和上海市科技进步二等奖。工作室近5年内获得专利申请58项，获得宝钢技术秘密112项。负责及参与的对外支撑和推广项目8项，各类推广项目的效益超2000万元。工作室成员负责宝钢六西格玛项目5项，技改项目2项，实现效益超1540万元，合理化建议效益超3000万，在国家一级杂志发表论文4篇。

王康健创新工作室的15名成员，全部来自冷轧生产一线的技术和技能骨干。随着王康健创新工作室的成立，一批创新骨干逐步成长。创新工作室成员中，陈杰获得全国优秀班组长、宝钢股份公司曾乐敬业奖、宝钢集团公司金牛奖；郑涛获得宝钢股份公司曾乐创新奖。1位成员获评轧钢首席操作、高级技师，4位成员获评轧钢技师的荣誉。

从1979年进宝钢，王康健从工人做到班长、管理作业长、分厂副厂长、第二、第三和梅钢冷轧现场指挥总代表，30多年了，他一直坚守一线。他总跟年轻人说，“再普通的岗位，只要立足岗位。努力工作，也一样能大有作为。”“立足本职岗位，要用实力说话，水到自然渠成。”

“耐得住寂寞、静下心来在一个岗位上细细磨炼。这也许是我成功的秘诀。”王康健说。

五、服务社会篇

编者按： 服务经济社会是职业教育义不容辞的职责，这是由职业教育的性质所决定的。为了更好达到这一目标，从学校的招生、就业、职业生涯规划以及专业和课程的改革都要紧紧围绕服务社会这个大目标，要捕捉经济社会变化的动态，从供给侧改革的角度调整学校的专业和课程结构，主动适应经济社会的需求。为了提升职业教育服务经济社会的水平，培养一大批高水平的教师最为关键，名师培养工程为职业教育加快师资培养进程提供了有益的范本。

服务于小微企业人才需求的会计专业综合改革

上海东海职业技术学院

上海东海职业技术学院创办于 1993 年，当年开设了“会计”、“国际贸易”两个专业，从此，学校的会计专业开始起步。经过 21 年的积淀和传承，在东海同仁们的共同努力下，学校的“会计”专业经历了起步、发展到壮大的过程，在校生从创办初的 42 人，发展到目前的 1143 人。

随着学校先后被批准为上海市特色高职院校和示范性民办高职院校建设校，在校领导的带领下，依靠会计专业专家团队，通过深入调研和充分讨论，根据小微企业大量的人才需求，考虑与普通本科院校错位发展，结合小微企业对会计专业毕业生普遍提出“会算、会管、会写”的能力需求，学校将传统的“会计”专业进行综合改造，定位于：服务有潜质小微企业；培养“首岗能胜任，升岗有潜力”；擅长“一人多能，多岗兼顾”；“会算、会管、会写”的复合型财会能手。

通过实施面向于小微企业的人才培养模式创新改革；实施小微企业人才培养

的师资队伍品牌建设；三位一体的“校内实训中心、生产性实训基地和校外实训基地”的小微企业技能培养的实训平台构建；有针对性地开展小微企业技术服务，使东海的“会计”专业品牌特色基本确立。建设成效初步显现，为本市高职院校专业改革与建设开创了一条可供借鉴的创新道路。

一、办学理念

1. 凸现高职特色的因材施教

高职教育是高等教育的一种类型，它以培养适应生产、建设、管理、服务一线的高等技术应用性专门人才为根本任务。根据人才培养目标要求，高职教育必须体现出职业技能性和平民大众化教育的鲜明特色。因此，我校会计专业的教学改革既立足于职业技能的培养，以小微企业会计专业技能要求为人才培养标准，搭建起满足小微企业会计技能训练需要“三位一体”的实践教学平台，又根据高职大众化教育的实际情况，结合高职学生入学基础，在教学定位上以培养小微企业会计专业人才为己任，力求解决“高不成，低不就”的状况，将教学目标落到实处。

2. 与本科高校错位发展的专业构思

本科教育与高职教育具有自身特点和不同的人才培养目标。据调研，目前，本市本科院校开设“会计”专业的有“上海财大”、“立信会计”、“上外”等11所院校，高职高专开设“会计”专业的有“东海”、“立达”、“电子信息”、“济光”等17所，其中：以“财大”和“立信”为代表的本科院校专业定位主要聚焦于大中型企业财务、管理和注册会计师岗位，以“上外”为代表的主要定位于具有较高外语应用和财务管理能力的国际会计岗位，而本市高职院校会计专业普遍缺乏自身特点和明确的专业定位。正是基于与本科院校错位发展的服务面向，我校将“会计”专业改造为：服务有潜质小微企业，培养“会算、会管、会写”，具有“一人多能、多岗兼顾”的复合型会计专业能手，体现了显著的自身特色和与本科院校错位发展的专业构思。

3. 服务于小微企业的人才需求

2014年4月，国家工商总局发布的一份《全国小型微型企业发展报告》显示，截至2014年3月，全国各类企业总数为1527.84万户，其中：小微企业所占比重达94.15%，占据我国经济版图半壁江山。以上海为例，目前小微企业已占全市企业总数（136 万户）的 92.66%，而较熟练掌握《小企业会计准则》内涵，满足小微企业会计核算需要的会计专业人才缺口达到总量的近 20%。为此，东海以服务地方经济，满足行业人才需求为己任，自觉地将传统“会计”专业改造为培养小微企业需求的会计专业人才。

二、具体措施

1. 构建了适应小微企业需求的人才培养模式

（1）构建了服务于小微企业的课程体系。考虑小微企业对会计专业人员尤其注重的是“会算、会管、会写”的能力要求，我们以小企业会计准则为依据，以“三会”为能力目标，构建完成了服务于小微企业的课程体系。

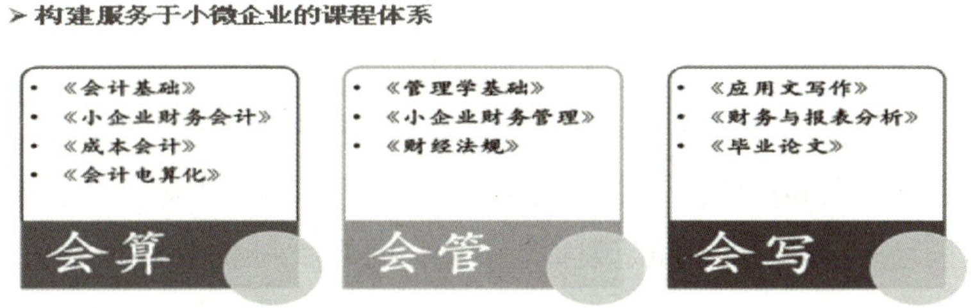

（2）实施了岗位技能逐级递进的实践教学。考虑小微企业对会计专业人员具有“一人多能、多岗兼顾”的复合要求，我们将岗位技能逐级递进融入于 3 年的实践教学过程。

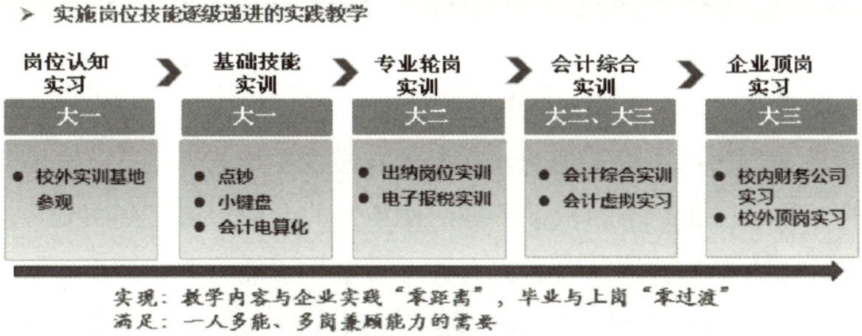

（3）强化了适应小微企业会计人才培养的课程与教材建设。为了培养小微企业会计人才的需要，我们建设了《会计综合实训》《出纳岗位实训》两门市级精品课程，编写了《基础会计学教程》《会计综合实训》《小企业会计》3 门理论与实训教材。

2. 组建培养小微企业人才需求的师资队伍

（1）实施了“双星”计划。学校聘请了一名行业专家——上海经隆会计师事务所董事长、高级会计师李敏先生担任兼职主任，形成了学校教授加企业专家组成的双专业带头人，主持学校的会计专业建设。

（2）组建优秀教学团队。学校引进了1名会计学教授，培养晋升了3名会计学副教授，形成了由10名专职教师组成的教学团队，会计专业教学团队已被批准为上海市优秀教学团队。

（3）双师素质的培养。本专业全体教师有计划地赴上海经隆会计师事务所挂职工作，并利用“校中厂”平台，每位教师兼任1～2家小微企业的代理记账业务，使全体教师具备了小微企业会计工作经验，双师素质达100%，团队成员中有1名注册会计师和5名会计师。

3. 搭建了小微企业人才培养的实践教学平台

（1）建设了生产性实践基地——上海东竟财务咨询有限公司，为16家小微企业提供代理记账和财务咨询服务，通过这一平台，为学生提供了小微企业会计技能实践的场所，为教师提供了发挥专业特长的舞台。

（2）建设了模拟小微企业会计核算需要的校内实训体系。学校先后建设了会计基础实训室、电算化实训室、东海结算中心、东海税务、会计综合实训室、财务决策实训室，校内实训教学体系均以模拟小微企业会计实训教学为核心内容。

（3）形成了一批校企深度合作的校外实训基地。以上海经隆会计师事务所等12家校企深度合作基地为平台，为学生的校外实训教学提供了保证。

三、取得成效

1. 毕业生受到用人单位普遍欢迎，社会美誉度不断提升

准确的专业定位和严格的教学管理，使学生的专业学习落到实处，毕业生质量得到肯定，用人单位普遍认可东海会计专业学生“能力强、上手快、留得住”，近3年毕业生就业率始终保持在98%以上。据近期调研获悉，东海历届会计专业毕业生近70%已成为小微企业财会能手或中坚力量，部分学生已走上财务领导岗位，并在行业内享有较高声誉。

2. 学生在各类竞赛中屡创佳绩

在2012年、2013年上海市教委主办的高职高专会计技能比赛中，我校连续

两年与立信会计学院并列团体一等奖，2014 年获得团体第一名，并代表上海市高职院校参加全国决赛；在 2012 年、2013 年“用友杯”全国大学生会计信息化技能大赛中，分别获得团体二等奖和一等奖；在“网中网杯”全国大学生财务决策大赛中，获得上海赛区团体一等奖，并与立信会计学院联合组队参加全国比赛，获全国高职组第十名。

3. 会计专业改革设计比武受到专家们的高度评价

以定位于小微企业的会计专业教学改革受到教委专家的高度认可，在 2014 年上海市教委主办的“上海市高职高专重点专业教学设计比武”中，我校会计专业的教学改革实践得到专家们的高度认可和良好评价，先后入围初赛、复赛，12 月 5 日将参加总决赛。

4. 以小微企业会计教学改革为题材的科研成果丰硕

近年来，以小微企业会计改革为题材，一大批科研项目成果显著。我校会计学教授李杰老师的科研项目《基于小微企业需求的会计专业人才培养模式创新研究》获上海市教委重点课题立项研究；我校青年教师秦岚老师的《小企业会计准则对高职院校会计教学改革研究》课题获上海市青年教师资助研究项目；我校李敏老师《小企业会计》教材由上海财经大学出版社出版；我校严玉康教授以小企业为背景资料的《会计综合实训》教材由立信会计出版社出版；我校教师在会计类核心期刊发表了多篇小企业会计教学改革论文。

刍议优秀招生人员必须具备的职业素养

汪应斐

十年“招生”很“忙忙”，不思量，自难忘。招生是一项艰苦的工作，10 年前当我带着懵懂的双眼开始审视这个社会，第一次跨入招生办这个工作环境时，我的领导就告诫我说：不是任何人都适合做这份工作，在让别人接受这所学校之前，首先要让别人接受你这个人，因此，与其说是做招生工作，不如说，这是一门自我推销的艺术。一名招生人员的优秀与否与个人性格紧密相关，而个人性格在很大程度上受到先天的秉性、生活环境、后天的教育等诸多因素的影响。

什么是职业素养呢？体现在职场上的思想、道德就是职业素养，职业素养是个很大的概念，第一位当然是专业性，但是除了专业，还包括个人素质及道德修养，职业素养是一个人职业生涯成败的关键因素。优秀的招生人员必须具备一定的职业素养。

一、职业道德

公元前6世纪的中国古代兵书《孙子兵法·计》中，就有“将者，智、信、仁、勇、严也”的记载。智、信、仁、勇、严这五德被中国古代兵家称为将之德。

职业道德——即人们在职业生活中应遵循的基本道德。是职业品德、职业纪律、专业胜任能力及职业责任等的总称，属于自律范围，它通过公约、守则等对职业生活中的某些方面加以规范。我认为招生专业人员应该遵从以下两项职业道德：

（一）不可混淆学历与非学历教育

“学历教育”是根据国家教育部下达的招生计划录取的学生，按教育主管部门认可的教学计划实施教学，学生完成学业后，由学校颁发国家统一印制的毕业证书，高等院校颁发相应的学位证书。

“非学历教育”是指各种培训机构通过进修完成学业后，由培训部门颁发相应结业证书。

中职校的家长受教育程度普遍偏低，有的随迁子女，或者成人中专的学生家长文化程度可能只达到小学、初中水平，在接触形形色色的家长时，几乎有30%的概率会遇到家长不明白什么是学历教育，什么又是非学历教育，家长们通常会问，“我看哪个哪个学校也有类似于你们的某某证书，为什么他们学习的时间只需要三四个月时间就能拿证了，而你们却要3年？ 3年的话时间又长，费用又高，我们家长负担不起呢！”遇到这种情况，往往用过多话语解释也是徒劳，我通常会采用图画这种简单而易懂的方式让家长明白：

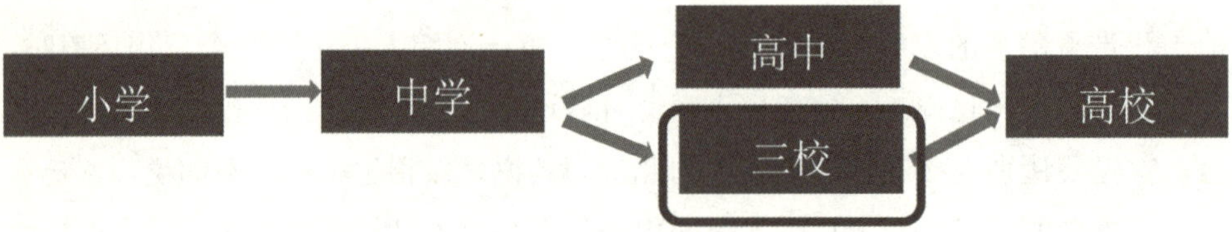

上图中圈出的就是学生所选择的学历教育学校的类型，而家长所说的只需要三四个月就能拿到证书的叫做培训机构，培训证书并不能代表你的学历，将来就业公司一般都会先问你是什么学历？其次再会问你，你有哪些证书？家长一般听

到这样的解释后，可能还有点似懂非懂，但是基本上已经能够大抵明白了。

这里说句题外话：中等职业学校的毕业证书目前已经实行电子注册制度，在上海学生事务中心网站上可以进行查询及认证。

（二）不可伪造虚假招生信息

虚假的招生信息应该从两个方面来理解，一个是前期的招生广告，另一个则是后期的录取通知书。

1. 虚假的招生广告

目前市场上有很多计划外招生学校为了达到招生目的往往不惜一切的往自己身上“贴金镶铂”，一些不具备开设某些专业条件的学校，为了达到宣传效果从网络上海量搜索能够修饰本专业的图片，经过加工处理后为自己所用；有些学校明明毕业以后并不能够得到相应的证书或拿到证书的概率微乎其微，但是在招生广告中却夸大其词，让家长产生毕业后自己的孩子一定能拿到这些证书的错觉；有些学校抓住中考落榜生的家长“望子成龙、望女成凤”的心理，夸大自己学校的升学比例，或者学生出国留学的概率。对于这些现象，我认为应该“三管齐下”，让这些乱象无处躲藏：（1）管理部门应加大力度管理，坚决打压这些招生不规范学校的生存空间；（2）家长应该充分了解孩子的实际情况，理性对待自己的子女未来；（3）招生学校应该自觉自律，遵守招生市场的条例和秩序。

2. 虚假的录取通知书

我们的00后可以说是幸运并悲哀的一代，幸运的是，当你初中毕业时，你的手中可能至少拽着3～4张录取通知书，可以说，你是一件抢手货；悲哀的是，当你初中毕业时，也就意味着你已经被虚假录取通知书淹没了，你的个人信息被出卖，你的家庭地址、联系方式同时出现在了几家学校的通讯目录里，当你拿着这些不辨真假的录取通知书时，我想你的心情一定是兴奋的，接着就是和父母商讨着去哪所学校就读，从网上再次找出各家的招生广告阅览，那些虚假的广告立即充斥着你的双眼，让你怦然心动，但是你有没有冷静下来想一想，这些录取通知书中，哪一张才是真的？也许就在你的兴奋中，那张盖着学校公章并且盖着教育考试院公章，有着正规编号的录取通知书已经被你随手摒弃。

作为一个计算机系的毕业生，对于虚假的广告和虚假的录取通知书，可以说信手拈来，分分钟就可以弄出一份假的信息，但是做招生的必须遵从这个行业的职业道德，应当分得清什么事可以做，什么事不可以做，我也定当遵守自己的做事准则，继续为这些毕业生服务。

二、职业思想

1. 不断反思招生的过程，总结经验，招生工作具有时代性

招生宣传工作从最初的由学校单方面发放宣传广告，到之后由教委组织在万体馆设摊，再到近几年在报纸及网络上面登广告，直至最近才流行的自媒体，各类中职校大量利用微博、微信等 H5 方式进行宣传，家长只要坐在家里，动动手指就能看到各类学校的招生简章、学校概况等，可以说是经历了一个时代的变迁。我们学校也在近几年的前期招生工作中大量运用秀米、易企秀等 H5 工具对学校的招生宣传广告进行制作，其中有的是图文排版，有的则是带有音频和动画效果的宣传简介，这些 H5 场景的搭建，生动、形象，能较容易的吸引住学生的眼球让学生对招生学校产生好奇。而我们学校除了前期利用这些工具做微信宣传外，也做了后期的新生迎新系统工作——即在每位新生收到录取通知书的同时，在信封上面附带了二个信息：一是，学校迎新系统的二维码；二是，迎新系统的用户名和密码，学生可以根据操作步骤扫描信封上面的二维码进行新生电子注册，输入用户名和密码后，首先可以看到的是一些学生的基本信息，另外一些住宿申请、校服尺寸及选择专业等等都可以在网上完成，当然学生在填写个人信息时，由于其对于专业的选择是很茫然的，可能会需要后期的修改，我校对于迎新系统也设置了报到当天当场修改信息的功能，同时也让学生对自己的个人信息进行最终的确认。不论是前期的招生宣传还是后期的迎新系统，微信的确改变了我们的招生模式，相信随着时代的进步，我们的招生工作也会更加与时俱进。

2. 期待的目标

招生工作相当于一个企业的销售部门，对于一个销售部门来说，首先期待的当然是自己的销售业绩能够蒸蒸日上，这个销售业绩不光光是基于有大量的生源能够填报我们学校，更是需要让这些填报我校的有效生源从数量到质量上的飞跃。

真正报考的职业学校的学生除了非常喜欢此专业外，主要是学习有困难，行为有偏差的学生，通过师生共同努力，发挥这些在学习上有困难学生的动手能力，发掘学生的长处，将行为上有偏差的学生引入正途，使学生从数量到质量上的改变，为学生奠定终身发展的基础，我想这是每一位中职校教师最大的期望，孩子们在进入中职校后能够在各方面有所进步，也是对老师的最大回报。

三、职业技能

职业技能是衡量劳动者从业资格和能力的重要尺度。招生人员的主要职业技

能首当其冲的应该就是表达能力、营销技巧等，下面我也将从3个方面来叙述：

1. 营销技能、否决技能、妥协技能

在文章的一开始我就提到了，不是任何人都适合做招生这份工作的，在让别人接受这所学校之前，首先要让别人接受你这个人，因此，与其说是做招生工作，不如说，这是一门自我推销的艺术。

“三校生”这个名词，在家长的眼中似乎并不是很受欢迎，听到这个名词往往代表的是成绩不好的学生的聚集地，抽烟、打架、谈恋爱的场所，事实上，目前“三校生”的状况，除了这些不好的现象外，也有部分原本在初中学校成绩不太好，但是到了中职校后，相对来说有较大进步的学生。近年来更是发现有些学生在学校举办的各类活动中有一技之长，能独当一面，只是这些学生在初中的时候由于学习方面的压力，迫使这些“金子”被淹埋在了“黄沙”里，要让初中学校的老师和家长了解目前“三校生”的状况，这就需要靠我们这些招生老师做好“桥梁”工作，例如：在介绍学校的时候可以多从本校的专业、就业及校风情况做介绍，也可以将一些优秀学生的案例列举出来，而要让这些案例听上去真实，并不是招生老师在吹嘘或者夸夸其谈，而是需要招生老师自身的一种魅力。在家长咨询的过程中有些问题是不可能避免的，如：有些没有报考资格的外地学生，想要读上海的中高职贯通专业，那么在做介绍时，老师就要掌握一些营销中的否决技能，可以给这些望子成龙的父母及这些对自己有要求的学生推荐另外一些本校优秀的专业。在给学生介绍专业时，也不能一味地灌、塞给家长和学生。学校装饰专业是强项，但是孩子却喜欢计算机，就要求孩子改变初衷，把读装饰专业的优势强塞给学生及家长。在专业介绍过程中还会碰到有的家长和学生的意见不统一，如：家长想让学生学环境方面的专业、学生本身却喜欢机电类的专业，那么在做专业介绍时，就要尝试让一方妥协，让其观念转变，接受另一方的合理意见。

当学生及家长通过我的介绍后能够进入自己理想的专业，我的心情都会随之更灿烂。

2. 利用信息化的技能

信息化是当今时代发展的大趋势，从宏观方面看，信息时代的若干发展趋势已经成为不可逆转的历史潮流，改变着当今世界的面貌和格局，而招生工作也不例外，我们可以通过H5的场景制作，在微信上面做推广，可以通过微信报名的方式联系学生及家长，我们学校更是做了微信的迎新系统，即在发给学生的录取通知书上同时印刷上我校迎新系统的二维码，学生在收到录取通知书的同时，可以通过扫描二维码，登录系统，率先了解学校的专业情况，也可以将一些校服尺寸、住宿等情况事先在网上填报好，到正式报到的时候，减少了家长排队等待的时间，优化了整个报到流程。

3. 熟悉各级部门的政策

记得去年参加了学校组织的一场拓展培训课程，其中有一项比赛项目是要求小组成员从前到后排成一排，教练将一个四位数的数字告知最后一位老师，哪个组能在最短的时间里将数字从最后一位传到第一位老师，并且最接近原本的数字哪个小组就获胜，比赛规则是组员不可以回头看，不可以说话，也不可以跑动，当时我们小组拿了第一，时间最短仅用了5秒，而且准确率最高，在之后的经验分享中，别的小组向我们取经，“为什么这么快就能完成任务？”其实方法很简单，因为比赛规则中并没有提出不可以用通信设备，所以，只要最后一个老师看好数字后，直接用手机把数字发给第一位老师就可以了，这就是熟读政策的好处。招生工作人员不可以做违规招生政策的红头文件，但政策是死的，人是活的，熟读每条政策，为莘莘学子争取有利的条件，是做招生工作的必要“手段”。

四、职业习惯

通俗地讲职业能力就是职业行为习惯，主要表现在以下几个方面。

1. 做定期的工作计划、工作笔记和工作总结

每学期的开学伊始，要对自己这一学期的工作做一个初步的计划，就像老师备课一样，要把招生工作的重点项和难点项做好记录，2017年2月开学后，招生工作即将踏入最繁忙的阶段，第一项任务是协调好各类报刊中需要刊登的学校招生简章，第二项任务是完成上级安排的计划分配任务等等，直至6月份的中考完毕，在这些工作中做好相应的记录，为年底的工作总结做准备。

2. 及时主动反馈工作当中遇到的瓶颈与问题

有一次，儿子因为很难做选择而犹豫，他的父亲找到他说，“走，我请你喝酒。”他们在酒馆吃了个饭，父亲把一百块钱卷起来放进空酒瓶里，跟他儿子说，“现在无论你用什么方法，把一百块钱取出来。”儿子试过把筷子放进去夹出来，但钱一张开就因为酒瓶内有水分的关系，全部贴紧在瓶壁了。他父亲叫老远的乞丐过来说，“无论你用什么方法，你把钱拿出来就是你的。”那乞丐望了瓶子的钞票十几秒钟，问：“无论什么方法？”父亲点头说：“嗯。”乞丐拿过酒瓶往地上

一摔，取出钱，向父亲鞠了个躬就跑开了。儿子愕然，父亲说道：“有时候到了瓶颈无法突破了，把瓶子摔破，也是一个方法。”这是我在网络上看到的一则小故事，却对自己有很大的启发。有一次在和领导讨论工作的时候，我们发现虽然我校在上海的市中心徐汇区，但是学校的生源却和我们的地理位置有明显的反差，实际情况是我校有3/4的学生来自郊区，只有1/4的学生是市区的，领导提出了如何改变现状的问题，分析下来，我们在计划数安排上面存在着固化思维，即由于郊区的学生每年考入我校的人数较多，因此每年我们将大量的计划数分配给了郊区，循环往复，有些市区的计划数我们几乎为零，这样就产生了恶性循环的状况，那一年的工作中我们稍做了调整，将一些市区的计划数从无到有做了提升，该年市区的学生明显有了上升的区势，现在我校市区和郊区的学生比例则有了明显的好转。

3. 服从工作布置、发掘职业兴趣

无论我们从事什么工作什么行业，我们需要遵守行业规则，需要服从领导给你的工作安排，当然这里指的服从并不是盲从，领导也是人，在某些工作中也会产生偏差，作为办公室的一员，有的时候也需要在领导判断错误时，及时提出不同的意见，好的办公室氛围是不分年龄，不分职级的，做事对事不对人，当有一个观念在脑海里产生时，需要有更多的伙伴参与到讨论中来，俗话说：三个臭皮匠顶一个诸葛亮，工作中我们既要服从，也要互敬互重，提出不同的观点，这样才会不断地发掘工作的乐趣。

招生是一项艰苦的工作，是一门自我推销的艺术，但我却热爱这份艰苦而又充满艺术的工作。

中职学校开展创业教育初探

上海市公用事业学校

近年来，国家出台一系列政策鼓励和引导民众创业，创业教育也随之渗透到职业培训、高校教育、职业教育等各个领域。作为从事中职教育的工作者，认清当前创业教育的环境和机遇，重视在中职教育中开展创业教育，结合中职教育特点，建立一个健全完善的中职创业教育服务体系，充分调动中职学校和社会资源的最大化价值，使创业教育真正发挥其服务性、指导性和可操作性的积极作用，为中职学生搭建一个能初步了解创业知识的平台。

一、创业教育的意义

（一）创业教育的内涵

创业教育是个舶来品。Myles Mace 于 1947 年在哈佛大学商学院首次针对 188 名 MBA 学生开设创业教育课程，开创了大学创业教育的先河 [1]。英国也是开展创业教育较早和比较成功的国家。英国政府引导和重视是其创业教育的突出特征之一，通过政府牵头，制定并实施一系列促进高校创业教育的政策，为创业教育的发展提供了法律和制度保障。英国创业教育在不同历史时期有着不同的特点，大致可以分为：20 世纪 80 年代早中期——创业教育的萌芽时期；20 世纪 80 年代末至 90 年代末期——创业教育发展的推进时期；21 世纪以来——创业教育发展的成熟时期 [2]。

我国创业教育的萌芽始发于改革开放之初。当时，在四川省的几个农村地区率先提出并开展创业教育试验。1989 年在北京召开了“面向 21 世纪教育国际研讨会”，联合国教科文组织提出了“创业教育”的概念，并在题为“ 21 世纪的教育哲学”的报告中提出了学习的“第三本护照”是创业能力，要求把创业能力提高到“与目前学术性和职业性教育护照同等的地位”[3]。1997 年的“清华大学创业计划大赛”拉开了大学生创业活动赛事的序幕。1999 年在教育部发布的《面向 21 世纪教育振兴行动计划》中首次提出大学生创业教育的概念。文件指出：“加强对学生的创业教育，鼓励他们自主创办高新技术企业”。2005 年 8 月，KAB（Know About Business）创业教育项目引入我国。该项目是国际劳工组织为培养大中学生的创业意识和创业能力而专门开发的课程体系。截至目前，共有 24 个省份、209 所高校参与了 KAB 创业教育项目 [4]。

创业教育的理论源自于杜威和陶行知先生的“生活教育论”。创业教育作为一种教育思想，首先是由柯林 · 博尔在 1989 年正式提出的。作为一种新的人才培养模式，西方发达国家已经形成并获得了比较成熟的模式和相对完整的理论。而我国的创业教育目前还没有形成比较成熟的模式和理论，高校创业教育和创业活动也处于探索阶段。相比于大学，中职的创业教育在我国更是处于萌芽状态，然而在起步阶段就步履维艰、困难重重 [5]。

（二）中职开展创业教育的意义

高效和可持续发展型创业是国家和政府鼓励创业的终极目标，创业需要一个平台和环境，创业需要一种文化和氛围，创业更加需要一种科学的机制和保障，要实现这些目标，创业教育发挥着不可小视的作用。同时，传统的中职教育，就业方式主要由学校负责安排实习岗位或向用人部门推荐，学生自主创业观念相对薄弱，学生对就业途径的认知也相对单一。在激烈的人力资源市场竞争中，就业的稳定性日趋减少，自主创业能力将成为中职毕业生抵御失业风险的重要手段。通过在学校的德育活动中开展创业教育，转变中职学生传统思想，树立正确的就业观念，增长社会生存技能，提高适应社会的能力，为创业活动在技能、素养等多方面打下结实基础。因此，梳理我国中职创业教育发展中遇到的问题，把握中职创业教育的发展规律，探索相应的行之有效的对策建议，对推进我国中职创业教育的深入开展具有十分重要的意义。

二、中职开展创业教育的调查

为了了解中职学生的创业意愿和倾向、开展创业教育情况，探讨创业教育策略与创新，丰富创业教育理论体系，并对此以后相关的创业教育研究提供有价值的参考，我们以上海市公用事业学校为例，开展了一次问卷调查。

（一）样本和方法

为达到调查结果的有效性，本次调查对象涉及不同性别、不同专业的学生。共发出问卷 150 份，回收 115 份，其中有效问卷 112 份，回收率达 76.6%。问卷主要围绕中职学校开展创业教育现状情况进行设计，学生问卷共 16 题，问卷旨在了解中职学生的创业意愿、创业环境认知、创业自我认知、创业需要、创业现状等问题。通过调查分析，对学生的创业心理和需要作一基本了解，掌握学生的就业倾向，结合中职学校创业教育开展现状，为深化创业教育教学改革提供依据，在中职学校层面深化创业教育风，实现中职学生人人都来关注创业，通过多途径帮助那些想创业的学生实现成功创业，发挥中职学校的创业孵化作用，以此减少社会就业压力，为促进创新型经济社会的快速发展贡献力量。

（二）结果与分析

1. 学生的创业兴趣

创业兴趣通过调查数据我们可以得出：在中职学校，对创业有着强烈兴趣和比较感兴趣的同学占到了 76.7%，选择“一般”和“没兴趣”的同学只有 23.3%。说明中职学校里也有相当大一部分有创业意愿和创业想法的同学（图一）。阿玛尔·毕海德（AmarV.Bhide）认为，“对于大多数想创业的人来说，面临最大的挑战不是筹集资金，而是在没有资金之时，具备创业智慧和动力[6]。”

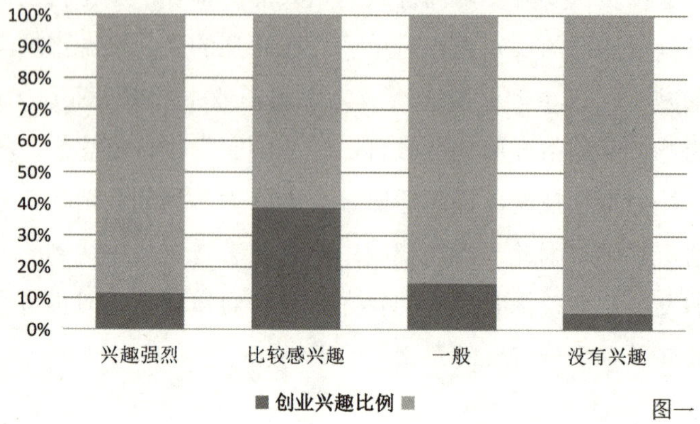

图一

2. 创业的起始时间

开始创业的时间通过数据分析，有 62.3% 的同学选择工作后慢慢创业，说明同学们对创业持谨慎态度，认为工作中获得一定的社会经验后进行创业才会保险。有 20.1% 的同学选择在校期间创业，15.6% 的同学选择毕业后马上创业（图二）。

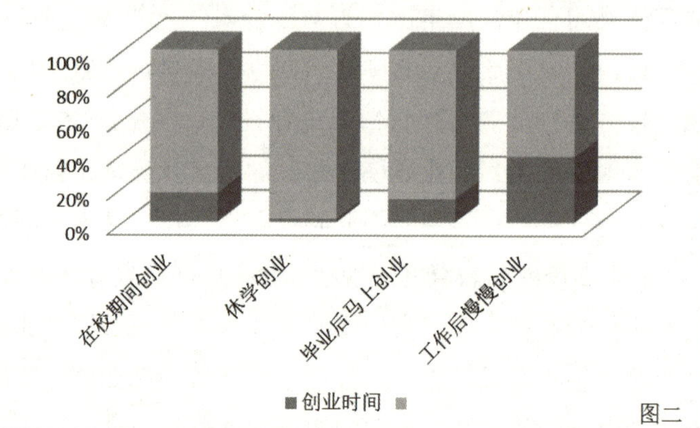

图二

3. 对创业的认知

创业认知通过调查研究，“资金”和“经验”是大部分同学认为影响创业的重要因素，分别占到了 40.2% 和 39.8%，而创业能力却只占到 15.8%，由此可见学生对创业本质的理解存在一定程度的偏差，对创业认知存在一定程度的盲目性和理想性。事实上，创业能力和素质直接决定了创业的成功与否，甚至决定了所创办企业的生命力和层次（图三）。

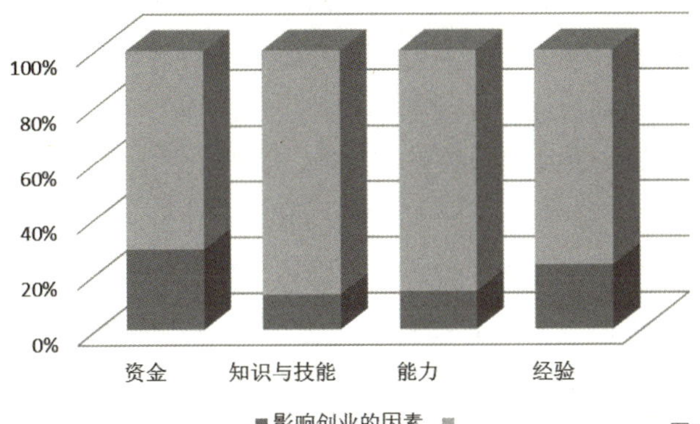

图三

4. 喜爱的创业课程形式

课程形式与学生期待比较通过数据分析，中职学校在现行的创业教育中，理论授课是主要的课堂组织形式，占到了 78.9%，而真正在创业教育中发挥效用的实践课堂组织形式却只有 12.4%，讲座座谈和竞赛基本处于没有实行的状态，如此看来，中职学校的创业教育只停留在理论和形式阶段，缺乏深入实践，因此对学生创业影响微乎其微（图四）。

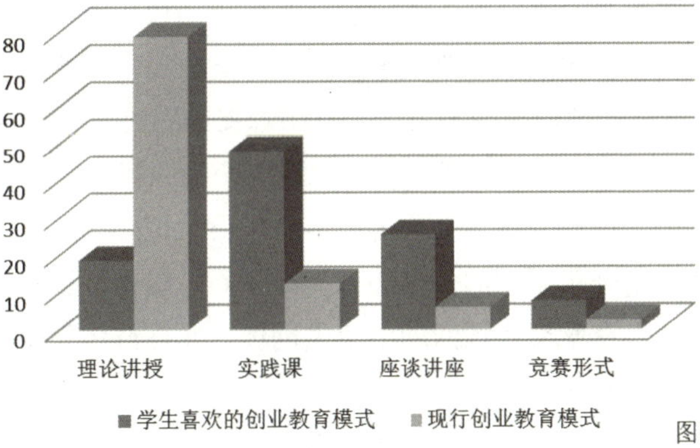

图四

三、中职学校开展创业教育的策略

（一）实践活动中播撒创业意识的种子

为了使自主创业的好思想、好作风、好品德入脑入心，给未来学生的创业搭起责任的云梯，学校可以根据专业特色组建多个志愿者服务队，在广大师生需要的地方都有他们的身影。如轨道工程系可以组织服务小组，来自车辆专业、交通信息专业、电气专业、供电专业的学生们个个出手利落，他们可以作为学校水、电、暖、设备维修等后勤工作的主力先锋。如学校的值周活动，要求每个班级每周必须安排一天的时间分岗在学校需要部位协助工作，为广大师生提供必要的服务，尤其餐厅的分餐及餐具回收等服务工作，最能让学生体会到“今天我为人人，明天人人为我”的情感体验。一系列活动的开展，让学生在奉献和付出中认识了自我价值的意义，使学生懂得了个体之于他人、之于家人、之于社会等各方面的责任意味着什么，也锻炼了学生的综合能力，职业素质也随之得以提升和显现。

（二）文化活动中陶冶创业道德的思想

在教职工和学生多个层面开展“传承传统文化，弘扬中华伦理”的道德培训，提升全体师生的综合素养，传递社会正能量。开展以“讲孝道知感恩”教育为主题的校园活动，组织入学新生集体观看中央电视台的《开学第一课》；邀请文化名人走进校园，为全体师生带来别开生面的以“弘扬长征精神，争做时代青年”为主题的文艺汇演，旨在陶冶情操，提升素养。感恩是生活的智慧，感恩是认同和回报，感恩是尊重的基础，在受教育过程中，同学们的思想得到了升华，这也必将在日后的创业之路上发挥不可小视的作用。

（三）竞赛活动中培育创业竞争的意识

创业是一种参与社会竞争的重要活动，它要求创业有敏锐的洞察力，特别是对商业或市场信息的敏感性[7]。创业也尤其需要竞争意识和禀赋。为学生创造一种竞赛氛围，逐渐培养商业智慧和思维。有团总支组织的乒乓球赛、踢毽子比赛、跳绳比赛、大合唱比赛参加文明风采大赛的诗歌朗诵比赛、演讲比赛、写作比赛、职业规划演讲比赛、创业创意设计大赛等多个项目，这些比赛大大激发了学生向善、向美的热情，增强了学生的自信心，提高了心理素质，受到学生的喜爱。学生成为比赛的主角，在学校各项活动中争先创优，发挥群体创造力，学生们在比赛中提高了自身能力和素质，展现了他们对于专业的热爱和执著，同时也展现出了他们不甘落后、勇于进取的精神风貌。学生踊跃参加职业技能大赛，检验了老师们的教学成果和学生们的学习成果，使老师们、学生们对自己的教与学有了更清楚的认识，对今后的创业教育起到很好的推动作用。

（四）系统规划中形成创业文化的体系

1. 成立创业社团

学校充分发挥学生干部的组织、引领作用，成立学生创业社团，社团有专职的指导教师、固定的活动场地和详尽的活动计划，开展一系列丰富多彩的创业教育活动。学生会创业部每学期举办一次创业沙龙活动，邀请有创业经历的毕业生回到学生中间座谈，与学生面对面进行交流，说说自己创业故事、创业经历与心得体会，让身边的创业榜样发挥带头和示范作用。创业社团利用一些特殊节日时机，举办特色各异的创业展示活动，让更多创业实践的学生体验到成功的快乐。

2. 发挥榜样的示范力量，增强学生的创业信心

定期邀请成功企业家来校进行专题讲座，以多种形式让学生有机会分享他们的故事和经历，倾听了解他们曾经的辛酸与喜悦，让学生对创业有更加客观的认知和了解。

3. 发挥创业指导中心的服务功能

由就业指导处牵头，聘请校外创业导师和校内外兼职创业教研员，组建学校创业指导中心，指导和管理学生创业实践。建立“一对一”导师帮扶制度，对有意愿创业的学生进行全程指导，从创业意识培养、创业计划书评审、创业前辅导、创业过程跟踪指导等各个环节发挥作用，及时发现与解决项目实施过程中出现的问题。导师不仅可能带来技术指导，他们很多都在指导过程中也带来了宝贵的信息资源，增加了创业者信心。成立学院创业孵化园，集中场所集中管理，抓住政府扶持创业的利好时机，为学生搭建创业的全新平台。

（五）德育课程中渗透创业教育的内涵

从学科内容到授课形式要反复推敲与论证，不能停留在理论和理想层面，要让创业教育落地生根，把培养学生创业创新的实践操作能力作为重要出发点。结合新生一代的心智特点，设计一些障碍课程，锻炼学生意志品质，磨砺意志有助于提高学生在创业中克服困难和走出逆境的勇气，比如设计一些户外拓展训练课程内容，将团队、信任、毅力等方面的训练体验化，增强学生的坚韧度，提高学生处理问题的能力和抗挫折能力。增加创业知识的占有比，法律、税务、工商、数字运用、财务等方面的知识活学活用十分重要，应加强训练与学习，使其在创业过程发挥必要的作用。

结语：创新创业不仅是社会就业的一种积极形式，更是推动经济发展和保证社会和谐稳定的重要动力，对缓解社会就业压力、促进地区经济增长，以及提高人民的生活水平发挥着深远的作用和意义，创业型经济的发展亦是一个国家赢得全球经济挑战的重要途径。对于中职学生而言，具备了初步的创业意识和常识，有利于他们在今后的职业生涯中走的更加稳健，也给他们今后在社会上安身立命

多提供一份保障。

参考文献

[1] Katz J. A. The chronology and intellectual trajectory of American entrepreneurship education 1876-1999 [J]. Journal of Business Venturing，2003,18：283-300.

[2] 胡立强 . 英国创业教育的历史沿革 [J] 教育旬刊 .2014，（8 中）.

[3] 刘伟 . 大学生创业教育的历史、现状与建议 [J] . 华南理工大学学报（社会科学版）.2006，（12）.

[4] 李涛，朱星辉 . 我国创业教育的现状及发展趋势 [J] . 科技创业月刊 .2009，（8）.

[5] 董奇 . 从“找饭碗”到“造饭碗”——中职学校创业教育的困境与突 [J] . 江苏教育（职业教育）.2015，（9）.

[6] 阿玛尔•毕海德等 . 创业精神 [M]. 北京：中国人民大学出版社，2000：1488.

[7] [美] Donald F, Kuratko Richard M.Hodgetts. 创业学：理论、流程与实践 [M]. 张宗益，译 . 北京：清华大学出版社，2006，12.

[8] 李木杰 . 通用职业素质课程构建与实施 [M]，北京：劳动社会保障出版社，2013. 7，003.

[9] 胡锦涛 . 在全国优秀教师代表座谈会上的讲话 [M]. 北京：人民出版社，2007. 36.

[10] 彭钢 . 创业教育学 [M]. 南京 : 江苏教育出版社，1995.48.

[11] 葛建新 . 创业学 [M]. 北京 : 清华大学出版社，2006.

（作者：赵冰）

名师培养工程学员五年成长感悟

上海市现代职业技术学校

时光荏苒，转眼 5 年将近，翻开当初的五年规划和目标，回首几年来的“名师培养”之旅，遇到了一批在职业教育战线上多年耕耘、成果颇丰的各专业领域中未来的“名师”，遇到了拥有丰富职业教育理论和实践的导师团队，我受益匪浅。下面想通过两个方面谈谈自己的感悟。

一、参加名师工程培养的收获与感悟

1. 一种磨炼，促进自己的专业成长

在上海商学院职教名师培养基地5年的“修炼”，对我来说是一种磨炼，说是磨炼，其实就是要求，让我深刻认识到读书、实践、思考、总结是名师成长的基本方法，做一名名师要坚持高尚的情操，做到身正为范，善于学习和敢于创新，努力促进自己的专业成长。

2. 一种提升，对教学有了新的认识

在上海商学院职教名师培养基地5年的“修炼”，对我来说是一种培训提升，是一种量变到质变的提升。每次听专家们的报告，总是让我们眼睛一亮，茅塞顿开，他们能把问题讲到点上，把点融于教学实践中去，深深感受到自己和名师有很大的差距。反思自己的课堂教学，打开了教学思路，增多了教学手段，教学的应变能力，更重要的是对自己的教学有了新的目标和方向，对课程教学有了新的认识。

3. 一种蜕变，成为教学科研型教师

在上海商学院职教名师培养基地5年的“修炼”，对我来说是一种蜕变，是一种自信的蜕变。通过培训，我的教育理念得到了更新，教学思路得到了拓宽，对新课程的认识与实践得到了一个质的飞跃。5年的培训让我从一名普通教师转变成为能随时上一堂示范课，能随时站在讲堂上做专题报告的科研型教师。

二、结合教学实践提升水平超越自我

优秀的老师一定要关注教育发展动态，关注教学模式和教学方法的改革，站在教育前沿，占领学科的制高点，从容而游刃有余。这几年一直在探索中职的课堂策略，怎样的课堂最吸引学生，将“要他学”变成“我要学”；怎样将带赛的经验用于实际课堂教学中，培养更多优秀学生；怎样的课堂让学生能与企业需求人才相匹配，相衔接，相整合。

（一）以高效课堂为目标，在创新中探索教学策略

在上海商学院职教名师培养基地5年的“修炼”，让我不断反思自己的教学，引入翻转课堂的教学策略，优化教学方法，运用启发学习、合作学习等方法，鼓励学生积极参与、认真思考、主动探索、专业操作、自我评价，课堂教学真正体现“教师为主导，学生为主体”的教学思想。

1. 实施翻转课堂，提高课堂效率

2013年，我牵头开发了《计算机动画片综合实训》课程，目前已进入实践阶段。

根据实训课程开发的理念，本课程旨在打破常规课堂教学，利用翻转课堂教学，改变传统教学模式，由原先的预习、上课、反馈重难点、课后做作业的教学过程，转变为学生通过视频预习功课、师生平台交流互动了解难点、教师在微课堂上展示和讲解、学生课后进行实操的课程新模式，逐步把学生培养成为真正的自主学习者。

2. 引入企业案例，培养学生能力

引入企业真实案例，创设仿真实训环境，以典型动画片产品为教学的实训内容，开展轮岗实训，体验各岗位之间相互协作，学生做中学，教师做中教，实现教学环境与真实工作环境、实现课程内容与职业岗位需求、实现学习过程与实际工作过程“三个对接”。

（二）以专业发展为引领，在实践中优化课程体系

近两年，我牵头学校示范重点专业——计算机动漫与游戏制作建设，实施以信息化支撑“精品课程、精致课堂、精彩学习”的改革思路，促进本专业全面、可持续发展。

1. 企业搬进校园，共建精致课堂

将企业搬进校园关键是如何“搬”。在学校建设计算机动漫与游戏实训中心，建设专业设施一流的二维动画、三维动画二个实训室和动画拍摄、二维动画、三维动画、数字媒体、影视后期五个校企合作工作室，使学生有一个良好的实训环境，校企合作有一个基础平台，从而实现栽梧桐树、筑巢引凤，吸引企业参与人才培养联动培养。

在建设实体的计算机动漫与游戏中心的同时，利用云技术，搭建“校企合作的虚拟计算机动漫与游戏工作室”，让更多的学生、老师和企业带教师傅在虚拟化环境中，一起“学”案例、“做”订单、“推”项目，实践“项目驱动、中心孵化”的人才培养模式。

2. 开发数字资源，打造精品课程

精品课程开发以综合实训课程为抓手，对于做好职业活动与教学活动对接、岗位技能与教学内容对接、德育教育与职业道德对接、信息化环境技术方法对接对于提高教学质量是十分必要的。

（1）校企合作开发综合实训精品课程。依托从事二维、三维、游戏企业，按专业方向分别开发市级《计算机动画片制作综合实训》和校级《计算机游戏制作综合实训》等精品课程。

（2）校企合作开发综合实训课程的实训平台。学校与公司开发实训平台，使每一个学生在虚拟的实训平台上，能扮演不同的角色，开展轮岗实训。除了专业技能，学生在实训平台上，知道了企业岗位设置，知道了与上、下游工位的分工，在工作中学会了团队协作与分享。

（3）校企合作开发综合实训课程多媒体教材。以企业动画资源为基础开发的项目课程的数字化教材，做学一体，学生爱不释手，《三维动画片制作综合实训》参选上海市中等职业学校第三届优秀校本教材评选，获“市优秀校本教材”称号。通过教材呈现方式的变革、活动任务的“交付”、教学方式与师生互动方式的变化，最大限度地组织学生亲历探究过程，在动口、动手、动脑过程中“做中学”，在参与活动中过程中，发展学生的个性和能力。

3. 搭建学习社区，催生精彩学习

运用新教育技术，将 OTO 互联网 + 教学模式与方法落实到课堂。发挥计算机动漫专业的信息化优势，搭建动漫学习社区，利用开发的精品课程资源并设计制作系列微课程，变教师教的资源为学生学的资源，将课堂向课前和课后延伸，催生学生精彩学习。

(1)开发学生喜闻乐见的数字化学习资源。学校与企业合作，精选典型的案例，将企业典型案例转化为课程资源。以动画专业方向为例：学校与上海贝生动画片制作公司和水木动画公司等公司合作开发课程资源；这些动画片角色、场景、故事形象生动，深受学生喜爱。

（2）架构精彩的专业学习社区平台。信息化社会人机互动是基本的思维方式，在 WIFI 全覆盖的信息化校园中，搭建“互联网 + 课程”的学习云平台。在网络学习平台上，除了传统的 PC 端之外，还将在 IOS 和 Android 平台开发相应的 APP 应用。将 HTML5 作为中职网络课程研发的主要技术载体。学习社区中有开发系列微视频、微课程、精品课程链接等内容。

在专业学习社区平台，组建学习小组，供大家有更多课余时间来解决技术和学习难题，浓郁的学习氛围，使每个人不再是一个孤立的求学者，打开更多的学习渠道和社交渠道，增加了学习者对群体的黏性和提高学习兴趣。

（3）设计多种学习方式的智慧课堂。利用设计《自主学习任务单》指导学生利用各种信息终端开展学习；设计制作配套微视频，帮助学生完成项目任务；设计制作提问、活动和评价建议，激励学生开展同伴互助、激发智慧。

（三）以课程研究为基石，在实践中助推教学创新

进入名师班，除了在专业教学能力提升外，最大的收获就是教学科研。5年来，在学习中我不断思考，积极探索。在关注未来专业化发展需求的同时，不断反思自己的教育实践行为；在教育教学实践中进行研究，在研究中优化教育教学实践，努力使自己成为一名科研型教师。教育科研和反思是教师专业发展的核心所在。教师以研究者的眼光审视、反思、分析和解决自己在教学实践中遇到的问题，对照课程理念，反思教学过程中对课程标准的把握，对知识与技能、过程与方法、情感态度价值观三位一体课程功能的落实等，把日常教学工作与教学研究融为一体，从而选择适合自己专业发展的道路。在此过程中，教师由单纯的教学者成长为研究型、专家型的教师，由“传道、授业、解惑”者变为“学习型”教师。要做到科研、反思，前提是学习。教师不能一味低头教书和批改，应巨思且行开展叙事研究，渐行渐近实现教师专业提升。要成长为一名专家型教师，教育科研是名师成长的必由之路。

（四）以自身专业为特长，在带教中发挥示范辐射

在基地学习中，我从导师身上，学习到个人成长固然重要，而带教年轻教师是我现在乃至今后工作的重点，将自己多年积累的教学经验和方法传授给年轻教师，辐射身边的老师。

1. 课题研修，提升教学效果，助推青年教师专业成长

开展教育研究能促进教师拓展思路，不断提高理论水平和实践能力。在研究过程中课题组成员集体参与讨论和实践，边探索、边总结，学员们将研究中遇到的困惑和问题一一呈现，学科带头人和学员们一起讨论分析，寻求解决问题的方法和途径。在进行课题研究的同时，项目组老师们不断反思，不断改进和优化课堂教学，提升了教学效果，也提高了自身的教育科研能力。

2. 教学研讨，优化课堂教学，助推青年教师教学成长

课堂是素质教育的主阵地，提高教学质量的关键在课堂教学。带教工作组立足课堂教学，围绕项目研修主题有计划、有目标地开展听课、评课的研讨活动。通过“个人初备项目组集体磨课完善教学设计开设研讨课点评交流反思总结”，帮助项目组老师进一步提高教学技能和实践水平。通过导师和学员们的共同磨课、说课、开课、评课，大家相互学习、切磋教艺、研究教学，提升教学水平，培养更多更好的应用型技术技能人才，为经济社会服务。

（作者：贾青）

六、学生成长篇

编者按：职业教育的效果，最终要体现于学生的成长。在全员育人理念下，教师、行政管理人员乃至企业人员都成为育人的生力军。无论特困学生资助工作抑或提高学生生活技能这种看似琐碎的小事，关系到学生再小也是大事，其中无不蕴含着育人作用与价值，在潜移默化之中影响着学生的人生观、价值观与健康成长，人本化的管理不仅能提高学生参与管理和自主管理的热情，还能改善学生管理的品质，促进学生健康成长。毋庸讳言，学业水平是反映学生成长的重要窗口，中职学生学业水平考试是一项新的工作，值得在实践中探索。

民办中职学校特困生资助工作精准化的实践与探索

上海市震旦中等专业学校

为切实减轻中职学校学生家长的经济负担，鼓励中学生就读中等职业学校，促进社会、教育公平，2007 年我国开始实行中等职业学校资助政策。多年来，资助政策的确解决了一大批家庭经济困难的学生，免除了他们的后顾之忧，得到了广大师生、家长的肯定。但在资助工作实际操作中，也遇到了令人遗憾和惋惜的事件，集中反映在民办中职学校学生在现有资助政策体系中存在资助的盲区，值得我们重视和反思。本文将从社会、学校、教师、学生等层面对这一问题进行探讨，寻求民办中职学校特困学生困难补助精准化之策，使民办中职学校特困学生享受同等的补助，安心读书、健康成长，将来回报国家和社会。

一、一名中职特困学生的无奈选择

2007 年我国全面启动中等职业学校困难学生资助政策。中职资助政策从最初的只有农村、海岛、低保家庭资助到如今面向全体中职学生全员资助，已真正实现了资助政策在中职学校的全覆盖，得到了家长、学生的肯定。

然而，在实际实施资助政策的过程中，仍有些事使人遗憾和唏嘘不已。例如，有一位家庭确实十分困难、父母双亡的孤儿，却由于政策限制，未能及时获得应有的资助，而对此学校又爱莫能助。

她是一所民办全日制中等职业学校的学生，父母离异多年，长期以来父亲几乎不和她联系，也不尽抚养义务。该女孩与母亲相依为命，平时仅靠母亲2500元退休金维持生计。2014年母亲被查出患有胃癌晚期，进行了全胃切除手术，这对她家来说无疑是灭顶之灾，原本拮据的家庭经济更是雪上加霜。可不幸再次降临，数月后母亲又被查出胆总管阻塞，先后进行了3次大手术。她是个懂事的孩子，唯一能做的就是多陪伴照顾母亲，但最终母亲仍永远离开了她。母亲去世后她想投靠父亲，可父亲不久也病故，她成了无依无靠的孤儿。

按照当年中职学校资助政策，须有城乡居民最低生活保障证明才能获得相关资助，但该生因父母突然病故家庭突遭变故，最低生活保障证明尚在办理中，只能属于低收入家庭，而不能享受低保家庭学生免费教育政策，学校只能帮助其申请了校内帮困助学，但资助标准远低于国家中职学校资助免费教育标准，尽管学校同时为她减免了住宿费、伙食费，但其他生活开支依然成为她巨大的经济负担。可见，该生的确很困难，但学校在政策制度框架内无法切实帮助到她。

下一年，该生通过了所属街道社会救助管理所的申请、调查核实等一系列流程，开出了城乡居民最低生活保障证明，享受了国家中等职业学校低保家庭免费教育。但新的问题又接踵而来：即使享受到了国家资助政策，但该生就读的是一所民办全日制中等职业学校，未得到国家的生均经费，学校要自负盈亏，收费标准高于国家资助政策的减免标准，学校虽通过减免等形式尽了最大努力资助该生，但资助额度有限，对于她依旧是杯水车薪。该生的剩余生活费用学校无法全额承担，仍需该生自付，这对她而言又是一笔不菲的开支，生活压力之大是可想而知的。最终，该生只得做出了中职毕业后放弃升学，马上就业的无奈选择。

二、如何使民办中职学校特困学生获得精准帮助

民办中等职业学校是由国家批准，以培养职业技能为目标的职业学校。目前，我国民办教育办学主要由政府、企业、民营三方构成。自2004年4月1日《民

办教育促进法实施条例》施行以来，我国民办教育事业取得了较大发展[1]。10多年来，民办中等职业学校的发展数量不再少数，已成为了现代社会主义教育事业中不可或缺的重要组成部分。

案例中的学生是不幸的，面对她的遭遇，学校十分无奈且无能为力。但是对于民办中职学校的特困学生来说，他们同样享有学习知识与技能的机会，他们也希望能通过自身的努力改变命运，笔者认为可以从以下几个层面使民办中职学校特困学生获得相应的精准帮助。

（一）从社会层面

要想真正解决贫困问题，光靠学校单一的力量是远远不够的，必须全社会一起参与进来，达到精准扶贫。那么精准扶贫如何“精准”？2015年1月，习近平总书记在考察云南省昭通市时就已提到，深入实施精准扶贫、精准脱贫，在项目安排和资金使用上都要提高精准度，扶到点上、根上[2]。因此，笔者认为：第一，认定低保家庭应动态调整，动态管理，不因时间的限制而导致无法得到及时帮扶，做到“应扶尽扶”。第二，当特困学生所属学校在目前的政策框架下无法给予切实的帮助时，应在充分了解其家庭状况的基础上，积极与所在居委会取得联系，学校、居委会、街道社会救助管理所三方应相互联动，在确认非常困难的情况下由街道社会救助管理所开辟“绿色通道”，本着“特事特办”的原则予以提供物资、资金上的帮助。第三，学校、街道、居委会不能仅仅停留在物质的帮助上，应共同在生活上对贫困家庭、学生给予一定的关心和帮助，通过各种渠道推荐特困学生勤工俭学，让他们学会助人自助、培养他们自食其力的能力，使特困学生能真正感受到全社会的温暖。

（二）从学校层面

学校是学生寻求知识、遮风挡雨的港湾，每一位学生都是学校最宝贵的财富，关注每一位学生的成长是学校应尽的责任和义务，尤其是关注特困学生的健康成长更是学校义不容辞地职责。对一所民办中等职业学校来说，帮助每一位特困学生，使他们能够顺利完成学业本无可厚非，但是由于民办中职学校办学特点的限制，在碰到当前的政策体系下无法解决时，学校却没有能力承担其相应的责任。笔者认为，可以从以下两方面着手：

1. 非政府组织介入

非政府组织是独立于政府体系之外的具有一定程度公共性质并承担一定公

共职能的社会组织，其具有非政府性、非营利性、公益性或共益性、志愿性等特点[3]。非政府组织中的参与者和支持者一般拥有无私的奉献精神和不求回报的博爱精神，如：中国扶贫基金会、中国青少年发展基金会、上海市红十字会等。

学校可以与该类组织达成长期固定的友好协作关系，当学校遇到在当前资助政策体系下无法解决的事情时，学校可以配合、通过这类组织的特性和途径，共同帮助特困学生得到最基本的生活保障。

2. 与银行合作，提供低息或免息贷款

随着我国改革开放不断深入，经济迅猛发展，我国银行借贷业务日渐成熟。目前，普通高等院校国家助学贷款项目已经过多年的努力和完善，逐步形成了适应于我国国情和高校发展的一项便民政策。而中职学校助学贷款政策尚未建立，无法通过国家现有的政策给予相应帮助，民办中职学校可通过其合作银行帮助特困学生申请低息或免息助学贷款，由学生本人及其监护人共同与银行签署助学贷款合同，制定适应于自身的贷款和还款计划，使特困家庭、学生通过自身努力完成学业。

3. 相关政策保障与资金扶持

《中华人民共和国民办教育促进法》第三条中提到："民办教育事业属于公益性事业；国家对民办教育实行积极鼓励、大力支持、正确引导、依法管理的方针；各级人民政府应当将民办教育事业纳入国民经济和社会发展规划"[4]。而现实情况却是，由于民办中职学校的特有特点，当前民办中职学校的主要经费来源于学生的学费，而学费的收取要远远低于其培养成本，办学资金不足成为了制约民办中职学校内涵发展、特色发展、优质发展的根本问题。

笔者认为，要使民办中职学校的学生与公办中职学校学生享受同等待遇就必须依托政策保障和资金扶持。一要在政策的制定与实施上做到一视同仁，不区别对待、不搞形式主义、不走过场，并视具体情况予以适当的政策倾斜。如：在中等职业学校资助政策中，就读于民办中职学校享受免费教育的学生其受助标准应与该校收费标准同等。二要在资金规划上，将民办中职学校纳入整体教育体系中，并给予一定的教育生均经费支持，以弥补办学资金不足的问题，保障学生基本教育教学需求。

4. 从教师、学生层面

老师是学生健康成长的引路人，学生是老师职业生涯中最好的教学成果。除了父母外，老师与同学是特困学生接触最多、联系最密的人。当特困学生遇到困难时，老师、同学理应是他们最好的支持者、帮助者。

（1）成立教师基金

教师作为学生成长的引路人，最好的支持者和帮助者。学生们好好学习，学会做人，培养他们成为社会有用之人，相信是每一位教育工作者最大的夙愿。“众人拾柴火焰高”，要想特困学生得到帮助顺利完成学业，学校工会可以鼓励教职工自发成立教师基金，每一位教职工可以自愿奉献爱心，以自己的实际行动在学生中树立榜样，倡导无私奉献、互帮互助的精神，用自己的绵薄之力，激励和帮助特困学生刻苦学习，使他们不因贫困而厌学、辍学。

（2）注入党员力量

积极贯彻“两学一做”精神，始终坚持全心全意为人民服务的宗旨，一个共产党员不论从事什么职业、什么职务，都应不忘初心，把人民群众的利益放在首位，自觉提高党性修养与觉悟。学校基层党组织、全体党员教职工在学校应切实发挥出党员的重要作用，通过划拨一部分党费专门用于帮困助学、与特困学生谈心解决思想问题等途径，帮助他们顺利渡过难关。

（3）鼓励学生互帮互助

“赠人玫瑰，手有余香。”同学间互帮互助，相互扶持，是中职学校德育教育中不容缺失的一项重要内容。学校团委、各班级应积极组织开展爱心义卖、帮困结队等活动，鼓励学生们在力所能及的情况下，互帮、互助、互爱身边的同学，营造一个温暖阳光、爱满校园的氛围，使学生们在增进友谊的同时还能学会关爱他人、学会无私奉献、学会感恩。

综上所述，中等职业学校资助政策体系作为我国实现教育公平，促进社会公正的一项重要举措。多年来，资助政策虽给千万个困难学生家庭解除了后顾之忧。但其仍有需要我们改进之处。民办中等职业学校作为国家批准、大力支持与发展的学校，理应得到相应的政策扶持与保障。同时，学校也可以通过社会（街道、居委会）、第三方介入（非政府组织、银行）、学校自身（教师、学生）等方面给予特困学生应有的帮助，使民办中等职业学校的特困学生不再沦为政策体系下的牺牲者，使他们也能和公办中等职业学校学生一样拥有追求知识与技能的机会。

参考文献

[1] 上海市教育委员会职业教育处、上海市教育科学研究院职业教育与成人教育研究所编 .《上海中等职业教育（2014）》[M]. 上海：华东师范大学出版社，2014 年，P280-281.

[2] 杨磊，习近平：精准扶贫要扶到点上、根上 [EB/OL]. http://news.sohu.com/20160317/n440787939.shtml，2016.3.17.

[3] 百度百科，非政府组织定义 [EB/OL]. http://baike.baidu.com/link?url=oWKd45EMYzdYuSdSoiK-IdiHRR38gBewX7LKYUm8gdui7RkF3fa1WXXdots6TKI0fsOjhKrDbK3RUSyAsDJtgVLDNWDwg41jnMGRfsByJzhPbDZU5_aQPPTYMeEFryX6WtQ57f89Hu55OcZUkLXJqa#3.

[4] 360 百科 . 中华人民共和国民办教育促进法 [EB/OL]. http://baike.so.com/doc/6706614-6920612.html.

（作者：周慧玲）

人本化学生管理的理念与实践探索

上海市行政管理学校

学校的一切工作都是为了学生而存在和开展的，学生管理的目的就在于帮助学生形成良好的学习、生活与行为习惯，使他们能够愉快地学习、健康地成长，在德智体美劳诸多方面得到全面和谐的发展。因此学生管理在学校管理中占据着重要的地位，具有重要的意义。人本化的管理不仅容易得到学生的接受和配合，还能极大地提高学生参与管理和自主管理的热情，还能改善学生管理的品质。

一、以人为本学生管理理念的确立

（一）学生管理的依据应是人性善的人性假设

人性善的人性假设认为人性趋善，倾向于把学生当作独立的个体和平等的公民看待，比较尊重学生的个体意志和权利，提倡学生的自我管理。认为被管理者工作没做好，应该从管理上找原因，到底是什么妨碍了他们积极性的发挥，从而改变诱导及鼓励方式，实行民主领导、积极沟通、满足需要、适当授权、发挥潜能。美国管理学家巴纳德觉得过去的学者是从上到下解释权威的，认为权威都是建立在等级系列或组织地位基础上。他从下到上解释权威，认为权威的存在，必须以下级接受为前提。只有当权威被接受，它才是有效的。换句话说，一个命令是否有权威取决于接受命令的人，而不是权威者或发布命令的人。

（二）建立新型的师生关系

教师与学生具有“自然不平等”的事实。但实质上如果我们把教育及管理学生提升到促进人的发展这个高度，我们就会认识到师生之间的客观“差距”并不能构成师生不平等的依据。因为师生关系的理性表现应当是“人—人”关系。或者说是主体间的“我—你”关系，而不是人与物之间的“我—它”关系。也就是说，教师和学生虽然有权利和义务的不同，但在人格上是平等的。人的尊严是超越年龄、知识、能力和经验水平的，它只取决于人作为人的内在本质。新型的师生关系的基点是平等，操纵—依附式的关系必须让位于平等的朋友式关系。教师应当改变居高临下的习惯性姿态，主动放弃操纵、控制，代之以引导、关怀、鼓励、支持。让学生在平等的师生关系中，找到主体感觉，进入主动状态，真正成为学校的主人。朋友式关系强调的是尊重和信任，教师要把尊重学生的人格和权益作为自己的基本信条。尊重人格就要坚决摒弃棍棒、呵斥教育。尊重权益就是要停止干涉和强制，让学生自主思维、活动、判断、选择。信任学生就是要坚信天生其人必有才，天生其才必有用。每一个学生都是一道独特的风景，以满腔热情发掘学生的潜能，帮助他们成人成才。新型师生关系的特征是“对话”。单向训导、垂直传递的关系要让位于平等对话、相互沟通的关系。对话的要旨是达到师生间的沟通理解，消除教师和学生之间的隔阂，形成共同的协调行动，从而顺利实现教育目的。“我说你听”的训话早已被证明是低效和无力的；师生间平等真诚的对话也一再显示出神奇的效力。成长中的学生是那么渴望沟通、理解、支持、帮助。一些学校设立的“知心热线”、“知心信箱”备受青睐，“知心姐姐”被学生视为“心中的女神”。教育现实呼唤教师要改变姿态、学会倾听，由“训导者”转为学生的知心人，这才是提高育人实效的必由之路。

二、人本化学生管理方式实现途径的探讨

如何有效地进行学生管理，要做的工作实在太多，笔者只想从以学生发展为本的角度谈谈自己的认识。

（一）人本化管理的基本原理

人本原理是现代管理学的基本原理。人本原理的含义是指人是管理活动的主体，人的积极性和创造性的充分发挥，是现代管理活动成功的保证。因此一切管理活动应以调动人的积极性、做好人的工作为根本。然而人的能动性常常处于潜在形态，遇到消极因素的抑制，潜在能动性的发挥就会受到限制。现代科学的研究表明，人的潜在的蕴藏量是相当惊人的。人脑是由总数高达1000亿、分为5000万种不同类型细胞组成的，这些细胞延伸的分枝形成10^{15}的突触，所以人脑就好比一台有10^{15}个开关的电子计算机。这比目前世界上最大的计算机存储量还多，何况两者还不能简单地同质相比。仅以记忆为例，较保守的估计也认为人脑一生中储存的信息可达1000万亿单位，而人类至今只不过是利用了其中很小一部分，而未被利用的“沉睡”的潜能可能占人的全部潜能的80%～90%。因此如何创造各种积极因素，尽可能充分地调动人的能动性，为实现组织目标奋斗，就成为现代管理的中心任务。第二次世界大战以后，尤其是六七十年代以来，世界范围的科学技术突飞猛进的发展，使现代管理活动中脑力劳动的比重大幅度增加。特别是电子计算机广泛运用的情况下，脑力劳动的比重更大。脑力劳动的重要特点是主观能动性的因素对劳动的数量和质量起着绝对性的影响作用。现代管理活动的这一特点，使人的因素在管理活动中的地位和作用更加显得重要。人的能动性的发挥成为决定现代管理成败的关键。

学生管理是以学生为本展开的。教师时刻关注的是成长发展的学生。实施学生管理以学生为本，深层的意义是通过管理与教育使学生的智慧得到开发，情感得到培育，心灵得到陶冶，使学生独立自主和创新的精神得到真正的发扬，人格和个性得到完美的塑造。在实施学生管理的过程中要努力使学生自始至终都洋溢着主体的活力，都能成为自己和学校活动的主人。

（二）正确引导学生的需要

人永远有着各种欲望，欲望的程度和方面决定着人的追求，也决定着人在生活中的成败。由欲望产生的需要是多方面的。美国心理学家马斯洛提出的“需要层次理论”是一种颇有影响的需要理论。这种理论认为人是有需要的动物，人的需要可归纳为5个层次，即生理需要：指维持生存的基本需要，如衣食住等；安全需要：指对保护生理需求免遭剥夺的安全感，对职业和财产的安全感等；社交需要：指与他人交往、友谊、归属于群体并被接受等；自尊需要：指自重与被他人认可，包括受别人的尊重和得到高的评价等；自我实现需要：是指发挥个人潜力，取得个人事业上的成就，实现人生的价值。人的需要是变化的，某一层次的需要得到满足，后一层次的需要强度即会提高。由生理需要开始，依次递进。马斯洛还认为不同的人有不同的“优势需要”，有的人以“自尊需要”为优势，有的人以“安全需要”为优势，有的则可能是其他某种需要占优势。据此，管理者应了解不同人的不同“优势需要”，并优先满足这种需要，以激励人的积极性。学生在“需要”中生活，但不一定能把握住需要的合理性。有时学生的需要会停留在浅层次上，有时会产生不正当的需要，引导、满足学生的需要是教师的重要工作。首先教师要把教育的要求引导到学生接受教育上来，使他们产生接受教育的需要。这既是学生发挥主动性的基础，又是取得教育成果的必需。如果学生缺乏这种需要就无法接受教育，当然也就不能健康和谐的发展。其次教师要对学生进行正确对待和把握需要的教育，使之符合社会利益和道德准则。消极需要在青少年学生心理上很容易产生，正常需要的过度或需要的偏离，都可能产生不良的需要，使偏执于某种不应有的需要。引导需要的工作是必须经常进行的。因为非分的需要一旦形成，就会给学生管理工作带来更多的困难。

（三）注重班级中的非正式群体

物以类聚，人以群分。在学校里经常可以发现“三人一群”、“五人一伙”的现象。他们放学一起走，作业一起做，生日一起过……如此种种都不是校方的规定。自发形成的联合体，就是非正式群体。非正式群体又称自然群体，它是指一种以情感成分为主要调节机制，以满足成员的心理需要为主要功能的小群体。基本特点是人数较少，成员的兴趣、爱好、性格基本一致；经常聚集在一起活动，有一套不成文的价值观，但没有明文规定的目的和任务；一般都有“头领”或核心人物，其人际交往主要是情绪性的，稳定性差。当非正式群体与班集体发展目标相一致时，就会产生积极的作用，成为班集体的辅助力量；当非正式群体与班集体发展目标不一致时，就会产生消极的作用，使整个班级表现出不团结、不和谐的气氛。

按学生非正式群体的作用可把非正式群体分为积极型、中间型、消极型。对待积极型的非正式群体，应当支持和保护。例如，几个学生有做人民教师的理想，他们接触频繁，常常在一起探讨如何成为优秀的教师。像这样的非正式群体，教师应当鼓励他们、帮助他们逐步实现自己的愿望。

对待中间型的非正式群体，应当关心和引导。这种非正式群体具有一定的离心力，教师应当加强对他们的教育。一方面促使他们与更多的同学友好相处，增加彼此了解；另一方面，提高他们的交往水平，即向交往的深度发展。

对待消极型的非正式群体，应当坚持正面教育，具体内容是：首先，教师要密切同他们的联系，加深互相间的了解，尊重他们，理解他们，以深厚的感情，温暖他们的心灵，消除他们同教师、其他同学的抵触情绪。其次，有意识地将他们引导到适合他们兴趣的小群体中，并鼓励品学兼优的学生在小群体中发挥“榜样”作用，逐步使他们的小群体活动得到限制以至消失。

教师要合理利用非正式群体。利用非正式群体成员之间心理协调，情感密切，有共同语言的特点，引导他们互相帮助，互相学习，发扬优点，克服缺点，共同提高思想觉悟与学习成绩；利用非正式群体信息沟通渠道广、传递信息迅速的特点，及时收集学生的思想动态及学生对学校、教育工作的意见与要求，获得第一手材料，有针对性地做好学生的思想政治工作；利用非正式群体的领导人物威信高、说话灵、影响大的特点，信任他、引导他，调动他们的积极性，发挥教师无法发挥的作用。

教师要注意非正式群体的核心人物，任何非正式群体都有一个或几个核心人物。做好这些人的工作，往往会影响一批人。教师应当充分考虑这些人的作用。比如：在物色班长的人选问题上，要注意到非正式群体中代表人物的意见。使班长的确定有较好的群体基础。对于沾有不良习气、品行较差的“头头”要特别注意教育。当他们有好的表现时，即使是微不足道的，也应当及时给予鼓励；如果他严重破坏了学校纪律，老师就必须进行具有说服力的严厉批评，决不能姑息迁就。当然，批评的态度一定要诚恳端正，把他与他的“小群体”区分开来。否则他会指挥一帮人和教师对着干，增加不必要的麻烦。

（四）注重学生的自我管理和参与管理

在学生管理中，一方面教师要承担起应尽的职责，另一方面又要引导学生开展自我管理和参与管理。可以说让学生学会自我管理和参与管理，是学生管理的重要追求目标，只有这样才能达到管是为了不管的最高境界。对于学生管理，蔡元培历来主张学生自治。他对学生说："我们既自认是人，尊重自己的人格，且尊重他人的人格，本无须他人代庖。" 蔡元培认为，学生自治可以培养学生的自立能力，最终唤起国民自治的精神。为落实学生自治，他主张学校设立自治委员会，以促使学生在体育、知识学习和品行修养三方面互相勉励。陶行知也十分注重学生的自我管理和参与管理，他在《学生自治问题之研究》一文中指出学生自治的好处:（1）学生自治成为修身伦理的实验;（2）学生自治能适应学生之需要;（3）学生自治能辅助风纪之进步；（4）学生自治能促进学生经验之发展。在 21 世纪的今天，我们更要大胆地放手让学生进行自我管理和参与管理，强化学生主体意识和参与意识。引导他们在知、情、意、行方面实现自觉、自律、自强、自理。在认知方面要引导学生自我分析，让学生自己认识自己，提高自我管理的自觉性；在情感方面，引导学生自我激励，自我肯定和自我否定，正确处理好自己和他人的关系；在意志品质方面引导学生自我监督，自我控制；在行为习惯方面，引导学生自我计划，自我训练，自我检查，自我总结，自我调节，实现自律化。学生自我管理和参与管理一般先由教师向学生提出统一的要求，并在各种活动中让学生逐步建立起正确的观念，逐步转化为约束自我行为的规范，有了规范就有了自我管理的目标。学生在达到目标的过程中不断地与他人比较，与过去的自我作比较，调整自己的思想观念和行为习惯，最终达到不用他人管束、自己教育自己，自己管理自己的较为成熟的阶段。

不同的管理理念与方式，将导致不同的管理效果。随着素质教育的深入、学生学习重点的转移、学习方式的改变，只有以人性善的人性假设为依据，在学生管理中充分调动学生的主动性、积极性，注重学生的自我管理、自我教育，才能完成素质教育的任务，培育出新型的劳动者、建设者、管理者。

参考文献

[1] 李成言 . 领导学基础 [M]. 中央广播电视大学出版社，2003，11.

[2] 王绪君 . 管理学基础 [M]. 中央广播电视大学出版社，2001，5.

[3] 杜慕群 .《管理沟通》. 清华大学出版社，2009 年第一版 .

[4] 孙荣、徐红 .《行政学原理》. 复旦大学出版社，2001.10.

[5] 北京大学商学院工商管理教研室编 .《管理学》. 经济管理出版社，2009.6.

[6] 陈兆德 .《教育管理学教程》. 中共中央党校出版社，1998.11.

[7] 张康之，李传军.《一般管理学原理》. 中国人民大学出版社，2005.5.

（作者：肖鹏）

中职学生学习橄榄球动机及促进人格发展的研究

上海市杨浦职业技术学校

橄榄球运动是一项培养人的勇敢、规则意识和契约精神的活动。体育活动动机是促进一个人参与体育活动内部动因。它是个体的内在过程。进行体育活动的行为则是这种内在过程的结果。任何一种有意识的行动，都受一定的动机所驱使，动机产生于需求，人有了某种需求，就会产生要求满足的愿望。当具备了能够满足愿望的条件时，就会产生行动动机。而运动动机是推动学生练习体育项目的内部动力、是维持和推动学生练习橄榄球运动的主要心理动因、是鼓励学生从事橄榄球运动的主观原因。如果个体因内部因素或外部因素对某项运动产生兴趣，则个体会喜爱这项运动，会关心这项运动发展，并会千方百计地了解它，为这项运动付出心血和汗水，学会它，练好它。本研究通过对上海杨浦职业技术学校学生学习橄榄球运动动机的调查研究，充分了解他们的运动动机，为改良教学工作，提高教学质量提供参考。

一、研究对象与方法

1. 研究对象

以杨浦职业技术学校的橄榄球专项班学生为研究对象，抽取20名学生。

2. 研究方法

（1）文献资料法：查阅关于运动动机的相关文献资料，进行整理分析。

（2）问卷调查法：发放20份问卷，收回20份，回收率100%。

（3）访谈法：走访调查了橄榄球专项班的学生。

（4）数据统计法：对调查得来的相关数据运用统计法进行处理，得出相应数据，并进行分析。

二、结果与分析

1. 调查学生运动动机的基本情况

表 1 训练动机调查表

学习橄榄球动机	人次	百分比
从个人爱好出发，喜欢橄榄球	8	8%
作为一项娱乐活动	20	10%
提高自我身体素质	23	13%
培养竞争意识	11	11%
想掌握一定橄榄球技能	18	18%
培养自身气质	13	11%
受名人，球星等影响	7	7%
为了升学	0	0%
从众心理	2	2%
不知道为什么练	0	0%

从表 1 可以看出，绝大部分学生的外部动因明确。掌握一技之能，锻炼身体。为了日后踏上社会，拥有一定的竞争之力。但内部因素个人爱好出发，喜欢橄榄球；培养竞争意识；陶冶情操，培养自身气质；提高自我身体素质等百分比也很高。主导层次的动机百分率较高有利于橄榄球教学的开展。受名人，球星等影响；从众心理；不清楚，不知道为什么学等百分比较低。研究表明：引发动机的条件是内在需要和外部诱因两点组成的。

2. 学生选修橄榄球前所训练项目

表 2 学生选修橄榄球前所擅长项目调查表

运动项目	人数	百分比
球类项目	14	70%
田径项目	4	20%
隔网类项目	0	0%
游泳类项目	1	5%
射击类项目	0	0%
其他	1	5%

从表 2 可以看出，由于橄榄球的特殊性，橄榄球在中小学中没有大面积普及，

所以学生选修橄榄球前所擅长的项目大部分是球类项目，球类项目大多数都具有对抗性，这类学生都有较好的球性，这样可以迅速转换项目。而橄榄球运动项目对力量、速度和耐力的要求也相当高。擅长田径的学生再转项过程中也有一定优势，但其在球技方面相比球类转项生略有不足。而其他，如隔网类项目，射击类项目和游泳类项目等所占比例很少。有可能是与这些项目没有身体对抗有关。调查表明，学生转项前，大都是从事球类项目，还有部分田径项目的转项生。

3. 认识橄榄球的途径

表 3 认识橄榄球的途径

识橄榄球的途径	人次	百分比
影视作品与漫画小说	10	25%
相关书刊	10	25%
网络宣传与相关游戏	15	37.5%
家庭影响	1	2.5%
朋友和同学	2	5%
其他	2	5%

从表 3 可以看出网络宣传与相关游戏所占比例最大。在这信息时代中，网络传媒已经是传播信息的主要途径之一了，这与现今社会发展密切相关。影视作品与漫画小说的途径中也能看到网络的身影。相关书刊和影视作品与漫画小说所占的比例也相当大。同学和朋友所占比例很少，这与橄榄球在社会普及不普遍有关。家庭影响所占比例最小，这与父母不了解橄榄球运动的性质有关，也与现今家中大都是独生子女有密切关系。

三、影响选修橄榄球的动机的因素

1. 选修橄榄球的外部动机因素

（1）从众心理

“从众”是一种比较普遍的社会心理和行为现象。通俗地解释就是“人云亦云”、“随大流”；“大家都这么认为，我也就这么认为”；“大家都这么做，我也就跟着这么做”。有些人就是看到别人练橄榄球感到很有意思，就参加到练习队伍中，但最终会放弃。这与现在的年轻人大多是独生子女，从小娇生惯养，意志力薄弱，不能吃苦等原因有关。教师在训练过程中与学生多做交流，并做好学生的思想工作，培养学生吃苦耐劳的精神，使其积极投身到练习和学习中去。

（2）受名人、球星等影响

随着中国与国际的不断接轨，年轻一代的人越来越多的接受具有国外文化特色的事物。而在世界颇具影响力的英式橄榄球，凭其激烈的对抗，充满活力和欢乐的比赛，吸引了大批的国内外热情狂热的球迷。四年一度的橄榄球世界杯是现时最受瞩目的橄榄球比赛，也是世界上最重大的国际间英式橄榄球联盟的比赛。通过一系列的运作与开发，不仅大大提高了知名度，而且也呈现出空前的发展势头。英式橄榄球和其他的国际球类项目一样风靡全球，成为广大群众锻炼身体，磨炼精神的首选运动项目。

2. 选修橄榄球的内部动机因素

（1）个人爱好出发，喜欢橄榄球

体育兴趣是人们力求积极认识和优先从事体育活动的心理倾向。大量的观察和研究结果显示，体育兴趣与体育学习活动的效果是成正比的。在身体素质条件和原有技术水平基本相同的情况下，有体育兴趣的人较无体育兴趣的人活动效果更好。这是由于体育兴趣对体育学习或锻炼具有指向和强化作用。一个人如果对体育活动感兴趣，就会积极参与，全力以赴。体育学习兴趣是学生学习锻炼的最主要因素，是激发他们学习动机的主要因素。而橄榄球运动具有其独特的运动方式，娱乐性、可观赏性强，并集力量、速度、勇敢、智慧和团队精神于一体的极具有刺激性和挑战性的运动。通过参与该项目运动，能有效地提高人体的力量、速度、灵敏、柔韧等身体素质。它既能满足学生的体育兴趣爱好，丰富了高校体育教学的内容，又能通过内在教育培养学生积极向上、勇敢顽强的意志品质。因此，浓厚的体育学习兴趣是学生学习橄榄球运动知识，掌握橄榄球运动技术动作的前提条件。

（2）提高自我身体素质

在当代社会，由于人们的生活水平日益提高，人们开始越来越关注自身的身体健康。不仅如此，部分年轻人还进行大量健身活动，使自身形体更加健壮。而橄榄球运动是世界主要的球类项目之一。根据研究表明，橄榄球运动员的身体形态具有以下特征：体格健壮、身材高大、反应灵敏、呼吸功能良好等特点。经常进行橄榄球运动训练的学生的心肺机能综合指数大大高于常人，其最大吸氧量，台阶指数，均处于优等。橄榄球运动员的心肺机能优良，从中可以看出橄榄球运动对心肺功能具有良好的锻炼作用。不仅如此，橄榄球运动同时对提高人体的灵敏、力量、速度等素质均有良好作用。

（3）培养自身气质和精神

橄榄球是一项对精神极其重视的运动项目，在强劲的冲撞，激烈的对抗和快速的奔跑中无不表现着橄榄球运动员勇往直前、团结协作、无私奉献、遵纪守法的橄榄球精神。在所有的球类项目里，橄榄球比赛场上人数最多，身体对抗最为激烈。战胜困难的英雄气概，不得有丝毫的害怕。为了球队的胜利，要勇于拼搏、牺牲自我、无私奉献。在比赛中，展现出英雄般的胆识和风采。橄榄球运动是攻防双方队员，统一认识、统一行动、统一意识的集体运动，是集体意志和力量的结晶。在橄榄球场上，任何队员如果忽略了与队友的合作，只重视个人表现，即使具备了极好的身体素质，高超的个人技术，也难有作为。因为橄榄球运动更注重整体作战和集体主义精神。每位在场上比赛的队员，为了球队的荣誉，必须将自身的个人素质，个人球技和智慧融入到集体当中，全体队员要同心协力、密切合作、肝胆相照，才能与强大的对手进行对抗，并赢得场内对手和场外观众的认可。橄榄球这项运动之所以充满动人的魅力和极强的观赏性，不仅是因为其激烈的对抗，犀利的攻防，胜负的悬念激荡着人心，而且，它也是一项讲究文明的绅士运动，是在对抗中体现文明，在文明中进行对抗。因此，讲道德、重文明、服从裁判、遵纪守法、公平竞争、尊重对方是橄榄球运动员的基本要求和自我约束。这种用法纪约束自己的文明表现，是完善人格的重要之路，体现着绅士的文明气度。不仅如此，在第一次世界大战中，传扬着橄榄球运动员应征入伍，以橄榄球运动员特有的橄榄球精神，英勇顽强地抗击敌人的感人事迹。可见橄榄球这项运动的价值和宝贵之处在于其特有的运动精神，对于塑造青年人美好人格，如勇敢、守规则等契约精神颇有裨益。让我们发扬橄榄球运动的精神，踏实工作，勤于奉献，不断追求，为祖国的发展献出自己的一份绵薄之力。

四、结论与建议

1. 结论

首先，上海市杨浦职业技术学校的学生选修橄榄球动机的外部因素主要有受名人、球星等影响；从众心理。选修橄榄球的内部因素主要有个人兴趣出发，喜欢橄榄球；提高自我身体素质；培养竞争意识；掌握一定橄榄球技能，有一技之长；陶冶情操，培养自身气质，熏陶勇敢、守规则等美好人格。

其次，通过网络宣传与相关游戏，影视作品与漫画小说认识橄榄球的人所占比重最大，这与现今网络发达和电脑普及的关系很大，在信息时代来临的今天，如何将橄榄球这项运动的市场做大，如何运用现今科技技术宣传橄榄球，如何激发当代年轻人对橄榄球的兴趣。这网络宣传对于我们来说都是启示。

最后，家庭影响和通过朋友与同学了解这两种途径所占比重不大，与家长不了解橄榄球的真正意义有关，出于对孩子的一种保护不愿让孩子参与这项运动有关。当然也与橄榄球在社会上普及率不高，相关信息太少有关。

2. 建议

一是引导学生正确看待橄榄球运动，培养其运动动机的内部因素。二是教师在训练过程中，增加橄榄球运动文化的教学，增强学生的学习兴趣，并在训练中加强橄榄球精神教育。三是重视网络媒体对学生运动动机的影响，并加以利用这一内部因素，增强学生对橄榄球的个人兴趣。四是在教学中充分展示橄榄球运动的精神，强化终身体育健身的意识，为大众体育的发展做出贡献。

参考文献

[1] 马启伟 . 体育心理学 [M] 北京：高等教育出版社，1996.5.

[2] 熊晓艳 . 当代大学生学习特点及对策 [C]. 川东学刊，1997 年第 7 卷第一期 .

[3] 赵勇 . 浅谈橄榄球运动的精神 [C]. 山东体育科技，第 21 卷第 2 期 1999 年 6 月 .

[4] 杨旭 . 风行世界的橄榄球 [J]. 中国体育报，2003 年 02 月 21 日，第 007 版 .

[5] 黎明华 . 对国内外运动员运动动机的研究现状分析 [C]. 科苑观察 .

[6] 周华 , 唐健云 . 橄榄球运动在我国开展现状与发展前景探讨 [J]. 翰林学院学报，2008 年 3 月第 18 卷 第 2 期 .

[7] 林建棣 , 邹承英 , 王晓村 , 王蓉 , 许应照 , 王强 . 高校橄榄球运动员身体形态与身体机能特征的研究 [J]. 武汉体育学院学报，1999 年第 6 期第 33 卷 .

（作者：吴桢隽）

提高中职学生生活技能的实践与探索

上海工商职业技术学校

中职班主任平时要处理很多的班级琐碎事务，很多班主任无法从管理者抽身成为德育创新教育引领者，若能从德育教育理论的高度归化自己的教育活动，班主任的工作效果则会大大增强。

一、提高中职学生生活技能的意义

生活技能是个体独立完成日常生活、有效适应生活和社会的能力，是他们所必须掌握的生存技能。人们需要掌握的生活技能应该包括基本的听、说、读、写等学习技能；养成良好的卫生习惯，生活能够自理，能干简单的家务劳动等生活自理技能；对人有礼貌、乐于合作、尊重他人、与人友好相处等与人沟通交流的技能；养成好习惯、分辨是非善恶、懂得基本的法律知识、学会自我保护、家务管理技能，等等。生活技能教育即是把这些技能教给青少年，预防其行为问题。其理论模式是通过生活技能教育，提高心理素质，使青少年具有良好的行为准备，进而建立健康的行为方式。

运用生活技能教育，向学生传播健康教育的基本知识，培养学生正确的态度及价值观，确立健康的生活方式，预防各种疾病，促进学生身心健康的发展。提高中职学生的生活技能的意义在于：可以促进中职学生的心理健康发展，有助于他们积极行为的塑造和养成，有利于他们适应现在和未来的生活。更重要的是帮助他们面对将来的就业压力，能够学会求知、学会做事、学会共处以及学会做人。

通过对中职学生的就业跟踪调查发现，在顶岗实习与毕业后的两三年期间，岗位离职率比较高，究其原因还是学生的心理社会适应能力薄弱，即生活技能不达标的结果。为此，中职学生的生活技能与职业技能发展同等重要，中职学校在加强培养学生的专业技能的同时，需要对学生进行必要的生活技能教育。

二、中职学生生活技能的基本内涵

中职学校的学生，一进入校园就既定了专业方向，获取专业职业资格证书成为了他们的努力方向。因此，他们将来的生存发展与自身的职业能力发展关系密切。所谓职业能力，就是实现职业生涯目标所必须具备的个性心理特征，具体来说，它包含了如专业能力、创新能力、合作能力等几个方面。这些能力都是他们从事自己的职业中所必须具备的能力。

为了提高中职学生将来就业过程中的自信心，增强他们的竞争力，需要利用在校的时间，对学生进行职业能力的培养。顶岗实习、工学交替等人才培养模式是培养中职学生的职业能力的有效途径之一。可是，人是社会的人，职业能力会随着人的年龄增长而减弱，而生活技能将贯穿于人的终身。

所谓的“生活技能”并非是指做饭、洗衣、整理内务等生活自理能力或生存能力，而是指个体的心理社会能力（Psychosocial Competence）。世界卫生组织将生活技能定义为：是个体采取适应和积极的行为，有效地处理日常生活中的各种需要和挑战的能力。生活技能的本质是心理社会能力，主要包括 10 种（5 对）能力，即：自我认识能力—同理能力（Self awareness Empathy）；有效的交流能力—人际关系能力（Effective communication -Interpersonal relationship）；处理情绪问题能力—缓解压力能力（Coping with emotions Coping with stress）；创造性思维能力—批判性思维能力（Creative thinking-Critical thinking）；决策能力—解决问题能力（Decision making -Problem solving）。

Hamburg 认为，生活技能是“与其他人共存、并在这个复杂的社会中获得成功的能力”。Gilchrist 在研究中指出，生活技能“有助于青少年提高自我效能（Self-efficacy），包括解决问题、诚实坦率地与人交流、取得和保持社会支持，以及控制情绪和个体感受等方面的能力”。其他对生活技能的描述还包括：生活技能是有效地处理人际关系和社会责任，采取避免伤害自己和他人的行为，做出选择和解决问题；是个体处理危险情况，预防健康问题的能力；是年轻人所需要的，自信而有能力地对待自己、他人和社会的个人的社会能力。

三、中职学生的生活技能现状分析

中职学生在顶岗实习阶段首先面临的是生活技能缺乏的考验，再就是面对工作时间强度的炙烤。另外，饮食起居等生活方式的改变带来很多的不适应。中职学生的生活技能普遍缺乏，主要体现以下几个方面：

（1）自我认识能力不够，缺乏自信心。由于初中阶段学习习惯较差，无心向学，在面对升学无望的情况下，成就感得不到满足，不能正确认识自己，出现抽烟等不良现象都是寻求自我认定的心理满足。

（2）大多数中职学生都是独生子女一代，不善于倾听和表达，人际交往能力薄弱，尤其不能正确处理人际交流过程中出现的问题和矛盾，打架斗殴现象成常态。

（3）把控情绪能力较差，遇到困难则止步不前。尤其在实训期间，一旦遇到不会做的，就主动放弃它。

（4）一旦与人发生矛盾，则不懂得换位思考，不善于理解与支持他人，更谈不上非常尊重他人。

（5）在实训与实习阶段，应对挫折能力与解决问题能力差，不懂得如何通过讨论、协商、探讨以及尝试等途径，寻找解决问题的突破口和方法步骤。

（6）自律能力普遍低。课堂、课后不会自主学习，甚至组织纪律观念特别薄弱。

随着社会的发展和社会心理因素的影响，中职学生的健康问题越来越受到重视，其表现形式多体现在中职学生的行为方面，如吸烟、酗酒、药物滥用、不安全的性行为以及自杀、暴力等。这些行为直接或潜在地威胁着中职学生的健康，亦被称为健康危险行为或问题行为。这些看似不同的问题行为背后有一个共同的因素，即社会心理因素。对中职学生的问题行为进行干预是通过提高中职学生心理社会能力达到预防为目的的，即生活技能教育。

四、提高中职学生生活技能的策略

生活技能教育是促进行为发展和行为转变的一种教育方式，其内容设计包含知识、态度和技能 3 个方面，并在此 3 个方面之间寻求平衡。社会学习理论的创始人班杜拉（Albert Bandura）在他的社会学习理论（Social learning Theory）中指出，技能是通过观察、实践和强化的社会学习过程而获得的能力。限于篇幅，本文主要从班主任视角探讨提高中职学生生活技能的策略。

中职班主任工作的核心是改变学生的不良行为习惯与引导学生努力向好的方面发展。转变学生的行为习惯必须结合平时随机教育以及通过相关的班级活动，有的放矢地提高他们的生活技能。

中职班主任可以从“自尊；自信、自我效能感；压力应对；情绪管理；移情、辨析、接纳别人观点的能力；人际交往中的表达和沟通能力；人际交往中的人格魅力；人际交往中的品德”等八个维度，有的放矢地开展中职学生生活技能教育。

1. 尊重每一位身边人　增强自我效能感

给予他人的尊重，就是尊重自己。培养学生的自尊应当从引导学生尊重他人开始。作为班主任的我，每天都要进入学生宿舍督促学生起床。某天早晨，我看到公寓管理员推着电瓶车进入宿舍楼需要搭个木板，立马伸手帮忙放好，待他推行入室即帮助抬起来。就是这样一个简单的动作，学生看到后，后来也经常帮助做这样的动作。事后，我以此为例教育学生对任何人都要做到尊重，甘于奉献自己的劳动。长期引导学生伸出温暖之手帮助他人，无形中会增强学生的自我效能感。

2. 开展团队合作活动　提升人际交往魅力

一个懂得关心别人、体谅别人的人，一定具有高尚的情操和磊落的胸怀。当你用恭敬的态度去温暖别人的时候，他们会回馈你温暖。培养学生的人际交往的能力，需要班主任通过组织班级各种形式的活动，调动学生参与活动的积极性，在活动实践过程中提升人际交往的能力。譬如，班级某位同学参加市级专项比赛时，我会组建一个工作团队，有陪练陪学的、有专司服务的、有后勤保障的，整套人马各司其职，相得益彰。同样，只要是学校开展的各项活动，都有专职负责人，从活动前期准备到活动过程中的时间节点，负责人都会做到心中有数，同伴间配合默契。

3. 帮助获取技能证书　养成终身学习习惯

技能证书的获得有助于良好地就业。班主任的帮助主要体现在关注学生的动态，做足思想工作。专业知识点的文字很多都比较生涩，仅靠死记硬背，是很难记得牢的，很多专业的知识点容易相互混淆。这就要求班主任悉心关注，与专业教师一起，有针对性地辅导学习困难的学生。再是，增加课后陪伴学生学习的时间，让学生感受到班主任同他们在一起努力，从心理层面给予学生克服困难的力量。学生学习习惯的养成离不开班主任的朝夕相伴。

4. 创新同伴教育活动　提高自我认识能力

在实训车间经常看到学生相互之间切磋，相互查看作品质量。作为班主任应当关注学生这样的行为，并在课后大力推进同伴之间的教育。有些学生对于老师讲解的要点可能一时半会不理解，但同伴之间的语言相互敏感，稍加提示或许就能懂得。另外，学生寻求到自己的解决问题的方法，可以提高自我认识能力，有助于自信心的增强。

5. 指导学生生涯规划　确保就业岗位稳定

中职学生的生涯发展关键在于学校期间和顶岗实习阶段的学习积累，如何指导好学生的生涯规划，需要班主任积累指导学生生涯规划的知识，结合学生实际进行必要的指导工作。这项工作是贯穿于学生学习过程中。譬如，教授学生每五年做一规划，告诉学生自从进入学校开始做好第一个五年规划，其内容涵盖有专业等级资格证书的获取、实习岗位的获得、毕业后工作单位的确定、业余爱好的培养等等。同样，通过主题教育活动，指导学生规划好第二个，甚至第三个五年规划，结合生涯规划指导课程，重点强调第一个五年规划的重要性。很多学生在实习阶段频繁跳槽，其主要原因是对企业生产活动的不适应，受过去一些不健康的生活习惯影响较大。这就要求班主任在实习过程中悉心关怀，结合平时的健康教育，要求学生养成良好的工作生活习惯，以度过不适应期，以确保将来就业的稳定。

6. 广泛联系企业师傅 加强职业道德教育

培养中职学生的生活技能的重点还是着眼于心理社会能力的提高。企业师傅不会像班主任那样包容学生的缺点和关心学生的成长，这就要求班主任主动与企业师傅沟通，介绍学生的一些优缺点，让企业师傅有个思想准备，进而有的放矢地教授学生技能。很多学生与企业师傅关系不是那么融洽，主要是因为他们之间有角色方面的差异，需要班主任在平时的工作中教育学生如何与不同性格的人相处，增强社会交往能力。同时，班主任与企业师傅的联系要紧密，随时发现问题随时解决。曾经有位学生在上汽实习期间，与师傅沟通上有问题，企业人事电话直接打给班主任。当了解到具体情况以后，班主任第一时间与他的师傅沟通，并电话家长做好孩子的思想认识工作，从职业道德教育层面开导学生要尊重师傅的安排与教导。由于沟通及时，化解了一场学生被辞退的危机。

结语

中职班主任平时要注重帮助学生提高自我认识能力和站在他人的角度上考虑的移情能力，提高有效交流能力和人际关系能力，学习能够以积极的方式与他人交往，如建立和保持友谊、与家人和睦相处和相互沟通等。提高解决问题的能力和做决定的能力，则需要创新开展班级教育活动，使得学生能建设性地处理日常生活中的问题，再做出正确的决定并付诸实施。

从心理学层面上，中职班主任更要培养学生关心他人的情感，塑造乐观豁达的性格、磊落大度的胸怀、优雅得体的言语行为。这些与学生将来职业生涯发展息息相关的生活技能，将有助于学生在今后的工作中提高自己的职业技能，获得更多的幸福感。

参考文献

[1] World Health Organization. Life skills education in schools(WHO/MNH/PSF/93.A Rev.1)WHO, Geneva.

[2] Gilchrist LD，Schinke SP & Maxell JS. Life skills counseling for preventing problems in adolescence. Journal of Social Service Research.1987；10(2-4),73-84.

［3］苏华 . 提高生活技能是促进青少年心理健康的有效途径 [J].

［4］周凯，叶广俊 . 生活技能教育对提高学生心理健康的干预研究 [J]. 中国心理卫生杂志 2002，16(5) : 323- 326.

［5］庄丽丽等 . 中学生生活技能评价量表效度分析 [J]. 中国学校卫生 2012(10): 1192-1194

［6］邓小英 . 职业技术学校学生生活技能教育浅谈 [J]. 职业技术 2007(22).

（作者：汪庆）

中职学生学业水平考试工作的探索

上海市奉贤中等专业学校

根据《国务院关于深化考试招生制度改革的实施意见》（国发〔2014〕35 号）和《上海市深化高等学校考试招生综合改革实施方案》（沪府发〔2014〕57 号）的要求，上海市教育委员会制定了《上海市中等职业学校学生学业水平评价实施办法》，2015 年 9 月 29 日印发，并从上海市 2015 级中职学生开始予以执行。

《上海市中等职业学校学生学业水平评价实施办法》对中职学生的评价内容与方式进行了重大调整，将对学生的评价分为“专业技能学习成果记录”和“公共基础课程考试”两大主要部分。“专业技能学习成果记录”主要反映学生在校期间专业知识与技能的学习水平及相关职业素养养成情况。“公共基础课程考试”科目包括语文、数学、英语和信息技术基础。语文、数学和英语 3 门科目分设合格性考试和等级性考试。其中，合格性考试为学生必考，等级性考试为学生选考。

根据上海市教育委员会 2015 年制定的实施办法，2015 年 9 月起入学的上海市中等职业学生均须在中职学习阶段的第三学期参加全市统一的学业水平考试，对学生语文、数学、英语等公共基础课程进行合格性与等级性考核，并以此作为学生第六学期毕业或升学的参考依据。为了做好我校2015级学生学业水平考试保障工作，提高学生学业水平考试质量，学校采取了相应的策略和手段，并在学生学业水平考试后进行总结分析，为今后的工作提供了经验和保障。

一、政策的理解

通过对《上海市中等职业学校学生学业水平评价实施办法》等文件的研读，我们对中职学生学业水平考试工作有了一定的认识和理解，主要为以下方面。

（1）上海市中职学生学业水平考试在“十三五”期间将作为制度性政策，不断完善并保持稳定。

（2）教考分离模式。从提高教学质量角度而言，没有考试检测是无质量的教学。

（3）人文素养培养。着力加强学习习惯，重视学生终身发展，而文化基础是保持学生在毕业后可持续发展的重要组成部分。

（4）升学需要。学业水平考试是学生继续升学的前置条件。

（5）处理好文化课与专业课的关系。对一贯相对重视的中等职业学校来说，学业水平考试将公共基础课程提到了与专业课同等重要的水平，起到了专业与基础双加强的作用。

（6）需要正确处理的若干关系。

为了提高中职学生学业水平考试的成绩，要正确处理好若干关系。首先要正确处理好“教”与“学”的关系；其次是“过程”与“结果”的关系；第三，是“课内”与“课外”的关系；第四，是“个体”与“教研”的关系；最后，是“测验”与“考试”的关系。

作为学校，必须意识到学业水平考试的重要性，努力创造条件实现课堂教学的有效转型，调动学生的学习积极性，师生共同迎接新常态下学业水平考试。

二、具体的做法

（一）建立工作小组

我校成立学生学业水平考试工作小组，召开多次工作会议，在原有学校教学常规管理制度基础上制定针对学业水平考试的方案，并根据上级部门对学业水平考试相关工作的任务布置不断调整完善：

（1）《上海市奉贤中等专业学校关于提高教学质量的补充意见》。

（2）《上海市奉贤中等专业学校学业水平考试管理暂行办法》。

（3）《2016 年上海市中职校学生学业水平考试报名工作奉贤中等专业学校工作方案》。

（二）召开各个层面专题会议

（1）教务科层面，认真研究政策文件，并在行政会议上向各部门传达。

（2）班级管理层面，召开班主任专题会议，班级层面详细解读文件，使学生了解政策变化；召开全校广播大会，向学生进行宣传强调，提高学生的认识。

（3）组织公共基础课程教师进行专题研究。

（4）通过家委会和全校家长会，向家长传达文件精神，提高重视。

（三）调整教学实施方案

鉴于语数英等公共基础课程师资紧张，为了合理安排师资力量，达到教学效果最大化，我校将前 3 个学期每学期 4 节 / 周的语数英课程调整为第一、二、三学期分别为 3 节 / 周、5 节 / 周、4 节 / 周。

（四）探索教学模式

在新形势下，我校努力克服师资等方面的客观困难，积极探索和试行教学新模式：将 2016 级各班分成若干组合，每个组合为 2 ～ 3 个班；将各班 3 节 / 周的语数英课程设置为“2+1”模式，“2”为组合班，集中授课，“1”为教师进班单班授课，最大限度整合师资。

（五）改进教师教学策略

在公共基础课程教研组专题研究的前提上，积极改进备课组活动，以备课组为单位上传电子教案，开展分层教学，调整改进公共基础课程教师听课、课堂即时评价、作业批改等方面的要求。

（六）多种途径加强过程教学检测

（1）每一个教室安装教学信息采集系统，班主任、老师、学校领导实时查看上课情况。

（2）开展常规教学巡查，每个工作日安排 3 人教学检查组，并发布每日教学检查报告。

（3）教务科在教研组长会议上通报相关检查报告，将教学检查反馈教研组，让相关教师知悉，加以改进反思。

（4）检查结果与教师的考核、绩效及优秀教研组评优挂钩。

（5）班级整体学风与优秀班级评比挂钩。

（七）建立学生学习和评价新制度

（1）推行课堂手机管理。为了避免学生因使用手机分散听课注意力，减少教师在课堂纪律管理上耗费的时间，学校在宣传动员的基础上，在每个班级后门统一挂置手机收纳袋，上课时学生自觉将手机关机或调整至静音，根据自己的学号放置到手机收纳袋对应的位置，下课后取回。试行一学年后，效果较为明显。

（2）课堂评价网络化管理。每一位任课教师每次课后将学生出勤、课堂表现、作业等情况在教学评价系统平台及时录入，学生本课程的全方位表现呈现全程动态评价。

（3）改革学业课程评价模式。根据中职学生的实际情况，学校改革学生学业课程评价模式，将平时成绩：期中考试成绩：期末考试成绩的比例调整为6∶2∶2，不以考试定高低，重在平时表现。

（4）在学校整体教育教学过程中，我校对成人中专学籍学生一视同仁。

（八）增设考前辅导

（1）学生入校的第三学期，面向符合参考资格的学生，以自愿、免费为原则，组织考前辅导。每周六一天，6 节课，语数英各 2 节。

（2）教务科每周落实课前准备、课中检查、课后反馈，对教师授课、学生出勤听课、卫生等各方面情况进行过程性管理。

（九）组织模拟考试

（1）11 月 2 日，组织学生参加第一次模拟考，并组织教师进行试卷质量分析。

（2）12 月 6 日，组织学生参加第二次模拟考，按照标准化考场设置，学生发放准考证，凭学生证、准考证至对应考场对号入座，增加学生的现场感。

三、取得的成效

以 2015 级学生为例，我校实施的一些具体做法所取得的实效来看，主要有以下几个方面。

（1）学生对“学业水平考试”的重视程度明显提高，尤其是 2016 级学生。学生及家长的观念由过去的“进中职就是学习专业一心考证”开始发生改变，部分有升学愿望的学生和家长进一步加强了对公共基础课程的重视。

（2）备课组加强统一备课，平衡整体进度，提高授课效果。公共基础课程实施“大课”模式，备课组在原有基础上加大统一备课的频率，使年级整体授课进度保持高度一致。同时，以备课组为单位的电子教案及课件的制作与上传也较大程度地平衡了教师之间的教学效果差异，提高了教学效果。

我校 2015 级共 456 名全日制普通中等职业学校在籍学生（本市户籍在籍学生、随迁子女、新疆内职班学生）参加 2016 年上海市统一学业水平考试，语文合格性考试合格 394 人，合格率 86.4%，数学合格性考试合格 373 人，合格率 81.8%，英语合格性考试合格 364 人，合格率 79.8%，3 门全部合格的学生 304 人，合格率 66.7%。

四、策略的调整

（1）目前 2016 级公共基础课程集中授课的教学模式，在执行了一个学期后，从班主任、任课教师、学生、日常教学检查等多渠道反馈，集中授课模式大大增加了教师课堂管理压力和精力，管理效果不佳，易影响授课进度和质量，学生学习的情况也不够理想。因此我们将对这种教学模式进行调整，在师资配备能够承担的前提上取消集中授课，按行政班上课。

（2）根据上海市中职学生学业考试的要求，语数英的周课时数较过去增加了一倍，而相对应的师资并未增加。2016 ～ 2017 学年学校未能按计划招聘到相关学科教师，公共基础课程的师资成为学业考试工作中困难最大的一环。而这个客观难题并非能在一两个学期或一两个学年里就能解决，甚至可能会是我校及其他上海市中职校都需要长期面对的一大难题。因此，我校正在探索网络教学的可能性，借力网络资源，在保持现有师资数量的情况下，保质保量完成学生入学前 3 个学期的公共基础课程教学任务。

五、问题及思考

1. 学业水平考试质量检验缺乏参照依据

中职学校学生入学时受到生源因素的影响，各校学生良莠不齐，校内各专业学生水平也存在不同程度差距，且当年入学的新生没有全市新生水平平均数据作为参考，来大致确定本校学生入校时整体在全市范围内所处的水平。

而从学校层面来说，学生学业考试等级考只提供学生个人查询，合格考成绩仅能对本校参考学生的整体合格率进行汇总分析，没有全市成绩的平均合格率作为参考依据。

从这两个方面来看，作为学校，既无法准确地掌握学生入校时的整体水平究竟在上海市范围内处于哪个水平，也无法了解经过3个学期的教育教学之后，学生在学业水平考试所体现出来的水平在全市处于什么位置，与入学时究竟是退步了还是进步了。

2. 合格性考试未能发挥其应有的作用

中职学校学生学业水平考将以往被忽视的语数英等公共基础课程提到了与专业课一样重要的水平，通过考试的杠杆作用促使学校和学生重视公共基础课程的学习，注重培养和提高基本素养和人文素质。我们认为这个初衷是好的。但是《办法》同时又规定，对于不合格的学生由学校自行组织补考。从这个角度而言，学业水平考试合格考所起到的作用就与中职校原本各自校内执行的学业评价没有本质区别，成为重复性工作了，而且对中职校原本正常运行的稳定合理的教学秩序和学业评价体系造成巨大的冲击。

目前来看，中职学业水平考试对学校教学，特别是一向不是很受重视的公共基础课程教学提出了挑战。如何更好地应对学生学业水平考，将学校教学工作的重心真正同等地放到专业技能掌握和基本素养的培养提高上，是我们面对的新课题。我们也相信在上级部门清晰有序的政策引导下，我们能做好此项工作，使之步入正常轨道。

（作者：陈珏）

职教集团显身手　校企合作育英才

上海市静安职教集团

上海静安区与闸北区两区合并，新静安为构建区域现代职业教育体系开辟了新天地，也为职业教育集团化办学创造了新空间。静安职教集团贯彻全国职教工作会议精神，以学生为本，围绕成就学生的人生精彩，创新集团的工作机制，进行了一系列创新尝试。

静安闸北的职业教育在上海属于“发达”之列，老静安有国家级重点职校——上海逸夫职业技术学校，在艺术创意领域独具风骚。老静安是上海繁华的国际化城区，也是创新创意产业集聚区，国内第一个创客空间——新车间就诞生在静安区。老闸北有上海行健职业学院、上海市北职业高级中学、上海聋哑青年技术学校、上海市商业学校和上海大学温哥华电影学院，在大城市中职教体系完备，职教资源丰富。老闸北曾是上海的“红色革命”区，目前也是高新产业集聚区，上海飞机总装基地、环上大影视创意产业基地、云计算产业基地、人力资源服务产业区都在闸北兴起。上海静安区与闸北区两区合并，新静安为构建区域现代职业教育体系开辟了新天地，也为职业教育集团化办学创造了新空间。

静安职教集团在全国职教会精神指引下，在“万众创新、大众创业”的背景下，集团以问题为导向，以学生为本，围绕成就学生的人生精彩，创新集团的工作机制，强化集团化办学的内涵建设，进行了一系列创新实践尝试。

一、试行“双导师卓越技师计划”

相对于义务教育和高等教育，职业教育在教育领域对学生的吸引力不强。2014 年 6 月，在全国职业教育工作会议召开期间，习近平总书记作出重要指示，要求营造人人皆可成才、人人尽展其才的良好环境，努力培养数以亿计的高素质劳动者和技术技能人才。他特别强调，要加大对农村地区、民族地区、贫困地区职业教育支持力度，努力让每个人都有人生出彩的机会。要成就职校学生的人生精彩，就需要职校生在校期间有更多的成功体验和成功的评价，要有更多的成功案例，有更多的成功的同伴激励。而目前，虽然有各种职业技能大赛，有各种职业证书，但是还是显得远远不够，不能满足职校学生成长的需求。

参照教育部本科教学质量工程的“卓越工程师教育培养计划”的项目，静安职教集团也在集团中试行一种“双导师卓越技师计划”项目，取得较好的试验结果。集团依托集团企业和高校资源，采用企业导师和职校导师的双导师制，学生自愿报名免费参加，通过项目实战形式，完成微作品、微项目、微课件等成果，并给予网络展示，集团最后给予写实性证书。

如市北职校动漫专业程志远、潘仔、王雅茜同学，参加了“双导师卓越技师计划”试点小组，集团请了上海幻维数码创意公司的马晓春艺术总监、姜荣华高级动画渲染师等作为企业导师、班主任张芬作为学校导师，集团还特别购置了相关图书资料，学生利用课余时间到幻维数码创意公司参加培训和制作，经过 3 个月的努力，完成了专业级的《希望的小鸟》动画视频作品。上海行健职业学院的装潢设计专业姜涵、李莉、吴瑞同学，在集团聘请的陈海龙国家级工艺美术大师、陈易高级工艺师的指导下，完成《一带一路》系列木板雕刻作品的制作，作品得到上海市民文化节的提名奖，作品在集团网站展示。

集团网站专门开设“双导师卓越技师计划”专栏，为之专门开发了网上的项目管理模块，设有教师项目发布、集团审核、学生报名、过程管理和作品展示栏目。目前，可开展项目有3D建模、3D打印、激光内雕、机器人、影视多媒体、APP软件开发、非遗文化传承等。

通过“双导师卓越技师计划”的试点工作，提升学生的创新能力、自主学习能力和自信心，给学生更多的学习和出彩的机会；同时，也创新了集团产学研合作的模式。

二、开展3D建模和打印创新设计大赛

目前，3D打印技术得到飞速发展和广泛应用，被称为改变世界的技术。3D打印技术也被专家认定为在教育教学中推广应用的工具，“一种鼓励实践学习和设计思维的工具”，一种创意创新活动中经常使用的工具，被职校学生认为是一种“高大上”的技术。但是，在职业院校中3D打印技术目前仍不普及，有的学校添置设备之后使用率不高，许多学生无法接触和学习应用这项技术。

静安职教集团在3D打印技术方面有独特的优势，集团的老师在3D建模领域已研究多年，集团引入了FDM和SLA的3D打印机，与多家3D打印机生产企业建立了产学合作的协议。2015年集团举办了首届“3D打印创新设计大赛——鲁班锁的设计与3D打印大赛”。大赛作品以鲁班锁、教具、标识、首饰为类别，学生自愿报名，不分专业，低门槛零起点、有兴趣即可参加，集团负责指导技术入门，企业提供设备协助。大赛采用互联网办赛形式，集团网站专门设计大赛管理模块，从报名参赛、作品提交、作品PPT介绍、制作过程微视频展示和获奖公布都在网上进行。

大赛主题为“3D打印设计——我也行”，大赛指导思想：对接创新驱动，围绕智能制造和教育信息化，以大赛促进3D技术的学习与培训，培养和激发学生对3D打印创新设计的兴趣，加强学生动手能力的培养和工程实践的训练，提高设计能力与团队协作精神，为学生提供展示舞台；发现和培育一批3D设计的专兼职师资队伍，吸引社会人士关注职业教育，关注新兴产业，为人才脱颖而出创造条件。

大赛参赛学校有：上海行健职业学院、上海市市北职业高级中学、上海市聋哑青年技术学校，上海第二工业大学高职学院和上海市朝阳中学也组队参赛。大赛协办企业有：杭州先临三维科技股份有限公司、磐纹科技（上海）有限公司、

智垒电子科技（上海）有限公司、上海幻维数码影视培训中心、上海网班教育科技股份有限公司等。大赛报名选手158名，组成50多个团队，大赛经过初赛和决赛，经胡庆夕教授等专家评判，评出上海行健职业学院“科技爆破梦之队”等3个队获团体一等奖，上海市市北职业高级中学“磨房磨墨”等7个队获团体二等奖，上海市聋哑青年技术学校“向日葵小鲜肉”等12个队获团体三等奖，上海行健职业学院陈易等2人获个人三等奖。68名同学分别获得一等奖、二等奖、三等奖，另有32名同学获得参与奖（优胜奖）。

参赛的同学经过老师的简单技术引导和培训，经过自主学习和钻研，进行创新建模设计、电脑模拟装配和动画仿真，用3D打印机打出实物，学生的设计制作的作品、通过渲染图、PPT和微视频在网上公开展示。多数同学通过大赛初步掌握了CATIA、3DMAX、MAYA等建模软件，CURA 3D打印机的切片软件，少数同学还掌握了CATIA的产品装配、装配碰撞测试和DELMIA装配仿真，学会了3D打印机的打印操作。经过大赛，学生的自主学习能力，创新设计和动手能力得到提升，获得成功体验，增强了学习的自信心。更为重要的是大赛改变了一些老师的观念，原来认为职校生自学能力差，3D打印是一项较难掌握的技术，不进课堂老师不教，学生肯定不会，而现在，参赛同学都感到神奇，只要老师一引导，通过自学是可以掌握的，只要自己肯钻研，某项知识的掌握和创意设计甚至可以走到教师的前面，成为3D建模和打印技术的知识创新者。

三、在集团开设网上“众创空间”

目前，在职业院校开展创客活动的一个主要目的是让学生自主学习和分享新科技、新知识，但是，职业院校的图书馆和学生社交网站都缺少创客活动所需的情报资料和作品展示平台。静安职教集团，于2015年6月在集团网站上开设“众创空间”专题栏目，分众创知识空间和众创实践空间两大栏目。众创知识空间收集和整理了上百篇关于众创和创客、3D打印、机器人、影视创意、互联网+、中国制造2025、上海科创中心建设、教育信息化、产学合作等专题的最新媒体报道和技术资料。众创实践空间为学生的作品提供网络展示的平台。

四、集团与高新企业建立联合实验室

静安职教集团原先与企业合作主要集中在专业建设、学生实习就业领域，主要面对院校和企业，“双导师卓越技师计划”项目和学生创客活动的开展，使集团工作面向学生，惠及学生，使产学合作有了新的内涵。开展项目和活动需要设备仪器和相关技术，静安职教集团与一些集团外的高新企业签订产学合作协议，建立联合实验室，联合对某项技术和任务进行合作攻关，创造条件让学生参与。目前，集团与著名的3D打印的上市公司杭州先临三维有限公司建立产学合作关系，建立3D打印技术的联合实验室，与上海启培智能科技有限公司，建立了机器人联合实验室。目前，集团的联合实验室已拥有3D打印、人形机器人、Arduino、树莓派机器人器件等创客活动所需的设备器件和企业的技术支援。

五、集团引入区职教社的智力资源

职教集团积极引入区职教社的智力资源，发挥区职教社的人才优势。区中华职业教育社（简称区职教社）是在上海中华职教社的指导下，由所在地区的教育、经济、科技、企业界从事、热爱、关心和支持职业教育的人士组成的社会团体。静安区职教社集聚了静安职业教育领域的技术精英，如陈海龙国家级工艺美术大师也是区职教社社员。

集团在组织策划创新设计大赛时，主动邀请区职教社商议，联合举办大赛；在开展“双导师卓越技师计划”项目和学生创客活动时，聘请区职教社社员担任指导教师，参与项目的运作。市北职业高级中学的学生要参加市团委和市教委联合举办的机器人大赛，职教集团购置设备，区职教社提供技术支持，协助市北职业高级中学组织起5支机器人团队参加大赛。

静安职教集团建立时，曾考虑搭建面向学校或企业的产教合作的平台。集团运作后，发觉与职业院校的专业、科室本身的功能重复，成效不大。而后，集团将工作重点转向面向学生，围绕成就学生的人生精彩，开展创新教育和创客活动。创新教育和创客活动不仅是形势所需，是产业、企业和职业所需，职业院校学生成长所需，也恰好是当前职业院校的短板，因为职业院校都是以专业设置机构、以课程组织教学活动的，而创新教育和创客活动却往往是跨专业、跨课程的，即所谓的STEAM教育（Science科学、Technology技术、Engineering工程、Arts艺术、maths数学）。集团工作面向学生，惠及学生，围绕成就学生的人生精彩，恰好发挥集团的功能，使集团有了新的作为和活力，也是集团的应有之义。

七、特殊职教篇

编者按：能否维护每一个儿童，尤其是各类有特殊需要儿童的教育权利，最大限度地为个人提供实现潜能的机会，已成为衡量一个国家或地区物质文明和精神文明程度的重要标志。构建布局合理、学段衔接、普职融通、医教结合的特殊教育体系，是时代赋予特殊教育的使命。在这种时代精神的影响下，特殊教育迅速地进入一个空前未有的发展阶段。在特殊教育发展的进程中，为了给那些甚至被自己家长都遗弃的孩子提供优质个性化特殊教育，有一大批饱含人文精神、无私奉献的特殊教育老师殚精竭虑、呕心沥血地奋战在特殊教育岗位上，以艰苦卓绝的努力创造了一个又一个可歌可泣、感人肺腑的故事。被誉为给残障孩子带来爱和光明的"提灯女神"何金娣老师就是他们中的杰出代表。

努力构建残疾人终身教育体系

华东师范大学学前与特殊教育学院终身教授 方俊明

《特殊教育提升计划（2014－2016年）》（以下简称《提升计划》）要求"经过3年努力，初步建立布局合理、学段衔接、普职融通、医教结合的特殊教育体系"，明确提出"积极开展非义务教育阶段的特殊教育"。那么，哪些非义务教育阶段的特殊教育要发展，为什么要发展和根据我国实际怎样发展，是贯彻文件时要认真领会和把握的关键点。

一、发展哪些非义务教育阶段的特殊教育

从现代社会对个体发展的要求来看，人的一生应该接受学前、小学、初中、

高中、大学及以上等不同阶段的教育。每一教育阶段都有自身的任务和价值，对人的成长发挥着独特的作用。因此，《提升计划》从完善残疾人教育体系，使我国残疾人教育事业符合经济社会发展的角度适时提出在3个非义务教育阶段积极发展特殊教育的任务。一是要求各级政府要“要将残疾儿童学前教育纳入当地学前教育发展规划，列入国家学前教育重大项目。支持普通幼儿园创造条件接收残疾儿童。支持特殊教育学校增设学前班或附属幼儿园。”二是拓展残疾学生的高中阶段教育，“普通高中和中等职业学校要积极招收残疾学生。鼓励特殊教育学校根据需要举办残疾人高中部(班)。扩大残疾人中等职业学校招生规模，紧密结合经济社会发展需求和残疾人特点合理调整专业结构，为残疾学生提供更多选择。”三是发展残疾人的高等教育，“有计划地在高等学校设置特殊教育学院或相关专业，满足残疾人接受高等教育的需求”，高等学校要为残疾人接受成人高等学历教育提供便利。

二、为什么要发展非义务教育阶段的特殊教育

近些年伴随经济社会的发展和政策环境的改善，我国特殊教育发生着一系列巨大变化，逐步从以往的慈善型、福利型转变为保障型、权益型。扩大非义务教育阶段特殊教育办学规模是适应我国特殊教育发展的必然趋势。首先，残疾儿童的学前教育是我国学前教育整体发展中的一个重要组成部分。当前学前教育处在一个前所未有的大发展时期，残疾儿童的学前教育和康复已经纳入国家和地方发展学前教育的行动计划。特殊教育的理论研究和实践证明：对特殊儿童的早期发现、早期干预和早期教育能起到事半功倍的作用，但错过了时机往往事倍功半，甚至是效果甚微。因此，发展学前阶段的特殊教育可以改变我国已入学的学龄残疾儿童多半错过学前康复与教育最佳期的现状。同时，学前特殊教育的开展还将促进特殊教育整体水平的提高。第二，发展非义务教育阶段的高中、大学特殊教育是满足残疾学生日益增长的接受高层次教育需求的必然要求。现在，越来越多的残疾学生希望进入高中和高等院校学习，以适应现代社会对人基本素质的要求。一些经济比较发达的地区已经开始形成从学前教育、义务教育、高中阶段教育、高等教育及继续教育的特殊教育体系。这些都说明发展非义务阶段的特殊教育时机已经成熟。应该看到，义务教育阶段特殊教育为残疾学生奠定了一个良好的发展基础。要实现更高更宽程度的发展，必须通过继续接受非义务阶段的高中和高等特殊教育。所以，高中阶段和高等特殊教育所实施的更高一级文化科学知识教育、生计教育、职业教育，即是对义务教育阶段特殊教育的成果的巩固，更是对残疾学生生活自理能力、劳动就业能力的提升，真正实现学校教育与劳动就业之间的转衔，使残疾学生成为社会主义事业的建设者和接班人，用与社会发展相适应的知识和技能服务于祖国和人民。因此，发展学前、高中和高等教育这3个非义务教育阶段的特殊教育，进一步体现了我国政府保障和改善民生，推进教育公平的坚强决心，适应了我国社会经济发展和教育发展的需要，有利于落实国家中长期教育改革和发展规划，也更符合当代特殊教育发展的内在规律。

三、如何发展非义务教育阶段的特殊教育

在如何发展非义务教育阶段的特殊教育方面，《提升计划》强调了3个路径。第一，普通教育机构与特殊教育机构要同时采取行动。《提升计划》在学前教育、高中阶段教育、高等教育3个阶段首先要求普通幼儿园、普通高中和中等职业学校、普通高校积极招收残疾学生，同时要求鼓励特殊教育学校增设学前班或附属幼儿园，举办残疾人高中部(班)，高校设置特殊教育学院或相关专业。第二，在高中阶段，强调要“紧密结合经济社会发展需求和残疾人特点合理调整专业结构，为残疾学生提供更多选择”；在高等教育阶段，要将残疾人接受高等教育与加强其职业培训，提高其就业创业能力结合起来。也就是说，发展高中阶段和高等教育阶段的特殊教育时一定不能忽视职业教育，在学校设置和专业设置的比例上应该更多向职业教育方向倾斜。这种政策导向是符合我国社会发展对人才类型、结构的需要，也更符合残疾人融入社会的需要。第三，发展非义务教育阶段特殊教育由政府主导、社会参与。非义务教育可以更多地吸引社会力量和民间资本的参与，公立、民办并举，实现加速发展。这样可以给残疾人及其家庭更多的选择，适应其不同层次的需求。

[本文原载《中国特殊教育》2014年第2期(总第164期)]

用生命和爱谱写特殊教育的辉煌篇章

——追忆华东师范大学附属卢湾辅读实验学校何金娣老校长

“人的生命的长度是无法把握的，但我唯独能够把握的就是它的厚度与深度，还有它的宽度。”全国道德模范提名奖获得者、华东师范大学附属卢湾辅读实验

学校何金娣校长如是说，她用自己的行动谱写了特殊教育辉煌的篇章。

在学生眼中，她是慈爱的母亲，千方百计为他们构建回归社会的桥梁；在家长眼中，她是知心的朋友，呕心沥血为他们解忧排难；在同事眼中，她是精神的支柱，身先士卒引领大家不断进取。而在朋友眼中，她更像是一位特殊材料制成的超人，身患重病，却能奇迹般地迅速站起来，一路走来，身后留下的是一串串坚实的脚印，灵动的音符，写满了坚毅、勤奋、谦逊、严谨、求实……

一、把特殊教育当作生命的一部分

何金娣老师生前曾经说过，“教师节就是我的生日，冥冥之中我是要当教师的”，“如果有来生，我还是要选择特殊教育，尽管很艰难”。她为教育事业而生，她把特殊教育当作自己生命中的一部分，融化在自己的血液中。与特殊教育结缘，源于1995年，做了20年小学语文老师、小学校长的何金娣收到一纸调令，任命她为卢湾辅读学校校长。当时她想“虽然都是教育事业，但辅读学校这么特殊的教育工作，我心里还是没什么底”。可身为一名共产党员，何金娣并没有退缩，“我喜欢教育事业，组织上需要我去哪里，我就应该去哪里，不懂的我可以学习，我一定要好好做事”。

然而，并非有热情，困难就能迎刃而解。当时，国内辅读教育领域几乎是一张白纸：没有足够的师资力量，科学的教育管理制度。面对这个特殊的教育领域，何金娣并没有退缩，当机立断，报名参加了特殊教育本科的学习，她每天都坚持去上课，除了更好更系统地学习科学的知识，还争取和专家多多交流，实践到工作中。

整整3年，何金娣如饥似渴地学习。虽然年过不惑，但她仍然像海绵汲取知识。作为一名校长，她要处理的日常工作头绪繁杂：大到教学管理、教学计划的制定，小到每位教师、每位同学的情绪波动；不必说作为生存教育课题组的组织实施。面对种种困难，她坚持着，不言放弃。对于这些智障孩子，何金娣校长倾注了所有的情感和精力，走近他们，走进他们的心灵。

面对智障学生的障碍程度越来越严重的现状，她认为我们教育工作者要对每一个生命都要尊重，哪怕这个生命有残缺，如果对教育对象挑挑拣拣，这个社会就无法做到教育公平，“人”的权利难以落实。教育“零拒绝”行动不是一个形式，而是真正的爱。对智障学生真正的爱就是给予施行生存教育，让他们学会生活，学会学习，学会生存，成为一个半自立于社会或自立于社会的劳动者，这样才是真正解放他们。同样，要让智障孩子成为有用之才，我们光凭爱心是不够的，还需要科学的、系统的教育方法。为此她提出了“生存教育”的教育理念，以科研为抓手，通过医教结合，带领全校教师开始艰难的教育教学改革，用自己的智慧、心血和科学态度不断创新智障教育的新的天地。

图 1　何校长在拉着你的手绘出幸福新天地主题活动上讲话

二、为百分之零点零一的希望作百分之百的努力

为了让久卧病榻的重度智障儿童享受平等的受教育的权利，她在全市第一个实现“零拒绝”，组织教师义务送教上门，无论刮风下雨、严寒酷暑；为了让智障儿童能拥有适合他们学习的教材，她带领她的同事们潜心钻研，其中的 54 册校本教材由上海教育出版社向全国发行，被全国有近 250 所辅读学校所使用，共发行 30 多万册。残障孩子教育之难是难以想象的，为了那些连父母都失去信心的残障孩子，何金娣老师呕心沥血、殚精竭虑、知难而进，她从不灰心、不言放弃，她常说：“为了百分之零点零一的希望，我们就要作百分之百的努力。”

为了真正做到因材施教，从学前教育到九年义务教育班、脑瘫训练班、职业技术培训班，一应俱全；为了使他们能充分发展和谐发展，每一个学生都拥有了一套“量身定做”的教学方案；为了让个别教育真正落到实处，让每个学生得到公平的教育，针对学生智力发展程度和残疾种类的不同，学校设置了包括集体教育与个别教育两大类 7 张课程表；为了全面了解智障学生的学习历程，促使特殊学生得到充分发展，学校建立了评估目标多元、评估方法多样的评估体系，实施全面、真实、综合的过程性多元化评价，在校园网建立学生个人成长平台和多元化评估系统。每位学生都拥有一个以网页形式展示的个人成长档案，记载了他们的成长轨迹，承载着他们成长过程中的点点滴滴。家长也能通过密码登录，实际感受孩子的进步。真正实现了把教育落实到每个人，让每个学生都有弹性化人性化发展空间，最大限度发挥他们的潜能；为了让每个智障儿童也能够拥有尊严、幸福、健康和快乐，为他们营造一个充分、和谐、个性和多元发展的氛围，她不顾自己曾身患大病，在这片特殊教育土地上辛勤耕耘，乐此不疲……

作为学校教育教学改革的主心骨，在近14年生存教育的研究中，何金娣校长引领学校先后开展了《中度弱智儿童生存教育课程与教学》《中度以上弱智儿童生存教育课程与教学》《中重度智障儿童生存教育社会化课堂的实践研究》和《中重度智障儿童多元化评价系统的研究》4个统领性课题的研究，并取得了显著的研究成果。何金娣编著或主编的《中度弱智生存教育课程与教学》《残障儿童心理生理教育干预案例的研究》《中重度智障儿童生存教育社会化课堂实践研究》等7本专著出版发行，共计200多万字。成果曾多次获得上海市最权威的教育科学研究成果一等奖以及国家教育部优秀研究成果奖等，学校也获得了全国特殊教育先进学校等多项荣誉，中央电视台等新闻媒体曾几十次专题报道学校生存教育研究成果。

图2　何金娣校长和智障孩子们在一起

三、将阳光和爱洒向每一个特殊孩子家庭

在这所特殊的学校里待了那么多年，何金娣感触颇深。天下所有的父母长辈

们都希望自己的孩子健健康康，但是有部分不幸的家庭拥有了这些不幸的孩子，这些孩子们让父母长辈们伤心极了，很多人觉得自己的生活布满了阴翳，害怕面对未来，对生活丧失了信心。父母们的消极情绪伴随着孩子们的成长与日俱增，甚至有一些可怜的人们终日以泪洗面。

何金娣看在眼里急在心里，她也为孩子们的缺陷而觉得遗憾，为父母长辈们没得到一个快乐健康的孩子而感到惋惜。但是这些孩子们也都是很善良很可爱的，何金娣觉得打消父母们的消极情绪也是非常重要的工作之一。

她开始关注起学生家长这个群体，她和他们聊天谈心，邀请他们来参加学校互动，还组建了学生家长委员会。她下定决心，“我要将阳光播撒入每一个特殊家庭，让社会充满和谐的音符”！

一开始，配合的家长非常少，他们不怎么愿意接受学校的家长访问邀请，甚至有个别家长潜意识中不由自主地躲避和孩子有关的事情。何金娣语重心长地对他们说：“你们的孩子一定会进步，我们会科学地，因材施教地对他进行培养，他们一定会成为很好的孩子。”

面对家长的躲避心理，何金娣利用网络这个大平台为孩子们搭建了属于他们的小世界，在多元化平台上为每个孩子建立了个人主页，把孩子们每次进步都放到这个主页上，即便不愿意直面残酷，但孩子们依然是他们心头难以割舍的惦念。在网上，他们可以随时随地看到孩子成长的一举一动，孩子的每一个进步都会让他们感动得热泪盈眶。

不久之后，何金娣接到了一位家长的电话，说自己一开始的躲避是非常错误的，他积极主动地申请参加亲子活动，接受家访，他觉得自己的孩子是最棒的孩子，是最可爱的孩子。他甚至成了家长委员会的积极分子。

还有一位家长患有心脏病，家庭条件比较差，又有这么一个残障的孩子。她觉得自己生活在水深火热中无法解脱，心里越来越郁积，脾气也越来越坏，甚至觉得这个社会是那么的不公平。她经常呵斥孩子，甚至会在学校骂老师，孩子的情况也越来越糟糕。在这种痛苦的情绪中，她重病住院了。

正在这时，何金娣带领同事们为她送去了捐款，还为这个这位重度脑瘫的学生送教上门，可谓雪中送炭。这个家庭在何金娣无微不至的关怀和帮助中渐渐平和下来，不但家长的病情得到了缓解，心态也慢慢好了起来。孩子也在老师们的教育下越来越进步。家长拉着何金娣的手深情地说：“何老师，如果没有你，我们家还不知成了什么样子。”何金娣用温暖的关怀，融化了患儿家长冰封的心，令他们对这份来之不易的幸福格外珍惜。

渐渐地，更多的家长明白了何金娣的良苦用心，他们有了这样一个共识：“虽然孩子有缺陷，但是一样是最可爱的天使。”日子久了，他们生活中的阴霾渐渐散去，把更多的爱投注给孩子们。何金娣惊喜地发现：越来越多的家长成了学校的志愿者。

有位家长给何金娣写来了一封信：看到高年级孩子的进步，我看到了我的孩子的未来。孩子们在这里念书，感谢老师们的付出，我们也一定在工作岗位中付出更多，来回报你们，回报这个社会。

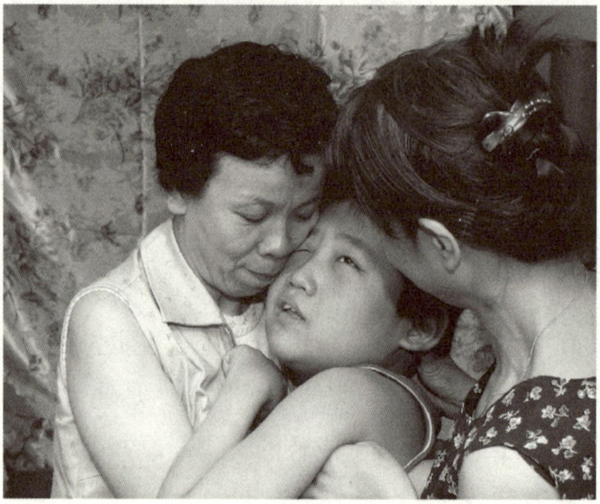

图3　瞧，智障儿与何校长多亲热

四、把成功经验毫无保留传授给青年教师

何金娣校长的思维永远是那么敏锐，她培养人才的方式很特别，给你一个施展自己才华的舞台，让你最大限度地发挥自己的潜能。

为了特殊教育青年教师成长，她主动担当起培养年轻的骨干教师的责任。作为上海市特殊教育名师培养基地和何金娣工作室的主持人以及华东师范大学的兼职导师，她以自己的睿智把基地和工作室打造成集教育科研、课程改革、信息化技术等各方优势于一体的智囊团队，不遗余力地带教和培养上海乃至全国特殊教育中的优秀教师，进行了团队协同开发和实证研究。她以此为平台，把自己的研究成果毫无保留地传承给全国特殊教育界，发挥了辐射作用。她一系列的教育教学研究实践被有关部门评价为走在全国特殊教育的前列。

想当初，当上海市特殊教育名师培养基地申报成功后，她既高兴又担心，高兴的是她能够把自己的经验传递给更多的人。但是，我们知道，这样的传递，是要付出她多少的智慧和精力，这意味着从她本来珍贵的双休日中又要挤出时间去经营名师的培养工作。她的身体是否允许？

8年来，她以顽强的毅力坚持了下来，带教培养了数十位来自全国各地的骨干教师。在基地，每个骨干教师都要制定自我发展的目标和计划，开展行动研究项目，超越经验，探索创新。并要求青年骨干教师要提升做人的境界和做学问的境界。如今她带教骨干教师都成为了教育战线上的佼佼者，基地已经成为了培养高端人才、青年教师的摇篮。她带领基地学员前往山西太原，对西部地区进行了支教；带领学员去香港大学参加国际特殊教育论坛；带领学员去欧美发达国家特殊教育界展示中国特殊教育的风采……

图4　何校长和青年教师讨论教案

她所带教的几位其他省市特殊教育学校的校长、教师在我校学习、培训几个星期或几个月后，都感受颇深。来自甘肃酒泉特殊教育学校的一位副校长在他的培训小结中这样写道：“在我们学习的一个月里，时时震撼，处处感人。何校长以她很高的人生境界、学问境界、处世境界，向我们展示了一个教育家卓然不群的风采。她的形象是立体高大的：她是一个纯净的人，公正廉洁，待人真诚；她是一个纯粹的人，对待特教事业执著、坚守，毫无杂念；她是一个高尚的人，生活洒脱充满阳光，思想超前与国际接轨；她是一个谦虚的人，做事低调，行为世范。而她独立的精神人格和不随波逐流的高洁精神更加深深地启迪、激励着我们，我们将以此为榜样而奋然前行！”

生命犹如一条潺潺的河流，因连绵不断的浪花而变得生生不息。何校长就是在创造生命的奇迹，她赋予了自己生命无限的厚度、深度和宽度，用生命谱写了一曲优秀特殊教育工作者的华彩乐章。

（作者周怡；照片提供：张力钢、周琼）

区域视角下“双通道”残疾人职业教育体系初探

上海市长宁区特殊教育指导中心

摘要：上海市长宁区特殊教育指导中心从区域视角出发，强调特殊教育和融合教育互补、指导中心与特殊学校互补，提出了构建“双通道”残疾人职业教育体系的设想，并进行积极的探索。2016年，立足生涯发展理念，指导中心开展了大龄智障毕业生后续升学需求调研、职业准备导向的成年残疾人社团建设、自闭症就业支持专题的教师家长培训、残疾人个别化生涯发展支持方案评选、残疾人生涯发展各学段转衔服务会议等5个职业教育项目，为残疾人提供了更多的选择机会，开拓了职业教育新领域。

关键词：区域视角　残疾人职业教育体系　生涯发展　双通道

从区域视角来看，残疾人职业教育就不只是一所残疾人职业教育学校办学的事情，而是要站在残疾人终身学习的视野下，探索普职融通、普特融合、区校合作的“双通道”残疾人职业教育体系的构建，并极力拓展残疾人职校之外的职业教育项目。近年来，上海市长宁区特殊教育指导中心作为区域特殊教育顶层设计的专业管理服务机构，为此进行积极探索，并初见起色，某些项目在大中华地区乃至国际特殊教育领域中也处于领先地位。以下，从体系建构和实践探索两方面进行初步总结，并进行讨论。

一、“双通道”区域残疾人职业教育体系的建构：特殊教育与融合教育的互补

作为中国融合教育重要政策的随班就读制度，30年来对普及义务教育，提高

特殊学生入学率作出了积极贡献。但在倡导“全民终身学习”的今日，随班就读政策已经显示出其本身存在的先天不足，残疾儿童在学前阶段比小学阶段容易实现融合，小学比中学容易实现融合，初一、初二比初三容易实现融合，初三是残疾学生随班就读最艰难的一年，也是完成国家给予他们学习机会的最后一年。以初三失败告终的随班就读学生，亟需教育政策与实践的持续改进，以满足残疾学生继续教育以及就业支持的需要。作为融合教育比较发达的台湾地区，近年来形成了“多元安置，朝向融合”经验，特殊教育学校的职业高中阶段的班级数，比国小、国中班级数总量还要多，呈现了特教学校职业高中和普通职业高中融合教育并行的状态。

上海市大龄智障学生职业教育学段长期以来缺少中职学段，所有特殊职业学校全部是初职校。而在浙江杭州等地早有大龄智障学生获得高中职业教育毕业文凭的做法。据了解，2017 年上海市教委将推进大龄智障学生中等职业教育探索，初职校将转身为中职性质的特殊教育学校，完成九年义务教育的大龄智障学生通过中考可以升入特殊职业学校和普通中职校，学生毕业后可获得中职校毕业文凭。

作为公共服务的特殊教育，长宁区基于区情以及台湾地区经验，于 2015 年下半年提出了建构“双通道”的区域残疾人职业教育体系的设想。在区域层面上，上海市长宁区初级职业技术学校是一所大龄智障学生的职业教育学校，积累了丰富的特殊职业教育经验，在全国颇有知名度与影响力。基于发挥初职校品牌资源的考量，长宁区保留并改善原先初级职业技术学校的体制机制，完善“特殊职业教育通道”；同时，根据市教委要求，明确打通中职校的入学通道，形成“融合职业教育通道”，推进融合教育。换言之，完成九年义务教育的随班就读学生和辅读学校毕业生，将通过中考，填报志愿，选择到特殊职业学校或普通中等职校就读，在大龄智障学生高中学段正式开启职业教育的“双通道”。

长宁区的“双通道”残疾人职业教育体系，除了高中阶段的两个通道，还架构了由特殊职业学校向高等融合教育转衔的“立交桥”工作基础和经验。目前，在长宁区特殊教育指导中心的推动下，长宁区初级职业技术学校与长宁区开放大学合作，实现了智障学生的高等融合教育。初职校举办成人高考复习班，支持初职校毕业的大龄智障学生连续 4 年参加成人高考，有 72 位大龄智障学生考进了开放大学，并已有一届毕业生完成职业大专的学习。

长宁区发挥特殊教育和融合教育的各自优势，实现区域残疾人职业教育体系内的资源互补。“双通道”的残疾人职业教育安置，一方面延伸了随班就读学生的学习年限，可以通过特教班、随班就业两种安置形式推进中职校融合教育。另一方面继续发挥已有的特殊职业学校的专业优势，可以为大龄智障学生提供适切的个性化就业支持和个别化职业转衔服务，并可以转衔到高等融合教育和社会就业，实现社会融合。“双通道”残疾人职业教育体系，呈现了多样化、多层次、融合化、个性化、适切性等特点，满足不同学生的能力和需求，促进生涯发展，实现社会就业，提升生活品质。

二、基于区特教指导中心的残疾人职业教育探索：指导中心与特殊学校的互补

上海市长宁区域特殊教育指导中心发挥管理服务、研究指导、评估训练三大功能，在全国率先建设了区域性终身特殊就教育体系。中心教师直接训练的特殊幼儿最小年龄才2岁半，中心工作项目参加的老年聋人年龄最大的是92岁。

长宁区特殊教育指导中心办学思想之一就是寻求并开拓蓝海，实现错位发展，完善服务体系。在发挥初职校课程与师资优势完成高中阶段残疾人职业教育的同时，区域特殊教育指导中心与之互补，重点发展后续的成人职业培训，推进转衔服务，从而促进残疾人生涯发展。

区域特教指导中心开发与实施包括个别化职业转衔服务计划在内的特殊学生个别化生涯发展支持方案，开展自闭症职业教育专题培训和特殊人群成人职业培训，提供智障人士家庭创业支持，为特殊学生提供初级职业教育、中等职业教育、高等职业教育以及成人职业培训等多层次职业教育服务，开展各学段职业转衔服务，促进特殊学生职业技能的学习，提高其就业创业能力，促进其社会融合。

以下，具体从调研与评估、培训与指导、方案与转衔3个向度介绍长宁区特殊教育指导中心开展五个职业教育项目。

（一）调研与评估

项目1　大龄智障毕业生后续升学需求的调研项目

普通学校随班就读初三学生、辅读学校初三学生临近毕业，家庭将面对孩子继续求学问题。于是，区域指导中心开展了2017年大龄智障毕业生后续升学需求的调研，并进行医教结合评估。调查结果是8位大龄智障毕业生中有4位

是辅读学校毕业生，他们100%选择去特殊职业学校学习；4位普通初中毕业生中，25%的学生选择去特殊职业学校学习，75%选择报考普通中职校特教班。通过调研获取学生的不同需求，并邀请家长、学生、医学专家、教育专家、上下学段负责老师一起探讨学生后续发展的目标和措施，提供相关转衔建议。

（二）培训与指导

项目2　职业准备导向的成年残疾人社团建设项目

随着社会的文明进步，特殊人群的生活质量成为国际特殊教育关注的一个重点。美国智障协会强调要为智力障碍人士提供“从右到左”的支持，提高其生活质量，同时为就业的可能做好一定准备。长宁区特殊教育指导中心从残障人士需求和期望的结果出发，开展各种职业培训项目，先后开设了摄影、美术、西餐、园艺、爱宠、演奏等社团，整合社会专业人士开展职业培训活动。中心为每位学员建立个人信息档案，目前，每学期基本均有60人左右参与，并持续有新学员加入。成人社团职业培训项目，不仅可以为特殊人群提供职业准备和相关职业素养培训，同时也在不同程度上，通过社团形式的活动项目，让他们在认知、社交和沟通等领域得到不同程度的发展，感受自信，提高家庭生活质量与幸福感。长宁区特殊教育指导中心残疾人成年社团情况详见表1。

表1　职业准备导向的成年残疾人社团建设情况

社团名称	起始时间	职业准备与融合支持	社团发展的进展
摄影社团	2011年	亲子的形式学习摄影技术，为周边社区老年人摄影为出发点，探索家庭摄影创业。	目前，摄影社团学员正在开展人像摄影的学习，目前已经积累了一些摄影经验。
西餐社团	2013年	学习西餐制作技术，掌握西餐烹饪技能，提高职业素养，为就业做准备，能够从事西餐制作的基础工作。	通过几轮学习，西餐社团学员基本学会了西餐的系列菜品，并在教师的指导下，开展西餐烹饪。
园艺社团	2013年	学习园艺知识，以多肉的繁育、多肉的组合栽培为学习内容，尝试探索家庭创业项目。	已经学会了多肉植物的营养繁殖及相关养护技术，接下去要尝试组合栽培。
爱宠社团	2013年	以社会当前的热门的宠物美容为基础，学习宠物护理与美容基础知识和技能，开拓去宠物店从事美容护理的助理工作。	目前已经开展2期的培训课程，保留了部分学员，能够独立完成宠物眼部护理、梳毛、修剪指甲等内容。

（续表）

社团名称	起始时间	职业准备与融合支持	社团发展的进展
美术社团	2014 年	亲子形式开展绘画学习，以学生特质、喜好等，个别化开展绘画教学，开展绘画作品的展示、拍卖。	学员比较固定，持续来中学学习绘画，部分学员作品在各种绘画比赛中获奖，并展出。
演奏社团	2016 年	通过练习，承担一定的演出服务，获得相应的劳动报酬。	目前已经组建起一只演奏乐队，持续练习基本功。

项目 3　自闭症就业支持专题的教师家长培训项目

从中国首例自闭症患者确诊至今，以 10 年为“一代”，第一代自闭症患者均已成年，正面临就业的困境，而大多数自闭症患者均无法进入社会就业，这给其自身与家庭均带来了不少压力。而第二批、第三批自闭症患者的家长也逐步面临孩子成年、就业及生活问题。对于自闭症患者而言，需要长期的就业准备期。另外，接受自闭症患者就读的学校也要为他们将来的就业准备提供支持。因此，长宁区特殊教育指导中心组织开展自闭症职业教育专题培训，邀请了国内特殊教育领域方面的专家及一名上海市首位成功就业的自闭症孩子家长共开展了 8 场讲座，详见表 2，从而满足区域内职业技术学校的职业教育教师、特殊教育学校教师、自闭症学生家长对于自闭症职业教育方面的需求，也为后续开展自闭症职业教育的探索做好准备。

表 2　自闭症就业支持专题培训清单

培训内容	主讲专家	讲座时间
自闭症职业教育专题培训 1——自闭谱系儿童和青少年的生态化教育	华东师范大学 YGX 教授	2016 年 11 月 2 日
自闭症职业教育专题培训 2——美国自闭症谱系障碍个体就业研究新动向	华东师范大学 CLJ 副教授	2016 年 11 月 30 日
自闭症职业教育专题培训 3——基于多元活动本位干预理念谈自闭症谱系障碍个体职业教育	华东师范大学 SXY 副教授	2016 年 12 月 7 日
自闭症职业教育专题培训 4——关于自闭症青年实现社会化就业前景的探讨与思考	上海市残疾人就业服务中心 ZWS 副主任	2016 年 12 月 21 日
自闭症职业教育专题培训 5——开发潜能，培育自闭症谱系人士职业技能	华东师范大学 HHZ 教授	2016 年 11 月 16 日
自闭症职业教育专题培训 6——自闭症就业技能准备及训练 1	上海市阳光康复中心 ZBH 主管治疗师	2016 年 10 月 26 日

（续表）

培训内容	主讲专家	讲座时间
自闭症职业教育专题培训 7—— 自闭症就业技能准备及训练 2	上海市阳光康复中心 YCS 儿童职业康复师	2016 年 11 月 9 日
自闭症职业教育专题培训 8—— 怎么呵护星星的孩子	上海第一例就业的自闭症学生家长 DD 妈妈	2016 年 11 月 23 日

（三）方案与转衔

项目 4　残疾人个别化生涯发展支持方案评选项目

为了更好地实现尊重学生个别差异与终身发展的目标，促进区域特教教师及随班就读学校教师更充分地分析了解特殊学生，对有特殊需要的学生开展针对性的教育，长宁区推进特殊学生个别化生涯发展支持方案项目（简称 ISP），开展别化生涯发展支持方案征集评选活动，邀请专家对特殊学生个别化转衔计划（ITP）、个别化家庭服务计划（IFSP）、个别化教育计划（IEP）以及个别化健康计划（IHP）进行评选和指导，促进教师专业发展，落实对每位特殊学生生涯发展的支持。长宁区特殊教育工作领导小组办公室以 10 号文件发布 ISP 方案评选项目，发至区域内特殊学校及各个随班就读学校。

项目 5　残疾人生涯发展各学段转衔服务会议项目

从角色的转变到职业的选择和更换，每一个人一生都会面临这样的转换，也会面临各种转衔的困难。对于特殊学生，他们会面对更为多重的困境。因此，区域特殊教育指导中心给予区域内特殊学生转衔服务的需求，开展了各个学段的转衔服务，在服务开展中，联合特殊学生家长、教师、即将入学的学校教师、幼教及特殊教育专家、儿童医学专家或者康复师专家为特殊学生开展转衔会议。目前，已经开展的主要有幼儿园至小学阶段的医家校转衔会议、小学至初中的随班就读小初转衔会议、初中至初职的转衔会议，以及初职之后的个别化职业转衔与初职至大专的转衔服务会议，涉及区域内 50 名中小幼及特教学校学生，相应建立各学段转衔档案 30 份。

三、讨论

（一）提供残疾人更多的选择机会，是“双通道”职业教育体系建设的意义

所在

随着区域特殊教育发展，一方面残疾人及家庭在升学方面也逐渐显示出对职业教育的渴求，另一方面残疾人个别差异性大，更需要多样化、多层次、适切性的职业教育安置。长宁区构建区域残疾人职业教育体系的“双通道”，帮助残疾人通过不同形式、不同方向实现进入初、中等职业教育直至高等职业教育延伸。这种职业教育体系的构建，可以为残疾人创造更多职业教育的选择机会，从而着重发展残疾人职业教育，让他们拥有一技之长。这对区域内残疾学生实现高等融合教育，最终实现社会就业，具有重要意义，也是“双通道”职业教育体系构建的价值所在。

但是，对于选择合适的职业教育和专业设置，均需要考虑特殊学生特点。因为残疾人职业教育支持系统日益完善，一部分完成义务教育且有意愿的残疾人可以根据自身特点选择普通中等职业学校就读，接受适宜的中等职业教育，其专业设置符合残疾人身心特性和一定的社会需要。另一部分残疾学生经过专业医学评估与自身意愿，可以选择特殊教育方式，多样化地接受职业教育。

（二）开拓残疾人职业教育新领域，是“双通道”职业教育体系建设的亮点所在

提供智力障碍人士“从右到左”的支持，发挥其优势，最终提高其生活质量，为就业作好一定准备。这样的理念下，促发了长宁区特殊教育指导中心对残疾人职业教育发展的思考。特殊职业教育与融合职业教育的“双通道”残疾人职业教育体系的构建，为区域内随班就读学生与特教学校学生提供了多种发展的可能。

在生涯发展视野下，长宁区特殊教育指导中心面对各类不同程度、不同需求的特殊学生，从调研与评估、方案与转衔两大方面实施了相应的职业教育项目，帮助他们进入相应的“通道”，努力达成社会融合的目标，开拓了残疾人职业教育的新领域。残疾人职业教育需要关注生涯发展与终身支持。残疾人职业教育的目标是帮助残疾人掌握一门技能，但由于残疾学生进入社会就业，需要很长一段准备期，在其发展的不同阶段也需要提供不同的支持服务。此外，自闭谱系障碍人士职业能力、自我管理、社交等方面的评估，尚无合适的机构能完成这些综合评估。后续长宁区特殊教育指导中心还将整合资源，开展成年智障人士家庭创业等项目，持续探索“双通道”残疾人职业教育体系。

（作者：夏峰　戴爱华　徐玉珍）

服务实作课培养智障学生职业心理素质的实践研究

上海市长宁区初级职业技术学校[1]

一、研究背景

（一）问题的提出

随着社会文明的发展，人们对智障学生能否顺利完成职业教育，走向社会这一问题日益关注。在智障学生的职业教育中，学生的职业心理素质好坏对其日后就业影响重大。然而智障学生较正常学生来说，心理存在较大的缺陷。根据相关的研究，智障学生常见的心理特点主要有以下几方面：自卑孤僻、敏感多疑、倔强固执、情绪不稳定、自制力差[2]。这些方面的不足，直接造成了智障学生职业心理素质状况不佳，导致其在今后的职业生活中出现一系列的心理问题，从而在社会活动中处于相对弱势，不利于智障学生未来发展。因此在智障学生职业教育日益受关注的今天，对这类学生职业心理素质方面进行研究很有必要。

本研究以轻度智障学生为研究对象，探索如何通过服务实作课教学培养其职业心理素质，为智障学生接受职业教育时，改善其职业心理素质状况作一些尝试和探索。

二、研究概况

（一）关键概念

1. 服务实作课

上海市长宁区初级职业技术学校（以下简称初职校）[3]的服务实作课，是一门应用性很强的课程，较强调学生的实际运用能力，主要有酒店餐饮服务以及客房服务两门专业学科。该课程的特点是：比较强调学生的实际运用能力，要求参与互动性较强。

2. 智力障碍学生

智力障碍，也称弱智、智力落后或智力残疾，是指在智力功能和适应性行为上存在显著限制而表现出来的一种障碍。智力障碍学生的心理特点主要表现为：感知觉速度缓慢；注意范围狭窄、不能有效运用选择性注意，且注意分配困难；识记速度慢、记忆容量小，保持差、容易遗忘，再现困难且不完整；思维直观具体，形象思维占优势；学习动机缺乏，需要发展不平衡，容易偏激等。[4]

本研究中的研究对象系长宁初职校学生，学生智商在55～69之间，属轻度智力障碍学生。

3. 职业心理素质

职业心理素质是指与人所从事的职业匹配的心理素质的总和，具有稳定性、基础性、综合性和发展性特征，对职业活动有制约、调节和鉴别功能。通用的职业心理素质，包括勇于竞争的自信力、经受挫折的容忍力、不断进取的坚毅力、对待批评的分辨力、行为抉择的自我控制力、环境变异的适应力等，但不同职业和岗位对人的心理品质的要求有所侧重。

（二）研究目标

通过对智障学生心理素质状况的调查，了解智障学生心理素质状况的问题及原因，尝试在服务实作课中通过教学实践，探索出解决问题的方法，从而为智障学生毕业后更好的踏上社会，适应服务行业的工作岗位服务。

（三）研究内容

1. 通过学习文献完成相关文献研究。
2. 轻度智障学生职业心理素质状况的调查研究。
3. 轻度智障学生职业心理素质情况的分析。
4. 服务实作课培养学生职业心理素质的方法的研究。
5. 服务实作课培养初职校智障学生的职业心理素质的个案研究。

（四）研究过程和方法

1. 通过文献研究，完成文献综述，为研究的展开做好理论铺垫。
2. 通过问卷调查了解轻度智障学生职业心理素质状况，并分析归纳出其职业心理素质不佳的主要问题和原因。
3. 选取个案，设计研究方案，并对个案进行干预，完成“提高轻度智障学生人际交往能力的个案报告”。

三、研究的结果

（一）学生职业心理素质结构图

由于长宁初职校的学生对象都属于中学阶段（相当于普通学校初中到高中年龄段）的学生，同时由于上述关于通用的职业心理素质所包含的因素与《中学生心理素质的构成因素研究》（初职校的学生对象属于该研究对象中）一文中的一些内容有所对应，而成为本研究的理论支撑。因此，基于中学生心理素质构成因素研究的基础，并参考相关文献资料，得出轻度智障学生职业心理素质结构图（见图 1）：

- 轻度智障学生职业心理素质结构
  - 社会能力及倾向
    - 1. 人际沟通力
    - 2. 环境应变力
    - 3. 职业角色意识
  - 个性
    - 4. 自信力
    - 5. 自尊心
    - 6. 坚毅力
    - 7. 进取心
    - 8. 调控情绪能力
    - 9. 乐观的态度
  - 耐挫能力
    - 10. 耐挫力
    - 11. 合作力

图 1　轻度智障学生职业心理素质结构图

从图中，可以看到影响轻度智障学生职业心理素质的因素主要有三大主要方面，分别是社会能力倾向、个性、耐挫能力。其中每一方面又可细分为具体方面。社会能力及倾向方面包括了人际沟通力、环境应变力、职业角色意识；个性方面可细分为自信力、自尊心、坚毅力、进取心、调控情绪能力以及乐观的态度；耐挫能力方面主要是指耐挫力和合作力。这 11 个要素共同组成了轻度智障学生职业心理素质的结构，并成为后续调查研究的理论依据。

（二）初职校服务行业实习生职业心理素质情况的调查

1. 调查对象

为了了解初职校服务行业实习生的职业心理素质情况，2008 年 11 月，依据学生职业心理素质的构成因素，并结合学生的实际情况，研究者自行编制了相关的问卷，并分别对学校在外实习的学生，以及他们的家长和学校从事职后跟踪及有相关工作经验的老师进行了同一问题内容 3 种版本的问卷调查。共收回问卷 30 份。调查所涉及的目标对象为初职校在外从事服务行业实习未满一年的学生。

2. 调查工具

研究者根据中学生职业心理素质结构内容中的 11 要素以及职业心理素质的

概念，对应着设计了11个问题。每一问题都设有A、B、C3个选项，根据其内容分别对应弱、中、强3档。

3. 数据统计和分析

为了便于数据统计，将这3档的分值分别计为0、1、2，即A=弱＝0，依此类推，最后统计出各题的累加分值，进行比较分析依据学生职业心理素质组成结构中的四个大方面，得出调查结果，如图2所示：

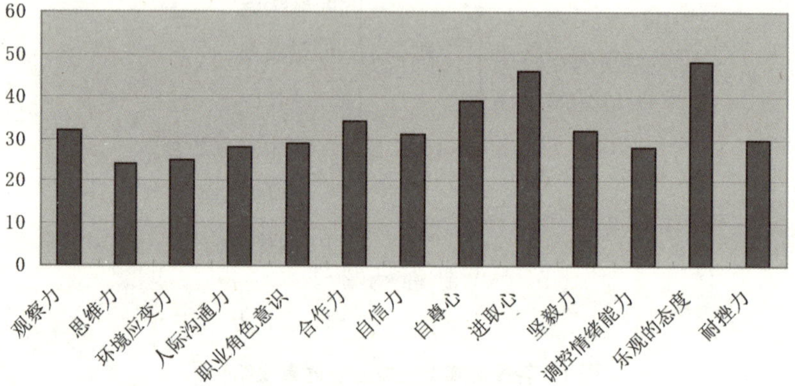

图2　轻度智障学生职业心理素质情况调查统计图

由于问卷中每题最低0分，最高2分，由此计算出30份问卷每题在0分到60分区间，取分值的中间数30分为分界点，30分以下的表示问题最严重，以红色图形标注，30分以上的以绿色图形标注。

从上表中，可以看出学生在人际沟通能力方面的分值为28，偏低，这反映出在人际沟通方面的问题比较多。调查中发现在职业角色意识方面的分值也较低，这说明学生职业角色意识不到位，有待提高。从调查图表中，不难发现，学生在情绪调控方面的能力分值也是相对较低，这也和轻度智障学生的心智特点密切相关，他们比较缺乏情绪调控能力。这还将带来例如不自信、耐挫容忍力不足等一系列相关的问题。

同时，从数据中也能看到学生在合作、自尊心、进取、乐观等一些方面的分值均超过了30分，相对情况好些，这些相对有利的因素也有助于研究的进展。

（三）轻度智障学生职业心理素质情况的分析

1. 轻度智障学生环境应变力较弱

智力障碍学生由于思维力单一，缺少变通性，知识和技能的迁移能力很弱，在适应环境的过程中较易出现一些障碍，一旦环境有一些改变，容易措手不及，不知所措。在服务实作课上，对学生进行应变力的培养和教育相当重要。

2. 轻度智障学生的人际协调能力不强

由于智障学生自身存在的缺陷以及在社会环境中可能遭遇的不公平待遇，易产生自卑感。这种自卑感导致他们不会主动与人交流沟通，缺乏沟通能力和技巧，也造成其在团队中缺乏与人合作的意识，影响其与同事和领导的关系，带来内心的焦虑和苦恼，甚至带来更严重的心理障碍，束缚学生的健康发展。因此，服务实作课中要注意对学生这方面能力和意识的培养和教育。

3. 轻度智障学生的职业角色意识不佳

轻度智障学生由于认知能力的不足，在遇到环境变化，角色转换时，易发生内心情绪的碰撞和角色交换的矛盾，致使其角色混淆，特别是不良的情绪发生后，易使其在工作中遇到困扰。另一方面，因为学生缺乏主动意识和灵活变通性，也会影响学生的服务质量，限制其发展。因此，在服务实作课中，可以运用教学策略，培养学生的责任感，通过情感体验，增强学生的职业角色意识。

4. 轻度智障学生的的情绪调控能力不足

轻度智障学生较常人易受情绪的影响。如果不良的情绪不能及时调控，带入工作中，易对工作造成不良的影响，也容易造成人际交往问题，尤其当学生遇到了挫折后无法调整情绪从而有挫败感，悲观处世等。因此在服务课上培养学生一定的调控情绪的能力也很有必要。

（四）服务实作课培养轻度智障学生职业心理素质的方法

了解了轻度智障实习学生的职业心理素质的问题及原因后，基于初职校服务实作课的课程特点，针对轻度智障学生职业心理素质亟待培养的几方面，同时结合服务实作课常用的几种教学形式，课题组展开了具体的探究和实践：

1. 伙伴分组

（1）伙伴分组的形式

所谓伙伴分组，就是要教师充分考虑到学生的个体差异，遵循因材施教的原则，有针对性地将不同层次的学生编成伙伴合作组，有区别地设计和进行教学指导，利用小组的集体优势，使每个学生在原有基础上得到发展。轻度智障学生的差异性较大，因此分组合作教学方式是教学中常用的教学组织形式。一般可有以下几种组织形式，具体见表 1：

表1　教学分组表

组织形式	具体做法	作用
组组同质 组员异质	将不同性别、性格、动手能力、社交能力、家庭背景的学生组合成一组，这样每个小组内的组员相互异质，而全班各小组之间则形成了同质。	1．有利于发挥学生各自的优势。 2．组组的同质，有利于各组之间开展公平的竞争。 3．学生变得善于理解他人，尊重他人，学会了与别人合作交流。
组组同质 组员同质	将不同层次的学生分在一组，针对不同层次的学生提出不同的要求，并确定各组的“最近发展区”。	1．让不同层次的学生获得不同层次的提高。减少C层学生“吃不饱”的现象。 2．有利于各组之间开展公平的竞争。 3．培养了不同层次学生合作交流的能力避免了学生之间产生相互依赖性。
同质、异质 动态分组	组组同质，组员异质和组组异质，组员同质这两种方法各有利弊，教师可以在不同的教学阶段，选择不同的分组方式。	1．根据学生近期的掌握程度，灵活的变动。调动每位学生的学习积极性。 2．根据不同课型变换分组形式，提高课堂效率。

（2）伙伴分组的引导方式

在伙伴分组过程中，教师要从以下几点进行引导：

引导学生以强带弱　在我们的学生群体中大致有4种类型的学生：第一种动手能力强，交往能力也比较强。第二种动手能力强，交往能力却很弱。第三种动手能力弱，但交往能力挺强。第四种动手能力和交往能力都十分欠缺。因此，在我们的教学过程中，不光是教会学生技能，更应该注重学生各方面能力的培养。比如学生在分组合作的过程中让性格开朗的学生多与性格内向的学生接触，让动手能力强的学生带动动手能力弱的学生。让他们在平时的学习、活动中取长补短，互相影响，从而促进他们积极的交往行为。

指导学生人际交往的行为　随着年龄的增长，活动的增多，同学之间交往的愿望日益强烈，但轻度智障学生往往缺乏人际交往技巧（主要包括礼貌、交谈、合作助人等）。在合作方面，对学生强调轮换、分享行为，在帮助别人方面，应启发和培养学生的同情心，对别人的正当请求和困难提供帮助。在仪表修饰方面，强调整洁、大方，因为在社会交往中，整洁的孩子比较容易被社会所接受。

教给学生人际沟通的语言　智力障碍学生语言发展较为迟缓，大部分轻度弱智的学生在理解和表达方面都会有困难，导致理解力弱、词汇有限、句式简单，从而使他们的沟通交往产生了一定的障碍。对于一些能力较弱的同学教师有意识地把交往语言的学习与当时的情景及学生的需要结合起来，让学生很容易地理解和掌握。

对于一些能力较强的学生，教师教授其以下几点：一要学会陈述自己的想法。包括回答教师的提问，参与学生间讨论时的发言。二要学会修正他人观点。我们要求学生先肯定对方发言中好的、对的方面，再诚恳地指出不足，谈出自己的意见，切忌讲伤害对方的话。三要学会接受他人意见，包括接受批评与建议。

2. 情景演练

情景演练就是联系职业岗位中的现实问题创设一定的情境或仿真情境，让学生模拟演练情境中的角色，通过自己的角色活动、获得心理体验，并分享体验、分析角色行为， 纠正错误，以形成特定的心理品质与行为习惯。情景演练主要包括创设情景、角色设计和角色模拟三环节：

（1）情景呈现

在服务实作课中，常用的呈现情景的方法一般有两种：一种是实物情景，主要通过教学媒体来呈现。教学媒体一般有：实物媒体，如现场照片、图画和相关物件等；影像媒体，如现场幻灯、投影、录像等等；另一种是虚拟情景，例如通过角色扮演、案例再现等方法，创设一种相对真实的现场情境。具体呈现方法见表 2：

表 2 服务实作课情景呈现的方法列表

类型	方法	举例	效用
实物情景	展现实际工作环境	如在访客接待教学中把教室比喻成酒店大厅，讲台是接待台，并通过放置访客接待牌和电话机、签到本等方式突出其真实性。	能增强学生对所授课程内容学习的欲望，使学生更清楚地理解所学知识和技能在将来工作环境中的应用。
	运用实物	如实际工作中托盘、餐具等是餐厅工作必需的工具，抹布、房口车等是客房工作必需的用品。	既能协助学生的练习和演练，同时也对学生所学知识和技能产生正强化的作用。
	借助多媒体	利用多媒体影像模拟出酒店环境，从而营造出一个置身于酒店中进行服务的虚拟情境。	增加教学的现场感，大大提高学习效率和实用性。

（续表）

类型	方法	举例	效用
虚拟情景	案例辨析	如设计案例中案主的问题，引发学生去讨论和辨析其问题带来的后果，从而让学生明辨道理。	有些情景不太好演练，这就可以通过案例的讲解，将学生置身于特定场景中，从而去辨析案例中的是非对错，对照着寻找到合适的应对方法。
	角色扮演	如教师扮演主管，组长扮演领班，其他同学扮演服务员。领班检查服务员的仪表仪容；主管布置工作任务，最后完成任务的胜利者被评为服务明星等。这样就将课堂变为了实训场地。	通过角色扮演的方式能提供比较直观的体验感，并能拉近师生距离，激发学生的兴趣。

（2）情景设计

情景设计是教师充分发挥组织、指导作用的最重要环节。根据教学要求，教师不仅要精心设计出各个角色，而且还应设计出每个角色的背景和将要面临的问题，以便达到引导同学找到解决问题最佳方法的教学目的。为此，课题组对餐饮和客房两门主学科中的可操作模块进行了筛选，分别进行了情景设计，具体见表3：

表3 服务学科情景设计表

内容	主要针对问题	实施要点	情景设计
铺台（餐饮）	面对不同环境的应变力	分两组，每组各选出一位同学扮演服务员，组内其余学生扮演客人，角色模拟有客人在场时服务员的操作过程。	有“客人”在场时，服务员如何运用合适的方法铺台。
斟酒（餐饮）	情绪调控	呈现情景案例，让学生分小组讨论如何解决问题的最优方案。引导学生认识不良情绪将导致的后果。	案例内容为：因为同事错误地给了你上菜的信息，导致你上错了菜，被客人批评。作为服务员的你在情绪不佳的状态下会如何做？
上菜（餐饮）	面对不同环境的应变力	分成两组，每组各选一位同学扮演服务员，其余扮演客人，现场角色模拟有客人在场时服务员的操作过程。	1. 当“客人”提出分菜要求，服务员如何操作。 2. 面对不同人数的“客人”，如何进行分菜。

（续表）

内容	主要针对问题	实施要点	情景设计
铺床（客房）	面对不同环境的应变力	一位同学扮演服务员，另几位同学扮演客人，角色模拟有客人在场时铺床操作。	扮演服务员的同学需考虑在场“客人”的需要。区分在客人允许服务员打扫和不允许打扫的情况下，服务员灵活的采取行动。
访客接待（客房）	人际沟通	一位同学扮演服务员，一位做住店客人，一位做来访客人，角色模拟访客接待服务。	学生在扮演服务员的过程中需要交流合作，才能顺利地完成对话，表现出色的还能获得服务明星。
干粉灭火器的使用（客房）	职业角色意识	呈现情景案例，让学生分小组讨论如何解决问题的最优方案。需从服务员的职业角色意识方面去考虑。	呈现案例内容：发现楼层出现火情时，作为服务员，你应如何处理？

（3）角色模拟

首先是心理模拟。教师必须引导学生从心理上进入角色，使学生在角色心理环境下分析，整合各种材料信息，得出结论，将知识内化。如不断暗示学生，使其进入特定的心理环境。只有建立起这种心理环境，才能让学生在深刻理解教学内容的基础上，体验现实生活或工作中的某个角色，用合适的角色语言提出有针对性的问题，使学生的学习由抽象变得具体而生动。

其次是语言模拟。要注意引导学生运用角色语言演练情景。模拟现实工作中的典型场景及相关人员的言行，能给人以真实感和形象性。尝试从职业的角度来解决问题，积累实践经验。

3. 竞赛比武

根据智障学生的认知特点，以及竞争心理，在课堂上适当运用竞赛比武的方式不仅能激发学生的学习兴趣，增加学生之间的互动，协调人际关系，形成互帮互助、合作共处的良好风气，还能引导学生在竞赛活动中学会遇到挫折后及时调整情绪重新投入活动。以下呈现课题组在教学中所设计的竞赛比武活动案例：

例 1　“演技”大比拼

活动功能：能让学生在所创设的情景中增强作为服务员的职业角色意识。

活动设计：学生 3 人为一组（异质分组，组员间角色轮换），通过分别饰演服务员和客人不同的角色来演练客房服务访客接待的操作。从语言、表情、形态三方面来考察服务员的“演技”，即操作最为规范者，并从中评选出服务明星，该组也因此获胜。

活动说明：扮演服务员的学生在过程中获得了关于服务员的心理体验，有利于其明确作为服务员的职业角色意识。而扮演客人的同学，通过体验客人的立场，也能更好地增强其今后作为服务员的角色意识。

例2　大家来找茬

活动功能：能让学生在分组合作中促进人际交往沟通能力的发展。

活动设计：在餐饮中式铺台教学内容中，教师故意放错餐具的位置。并让学生分小组找茬，组内学生通过沟通交流将发现的错处一一记录下来，等待各组都完成记录后，再交流正确答案，以找到错处最多的小组为胜利者。

活动说明：在分组合作的探究任务的驱动下，学生之间需要沟通、协作共同完成任务。在此过程中，大家需要相互协调意见，表达和接受不同的观点，从而有利于促进学生人际交往和沟通能力的发展。

例3　托盘绕障行走接力赛

活动功能：培养学生对情绪的调控能力。

活动设计：在学生掌握了托盘技能后，进行该活动。先在行走的路线上，间隔的放置障碍物，学生一单程绕过障碍物行走，走“S”型，另外一单程，则练习下蹲把托盘中的瓶子与放置在地上的瓶子互换，锻炼学生控制托盘重心、保持平稳的能力。在行走过程中，若发生翻盘现象，学生不能放弃，应该重新拾起继续行走，最后以最快完成的一组为胜（因为行走的越快成功的次数越多）。

活动说明：在托盘绕障活动中，下蹲换瓶时，学生很容易发生翻盘现象。学生要学着在翻盘时，调整情绪，重新坚持完成动作，不能放弃。这有助于培养学生面对挫败时调控好情绪的能力。

例4　“职场”初体验

活动功能：在情景模拟中使学生形成一定的环境应变能力。

活动设计：教师先提供一个案例情景，由教师扮演客人，提出客人的需要和问题，让学生分成小组站在服务员的立场讨论如何满足或解决客人需要的方法，然后各组派一个代表与老师扮演的客人进行情景模拟，答案最接近正确答案的一方为胜利方。

活动说明：通过模拟的职场情景，让学生根据变换的环境找到应对的方法，从而在活动中形成应变的技巧，从一定程度上提高学生这方面的能力。

在课堂上运用竞赛活动还需要注意：

应围绕教学目标而展开

教师运用竞赛活动时，应该在充分考虑学生的认知特点和学习兴趣的基础上，有针对性地进行教学设计，让学生在比赛时应该具有明确的目标。在这个过程当中，应该注意处理好“娱”和“教”的关系，不能为了赛而赛，而应是为了完成教学目标而比赛。

注意选择评价激励的方法

在过程中进行全方位、多元化地评价。不仅仅评价竞赛的结果，还应评价学生在活动过程之中表现出来的多方面的潜能，促进他们的学习兴趣和信心。

在智障学生的职业教育课堂中对其职业心理素质教育的方法的应该是灵活机智的，而非单一、死板的。还应该根据实际需要适时适度地选用其他的教学方法。

总之，智障学生的职业心理素质的培养不是一堂课、一门课可以解决的问题，它包括很多方面的因素。应该成为学校各门课程以及家长、社区一起来思考和研究的内容。如果能利用多方面资源渗透相关的教育，对特殊学生职业心理素质的培养会更有效果。

参考文献

[1] 课题研究成员：范莹、周颖芳、王玥、徐叶 . 总执笔：范莹 .

[2] 江琴娣，张福娟．轻度智障学生心理健康教育干预的形式与方法 [J]．心理科学．2007，30 (2).

[3] 上海市长宁区初级职业技术学校是一所对中、重度大龄智障学生和随班就读毕业的轻度智障学生进行初级职业教育的特殊教育学校 .

[4] 赵小红，陈玉波，吴存鲜．促进智力障碍学生职业操作技能形成的几种教学策略 [J]．中国特殊教育，2008(5).

[5] 赵小红，陈玉波， 吴存鲜．促进智力障碍学生职业操作技能形成的几种教学策略．中国特殊教育，2008(5).

[6] 郑希付，邹爱红．中学生心理素质的构成因素研究．湖南师范大学教育科学学报，2004(2).

[7] 倪俊芝．弱智儿童心理健康状况分析．中国康复，1992(2).
[8] 洪楠．高职旅游专业学生职业心理素质的培养．职业教育研究，2008（11）.
[9] 彭移风．高职生职业心理素质训练的探索与实践．职教论坛，2006（20）.
[10] 张大均，冯正直，郭成，陈旭．关于学生心理素质研究的几个问题．西南师范大学学报（哲学社会科学版），2000 (3).
[11] 洪艳，曹颜．浅谈旅游专业学生心理素质的培养．南昌高专学报，2006（3）.
[12] 张福娟，江琴娣，杨福义．轻度智力落后学生心理健康问题的研究．心理科学，2004(4).
[13] 马会梅．加强职校生心理素质教育的几点思考．安徽卫生职业技术学院学报，2004(5).
[14] 李海萍，陈喜．论职业心理素质与职业选择．中国职业技术教育，2006(15).
[15] 丁玉莲．谈高职旅游心理学教学中学生良好心理素质的培养．中国林业教育，2006(3).
[16] 林燕銮．谈社交口语教学中学生职业心理素质的培养．职业教育研究，2008(6).
[17] 徐厚道．教育学通论．北京：北京工业大学出版社，2003.
[18] 李旭．论影响大学英语分组教学中分组的三个因素．牡丹江大学学报，2004(4).
[19] 赵玲．游戏教学法对中学生人际互动能力的影响研究．南京体育学院学报，2001（5）.

（作者：范莹）

智障学生烹饪精致化教学的实践研究

上海市长宁区初级职业技术学校

一、研究的背景

随着学校变革的不断深入和推进，新的学校战略定位已经明确，在做精职业教育的大背景下让我们不断思考如何做精职业教育、如何做精职业教育中的烹饪专业。基于现实情况和迫切需求，于是确立了本研究主题——《智障学生烹饪精致化教学的绩效研究》，通过这一主题的研究能够促使我们在实践层面不断思考职业教育中的烹饪教学可以通过哪些精致化的方法去实施。这不但可以让我们好好总结过去的研究成果，还可以思考和创新一些新的途径和方法，为实现做精职业教育的发展战略做积极探索。

二、研究的概况

（一）概念的界定

智障学生——智力障碍是指智力显著低于一般人的水平，并伴有适应行为的障碍。此类残疾是由于神经系统结构，功能障碍，使个体活动和参与受到限制，需要环境提供全面、广泛、有限和间歇的支持。本研究中主要是指从辅读学校毕业的中重度智力障碍学生和小学随班就读的轻度智力障碍学生，他们的智商分别在 35 ～ 49 和 50 ～ 70 之间[1]。

烹饪课程——本研究中的“课程”也是狭义的概念，是指为实现一定的培养目标而有目的、有计划开设的各种显性课程，本研究是以烹饪专业教学计划的形式列举出来，其中包括刀工、冷盆和炉灶 3 个方面的内容，共同组成了烹饪课程的教学体系。

精致化教学——教师对课程资源的精心开发和教学过程的精心设计，能够不断生成精彩教育细节，能够有效提升教学质量的教学称之为精致化教学[2]。其中，“为了学生又基于学生”是精致化教学的前提；“精心开发课程资源与精心设计教学过程”是精致化教学的基础；“生成精彩教育细节”是精致化教学的关键；“提升学生的学科知识与专业技能”是精致化教学的目标。

（二）研究的目标

基于智力障碍学生烹饪精致化教学的需要，通过文献学习了解精致化教学的相关内容，并总结归纳出形成精致化教学的途径以及精致化教学的具体方法，进行实践运用，从而提高智障学生烹饪技能学习的效能。

（三）研究的内容

1. 精致化教学的内涵

通过文献的学习，了解精致化教学是什么，精致化教学包括哪些内容、方式和途径，为什么要开展精致化教学以及如何开展烹饪精致化教学等一系列问题，从理论层面对精致化教学作一个全面细致的了解。

2. 烹饪精致化教学的途径与方法

通过经验总结法，归纳出形成烹饪精致化教学的途径和精致化教学的具体方法，并针对各种方法进行教学设计，尝试进行实践探索，理性分析现有的这些精致化教学方法的特点和优势，并加以课堂案例说明，从理念和实践两个层面探索烹饪精致化教学实施的基本步骤和操作注意事项等关键性问题。

（四）研究的方法

（1）通过文献学习，完成精致化教学的文献综述；

（2）通过经验总结，归纳出形成烹饪精致化教学的途径和精致化教学的具体

方法有哪些;

（3）通过案例和叙事研究，对烹饪精致化教学进行理性思考，总结现有的这些精致化教学方法的特点、优势、基本步骤和操作注意事项。

三、研究的成果

精致化教学实际属于一种教学模式的范畴，而形成精致化教学模式则需要通过具体的、切实可行的途径来加以支撑，而且在这种教学模式中也必定会存在具体的精致化教学方法，下面结合一个学期教研，将具体对精致化教学的途径和方法进行展开论述：

（一）形成精致化教学的途径

1. 途径一　聚焦学生、教学目标精致化

教学的基点是学生的“学”，了解学情，方能知根知底地设计教学，只有基于学生的学，方能因势利导地激活经验，习得知识，训练能力，优化学习[3]。因此，从学生角度出发是教师实施精致化教学的突破口，在烹饪课的教学过程中主要体现在教学目标的精致化。

目标精致化就是把教学的目标定位于关注学生的实际能力，面向不同学生的最优发展。其实，从事特教的人都知道，学生由于心理特点的不同，能力差异较大，而要让不同能力层次的学生都获得不同的发展是现如今课堂教学的一种追求，但就目前的教学状况而言，标准化的考证要求和班级授课制的上课形式，很难实现我们的追求。

为实现教学最优化，教师对教学目标进行了调整，原先将考出初级证书作为初职学生学习的最终目标，但是通过专家和老师的指导之后，充分认识到这种观点的局限和错误，所以现在的做法是，根据不同的年级、不同的学生对象，将目标进行了适当的调整。

如中重度智障的学生，学习烹饪的基本目标是考出初级证书，从这一目标出发，教师再选择和调整适合他们的课程内容。而面对学习能力较强的轻度智力障碍学生而言，在完成初级考证的目标基础上进一步进行了拓展，将目标定位与掌握部分中级考证内容，并对菜肴创新途径和方法有一定的了解。基于此目标，教师重新调整了课程结构，从原先的理论课、刀工课、炉灶课 3 种课型结构的基础上又衍生出了拓展课（创新课）这种新课型，这种课是学生在完成掌握初级内容之后拓展延伸出来的学习内容，形式为学生两两合作，从每周初级内容的原料出发进行创新菜的设计和制作，在这个过程中，很好地调动了学生学习的积极性和主动性，而且还能够激发他们的合作创新意识和探究能力。

通过一个学期的实践，同学们在完成了既定学习内容的基础上又进行了5个主题的创新菜肴制作（如表1所示）。由此可见，如果我们要追求精致化的教学，首先要做到目标精致化，就要把教学目标聚焦到不同能力和基础的学生身上，关注学生差异，为学生的个性发展努力创设各种条件，使不同层次的学生在原有基础上获得最大限度的发展，为他们的终身学习和可持续发展奠定扎实基础。

表1　初职五（3）班拓展性课程统计表

基础性课程	拓展性课程	目标定位
芝麻鱼条	以鱼条为主料设计进行创新菜的设计制作	通过创新菜肴的制作知道创新菜设计和制作的途径和方法，并学会菜肴命名的基本方法
香酥凤翼	以鸡翅膀为主料进行创新菜的设计制作	
麻婆豆腐	以嫩豆腐为主料进行创新菜的设计制作	
家常豆腐	以老豆腐和四宝为主料进行创新菜的设计制作	
青鱼分档	在青鱼分档的基础上进行一鱼三吃的创新菜肴制作	

2. 途径二　聚焦教师、专业水平精致化

烹饪是一个专业性很强的学科，因此教师不但要具备较强的教育教学能力，而且还要具备较高的专业技能水平，教师的水平决定着学生的水平。因此在开展精致化教学的今天，我们的目光除了聚焦学生之外，还需要关注教师本身的专业发展。如果你想倒给学生一杯水，那么我们至少得有一桶水，如果教师本身专业水平有限，那精致化教学将很难落到实处。所以在精致化教学的背景下，教师同样需要不断提升和发展自身的专业水平，朝着精致化的方向不断迈进，力争成为“双师型”教育教学者。

教师的教要基于学生的学，同时学生的学也需要依托教师的教。教师作为课堂教学的主导者，不仅需要具备较强的教育教学能力，同时还要求具备一定的专业技能水平。而烹饪组的所有老师在“双师型”的道路上始终没有放松过努力，不仅通过每月一次的组内交流课加强教学基本功的训练，同时也利用业余的时间主动进行专业技能的进修，现在从事烹饪教学的一线教师100%都达到了高级烹饪师的专业等级，其中两位教师取得了技师的专业等级，一位老师取得了高级技师的专业等级，如此雄厚的教师专业水平远远领先于其他同类别的学校，教师专业水平的提升为精致化教学的开展提供了有力的支持与保障。

3. 途径三　聚焦课堂、教学方法精致化

教学方法是直接为达成教学目标服务的，运用什么样的教学方法，就会产生与这种教学方法相对应的教学效果[4]。"教无定法、教必有法"讲的就是这个道理，追求精致有效的教学方法，应该成为教师课堂教学的不懈追求。

由于烹饪的学科特点，以往采用较多的方法是灌输式教学，犹如传统的师傅带徒弟式教学，这种教学虽然扎实有效，但是过程枯燥、单调。为了改变这一现状，还学生愉快、轻松、有趣的学习氛围，教师对传统的教学方法进行了改革，在传统接受式教学的基础上尝试开展了多媒体支持教学、学具包辅助教学，以及引入了探究学习与合作学习等多种不同形式的教学方法，学生反响积极，教学效果良好。

4. 途径四　聚焦课程、学习资源精致化

课程资源的开发，真正体现了新课改背景下教师角色的有效转化，教师从原来的"教教材"到现在的"用教材教"，教师不再把教材当作唯一的学习资源，而是在原先的基础上继续寻找和开发更多样、更丰富的课程资源，为学生的学习提供更多元的支持，这是教学的一大进步，也是教师主导性的充分体现[5]。

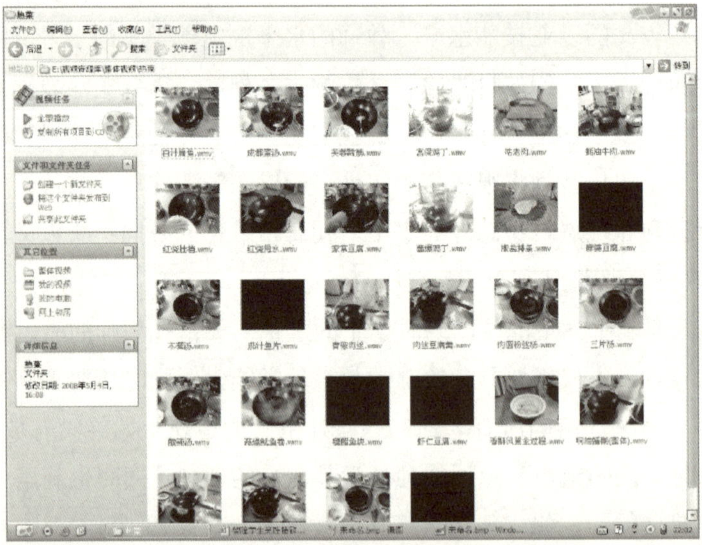

图1　烹饪视频资源库

新课程理念强调课程资源的开放性和丰富性。对于特殊学生的烹饪学习而言，存在着比较大的困难，所以适量、适度地进行课程资源的开发，可以让学生更好、更快地掌握各项技能，如烹饪课程视频资源库的建设（如图 1 所示）和学具包的开发就能很好地证明这一点。

同时在开展拓展性课程的时候，教师则引导学生去学习、寻找一些课本以外的知识。此时，教科书不再是唯一的学习资源，课堂也不再是唯一的学习场所，计算机、多媒体、网络、图书馆就成为了学生获取知识的重要渠道。学生在查找资料的同时，学到了课本以外的知识。在这种自主学习的过程中，他们还会经常有新的发现、新的问题，在发现问题的同时也可以丰富我们的课程资源。

综上所述，以上 4 条途径是通向精致化教学的必由之路，只有满足和具备了教学目标精致化、教师专业水平精致化、课堂教学方法精致化和课程学习资源精致化这些条件，教学才能真正称得上是精致化的教学。因此，实施精致化教学需要从学生到教师，从课堂到课程，进行全方位及多方面的考虑，如图 2 所示。

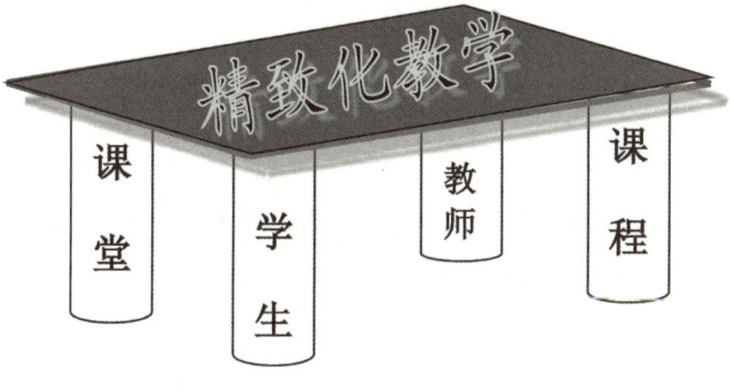

图 2　精致化教学支架图

从上图中我们不难发现，形成精致化教学的途径主要有 4 条：（1）从学生角度出发需要做到教学目标精致化；（2）从教师角度出发需要做到专业水平精致化；（3）从课堂角度出发需要做到教学方法精致化；（4）从课程角度出发需要做到学习资源精致化。以上四点是形成精致化教学所必须考虑的 4 个方面。

（二）开展精致化教学的方法

在明确了精致化教学形成的 4 条途径之后，我们进行课堂教学的实践，同样在实践的过程中我们归纳总结出了烹饪专业课堂教学的 4 种精致化教学的具体方法。通过上述分析，我们知道，精致化教学实际属于一种教学模式，在这种教学模式下存在着诸多具体的方法，我们把这种方法称为精致化教学方法。下面就以多媒体辅助教学这种方法为例加以说明：

1. 多媒体辅助教学

随着时代的发展，我们已经步入了一个信息化的时代，信息技术迅速发展并逐渐走进课堂。目前很多老师都开始使用各种多媒体软件来制作课件，并且将其应用到课堂教学中，打破了传统的教学手段，从而优化了课堂，提高了课堂教学质量。多媒体已经广泛地用于教学领域，学校的教师通过多媒体可以形象直观的讲述清楚过去很难描述的教学内容，而且学生可以更形象的去理解和掌握相应教学内容，由此可见，多媒体在教学中作用和优势非常明显[6]。

那么在烹饪课堂教学的过程中，多媒体又有哪些鲜明的特点和突出的优势呢？如何有效而又合理地运用于课堂教学呢？以及在运用的过程中需要关注的问题又有哪些呢？通过一个学期的实践，现总结如下：

A. 多媒体支持教学的由来

“老师，我们回家看了工作分析步骤之后，对于部分操作还是不明白，看不懂什么意思，你能告诉我们，梳衣形的展开怎么样最服帖呢……”

“老师，切鱿鱼卷的斜刀有两个45度，我们不是很明白，你能给我们再讲讲吗……”

“老师，红烧类菜肴勾的是糊芡，但是我们对于什么样的芡才是糊芡的标准不是非常清楚，你能给我们形容一下吗……”

同学们课后的主动复习和预习是一个非常好的习惯，但是教师苦于没有很好的资源提供给学生进行学习，平面、单一的工作分析步骤已经大大影响到了学生的有效学习，同学们在碰到问题之后都表达了这样一个意愿，学习的时候除了操作步骤，要是有视频就更好了，甚至配上操作图片也可以。同学们的困惑和请求让我们不得不思考，如何改进和完善烹饪课程，如果仅仅提供工作分析步骤给学生进行学习，资源显然太单一了。如何提供给他们丰富多元的学习资源呢？于是我们有了要开发烹饪视频资源库的这一想法，想通过这一工作的推进，今后提供给学生的学习材料更多元、更丰富、更直观。

B. 多媒体支持教学的特点

随着教育教学手段的进一步改革，多媒体教学作为一种新课堂教学形式，具备生动、直观、形象、灵活等特点，可以迅速引导学生进入视、听、读、析、思的学习状态，从而充分调动了学生的学习兴趣和学习积极性，优化教学过程，提高教学效率，是一种理想的教学方式，受到学生和教师的一致好评 [7]。

C．多媒体支持教学的优势

烹饪课所使用的媒体课件是由图片、文字和视频组合而成的，所以运用其进行教学可以向学生提供形式多样、功能各异的感性材料，形象生动、具体直观的画面，它不仅能激发学生学习兴趣，把学生带入宽松愉悦的学习环境中，而且还能够让学生主动探索与进取，在自主学习的基础上学会了合作学习，同时也进一步提升了终身学习意识与能力，所以多媒体为学生的学习带来了诸多的优势，下面分 3 方面进行具体说明：

- 为学生学习搭设框架，降低学习难度，减缓学习坡度。

支架式教学理论提出教师应当为学生对知识的理解提供一种概念框架[8]。这种框架中的概念是为发展学习者对问题的进一步理解所需要的，为此，事先要把复杂的学习任务加以分解，形成一定的框架体系，以便于把学生的理解逐步引向深入。

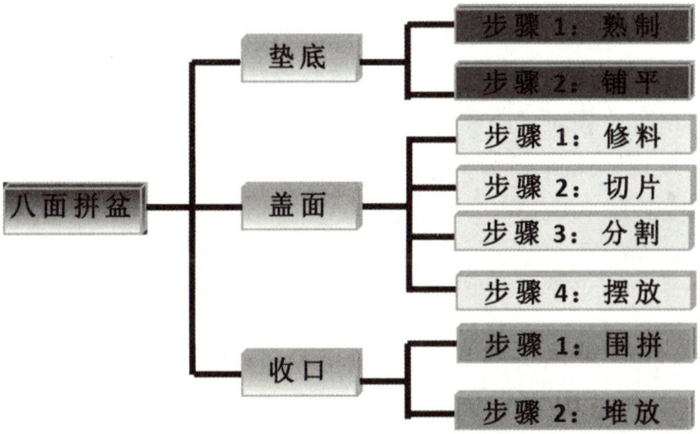

图 6　单元技能体系图

而烹饪每一个多媒体课件即遵循了这一理论，将每一个教学内容分割成了若干个细小模块来展开教学。如《八面拼盆》这个内容，教师将其分成了垫底、盖面和收口 3 个模块，每个模块又细分成若干个操作步骤（图 6 所示）。通过这样体系化的分割，教师很好地为学生搭设了一个学习的支架，学生能够按照教师搭设的支架，步步为营，扎实推进，从而，大大降低了学习的难度，减缓了学习的坡度。

● 为课外学习创设条件，熟知未学技能，巩固已学内容。

由于多媒体课件的使用不受时间和空间的影响，因此为学生的课余学习创设了有利的条件。很多学生都纷纷将视频资源拷贝回家，利用课余的时间进行预习与复习。主要体现在两个方面：一方面是学生在家通过多媒体课件进行课前预习，通过预习，学生可以事先对菜肴的操作过程有一个整体的感知，这对后期的学习会有很大帮助。另 方面，学生在课后通过多媒体课件进行复习时，可以根据自己的不足进行重点和难点的复习，起到加强和巩固的作用。

● 为个别学习提供支持，提升课堂活性，增加课程弹性。

多媒体教学还具有个别化学习优势，学生能充分发挥自己的主观能动性，发展自己能力和爱好，选择学习内容和起点，根据自己学习的实际情况，随时检查和调整自己的学习内容和进度，在学习中感受成功的喜悦，从而达到培养创新精神和实践能力的目的。

D. 多媒体支持教学的基本做法

● 搭设支架：围绕单元技能，编写整理出若干步工作分析步骤，对操作步骤进行模块分类，完成学习支架的搭设。

● 制作课件：针对单一模块的内容进行视频和照片的拍摄，结合操作流程，完成操作步骤和照片视频的有机结合，形成多媒体课件。

● 支持教学：运用开发的多媒体课件展开教学，针对不同学生的不同特点有计划地实施模块教学。

● 课后反思：完成教学之后进行课后反思，针对教学过程中和课件本身运用的问题进行反思，提出改进意见，不断完善教学。

E. 多媒体支持教学的注意事项

任何教学手段都有其双重性，虽然多媒体支持教学与传统教学相比较具有不少优势，但使用不当，也会出现新的问题。多媒体教学手段的滥用，不仅不利于正常的教学，反而会产生干扰作用，不利于教学水平的提高。所以应充分理解其内涵，正确认识多媒体课件只是教学的一种手段，而不是目的[9]。能用黑板、实物、模型和示范的，就不必用多媒体全盘代替。更不能让它主宰课堂，尽量做到少而精，做到突出重点，突破难点。

就目前烹饪课堂教学而言，主要教学形式还是应该以教师示范下的接受学习为主，以师生面对面的交流为主，老师仍然是课堂的驾驭者和主宰者。多媒体教学无论怎么先进，也只是一种支持教学工具和手段，完全或过度依赖一种教学形式和手段，只能使自己的教学水平受局限。

四、研究的反思

本学期教研组主要围绕着研究内容中的一和二展开了研究，在总结和归纳烹饪学科所特有的精致化教学的途径和方法上花了不少的时间和精力，但是在完成了梳理之后我们发现还是存在着一定的问题和不足，下面谈两点思考：

（一）在精致化教学下是否需要将教法和学法进行细分

本文所罗列出的 3 种精致化教学的方法都是从教师角度出发进行思考、实践运用的，虽说教和学是一个有机的整体，教师的教是伴随着学生的学而展开，但上述 3 种教学方法似乎更关注教师的教，因为教学是从教师的教出发的，对于我们而言是否需要思考一下，如何从学生本位出发，罗列出若干个较好的学习方法，进一步将精致化教学的方法细分成教法和学法两大类。

（二）精致化教学是否需要关注学生技能学习过程中的心理发展

精致化教学是以精致教育为背景而提出的一种教学模式，以提高课堂教学质量为核心。因此本研究应该主要围绕课堂教学展开，以提升学生的专业技能为目标。但同时精致教育又非常关注学生的心理健康教育，提出了只有深入到学生心底的教育才算得上是真正的精致教育，面对这一定论，我们也在不断思考，就精致化教学而言，除了关注学生知识与技能方面的成长之外，是否需要关注其心理上的发展。

参考文献

[1] 刘春玲，江琴娣．特殊教育概论 [M]．上海：华东师范大学出版社，2008.

[2] 王晓春．让课堂教学“精致”起来 [J]. 江苏教育研究，2007（09）：14-16.

[3] 郑瑜萍．学具操作与小学生思维能力的培养 [J]．教育评论，1996（06）：69-70.

[4] 周桂官．精致教育：提升区域教育质量的有效策略 [J]．江苏教育研究，2007 (9)：17-22.

[5] 王铁军．精致化 : 学校管理的新理念、新策略 [J]．学校管理， 2007 (01)：8-10.

[6] 刘萍．现代教育技术在职业技术教育中的应用 [J]. 高教高职研究，2008（5）：170-171.

[7] 许学军．多媒体教学的优点及现状与对策 [J]. 中国科技信息，2006，1.

[8] 李利．支架式教学设计在教学中的应用 [J]．广东教育，2008（4）：38-39.

[9] 赵小红，陈玉波，吴存群．促进智力障碍学生职业操作技能形成的几种教学策略 [J]．中国特殊教育，2008 (5)：18-21.

（作者：苏晓平）

多媒体支持下智障学生面点专业个别化实训的探索

上海市长宁区初级职业技术学校

一、问题的提出

（一）转变传统学习观念，扩展智障学生专业实训形式。

面点专业，作为职业教育的一门技术类课程，是智障学生在学习中获得发展、融入社会的有效途径。当前，该学科的实训教学（无论中职还是高职）还是基本采用直线型、灌输式的教学，老师的“言传身教，指导示范”是主要教学形式，教师是主体，学生只是机械的模仿和训练，处于被动以及强化的接受状态。实训的科学性、直观性、探索性和操作性的特点在教学中很难充分体现。在特殊教育中，智障学生认知能力、思维及理解能力薄弱，强化巩固练习更一直是主要形式。如此机械模仿的训练形式，限制了学生思维的自由发展，生成性思考的激励，学习的主动性和创造性均被压抑。这样的学习形式和观点亟需转变，一个教师的专业水平、语言描述能力再强，也不如让学生边看边听边动手效果好。只有学生对操作实训课有了兴趣，才会更加主动地去学习。因此，本研究是丰富面点专业学习的形式，利用多媒体的视、听等内涵的渗透，主动性，趣味性、有效性得到进一步展现，让他们转变观念，促进学习。

（二）规范及辅助实训教学，面点专业有效教学的现实需求。

智障学生由于大脑发育障碍，存在感知觉能力弱，注意的广度和深度差，理解和接受能力不足等情况。对面点专业技能学习存在诸多的困难和问题，例如等分等认知问题始终理解不了、大小一致等操作问题总是把握不好等等，不仅技能实作上，认知理解上也存在不小问题。为了让学生从理解基础上领会要点，扎实地掌握专业技能，需要梳理、归纳、整合面点初级考证中的技能重难点，并分析学习上的困难与问题，以此制作教学视频和多媒体资源，并结合慢放、特写等技术手段，展现不同角度的规范制作和辅助功效，从而开展有效教学，提高教学质量。通过多媒体资源可以帮助学生从理解上训练，操作上反复示范强化，以达到规范化、标准化目的，另外也可以让学生通过多媒体教学，互动演绎、直观发现问题、正确纠正不足，从而提高教学效率。因此，本研究是对智障学生进行规范化教学、辅助教学，促进有效教学的现实需求。

二、智障学生面点专业个别化实训教学的整体思路

（一）实训教学的组织形式及流程导向

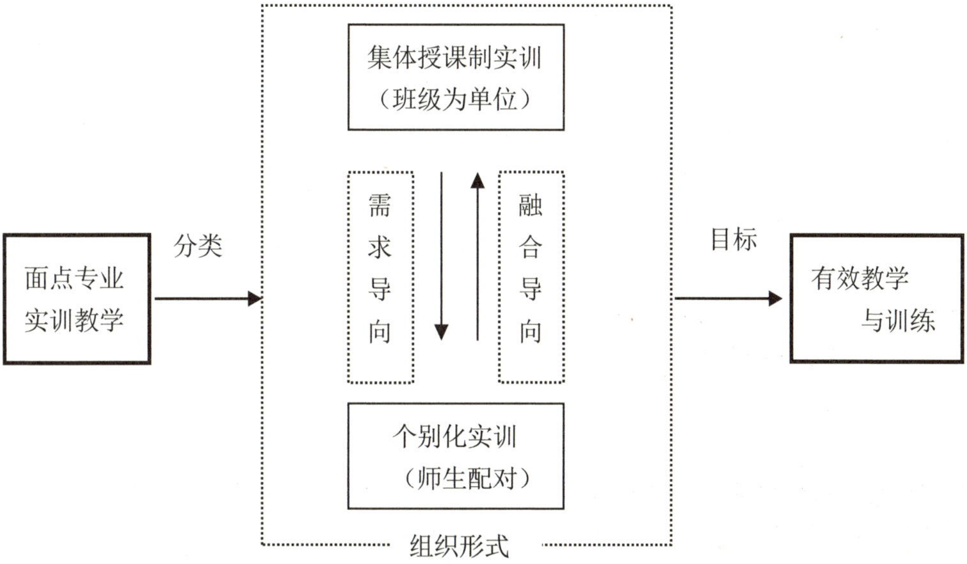

图 1　面点专业实训教学基本组织形式与导向图

实训教学是满足智障学生专业技能训练的实际操作能力培养与训练。智障学生能力参差不齐，个别化的形式可以满足学生实际需求。在集体授课制情况下，教师针对不能进行有效学习的学生增加个别化学习的课程；固定时间、地点，以不同的教学形式和教学设计进行专业技能实训教学，分别从认知层面和动作技能层面细致设计实训方案，并以个别化训练计划的记录形式过程性记录、观察、监测学生实际学习状况。一般形式为一个老师针对 1 ～ 2 名学生开展，并促成互动式、多方位导向形式，促进学生技能提高。

（二）个别化实训教学的基本流程

在对学生进行个别化面点实训教学中，以学生实际问题出发，借助医生和老师的医教结合前期评估为依据，对学生问题进行缺陷诊断，设计适切的实训方案，

分别从认知能力和动作技能等进行专项训练，以期达到在理解的基础上进行专业技能学习，最终在老师与学生等多元评估下，确定学生掌握技能水平，实际流程以下图2所示。

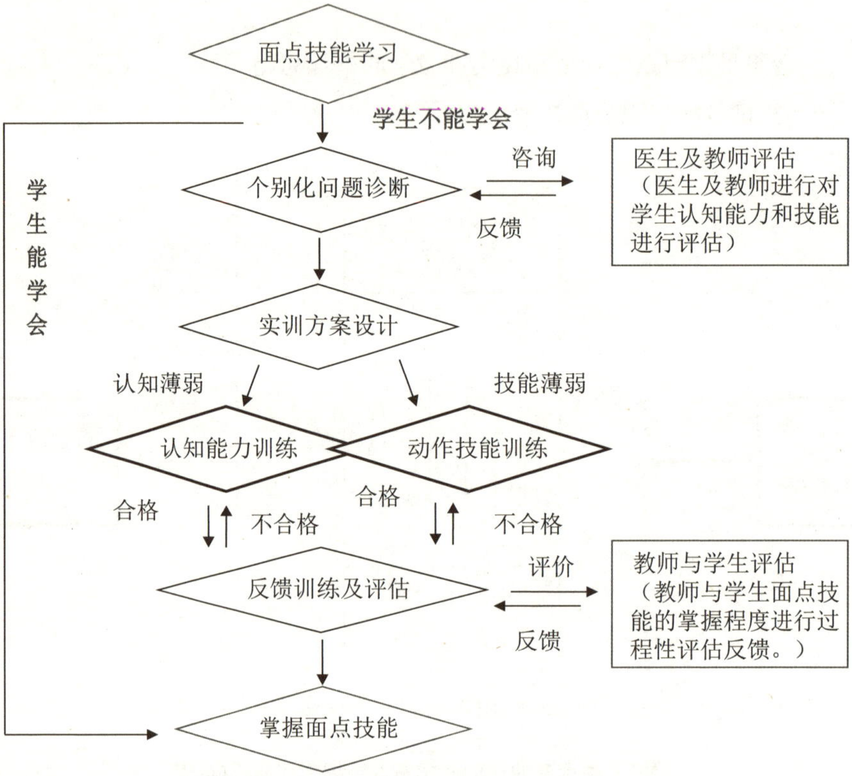

图2　面点专业技能个别化实训的整体框架流程图

三、运用多媒体支持的面点实训模式（教学与训练）

（一）多媒体支持下个别化面点实训的模式及环节设计

多媒体技术作为一种支持式手段，运用于实训的各个环节。基于智障学生生理的特殊性，在以人为本的理念支持下，从认知与技能两个方面进行双向训练，以达到学生的知识与技能的综合运用水平提升。另外，在实训起始环节，安排多媒体手指操热身训练，充分让学生进行实训前的准备和热身；实作训练中，多媒体视频的伴音乐滚动播放，不仅技能认知与训练的同步，而且从情感、态度、价值观等方面，都能通过多媒体技术的运用，让实训更加符合特殊学生的实际需求，以达到提高实训效果的目的。详见下图3：

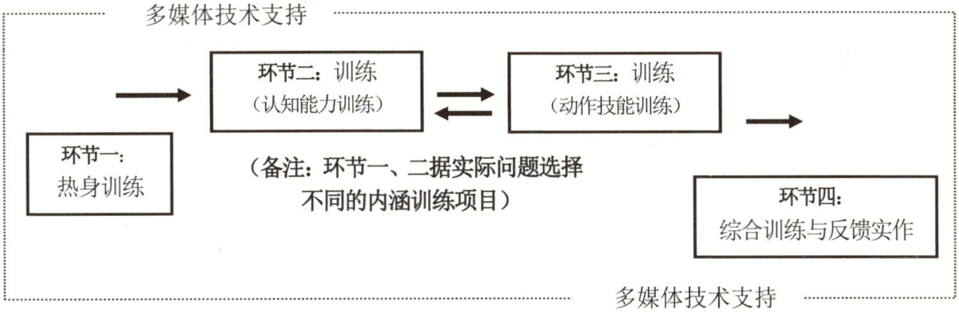

图 3　多媒体支持下面点个别化实训课基本模式流程图

（二）多媒体支持下个别化实训模式的内容及说明

在上述基本流程的基础上，多媒体元素如何进行恰当植入，利于学生实训教学有效开展。从个别化角度出发，思考各个环节，从认知理解与技能训练、感知教学与情感交互等方面进行了多媒体实训教学元素的个别化设计。主要有以下两点，详见表 1：

1．“认知理解与技能训练”，促进知识与技能同步发展

在个别化面点技能实训教学中，充分运用多媒体手段，以认知能力训练和动作技能训练结合形式进行。在此基础上发掘、利用多元化的多媒体资源，提高认知水平，促进了专业技能的有效学习，也从人的角度上让学生从知识与技能的协同促进、共同发展，对学生开展了有意义教学。

2．“热身与实作的伴音乐活动”，增强非智力因素的教学效果

智障学生容易情绪波动，教学的实效性常会因此而降低，考虑到这样的因素，本实训模式在热身、训练、实作等环节均伴随背景音乐支持，一方面有效集中学生注意力，另一方面营造课堂温馨氛围，增强非智力因素对学生学习的积极作用。

表 1　多媒体支持下面点专业个别化实训模式的内容与说明

教学与训练项目	训练内容	多媒体支持手段	支持说明
1．热身训练	活动手指训练	根据面点专业基本手势等自制的手指操（视频）	跟着手指操视频，灵活手指； 音乐与媒体的结合激发学习情感 热身手指操为教师自主设计，四节八拍型

（续表）

教学与训练项目	训练内容	多媒体支持手段	支持说明
2. 认知能力训练	基本认知能力训练（注意力、观察力、记忆力等）	根据面点专业的图形、数量、大小等内容制作的训练用 PPT（例如观察或数 20 个包子提褶、6 ～ 18 个剂子等）	
	类比推理训练	根据面点专业中，面点技能的图形设计，对三等分、五等分、八等分等逻辑推理训练而制作的训练用 PPT（例如一品饺 3 等分面皮、菊花酥 2 ～ 16 等分花瓣的认知训练）	根据专注《特殊儿童认知能力训练的原理与方法》2012 版，结合面点专业实际，自制的多媒体认知能力训练项目ＰＰＴ 运用中根据实训课教学内容需要，原则上选择一种或者多种使用
	分类能力训练	根据面点专业中，面点技能的图形设计，对三角形、圆形、椭圆形、球形等图形分类等制作的训练用 PPT（例如对烧饼、凤梨酥、月饼图形的大小分类）	
	……		
3. 动作技能训练	感觉统合训练	根据所学习内容，将操作细节放大、慢放，制作手持擀面杖进行操作的微视，让学生按照视频进行循环练习（例如单手擀面皮的持棍、拿捏面皮模拟练习）	根据专著《作业康复训练研究》，结合面点专业实际，自制的技能训练多媒体项目ＰＰＴ
	粗大动作训练	根据所学习内容，运用细节放大慢放技术，制作可循环微视频（例如揉面团、叠面皮等训练）	运用中根据实训课教学内容需要原则上每个方案选择一种使用
	精细动作训练	根据所学习内容，运用细节放大慢放技术，制作可循环微视频（例如提褶、推花纹等训练）	
	……		
4. 综合训练及实作反馈	认知能力\动作技能的训练结合；及对实际操作内容的反馈实作训练	分段视频（视频循环播放）	根据专著《整合多媒体医教结合有效训练》，结合面点专业实际。自制的操作视频文件。循环式辅助学习与训练

四、多媒体支持的个别化实训的原则及价值

在对智障学生的个别化训练中，多媒体手段的使用对实训教学产生了积极作用及价值，不仅体现在对知识与能力的辅助，而且对情感方面的影响也起到了积极的作用。当然在使用多媒体的时候也需要注意一些原则，以完善个别化实训的效果。

（一）作用及价值

对于智障学生的专业技能实训教学，多媒体的辅助与支持，在课堂教学中的应用和普及，优化了教学手段，加大了课堂教学的密度，唤起了智障学生的学习兴趣，从而实现了职业教育与特殊教育课堂教学的整体优化，丰富了实训教学的形式，取得了省时高效的教学效益。智障学生认识水平有限，生活经验不足，对有些概念与常识（例如三等分、等边三角形等）的知识缺乏感性认识。那么在实训教学的关键之处，恰当地运用多媒体辅助教学可以起到化难为易，水到渠成的良好效果，再结合多媒体视频循环的技术，技能示范反复强化与支持学生短时记忆缺失造成的障碍，有效提高学习的成效。

（二）原则及注意事项

当然在使用多媒体时，也要把握时机，以及适时、适度的原则，在恰当时机，使用恰当的资源。例如在个训中手指操训练时，配一点音乐，可以加强课堂感官教学的气氛。技能训练时，边模拟，边结合实物制作，可以有效达到讲练的结合，促进技能进一步掌握。

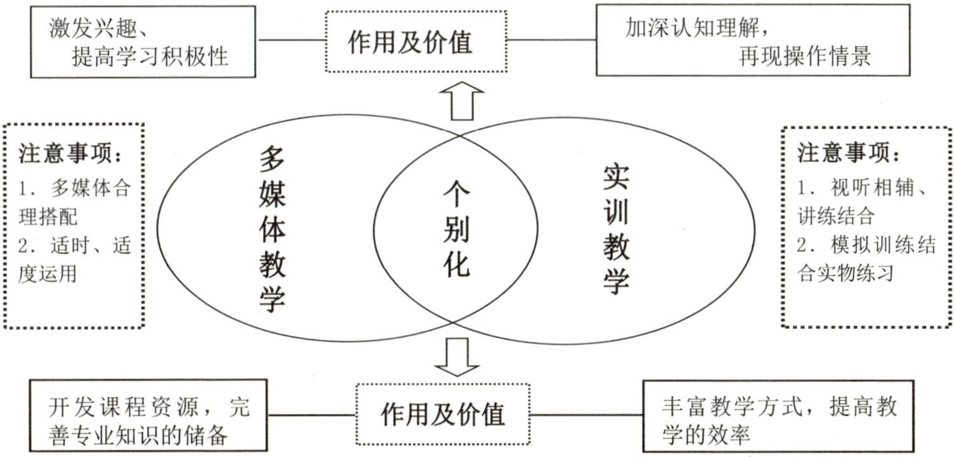

图4　运用多媒体的面点个别化实训教学价值作用图

五、多媒体支持下面点专业技能实训的个案研究

（一）引言

针对智障学生的面点专业在借助多媒体实施个别化实训中构建了一种教学与训练的模式，检测训练效果的有效性，对于能否科学说明模式实际效能是一种很好的判断依据。本实验中教师以劳动技术考核标准结合作品量表打分，主要对多媒体支持下个别化实训四环节模式的有效性进行实验，检测不同任务情境下智障学生学习上的效果，说明多媒体个别化实训的实际运用效果，促进智障学生的专业技能学习。

（二）研究方法

1．研究对象

被试小姚，年龄 17 岁，根据医教结合初期评价和日常课堂分层学习的评价综合智商属于轻度智障学生，认知能力、理解能力、动手操作能力较弱，在集体授课情况发下，不能按照老师的要求有效完成学习内容，尤其学习精细动作类的面点技能，在理解认知上需要一定的强化，在实际操作上需要不断指导。

2．研究材料

（1）训练材料

本研究设计的多媒体支持下个别化实训模式由 4 个部分组成。①热身训练，用教师自己汇编的 4 节各 8 拍的手指操视频，分别为搓手手指操、和面手指操、揉面手指操、捏边手指操，规格各 4*8 的节拍。②认知技能训练，用基本认知能力训练中的观察力和注意力训练项目，以观察实物褶皱或花纹数目为内容，让学生 2 分钟内循环 3 次训练。③动作技能训练，由放大慢镜头提褶视频为材料，以训练手指的精细动作。④综合训练及实作反馈，根据 3 个不同任务情景，以小笼包、蔬菜包、鲜肉包的完整视频为训练材料。

（2）评估材料

评估材料根据国家劳动技能鉴定考核初级 /（五级）面点师标准，鉴于学生实际技能操作内容，教师将该技能分解成若干步骤，每个步骤按照 A、B、C、D、E 五级评分标准进行过程计分，再结合成品外形，以作品量表为依据，进行两者折算整合计算总分。

（三）研究设计

本实验采用单一被试跨情境（任务）多基线实验设计，选用 1 名被试，1 种

干预措施（多媒体支持下个别化实训模式），3 种提褶任务情境，实施 3 种情境（任务）下对同一技能的干预训练与教学。观察情况每周 3 次，每个情景任务分别每周 1 次，共计 18 周，各 18 次，为了防止产生共变现象，各任务情景尽量间隔时间。被试情境一（小笼包学习）基线期为 6 次，情境二（蔬菜包学习）基线期为 9 次，情境三（鲜肉包学习）基线期为 12 次。观察指标是技能掌握度即技能成绩。旨在研究不同基线情况下，引入干预手段对不同情境下，面点专业技能学习的实际情况，分析技能成绩与实验处理的因果关系。A 为基线期，B 为处理期。

表 2　单一被试跨情境多基线设计方案表

<table>
<tr><th>内容</th><th>被试</th><th>学习情境</th><th>干预方法</th><th>实验设计</th><th>统计方法</th></tr>
<tr><td rowspan="3">单一被试实验</td><td rowspan="3">小姚</td><td>情境（任务）一：小笼包学习（含提褶内容）</td><td rowspan="3">多媒体支持下个别化实训模式训练（1. 热身训练；2. 认知能力训练；3. 动作技能训练；4. 综合训练及实作反馈）</td><td rowspan="3">跨情境（任务）多基线</td><td rowspan="3">T 检验（A—B）</td></tr>
<tr><td>情境（任务）二：蔬菜包学习（含提褶内容）</td></tr>
<tr><td>情境（任务）三：鲜肉包学习（含提褶内容）</td></tr>
</table>

注：A 为基线期、B 为干预期

（四）研究过程

本实验采用单一被试跨情境（任务）多基线实验设计，根据实验中各情境（任务）基线期情况，设定处理期情况，情境（任务）一、小笼包学习，处理期从第 7 周的第 7 次开始，每次收集一次数据，1 次 / 周，为期 12 周，共计 12 次；情境（任务）二、蔬菜包学习，处理期从第 10 周的第 10 次开始，每周收集一次数据，1 次 / 周，为期 9 周，共计 9 次；情境（任务）三、鲜肉包学习，处理期从第 13 周的 13 次开始，每周收集一次数据，1 次 / 周，为期 6 周，共计 6 次。

A 为基线期，B 为干预期，干预方法为针对提褶单一技能采用的多媒体教学模式（多媒体支持下个别化实训模式训练），相应的一个观察记录指标是技能学习掌握度。该指标测试记录该生在完成此技能的过程中所得到的分数。

1. 基线期

从本学期第一个月起，根据 3 种情境的基线期设情况，每周 3 次对被试技能的操作进行观察、评分和记录，每个情景任务分别每周一次，情境一为期 6 次、情境二为期 9 次、情境三为期 12 次，1 次 / 周。在此期间客观测量和记录被试在制作面点技能时的成绩作为实验的基线水平，3 种情境分别记为 A1、A2、A3，并绘制在坐标图上，数量为 6、9、12 次。

2. 处理期

根据 3 种情境基线期的情况，随后分别进行干预训练，每个情景任务分别每周一次，情境一为期 12 次、情境二为期 9 次、情境三为期 6 次，1 次 / 周。在此期间，测量和记录被试在制作面点技能时的成绩，3 种情境分别记为 B1、B2、B3，并绘制在坐标图上，数量为 12、9、6 次。

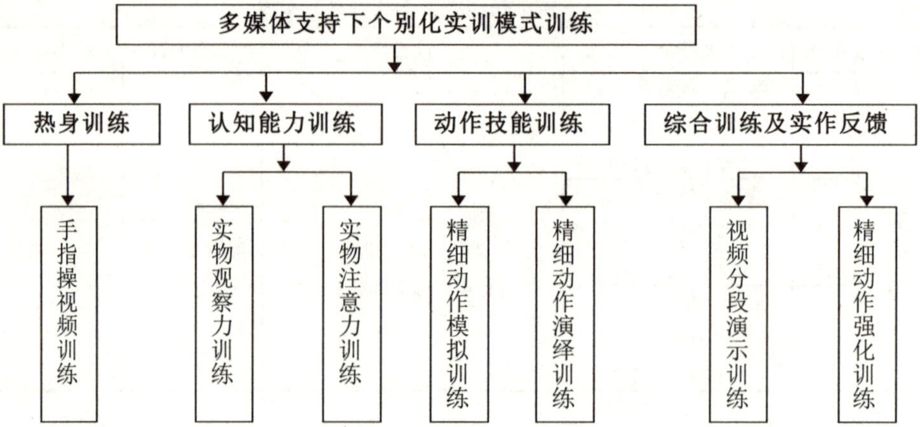

图 5　面点技能多媒体个训模式训练框架图

（1）热身训练

此热身训练材料为教师自制的教学辅具，各 4 节规格各 4*8 的节拍的手指操视频，教师播放视频录像，让学生进行操作训练前的热身运动，每次反复进行两轮，以达到舒展手指，灵活关节的目的。

（2）认知能力训练

包括实物观察力训练，实物注意力训练，教师事先出示制作好的实物点心模型以及照片，通过展示台、投影仪，观察 6 个小笼包、钳花包或其他点心的褶皱数目，变换实物种类，让学生 2 分钟内循环 3 次训练。以让学生进入注意力集中状态。

（3）动作技能训练

包括精细动作模拟训练，精细动作实物演绎，教师将所要学习的提褶技能，通过多媒体镜头放大，动作放慢，让学生跟着模拟练习 2 分钟，再通过面团等实物训练 3 分钟，以训练手指的精细动作。

（4）综合训练及实做反馈

根据任务的难易程度，这个环节分为两个部分，一个部分为精细动作强化训练，另一个为多媒体分段演示训练，教师让学生按照视频中情景任务的各部分分步骤进行实物操作，同时如若遇到操作难点，可以按照动作技能训练的视频再次进行强化式手指训练，以增强在情境中进行综合训练和反馈实做的效果。

（五）结果与分析

1. 多媒体支持下被试面点个训模式干预提褶学习情况分析

将本实验中汇总的数据输入 IBM SPSS Statistics version 19 软件列表统计分析，结果如下表，并按照单一被试实验设计方法，绘制多边图，结果如下：

表 3　多媒体个训模式干预被试提褶技能学习情况变化分析

	情境一（小笼包学习情境）		情境二（蔬菜包学习情境）		情境三（鲜肉包学习情境）	
阶段	A1	B1	A2	B2	A3	B3
长度	6	12	9	9	12	6
水平	42	51	41	53	42	65
	--	---	--	--	--	--
范围	50	81	64	83	75	81
M	45.7	64.5	53.78	66.89	61.58	73.17
SD	3.01	12.75	8.30	10.87	10.82	5.74
Br	-0.56	-0.34	0.23	-0.31	0.67	0.36
P	0.003**	0.012*	0.027*			

注：A1，A2，A3 为基线期；B1，B2，B3 为处理期

M 一平均值；SD 一标准差；Br 一 Bartlett 比值；P - T 检验的 P 值；　*p<0.05；**p<0.0 1

上表显示：被试小姚在运用多媒体支持下的面点个训模式干预提褶技能学习中，3 种情境下，各基线期、处理期的 Bartlett 比值（分别为 -0.56、-0.04、0.23、-0.31、0.67、0.36），绝对值数据均小于 1，说明各组数据是非自我相关的，属于有效数据；经 T 检验结果表明，其 P 值为（0.03、0.012、0.027 ）（0.05<p<0.01），说明 3 情境各基线期和处理期数据均呈现显著性差异，其中小笼包项目情

境呈现极显著差异；说明运用多媒体支持下的面点个训模式干预提褶技能均是有效的。对应图如下。

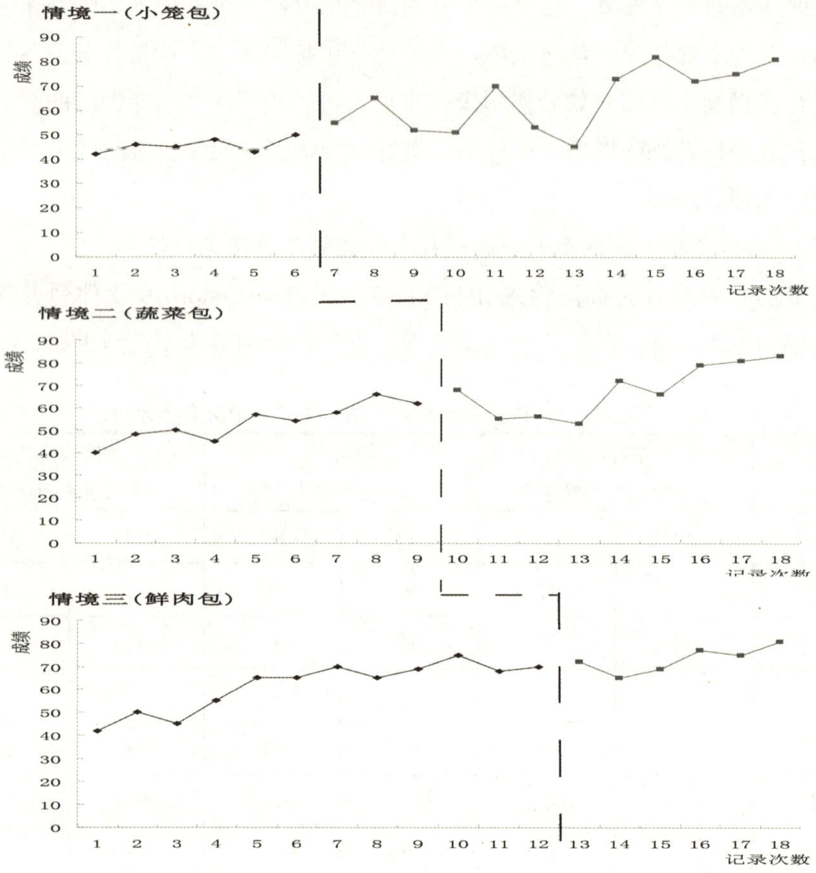

图 6　多媒体个训模式干预被试提褶技能前后成绩变化曲线图

从上图我们可以发现，被试小姚情境一（小笼包项目）学习中，第 7 次进入处理期后，成绩明显上升，10-13 次区间内出现持续波动，但整体上呈现上升趋势；情境二（蔬菜包项目）学习中第 10 天进入处理期后，成绩明显上升，出现短暂波动，到后期有较稳定的上升；情境三（鲜肉包项目）学习中在第 13 次进入处理后，起初提高不明显，而后第 3 次开始有较明显的上升。3 种情境的成绩变化和趋势说明在运用这一个多媒体支持下的面点个训模式训练干预提褶技能之后，成绩都不同程度明显得到提高，说明干预方法是有效的，学生的提褶技能均有显著提高。

（六）讨论

1. 多媒体支持下面点个训模式干预的效果

从本实验跨情境单一被试检验的数据可知，多媒体支持下的面点个训模式的训练对提高智障学生的面点提褶技能有明显的效果。虽然，3 个情境下的学生提褶技能成绩变化及延续性效果不尽相同，但总体上保持在进步的水平。

细察实验数据，3 个情境基线期情况均比较平稳，而且相互的差异不大，说明 3 种情境选择、时间间隔分配较为合理，没有引起过渡性共变现象。3 种情境、3 种不同的基线次数状态下，引入干预手段，小笼包学习项目的情境成绩波动较大，但效果呈现极显著，可能过程中受学生情绪等因素短暂影响。情境三鲜肉包学习项目的情境，学生引入干预手段后，成绩保持在较平稳的提高状态，且差异性也呈现显著，说明，学生后期学习对多媒体的个训模式进入到较为熟悉的状态，能有效把握个别化训练的节奏和训练内容的实践操作。

2. 多媒体支持下面点个训模式优势及不足

本实验所用训练材料内容和呈现方式大多与学生在课堂学习中接触和熟悉面点专业相关的材料保持同步，热身训练内涵取自手指的灵活，认知能力训练寻找面点专业相关技能点心作为实物观察，动作技能训练选用核心技能进行多媒体技术循环演示等。这样借助多媒体的演示、示范及辅助功能，既能保证学生注意力、观察力训练的顺利开展，让学生快速进入训练状态，又有助于学生进行针对性的精细动作等训练，并且训练的结果在日常教学中可以得到一定强化，为学生后续学习提供一定支持。

同时，由于面点专业的限制，训练材料、训练模式均采用自编形式，存在一定局限性；而受评估手段的影响，各训练阶段效果均以最终成绩呈现，综合性较强。下阶段如何丰富训练材料、细化评估方案，在单项评估结合综合评估方面有效提高学生学习与训练效果。

六、反思与展望

（一）传统教学方法与多媒体技术，需有效结合

多媒体的运用，对实训课堂提高学生的学习兴趣和课堂效率大有帮助，但值得思考的是，它是一种辅助教学的工具，不能不用，但也不能滥用。在教学中，尤其在对智障学生的实训教学中，教师必须深入研究和恰当设计、运用多媒体资

源，并与传统教学相互配合，让学生在兼顾认知与操作的基础上，提高实训教学的多样性，才能优化课堂教学，提高教学效率，从而充分体现多媒体教学对于面点类专业技术课的真正价值。

（二）多媒体元素组合，需合理搭配

智障学生的注意力、观察力都存在薄弱和不稳定性，在运用多媒体课件以及资源时，设计方案需要遵循一定的规范性和合理性。不合理地进行图片、文字、声音、影像等多媒体的累加，会造成学生过多地关注声音、影像，忽略了对图片、文字的认知，从而降低了多媒体教学的效果。在实训教学中，动态视频和静态图片以及背景音乐等都需要恰当合理地进行组合和利用，并遵循“视、听、练”的有机结合，以进一步使多媒体资源为实训教学服务。

（三）深化教育融合，深入医教结合

个别化的学习形式可以大大促进学生的专业能力提升，但在融合教育背景下，回归集体的教育理念引领下，让这些经过一定训练，达到一定机能与技能水平的学生重回集体授课形式，在使用多媒体技术，进行实训教学，观测融合教育的实效性，开展相应比较研究，使特殊孩子回归主流，获得情感与技能的进一步发展。另外，实训教学以训练学生的专业技能，提高专业素养为主，康复训练以作业项目通过面点单一技能等内容训练机能。在面点技能这样一个内容下，通过个别化的形式，运用多媒体技术手段，整合开展，以达到学生训练机能与训练技能的结合，促进智障学生医教结合的进一步深入。

参考文献

［1］武静．多媒体技术在教学中的应用探究［J］．计算机光盘软件与应用，2013/03.

［2］李占旗．浅析餐饮教学中多媒体技术的使用［J］．中国科技财富，2008（11）.

［3］孙传庆．在线课程学习平台及其评价系统构建的研究［D］．西北师范大学，2007 年.

［4］浅谈职业学校技能实训一体化的教学组织过程［J］．职业教育研究，2010（06）.

［5］王艳梅，牛永红．多媒体教学在基础医学教学中的应用［J］．现代医药卫生，2007（06）.

［6］Richard.E.Mayer. 多媒体学习［M］．北京：商务印书馆，2006.

［7］殷晓安．如何合理运用多媒体进行教学［J］．教育教学论坛，2011（14）：136.

［8］杨学良．多媒体计算机技术及其应用［M］．北京：电子工业出版社，1995：138 ～ 139.

[9] 仇新艳．高职课程改革下的实训室开放管理［J］．中国电力教育，2010，（13）.

[10] 马瑞香．自主学习在生物教学中的实践探索和研究 [D］．陕西师范大学，2002.

[11] 王耐 . 合作学习若干理论之比较［D］. 杭州师范学院，2006 .
[12] 李永前 . 论多媒体教学课件的特点与作用［J］. 浙江师大学报：自然科学版，1999,（A01）.

（作者：邵志明）

寓美于烹饪教学，促进学生人格的自主发展

上海市甘霖初等职业技术学校

初职校学生一般是指在普通中学中完成了初二学业且仍属于义务教育阶段的学生，通常称为“学习困难生”和“随班就读生”两类。对于这两类学生的认识与把握，其表现出的特点概括有以下几种：注意的稳定性缺乏、思维品质薄弱、动作协调能力差、处世态度淡漠、性格怯懦和行为偏激等。在日常的生活与学习行为中，初职校学生显现出自己的弱势地位，情绪不稳，消极怠学，缺乏学习动机，对与学习、成长相关的事物无兴趣感，多数都一头扎进了电脑游戏中，彷徨于自我的天地里。自卑而脆弱，遇事不知所措，与同学间关系紧张，与父母、老师保持距离，沉湎于肤浅的自我意识中。这一年龄段的学生正处于人格发展的关键期，是从逆反期向成长期过渡的阶段。

人格是一个人为人处世的基础。每一位学生只有通过自由的自主行动和自主成长才能形成独立的人格，无论他们将来从事何种职业，但总是会找到自己的位置。所以，在初职校这个特定的教育大环境下，教师首要的教育任务是让学生成为一个真正的人。在学校生活的两年里，我们有责任教会他们在学习知识与技能的同时，养成良好的品德行为习惯，提高人的综合素养，为两年之后走入社会之时能领悟出自己的生存之道及其为自己日后的生存与发展铺设道路作准备。

为此，在烹饪教学中，重视寓美于教，可以最大限度地促进学生人格的自主发展。理由是：第一，烹饪教学设置的内容对这般年龄层的学生来说难度大，很辛苦，要掌握好一门技术需要有能拼搏的意志，通过反复操练而达到的熟能生巧之感，这其中无不蕴含着体能的锻炼和心智的开窍与成熟。第二，在操作过程中，教师会特别重视对学生加强安全意识的教育，如：防刀伤、防压伤、防跌伤、防烫伤以及防电击、防煤气泄漏等，这些无疑会使比较有理性的大多数学生能够注

意力集中，小心谨慎地做事，教学常规基本遵守。第三，在教学进程中，每个学生的优势与缺陷暴露无遗，这有利于教师制订个别化教育计划，因材施教，统筹课堂教学模式，实现教学目标的有效达成。

美育的目标和功能不仅是增长学生的知识与技能，更重要的是引导学生去追求人性的完满，引导学生去体验人生的意味和情趣。席勒说：只有当人充分是人的时候，他才游戏；只有当人游戏的时候，他才完全是人。其内涵是：审美对于人的精神自由来说，审美对于人的人性完满来说，都是绝对必需的。没有审美活动，人就不能实现精神的自由，人也不能获得人性的完满，人就不是真正意义上的人。

所以，美育要使学生自由、活泼地成长，让他们充满欢乐，蓬勃向上，促进人格的自主发展，在烹饪教学中的渗透主要有以下 5 个方面：

一、教学的引导：以美感人，陶冶性情

教师从传统的饮食文化中充分挖掘和利用其中的审美因素有机地渗透到课堂教学中，让学生充分认识烹饪美育的重要性，树立美的意识。比如，中国的八大菜系在选料、切配、烹饪等方面的精湛技艺和具有鲜明的地方风味特色；形神兼备的菜肴所赋予的色、香、味、形、器、质、养的特点等。引导学生通过多媒体的制作、作品的摄像、实录的过程、教师的范例、现场的演示以及学生的佳作等生动形象性地欣赏，必要时还可统合其他的感觉器官，如听觉、味觉和触觉，学生经历近距离的感知觉，才能认识美的所在，产生美的意象，从而学会感知美。普通的食物原料，如黄瓜、鱿鱼、鳜鱼等，通过片形、刀法或者烹调，可以从平面的物状演变成美观的立体物象，感官性状发生了颠覆性的变化，会激发起学生的好奇，在感叹惊奇的技术之时，或在激起诱人的食欲之际，学生会有一股想自己拥有技术的情感波澜，产生一种想学习技术的强烈愿望，这时，教师恰到好处的推波助澜，会激发起学生浓厚的学习兴趣，使他们以情入境中，能专注地学习，有利于规则的遵守，这样使每位学生参与学习的意识渐入佳境。

二、教学的艺术：以美启智，激发思维

烹饪技术的学习对未成年的学生来说是一门苦差事，要保持他们注意的稳定性，使之学习兴趣有增无减，教师要有教学的艺术，必须以尊重学生为前提，简单地说，就是教学方法和教学评价要合乎每一位学生的“口味”，只有顺着学生

的心意而教了，教师才能收获到学生学的效果。学生间的能力是很有差异的，在教给学生技术时，教师首先要为每位学生建构起基础，包括知识基础和能力基础，因为后续知识与技能的习得必定是以前期所积淀的知识与技能为基础，从某种意义上说，可以让学生在了解自己能力的同时，更能看到自己在进步，感觉到自己有希望获得成功。在学习的过程中，伴随着富有节奏感的轻音乐，让学生身心愉悦地操作，启发、引导他们自主探究，勤学好问，踊跃交流，互相切磋。同时，教师要做到赏识学生，洞察学生的心理动态，把握时机进行表扬和鼓励，耐心地予以指导和坚持不懈地给予帮助，让学生在每一次课中享受着学习的乐趣、掌握了学习的方法、理解了学习的进程，并且最终看到了自己的成功。使学生发现、感悟着学习过程中的美感，有利于助长学生后续学习的兴趣，进而推动其智力的增长、技术的掌握和能力的日益提升。

三、教学的力量：以美储善，透射本性

一直以来，在烹饪教学中，我们通过创设“组间同质、组内异质”的小组形式来改变传统教育背景下的课堂教学结构，倡导着伙伴合作学习的模式，以小组为单位、小组成员共同合作完成学习任务，达到学习目标。使紧张的学伴关系得到了缓和，优势互补，共谋进步。降解了学习烹饪技术的难度，大胆交流，互通有无，从封闭型的、以自我意识为中心的私利倾向转变为开放型、融洽合作的局面，学生学会了胆大心细、谦和礼让与大度为怀，学生间会主动帮助，热烈交流，协助做事的氛围。学生学得活、心情轻松，产生愉悦感，促进了组内成员的互助合作，使学生在各自的小组活动中尽己所能，得到最大程度的发展。黑格尔说，“美在形象中出现”。教学中，教师重视揭示烹饪的美，激发学生去发现、认识和体验美，从内心深处感受美的力量。比如，提高学生对刀工成型技术的准确掌握，提高学生对冷盆图案的美观建构，提高学生对菜品标准的整体把握，包括对色的配合、形的配合、图案的统一、味的调和、有节律的操作、器皿的协调、营养的保全等因素的敏锐感知，来培养学生的审美感受性，让他们意识到美无处不在，在学习中可以大胆地追求美的对象、美的事物和美的行为。

四、教学的榜样：以美导行，塑造形象

教师只有意识到烹饪美育的重要性，才能在教学中自觉地渗透美育教育，才能经常性地有计划地引导学生去认识烹饪的美，激发起学习烹饪的兴趣。在课堂教学中，教师要不断挖掘烹饪之美，不断追求教学艺术美，营造美的氛围，揭示美的内涵，包括形体美、语言美、举止美和行为美等，发挥楷模作用。积极引导学生将烹饪的学习与生活中的美紧密结合，诸如在家勤练技术，勤献技艺，邀父母一起参与比赛，让父母品尝自己的手艺等等。

根据每位学生的个体条件或因素，制订具体的学习目标并激励其有效地完成，引导他们主动建构起寻求自主发展的内在心理机制。在烹饪教学中利于创设岗位的情境，可以在任务区域中较真实地模拟成人的社会分工，承担起岗位责任，并通过互助性学习来完成共同的任务。这样不仅让每一位学生确立了较为独立的主体地位，也很自然地建立起了团队合作的关系。每个学生都能发挥独特的作用，带着很真实的任务在探索中交流、协作，有思想、有行动，做到扬长避短，共同协商，人尽其才，最终共同习得技能。学生的主人翁意识随着团队合作精神的发扬光大而日益增长，他们能大胆表现，勇挑重担，有事情争着做，克服困难，有竞争势头地锻炼成长，他们生机勃发，充满朝气，个性张扬，明朗而鲜活。他们把自我融入群体中，感受到了力量和温暖。善于倾听别人的意见，帮助他人共同提高。由小组成员交往入手进而扩大到整个班集体，培养了他们在各种场合都能主动与别人交往的能力，使社会适应性得到了发展。这样一种理性、稳定的审美情感，有效地把握好了教学的情感节奏，使学生的审美情感趋于稳定，以形成自觉的道德行为。

五、教学的追求：以美创新，提升品质

训练人的感觉力，丰富人的想象力，拓展人的精神时空，培养人的情感和创新求异能力，是审美教育的具体功能，它不仅使人的创新求异愿望与追求得到最大的满足与发展，而且能够充分有效地培养人的自觉创新意识和创新能力，养成健康、积极的审美观，逐渐形成正确的审美标准。

所以，教师要善于激发和强化学生的创造冲动，一是培养学生的审美感知力和想象力，能感知形体、色彩、结构与意境的美，并感知和捕捉生活的美。二是发展学生的审美鉴赏力，能挖掘隐藏的美，自主创意的美。追求统一美、整体美、动态美、行为美、对称美的审美能力和审美品质。感悟与运用美，处理完善美，充满审美情趣，将学习过程变成追求美的过程。比如：职一年级时，在刚学习刀工操作的起步阶段中，根据学生的心理因素、能力状况和需培养的审美要求，我拓展性地设计了一堂《切片 & 围边》的课，通过异质分组，引导学生俩俩结伴地进行互助学习，先练习切片、比较性地学习，再相互协商、以片的摆放与排列或者组合，有审美性地完成。这堂课不仅提高了学生学习的兴趣，活跃了教学氛围，而且还具有了开创性的突破，从纯技能操作的学习内容向技术学习与综合性能力培养的融合上进行了拓展，发散了学生的思维，有了大胆创作作品的意象。在职二年级冷盆制作的学习中，学生在掌握基本的构图技巧之余，作品中的创新精神与表现美的审美能力则表露无遗。再如，在烹制菜肴时，通过教师的引导，学生能逐渐地展示自己的个性才能，运用美妙而独特的方法打造出菜肴的色、香、味、形、器、质、养的特点，并为菜肴命名，使菜名与菜肴达到统一与和谐，充分展示了其独特的审美创造力，显示了学生寻求自主发展的能力。

由此可见，美育是整个教育不可或缺的子系统，它寓于烹饪教学中，可以使学生的人性需要得到充分的满足与训练，是学生认识自我价值、强化其人格的自主发展、提高学生综合素质的重要途径；可以使学生熏陶于其中得到成熟与进步，是德育、智育、体育的有益补充，促进学生全面的成长与发展，增强了教育教学的效果。

参考文献

[1] 王德胜主编 . 美学原理 [J]. 北京：高等教育出版社，2012 年版 .

[2] 叶朗著 . 美学原理 [J]. 北京 : 北京大学出版社，2009 年版 .

[3] 【美】奥里森 · 马登著 . 人生路上的自我修炼 [J]. 北京：新世界出版社，2013 年版 .

（作者：金晓蓓）

合力构筑让智障人士从无业到有业的金桥

上海市信息管理学校（纪勋初职）

智障青年是社会中的弱势群体，如何帮助他们走向社会，融入社会是个很大的课题。通过对本课题的探索和实践，我们深深感到：对智障人士实施从教育培训到帮助他们实现生活自理，谋生就业，是造福于这一特殊群体的温暖工程。但这项工程不是哪一个部门、哪一个行业可以独立完成的，而是应该由政府出台相关政策，组织并开展指导，学校、社区实施具体的教育培训，劳动部门、用人单位提供实习和就业机会，社会各界予以支持的综合性工程。本课题围绕这一综合性温暖工程的建设，提出建设的方法和途径，并明确教育部门在这项工程中的地位和作用。

一、功能定位

对智障人士实施全方位关怀的温暖工程，涉及方方面面的部门和行业，各自应该有不同的功能，并相互渗透，相互配合，但首先是定位必须清楚。本课题从学校的视角出发，通过与各部门及行业的沟通，达成共建共识，提出在构建温暖工程立交桥的过程中各自的功能定位。

1. 政府部门

政府部门是温暖工程的核心部门，起着领导、组织、协调、给予政策与资金自持的作用。就我们纪勋初职这个基层学校来说，接受教育局的领导和接受政府部门的领导都是直接的，当我们在理念上明确了这个关系以后，在实践操作中变得非常顺畅。即我们学校在开展共组时有了强大的政府依托和支持；而政府部门则有了具体的工作平台和抓手。比如，我们之间有着明确的下达任务和执行指令的工作要求，有着畅通的工作联系渠道，有着合理、完善的业务开展形式，也有着配套的工作机制。政府部门从办学、培训、组织开展各类活动，到安排就业等方面，不仅给予政策和资金方面的支持，而且就学校、社区、用人单位等方面给予了有效协调，使各项工作得以顺利进行。比如：07年世界特奥会在上海召开，纪勋初职校承担了4个项目的比赛和开幕式部分节目的演出，期间还有好几场重要的外事接待任务，有些工作需要社区支持，有的训练是大兵团训练，甚至需要到外省区进行长达几十天的训练，这些综合性的大型活动，如果没有政府部门牵头并协调，给予经济保障，单靠某个单位是绝对做不成的。

2. 学校

主要是实施教育培训，如教育教学大纲、课程标准的制定、课程的建设、教学的实施、技能的培训、各类活动的开展、学生实习的安排、学生就业的联系等。学校是开展教育培训的主战场，教育教学大纲、课程标准，以及教材建设是否定位准确，内容丰富，直接关系到培养目标的合理性和科学性；各科教学和各类活动的组织和开展是否具有针对性、实效性、创新性，直接关系到工作的整体质量和效果；而学生的实习、就业等问题更是关系到他们的终身利益。由于学校相对师资力量强，教育教学管理专业化，因此，它不仅是教育教学基础工程建设的主力军，在具体的实施过程中，还体现了对各个社区进行专业指导的功能辐射作用。

3. 社区

社区是开展阳光工程的基本单位，如果学校是点，社区则是面，通过学校这个点，把对智障人的教育培训辐射到各个社区的每个智障人身上。社区的优势是离智障人群体近，情况比较清楚，对智障人的关心、帮助可以更便捷、更直接、更深入、更安全。此外，社区阳光之家可以利用社区的综合资源为智障人服务，使他们更有“家”的感觉。

4. 用人单位

用人单位是各阳光之家的出口地。智障人士经过教育培训都会面临能否就业的难题。从我们的实践来看，主要有两条渠道：一是能够适合于智障人士的单位，主要是有简单手工操作的行业，如食品加工、超市理货、花卉园艺、宾馆清洁等服务性行业。另一条渠道是开办阳光工场，进行来料加工。用人单位对智障人的接纳，是让智障人真正走向社会、融入社会的最终落脚点，是解决他们根本问题的关键所在，也是千千万万智障人家庭最大的期盼。

5. 媒体

媒体对整个温暖工程的建设起着极大的推进作用。就我们这几年的体会来讲，正是各家媒体对我们连篇累牍的报道，也正是他们积极地、无偿地呼吁，我们的事业才得到各方面的关注，获得各界从经济上、精神上的支持。媒体的宣传具有很强的联动效应，而且都是正效应。现在，已经有越来越多的单位与我们签订了共建协议，不少有影响的社会名人也前来和我们的学生互动，形成非常好的良性循环效应。

二、相互渗透与配合

1. 联系沟通

促进智障人士就业的温暖工程涉及多方，必须各单位各部门齐心协力才能顺利实施。合作各方应当在政府部门领导下各司其职，共同完成各自的任务，最终促进残障人士的就业。以学校为例，它与各界有如下沟通内容：

沟通对象	沟通内容
政府	主要是在落实政府各项实事工程和有关任务中，就有关政策的理解、任务的明确、工作进展的汇报、具体事物的商量等进行请示、咨询、沟通。
社区	开展调研基本在社区进行，由社区提供调研对象及相关便利。此外，就“阳光之家”项目的具体实施保持经常性的交流。
实习、用人单位	就针对性、定向性培训的方案，以及学生实习、就业的岗位、工作内容和要求、相关保障和待遇等事项进行磋商，并定期进行回访。
媒体	学校的重大活动都请媒体前来采访；重大项目取得突破性进展都通过媒体向社会传递。学校与东方电视台、新民晚报、文汇报、徐汇报等多家媒体保持经常性的工作联系。

2. 互相配合

与政府：学校主要通过教育功能的发挥与辐射，配合政府提供教育服务。如我们学校先后编写了两套共14本“阳光之家”的教材，成为全市“阳光之家”的通用教材。我们还制定了“阳光之家”培训的大纲、课程标准、实施计划供各“阳光之家”参考。又如在世界特奥会举办期间，就特奥会开幕式排演、运动员训练、外宾接待、媒体采访等工作，我校积极配合区残联开展工作，我校学生滕春云在开幕式上扮演的渔家女得到极好的评价，我校的运动员夺得金银的好成绩。

与社区：在区残联的牵头下，我校成立了“阳光之家”指导中心，为全区13个街道的“阳光之家”开展师资培训，就教材教法、教学管理、档案管理等具体业务进行业务指导。社区也在社会调研、招生工作、学生社会实践活动等方面为学校提供方便。学校和社区还开展工作交流，这种经常性的互动，提高了教育教学质量，也大大拓展了学员的活动空间。

与企业：主要是与哪些企业联系，得到了学员实习和就业的机会，就业率得到多少。学生实习期间，教师如何配合企业进行教育管理。学生就业后，如何进行回访，对学生进行跟踪管理。以及开办实习工场方面的情况。

与社会各界：随着全社会对智障群体的关心，很多单位和社会团体和我们结成献爱心对子，这种互动既让志愿者得到精神上的升华，也让智障人士获得关心和帮助。加上媒体的推波助澜，形成了良性循环，使我们的温暖工程不仅温暖了智障人的心，也温暖了全社会大众的心。

三、学校在温暖工程中的地位和作用

温暖工程是一项综合性的社会工程，需要方方面面都来出力，通过近几年的实践，我们感到学校在整个工程建设中作用非常突出。学校的作用主要有基础建设作用、示范指导作用和沟通桥梁作用。

1. 基础建设的作用

对智障人士开展教育培训，涉及大纲课标的制定、教材建设、配套设施的添置等大量基础工作。学校凭借其雄厚的师资力量、专业的科研能力，以及资金方面的保障，成为基础建设的主力军。在诸多基础工作中，教材建设最为重要，工作难度也最大。纪勋的老师们查阅大量资料，作了充分的调研，通过反复讨论，征求专家意见，几易其稿，终于形成了一套教材。编写这套教材的总体思路是：教材的框架，要符合智障青年的生活实际；教材的内容，要符合智障青年的认知水平；教材的使用，包括练习与操作要体现对智障青年的习惯养成教育和生存能力的培养。

（1）教材的框架必须符合智障者的生活实际

对智障青年来说，他们学会一样东西显然要比正常人困难得多，须经特殊指导，反复训练，方能逐步掌握。正是由于这种困难性，所以他们的父母以及他们周围的人认为：与其千辛万苦地教，不如自己代劳，其结果导致了智障青年潜在的智能长期得不到开发。从入学新生的情况看，大部分学员连吃饭、穿衣都成问题，更不用说料理家务了。

面对这样的教学对象，我们感到教材的定位非常重要。开始时，我们按自己常规班的思路考虑教材，只是在教学内容上作些调整，教学要求上放低些，结果发现这在教学实践中根本行不通。也就是说我们在教育定位上出了偏差，原来的定位太高，不符合中、重度智障人的实际。那么，到底应该如何定位？是教会他们求职？还是教会他们生存，教会他们自理？为此，我们进行了反复的研究，对教育的可能性争论得很激烈。最后，我们确定：学会生存和自理是符合实际的选择。当然，不能全部排除求职的可能性，对其中学有余力者，一定要体现进一步的要求，这也必须在教材中有所安排。

我们确定下来的教材框架如下：

一是居家生活：学会生活、学会劳动、学会自理。

二是社会交往：学会沟通、学会购物、学会环保。

三是手工制作：手脑并用，学会制作、学会创造。

四是运动康复：学会锻炼、学会自控、学会休闲。

五是职业适应：学会工作、学会服从、学会守纪。

以上五方面主要体现生存与自理，但内在要求上依次提高：居家生活是最基础的；社会交往是从个人自理走向与人相处；手工制作是从简单劳动向稍复杂的劳动迈进，并体现创造能力的培养；运动康复是从理性的角度审视自己的身体、性别与心理，提高生存质量；职业适应则是最高的要求，是为学有余力者专门设计的，即在学会生存的基础上，学会工作，真正能够走向社会，自食其力。

（2）教材的内容应当符合智障者的认知水平

有了框架上的定位，在具体内容上必须与之相匹配。

首先，注重基础，循序渐进。注重基础就是从最基本的事情讲起，对一个智障青年来说，最基本的事情就是要学会生存，学会自己料理自己的生活。所以，我们第一本教材就是《居家生活》，教材中我们从做最简单的家务讲起，安排了扫地、铺床、打扫整理房间、擦玻璃窗、洗抹布、洗碗、清洗蔬菜水果、拖地板、擦皮鞋等十几项家务活。同时，就如何使居家生活既舒适又安全进行了指导。又如教材《运动和康复》中的自我锻炼，就围绕肌肉、跳跃、灵敏、耐力这些基础内容加强指导和训练。循序渐进就是由浅到深，由易到难，由简单到复杂， 从基础到运用，在内容结构上有个坡度。如教材《社会交往》中我们就先介绍了邻居、居委会、商店、交通、环境等基础概念，再分别讲了交际技能、时间意识、邻里关系、采购能力、环境保护、紧急求助等内容。其中概念、交际技能等都是基础性的，知识理解上较为浅显易懂，而购物、紧急求助、邻里关系、环境保护等是交际技能在实际生活中的运用，理解和实践上就有了一定的难度。又如教材《手工制作》中，我们安排了纸工、缝制、穿珠、插花等内容，这些内容的先后安排上就体现了由易到难，由简单到复杂的原则。

其次，文字通俗，图文并茂。由于教育对象的特殊性，所以，我们在教材文字上尽可能做到通俗易懂，尽可能使用口语化的语言。在篇章结构上尽可能做到一事一议，短小精悍。不空发议论，不阐述理论，而是注重实际和实用。如环境保护，光意义就可以讲好几章，但针对我们的对象，只需简单提一下就可以了。重点要讲清楚，在环保方面，哪些是我们应该做的，哪些是我们不应该做的。另外，为了方便学生的自我阅读和理解，我们在教材中安排了大量的插图，这样，学生就能直观地掌握操作方法、要领和步骤。

(3) 教材的使用要体现对智障者的习惯养成教育和能力培养

从教学的实际情况来看，大部分中度智障青年不具备阅读教材的能力，从某种角度上说，教材只是教师教学的依据，是教师对教学要求把握时的依据。要达到教材预计的教学目的，主要依靠教师在教学中的动作示范、依靠情景模拟、通过学生的亲身体验和反复实践来实现教学目标。

第一，动作示范是关键。教材中80%的内容必须通过教师的示范来进行。如《居家生活》中十几种家务，全部要靠教师示范给学生看，然后再让学生反复操练，教师不断地进行指导。这样，就要求教师要注重做，而不是注重说。要求教师的示范动作必须正确、合理、规范，教师的教法研究也必须围绕怎么做展开。

第二，情景模拟是捷径。情景模拟是教学中最常用，也是最有效的手段。如如何处理邻里关系、如何紧急求助、如何控制情绪、如何服从命令，遵守规章制度，以及购物、环保、交通等方面的训练都应该通过情景模拟来教学。教师的大量备课实际就是设计各种各样的情景，组织好模拟的实施。通过模拟增强教学的直观性、实践性和有效性。同时也增强了教学的趣味性和学生的参与性。

第三，练习实践要加强。智障青年掌握一项技能要通过多次的反复操练，为此，我们在课后都设计了一定量的练习。同时，我们在第五部分《职业适应》这方面的教学中安排了大量实践课。“三分讲，七分做”是使用这套教材的基本原则。

春华秋实，经过纪勋学校教材编写组全体老师的辛勤工作，这套教材得到了上海市残联领导的高度肯定，在得到有关部门和有关方面专家的审定和批准后，纪勋初职的“阳光之家”教材被正式选用为上海市各区县“阳光之家”的专用培训教材。

教材的建设也不是一蹴而就的事情，我们通过将近一年的使用，反复修改，08 年我们在第一套教材的基础上，编写出版了第二套共 14 本教材。

2. 示范指导的作用

(1) 徐汇区阳光之家的基本情况：目前，生活在徐汇区范围的智障人有 3000 多名。除去正在各类特殊教育机构学习的智障人，有基本生活、学习、劳动能力的智障人至少还有2000多人。这些智障人基本上都是18～35周岁的成年智障人，而这 2000 多人目前正闲散在区内的各个社区中。他们不仅成为了自己家庭的负担，也是各个社区不安定的因素，使得他们的家庭和社区必须花费大量的精力关注这个特殊群体。

为了更好地配合市府实事工程，上海市残疾人联合会下决心要在全市范围内开展“阳光工程”，设立“阳光之家”，招收18～35周岁的智障人，进行专门的教育、培训、康复、简单劳动、特奥运动等工作，帮助他们尽可能地回归主流社会。在此背景下，上海市纪勋学校在徐汇区残联、徐汇区教育局、上海市信息管理学校（原董恒甫职校）的支持下，充分利用特殊教育机构的教育资源，率先在上海市开办了第一个全日制的“阳光之家”培训班。进行居家生活、社会交往、手工制作、康复、快乐运动、职业适应六大课程的综合培训。之后，徐汇区范围内13个街道也都相继开办了各自的“阳光之家”。培训形式有全日制培训、定期培训和送教上门3种。此外，每当重大节日或活动，“阳光之家”也会组织相关的活动，比如开展主题联欢会、技能竞赛、外出游览参观或暑期夏令营等，作为“阳光之家”培训形式的重要补充。

（2）徐汇区“阳光之家”教研指导中心成立

“阳光之家”在开办的过程中，遇到一些难题。街道“阳光之家”由于没有专门的师资队伍，因此在对学员进行教学的过程当中出现了很多的问题，不知道教什么？不知道怎么教？针对这样的问题，在徐汇区残联，徐汇区教育局的支持下，纪勋初职成立了徐汇区“阳光之家”教研指导中心，利用现有的教育、教学资源对全区13个街道“阳光之家”教师进行师资培训，就教学内容，教学要求，教学进度，教材教法做了统一的部署和要求，在区内“阳光之家”开设了各类科目的公开课，以通过这类形式带动全区的“阳光之家”教师进一步完善“阳光之家”教育教学工作。

纪勋初职每位参与“阳光之家”教材编写的老师都把教材的使用方法、注意要点及有效的教学手段毫无保留地告诉了参加培训的教师。此外拥有丰富特教经验的纪勋老师还将成年智障人的身心特点、行为习惯等情况向参加师资培训的教师做了详细的介绍。使那些即将踏上“阳光之家”教学岗位的老师们受益匪浅。而今，这一师资培训活动、教研活动、备课活动、公开示范课、才艺大比武等，在“阳光之家”教研指导中心统一安排下规范地进行着。纪勋初等职校“阳光之家”在徐汇区残疾人联合会的大力支持下，成功举办了徐汇区首届“阳光之家”才艺大比武。徐汇区智障人士“巧手”作品展等。

在成立了教研指导中心之后，纪勋“阳光之家”还承担起了“送教上门”的任务。

中心教研组成员走访全区的各个“阳光之家”，对“阳光之家”教师的教学工作给予指导，并通过教研指导中心刊物对各街道“阳光之家”的特色予以展示、推广。

徐汇区“阳光之家”教研指导中心对徐汇区范围内的“阳光之家”真正起到指导、辐射和引领的作用。

（3）规范制度，健全档案

为了帮助各街道“阳光之家”更好地开展工作，统一、规范地操作，纪勋初职校深入各街道，帮助他们建立了各类规章制度。其中工作制度 10 项，辅导教师规章制度 7 项。这些详尽的规章制度为各街道“阳光之家”开展工作提供具体的要求和管理内容，同时使工作更加规范化。

此外，纪勋初职校还帮助各街道“阳光之家”建立健全了各类档案。如学员档案（包括个人档案、情况登记册、考勤表等）、课程表（每学期根据教学安排设置）、作息安排表（包括早操、上下课、就餐、午休、活动、当天工作小结的具体时间安排）、教学进度表（各类课程的教学内容和时间进度的安排）、工作计划（包括工作计划和活动计划）、各类小结（工作小结、活动小结、学期小结等）、各类会议记录、班主任日志、家校联系册，以及教科研等各类档案。并就档案的制作、收缴、保管等管理提出具体的要求。

（4）工作示范

纪勋初职校作为上海首家“阳光之家”，积累了许多好的做法和先进的经验，作为指导中心，这些做法和经验也向各街道推广。

一是依靠志愿者的力量，丰富教学内容。分别与上海市应用技术学院、上海理工大学、上海外国语大学、上海师范大学、上海市委统战部等单位签订了“双结对”协议书，制订了一系列帮助智障人开展提高自理能力、挖掘体力及智力潜能的措施。志愿者队伍越来越庞大。

二是成立家长委员会，让家长更多地参与到“阳光之家”的教育培训中，协助“阳光之家”更好地进行“阳光之家”与家庭的沟通，利用家长的资源为“阳光之家”各方面工作提供帮助。

三是建立了“家校反馈表”制度。每学期的单周由班主任老师将学生一周在“阳光之家”的行为、情绪等一系列表现通过家校反馈表告知监护人，监护人可将学生在家的表现情况通过家校反馈表反映给班主任老师。以取得家校一致的教育目标，培养学生正确的行为习惯。每学期的双周由各个任课老师针对学生在该科目上的学习情况进行点评，并将具体教学内容及需要监护人在家进行辅导的要求告知其监护人，以取得较好的教学效果。

四是结合各种传统的及有意义的节日进行主题教育活动。例如：在“三八”妇女节时，教育学员要爱自己的母亲，并教他们制作贺卡送给自己的母亲。又如：在学雷锋的日子里，教育学员在沐浴社会阳光的同时，要力所能及地回报社会，帮助那些比自己更弱的人，带他们到脑瘫儿童中去，为那些孩子表演节目。还有在重阳节、新春佳节等节日中，结合德育和传统文化，对他们进行主题教育。

五是结合特奥运动会，“阳光之家”开展了一系列的特奥项目训练。让成年智障人通过特奥会比赛增强体质，并培养了他们自强不息、勇于拼搏的运动精神，同时他们的自信心得到了极大的提高。

六是每天晨会课时，让每位成年智障人将前一天从电视或者报刊上收集到的新闻带进“阳光之家”，通过读新闻的形式，和其他学员进行分享。既培养了他们的朗读能力，又使他们养成了关心社会的良好习惯。

七是开展爱国主义教育。纪勋初等职业技术学校的“阳光之家”是依附于一个学校开办起来的，他们有自己异于街道的优势所在。比如，利用每周的升旗仪式，对智障人进行爱国主义教育。再利用“国旗下的讲话”，针对智障人的实际问题，对他们进行思想教育。这一形式增强了成年智障人的荣誉感和使命感，是他们十分喜爱的教育环节。

八是开展一日“三操”。有广播操、眼保健操、功夫操。

九是半年一次体检，对学员的健康状况进行跟踪，及时发现疾病及时医治。

十是制订应急预案：火灾、群体性事件、个体重大突发事件、被盗、食物中毒、外出集体活动安全工作、传染性疾病、学员走失等 7 个应急预案。对事件发生后的报警程序、处置程序、处险方法、注意事项等一系列环节作出比较详尽的规定。

最后是为智障学生建立成长档案。由纪勋“阳光之家”的教师为学生记成长档案，目前已经写下 100 万字以上的成长日记。

3. 沟通桥梁作用

(1) 枢纽作用：在“阳光之家”创办、成长的过程中，学校在整个运作过程中起到了枢纽站的作用。如果我们把智障人士比作乘客，把相应的企业、部门比作站点，学校则是“乘客们”到达各站点的枢纽站。政府的各项惠及智障人士的政策首先通过学校这个载体来运作，如大量的基础工作，调研招生工作，培训指导工作，大型活动的策划与实施等，学校是主力军。另一方面，智障人士的实习与分配是由学校通过劳动主管部门，更多是学校自己出面与企业联系争取来的。最后，各街道阳光之家的建设也离不开学校的具体指导。总之，从承接指令到实习分配的整个过程中，学校的枢纽作用如何，关系到整个工程的进度和质量。

（2）展示作用：学校作为阳光之家的指导中心，各项工作都起着示范的作用，无形中成为“出人才、出成效”的展示平台。今年来我们取得的实绩有：

首先，先后编写了两套共 14 本“阳光之家”教育培训教材。编写这些教材符合智障青年的生活实际、符合智障青年的认知水平、体现对智障青年的习惯养成教育和生存能力的培养。教材被正式选用为上海市各区县“阳光之家”的专用培训教材。

其次，为全区 13 个街道“阳光之家”教师进行师资培训，就教学内容、教学要求、教学进度、教材教法做了统一的部署和要求，在区内“阳光之家”开设了各类科目的公开课、示范课，以通过这类形式带动全区的“阳光之家”教师进一步完善“阳光之家”教育教学工作。

第三，承担起了“送教上门”的任务，走访全区的各个“阳光之家”，对“阳光之家”教师的教学工作给予指导，并通过教研指导中心刊物对各街道“阳光之家”的特色予以展示、推广。

第四，帮助全区 13 个街道“阳光之家”建立了各类规章制度。其中工作制度 10 项，辅导教师规章制度 7 项。这些详尽的规章制度为各街道“阳光之家”开展工作提供具体的要求和管理内容，同时使工作更加规范化。

第五，我们开展非正规就业劳动——纸板箱插件加工，使 42 名重残智障人士有了工作，以计件的方式发放酬劳，使 42 名重残智障人士拿到了人生第一份工资。

最后，克服金融危机带来的就业困难的影响，积极探索“菜单式”的培训模式。教师以“学徒”的身份进入用人单位学习。根据岗位要求、智障学生特点编写培训教材，有针对性地实施岗位培训。职场指导，直至独立上岗，09 届毕业生已有 60%智障学生与用人单位签订合同。

（3）对智障人士的关心、呼吁，对阳光工程成效的宣传，学校也是各路媒体集中的采访点，世界各国政要来上海了解阳光工程的情况也首先是到学校来。最近，纪勋学校接待的重要政要就有联合国科教文组织、美国教育部部长、联合国亚太经社会智力残疾人国际工作研讨会代表团等。

总之，政府的关怀、媒体的宣传、政府职能部门的支持，以及企事业单位、社会各界的帮助都是促成学校发展的要素，而学校就是要充分地利用好这些要素，要主动争取，要有机捏合，要综合利用。阳光工程是一项综合工程，是要全社会共同参与的工程，在这个工程体系中，学校起到了沟通桥梁作用。

徐汇区是开办“阳光之家”起步最早的地区，在区残联的领导下，我校“阳光之家”工程在教科研的引领下，从教育目标、教学大纲的制定、教材的编写、教法的研究、教学的组织与实施，到形成覆盖全区的组织架构，建立具有辐射作用的指导中心，一路走来，终于使这项阳光工程走上了轨道，初具了规模，取得了显著的成果。我们通过实践深深感到，作为一项综合性很强的社会工程，政府部门的组织领导、政策支持是前提和保障；专业部门的基础建设、业务指导、质量把关是关键；社区覆盖、惠及全体智障人士是根本，而全社会的关注和支持，则是“阳光之家”的动力源和助推器。

（作者：于惠芳）

第四部分

上海中华职业教育社2016年度事业报告

上海是中华职业教育社的发源地。

1917 年，著名教育家黄炎培先生联合教育界、经济界、科技界和关心支持职业教育的人士，在上海创立中华职业教育社，以倡导、研究和推行职业教育，改革脱离生产劳动，脱离社会生活的传统教育为职志，实践“使无业者有业，使有业者乐业”的宗旨。新中国成立后，中华职业教育社迁至北京，在上海建立地方组织。

上海中华职业教育社自觉接受中华职业教育社总社的指导和中共上海市委统战部的领导，充分发挥统战性、教育性、民间性的特点和优势，围绕中心，服务大局，秉持推进职业教育改革与发展职志，积极开展调查研究和建言献策，大力实施“温暖工程”，积极服务于中央提出的“五位一体”总体布局和“四个全面”战略布局，深入实施精准扶贫战略，不断深化海内外职业教育交流与合作，不断加强自身建设和组织发展。2016 年，上海社的各项事业百尺竿头更进一步，为加快发展现代职业教育，推动上海经济社会发展做出了努力和探索。

一、成功举办第四届“中华杯”职业技能竞赛，持续加大职业教育实践深度

经过 4 年的实践探索，“中华杯”职业技能竞赛已成为职教社促进职业教育发展和技术技能型人才培养的主要实践载体和工作平台，也进一步成为加强沪港台交流的有效手段。

上海市第四届“中华杯”职业技能竞赛启动仪式

2016 年 7 月 12 日，以“面向社会、面向青年、面向技能”为宗旨的第四届“中华杯”职业技能竞赛在徐家汇公园正式开赛，经过浦东、徐汇、黄浦、虹口、宝山、闵行、青浦 7 个赛区的精心组织，来自本市相关行业的 303 名选手参加了西式点心、冷拼与食雕、化妆师、导游服务、中餐热菜、艺术插花、美甲美瞳半永久定妆、护理技能和汽车维修工等 9 个项目的竞赛。8 月 6 ～ 7 日，来自香港、台湾 11 所职业院校的 42 名师生参加了中餐热菜、冷拼与食雕、导游服务、美甲彩绘

4个项目的邀请赛。7日下午,全部赛程落下帷幕,共有63名选手分别获得一、二、三等奖。

这次技能竞赛以职业技能交流为载体，为沪港台职业院校师生架起了加强交流、展示技艺、增进共识的桥梁，受到了多方好评。香港职业训练局老师称赞此次活动“交流了技艺，联络了感情，增进了参赛师生对大陆、对上海的认知，希望能够常态化”。市委统战部第452期《统战专报》将技能竞赛报告报送中央统战部和市委主要领导。解放日报、新华网、凤凰财经、上海政务网、联合时报、浦东时报等新闻媒体对竞赛活动进行了报道和转载。

二、紧紧围绕经济社会发展，继续保持理论探索热度

（一）出版发行《2016上海职业教育事业蓝皮书》

这是上海中华职教社连续第三年出版发行关于上海职业教育事业发展的蓝皮书。全书分总报告、专题研究、实践案例、上海中华职业教育社事业报告4个部分，共计36万字，为上海加快发展现代职业教育进行了有益探索，在国内职业教育界也引起了不小关注。2016年度蓝皮书的编撰工作，继续得到市政协教科文卫体委员会、市教委和市人社局等有关方面的大力支持。市职教社联合市政协教科文卫体委专门召开本市职业教育专题调研座谈会，邀请部分市政协委员、市教委和市人社局的相关领导和部门负责人等共同研究探讨本市职业教育的发展问题，这对于保证蓝皮书质量，扩大上海中华职教社的社会影响发挥了积极作用。

（二）积极开展课题调研，履行建言献策职责

组织社内专家学者围绕上海经济社会发展、职业教育综合改革、职业教育现代化体系建设、统一战线工作以及群众关注的社会问题进行调查研究，积极向党和政府建真言，献实策。全年全社各单位共完成38篇调研报告。2016年度通过社员中的人大代表和政协委员向各级两会提交的提案和大会发言累计达200余项。

从图1可以看出，近几年来，上海职教社完成的年度课题调研数量始终保持在一个高位水平，特别是在2014年实现区级组织全覆盖后，2015年的课题完成量达到历史最高水平。但随着数量的增加，其调研成果的转化率并没有同步提高。

因此2016年的调研工作方向调整为以成果转化为导向，更加注重课题成果质量。在38篇课题成果中，3篇作为优秀调研成果上报市委统战部，其中《正确把握台湾职业院校师生思想状况，在加强有效交往中凝聚对台工作正能量》课题获得优秀奖；3篇作为案例收录进《2017上海职业教育事业蓝皮书》实践案例部分；还有些课题成果被评为区级统战部的优秀课题，受到相关部门的重视。

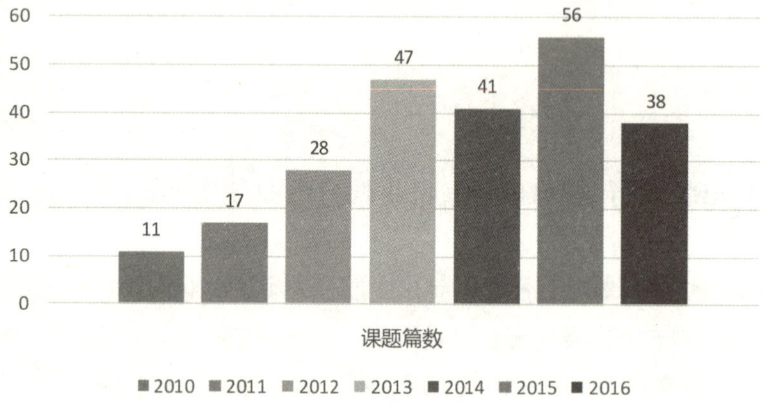

图1　近年课题数量图

三、把握精准扶贫内涵，持续扩大温暖工程受益广度

（一）开展第四批“中华助学金”助学活动

2016年度，上海中华职教社联合上海中华温暖工程基金会投入50万元，资助250名团体社员职业学校的困难学生，其中包括在沪就读的新疆学生20名、西藏学生10名、贵州毕节学生20名、遵义学生10名和宁夏学生20名。

2016年度“中华助学金”发放仪式

（二）进一步扩大温暖工程在西部地区辐射面

在总社的支持下，资助36万元培训了260名毕节职业院校学生，并使159人实现了就业；与宁夏职教社建立了合作关系，签订了合作意向书，在开展对外

交流、促进“校校合作”、推动“职教扶贫”等方面达成了合作意向。上海社3年内向贵州、宁夏职业院校困难学生提供助学金名额150人，并促成上海第二工业大学与毕节职业技术学院、上海健康医学院与毕节医学高等专科学校、上海工程技术管理学校与宁夏中卫市职业技术学校建立对口支援关系。

同时，社的各级组织和团体社员单位继续做好退伍士兵、农民工、失业及待业人员、特殊群体等人员的培训工作，举办林木栽培、中西式面点、机电技术、船舶类技能、家政服务等各类培训班，全年合计培训10.1万人次。

（三）不断深化智力扶贫和对口帮扶

5月23～27日，由上海职教社与贵州省中华职业教育社在市社会主义学院共同举办了“首期贵州职业院校院（校）长研修班”。来自贵州省遵义市、毕节市和黔西南布依族苗族自治州、黔东南苗族侗族自治州、黔南布依族苗族自治州等全省6市3州50位职业院校院（校）长、书记等校领导参加了研修。研修班以“服务地方社会经济发展，助推职业教育改革创新”为主题，聚焦国家宏观经济发展战略、现代职业教育发展与展望、现代人力资源与人才培养、校企合作等主题，安排了4场专题报告，举行了沪黔职业院校校长沙龙，组织了企业人力资源总监与院校长的直接对话，安排了6次现场教学，受到参训院校长们的好评。他们认为研修班“安排周到、课程精彩、开放度高、前瞻性强”，感到受益匪浅。市委常委、市委统战部部长沙海林在研修班的总结报告上作了批示，称赞研修班是智力支援贵州（毕节）的重要举措。市委统战部第301期《统战专报》将研修班情况上报中央统战部和市委、市政府主要领导。解放日报、联合时报、新华网、国务院发展研究中心信息网、东方网、上海政务网等16家中央和地方媒体进行了报道和转载。

（四）推进“智慧众筹”项目[1]，凝聚社会正能量

由上海中华职教社中青年工作委员会牵头开展的“智慧众筹”公益项目，已

[1] 2015年9月，社中青委牵头组织发起了“智慧众筹”公益项目，向社员筹集公益培训课时，由第三方进行课程接收，所筹集的公益课讲课费统一捐赠给温暖工程基金会。

初见成效，影响良好，受到社内外的好评。该项目发挥社员中人才荟萃的优势，宣扬“灯亮一盏、光洒成片”“我拥有、我分享、我快乐”的公益精神，通过众筹的方式凝聚社会正能量，得到广大中青委成员的积极响应和参与。自 2015 年 9 月启动以来，已有 37 位来自教育、人力资源、健康保健、金融等领域专家学者和工商经济界权威人士带来了近 90 个公益众筹课程，内容涵盖教育、人力资源、健康保健、金融等各个不同领域。截至 2016 年年底，已筹集款项 154400 元，全部捐赠给上海中华职业教育温暖工程基金会，用于支持温暖工程项目活动。

四、发挥职教社特色，合作交流迈上新高度

（一）港澳台交流合作进一步深化

一是访问香港和澳门。2 月 21 ～ 26 日，应香港职业训练局、澳门城市大学的邀请，以周汉民主任为团长的上海职教社代表团访问了香港和澳门。代表团分别访问了香港职业训练局、香港中联办、澳门基金会、澳门大学、澳门中联办等港澳社会组织和院校，会见了港澳特区全国和上海市政协委员等政界、工商界、经济界、教育界的社会贤达和知名人士，就稳定等共同关心的问题进行了深入交流。并与香港职业训练局、澳门基金会就进一步加强合作交流进行了深入研讨。周汉民团长还分别为香港专业教育学院长沙湾黄克竞分校 200 多名师生、澳门城市大学 300 多名师生和专家学者作了《一带一路：战略与前景》的报告，与会者

周汉民率上海中华职业教育社代表团访问香港

反响热烈，这对于凝聚爱国爱港爱澳正能量具有重要意义。

二是成功组织首届“2016 台湾职业院校师生研习营”。2016 年 8 月 4 ～ 10 日，上海职教社和台湾海峡两岸教育交流促进协会联合举办了首届“2016 台湾职业院校师生研习营”。来自台湾 13 个市县 29 所职业院校的 83 名师生参加了为期 7 天的研习营活动。研习营以“文化 感知 交流”为主题，通过青年讲坛、城市采风、参访台企、交流互动、技能竞赛、文艺演出等多种形式，搭建了台湾师生了解大陆、感知上海、体验文化、增进共识的平台。上海市政协副主席、上海职教社主任周汉民出席开营仪式致欢迎辞，并作《“一带一路”战略和前景》专题报告；台湾教育系统大学总校长吴清基在开营仪式上作专题演讲；上海市海外联谊会、市台办领导出席研习营启动仪式；台湾海峡两岸教育交流促进协会、台湾教育文化交流促进会、台湾私立科技大学校院协进会等领导和代表、研习营师生共 110 余人参加了开营仪式。

通过 7 天的研习营活动，台湾师生们普遍反映“感受深刻、开了眼界、很有意义”。参加这次研习营的师生大多是第一次来大陆、来上海，许多师生对上海的繁荣景象感到很震撼。研习营营长、台湾员林家商技术学校校长刘泽宏先生表示：“主办方热情周到的安排使大家很受感动，感受到了一家人的亲情，体会到两岸和平发展的弥足珍贵。台湾民进党执政时期的课改把许多中华文化的元素都改掉了，这次研习营的活动使师生们体悟到中华文化的博大精深、源远流长，两岸同宗同源，是血脉相连的一家人，增强了对民族、文化、历史、国家的认同感。”联合时报、上海统一战线网、中华职业教育社网等媒体和网站登载了研习营的情况。

三是加强交流与互访。2016 年上海“两会”期间，组织了上海职教社港澳台社务委员进行联谊交流活动；7 月份，接待了香港职业训练局代表团祁志纯副执行干事一行来访；8 月份，分别与来访的台湾原“教育部长”、台湾教育系统大学总校长吴清基，台湾海峡两岸教育交流促进协会理事长、康林国际集团总裁李超群带领的访问团进行了深入的交流。

（二）合作触角进一步向澳大利亚、欧洲有关组织延伸

2016 年上半年，上海职教社加强与澳大利亚技术与继续教育学院院长全国委

员会（TDA）合作，签署了合作备忘录，就搭建会员（社员）院校之间合作交流平台，开展项目对接、师资培训、合作办学，提供学生深造和实习途径等事项达成了共识。下半年，接待了澳大利亚职业教育全国委员会、霍姆斯格兰政府理工学院，以及芬兰于韦斯屈莱大学附属专家机构的来访，并组织团体社员学校进行了项目洽谈交流。11 月下旬，组团赴芬兰瑞典进行了职业教育交流。

上海中华职教社与澳大利亚 TDA 签署合作备忘录

五、积极作为，大力提高职教社的社会关注度

（一）信息宣传工作得到加强

全年被《统战动态》采用信息19篇，专报2篇；出版《上海社讯》12期，网站刊登700余篇稿件，微信公众号“上海中华职业教育社”的关注度得到了提高。《解放日报》《文汇报》《联合时报》《职成教育在线》等多家新闻单位累计用稿22篇。

（二）立社100周年纪念活动的大幕隆重开启

2017年是中华职业教育社成立100周年，围绕“中华梦•职教情”启动了多项纪念立社100周年的筹备活动。（1）编纂出版纪念文集。2016年5月始，面向广大社员发出征文号召。截至2016年年底，收到纪念文章约150篇；（2）组织书画图片展，拟定于纪念大会召开期间在上海图书馆进行展出，2016年5月始，面向各级职教社组织和广大社员征集书法、绘画及摄影作品；（3）筹建上海中华职业教育社社史展示厅，拟对原社机关五楼社史展示室进行重新设计和布展，使之成为社史和社的传统教育基地，进行了前期史料收集、编辑和设计构思等项准备工作；（4）在相关媒体和社讯、网站刊登纪念文章开展纪念活动，在上海职教社网站和《上海社讯》开辟纪念专栏；（5）组织“纪念立社100周年”走访慰问老社员和困难社员活动；（6）筹备召开纪念大会。初定于2017年5月在友谊会堂召开“纪念中华职业教育社成立100周年”大会。

六、与时俱进，不断加大职教社自身建设力度

（一）群团改革试点工作扎实推进

根据中央和市委关于开展群团改革试点工作的统一部署，上海职教社列入上海市第三批群团改革试点工作单位。在市委统战部群团改革领导小组的领导下，立足于保持和增强职教社组织的“政治性、先进性、群众性”与“统战性、教育性、民间性”的有机统一，通过“转职能、转方式、转作风”等改革举措，着力解决建设和发展中存在的困难和问题，努力把职教社组织建设成为在职业教育界有较大影响，在统一战线中发挥重要作用，具有鲜明特色和充满活力的群众团体。社领导和机关高度重视，切实把这项工作作为事关职教社建设和发展大局的大事抓好落实。一是建立了社群团改革工作组织。成立了以社主任周汉民同志为组长的市职教社群团改革试点工作领导小组，制定了工作计划，明确了工作分工、工作制度和工作职责。二是广泛征求意见。先后召开了区职教社领导、中青委领导、支社和社员小组代表、退休老同志代表、社机关干部等 6 场座谈会，深入广泛听取意见和建议，并进行了认真的梳理归纳，形成了职教社群团改革的 13 项问题清单，为改革实施方案的制定提供了依据。三是加强上下沟通和请示汇报。社领导专题向总社陈昌智理事长和总社机关汇报上海职教社群团改革工作情况，听取总社的指导意见；并先后分别向市群团改革试点工作领导小组、市委统战部群团改革试点工作领导小组、市编办进行专题汇报共 7 次，确保了这项工作的顺利进行。目前，社群团改革实施方案经过 11 次的修改完善，已经报市委统战部部长办公会议审核通过，待市群团改革领导小组备案公布后正式实施。

（二）组织队伍建设持续优化

1. 社员发展工作步入新常态

（1）社员发展继续保持较高速度

全年新发展个人社员 191 人，增长率为 5.6%；团体社员 12 个，增长率为 4.9%。截止 2016 年 12 月底，上海职教社共有个人社员 3619 人，团体社员 259 个。

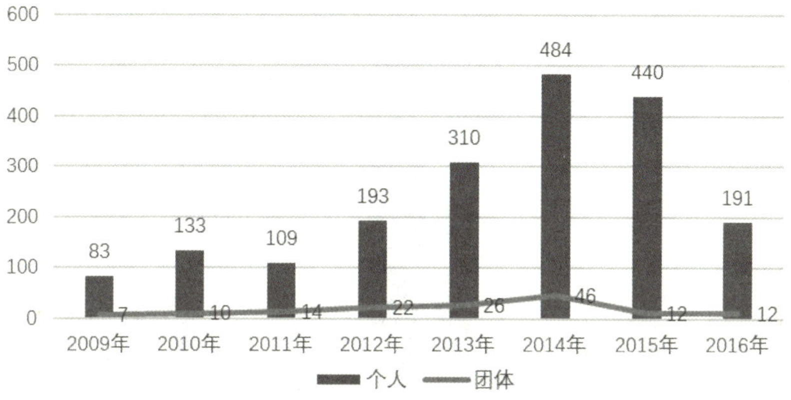

图 2　近年社员发展情况

如图2 所示，社员发展速度相较此前有所回落，这源于过去的几年是区级组织全覆盖全速推进阶段，目前职教社基层组织已经覆盖全市，社员井喷式发展暂告一段落，组织发展工作转入巩固阶段，社员发展速度维持每年5%左右的增长率。

表 1　近两年个人社员年龄结构表

时间点	各部分占比							
人数 / 比例	25 岁以下		25 ～ 49 岁		50 ～ 59 岁		60 岁及以上	
2015 年 12 月 31 日	9	0.26%	1322	38.56%	785	22.90%	1312	38.27%
2016 年 12 月 31 日	9	0.25%	1386	38.30%	849	23.46%	1375	37.99%

（2）年龄结构继续保持较理想状态

从表 1 可以看出，各年龄段人员占比与上一年度大体相当，其中 25 ～ 59 岁人员占比达到 61.76%（38.30%+23.46%），这在一个百年老社团中是相当不易的，说明职教社员队伍继续保持在一个较为理想的状态。

表 2　近两年离退休数据对比表

人数 / 比例	在职		离退休	
2015 年 12 月 31 日	2296	66.98%	1132	33.02%
2016 年 12 月 31 日	2489	68.83%	1127	31.17%

从表 2 可以看出，在职人员比例有所提升，但幅度较小，由 2015 年底的 66.98% 提高到 68.83%；离退休人员略有减少，比例也有小幅下降。

（3）文化结构基本稳定

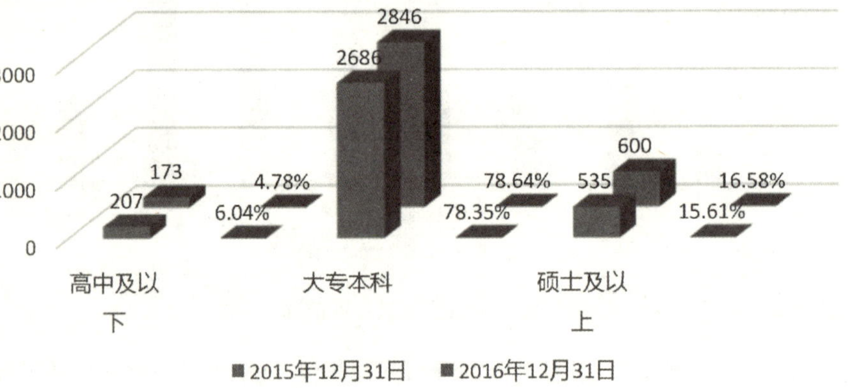

图 3　个人社员文化结构图

从图 3 可以看出，大专本科、硕士及以上占比与上一年度基本持平，增幅微乎其微，高中及以下稍有下降。其中，大专以上占比达到 95% 以上（78.64%+16.58%），说明现有文化结构水平较高。这与职教社作为一个知识分子的团体是相称的。

2. 社员队伍优化不停步

举办培训班是提高社员能力素质，不断优化队伍的重要举措。11 月 9 日至 10 日，上海职教社在市社会主义学院举办了第 5 期中青年骨干社员培训班，周汉民主任作了开班动员并作“中国制造 2025 与颠覆性创新”的辅导报告。培训班安排了 3 场报告、1 次分组讨论和 1 次现场教学，来自全市 15 个区职教社、中青委的 65 名社员参加了培训，为加强骨干社员的培养，提升社员素质，增强社员队伍的凝聚力作出了努力。

3. 抓好基层组织建设不放松

巩固和推进基层组织建设成为继实现组织全覆盖后上海职教社面临的一项重要任务。11 月 24 日，召开了 2016 年度基层建设工作会议，市政协副主席、社主任周汉民，中共市委统战部副部长戴晶斌出席会议并作重要讲话。各区社或基层组织的领导参加了会议。会议总结了近两年基层组织建设工作情况，表彰了 4 个组织发展先进单位，年度优秀调研成果和优秀通讯员。4 个基层组织的代表在大会上作了经验交流，各基层组织分别在座谈交流中介绍了一年来的工作情况，经验体会和意见建议。会议对进一步加强基层组织的建设和发展起到积极的推动作用。

4. 推动中青年工作委员会的作用发挥

5 月份召开了中青年工作委员会成立一周年纪念大会，总结了中青年工作委员会一年来的工作，探索研究了加快建设发展的方向、途径和工作目标。中青委成立一年来，坚持面向青年开展活动，积极凝聚力量，创新工作平台，努力服务社会和社员群众，积极探索社的组织建设的新思路，扩大了社的影响，增强了社的力量。截至 2016 年底，中青委个人社员数已达 304 人，团体社员单位 4 个。

本年度在完成既定工作目标的同时，也收获了一些荣誉。社机关党支部被评为市统战系统先进基层党组织，吴贤忠同志被评为市统战系统优秀共产党员；社网站信息工作获得 2016 年度上海统一战线网站信息工作先进单位三等奖。

后 记

2014年，上海中华职业教育社组织编写《2014上海职业教育事业蓝皮书》，作为全国第一本聚焦职业教育发展的蓝皮书，受到职业教育界和国内相关机构高度关注。此后，按期发布年度《上海职业教育事业蓝皮书》，今年已是第四个年度。2017年，上海中华职业教育社继续加大推进力度，得到市政协科教文卫体委、市教委、市人社局等有关机构的支持与协助，通过与市政协科教文卫体委联合召开本市职业教育专题调研会，掌握了大量关于本市职业教育和就业培训情况的一手资料。《蓝皮书》力争站在第三方的立场，突出专业性和独立性、客观性和实证性，通过梳理年度成绩，深入剖析问题，提出策略建议，为政府推进职业教育现代化提供政策性咨询和理论与实践性的科学依据。

上海市政协副主席、上海中华职业教育社主任周汉民亲自担任主编，参与调研，把《蓝皮书》编写工作作为上海中华职业教育社的一项重点工作来推进。上海中华职业教育社副主任胡卫担任副主编，全力推进编写工作。上海中华职业教育社机关承担本书的组织协调工作，机关干部参与书稿校对。

全书共分总报告、专题报告、实践案例、上海中华职业教育社事业报告等4个部分。总报告由马庆发、王琴负责编写，专题研究部分由郭扬、徐朔、施蕾生组织资料；案例部分由雷正光、董奇负责编辑整理；上海中华职业教育社的同志撰写了第四部分——上海中华职业教育社事业报告。部分区县教育局、区县职教社、职教集团和职业院校提供了上海职业教育改革发展的实践案例。

上海科学技术文献出版社对本书的出版给予了支持，在此一并致以衷心的感谢。

编者

2017年8月